山东商务年鉴

SHANDONG BUSINESS YEARBOOK

山东省商务厅　编

线装书局

图书在版编目（CIP）数据

山东商务年鉴 . 2021 / 山东省商务厅编 . -- 北京：线装书局 , 2021.11

ISBN 978-7-5120-4767-9

Ⅰ . ①山… Ⅱ . ①山… Ⅲ . ①商务—山东— 2021 —年鉴 Ⅳ . ① F727.52-54

中国版本图书馆 CIP 数据核字 (2021) 第 220905 号

山东商务年鉴 2021

SHANDONG SHANGWU NIANJIAN 2021

编　　者：山东省商务厅

责任编辑：曹胜利

出版发行：线装書局

地　址：北京市丰台区方庄日月天地大厦 B 座 17 层（100078）

电　话：010-58077126（发行部）010-58076938（总编室）

网　址：www.zgxzsj.com

经　　销：新华书店

印　　制：山东新华印务有限公司

开　　本：889mm × 1194mm 1/16

印　　张：23.75

字　　数：532 千字

版　　次：2021 年 11 月第 1 版第 1 次印刷

印　　数：001—500 册

线装书局官方微信

定　　价：300.00 元

《山东商务年鉴》编辑委员会

Editorial Board of Shandong Business Yearbook

编辑说明

一、《山东商务年鉴》由山东省商务厅主持编辑，编委会主任、副主任由山东省商务厅领导担任，编委会成员由各市商务主管部门负责人和山东省商务厅处室负责人担任。

二、本年鉴以马克思列宁主义、毛泽东思想、邓小平理论、“三个代表”重要思想、科学发展观、习近平新时代中国特色社会主义思想为指导，坚持辩证唯物主义和历史唯物主义的立场、观点和方法。

三、本年鉴创刊于2010年，每年出版一卷，是全面系统地记述山东商务经济年度运行情况的权威工具书。本卷设置特载、大事记、业务综述、业务统计、市级商务、规范性文件6个栏目，以文字、图表形式呈现。

四、本年鉴所提及的对外贸易、进出口、进口、出口等贸易术语，如无特殊说明，均指货物贸易。限额以上批发贸易、零售贸易、餐饮、住宿企业的划分标准为：批发贸易企业，年主营业务收入2000万元及以上；零售贸易企业，年主营业务收入500万元及以上；住宿企业，年主营业务收入200万元及以上；餐饮企业，年主营业务收入200万元及以上。“四上企业”指规模以上工业企业、资质等级建筑业企业、限额以上批零住餐企业、规模以上服务业企业。商品零售价格指数不包括农业生产资料价格变化。

五、各栏目中的有关数字，由于统计口径、数据来源、数据发布时间不尽相同，可能不完全一致，使用时请以业务统计栏目中的数字为准。各市排列顺序一般按照山东省行政区划统一规定排列，一些情况下按照业务开展情况排列。

六、本年鉴中的国家、国际组织名称使用规范化简称，机构、企业名称一般使用全称。

七、本年鉴中的增长数据，如无特别说明，均为同比增长数据。

八、本年鉴中的计量单位一般采用国际通行的法定计量单位。鉴于少量引用素材中仍使用“亩”等市制单位，且按法定单位换算后其记述效果会发生改变，故而这些市制单位仍予采用。

Preface

Ⅰ.Shandong Business Yearbook is edited by Department of Commerce of Shandong Province,with leaders in Department of Commerce of Shandong Province acting as director and deputy directors of editorial board,and responsible persons in competent departments and offices of Department of Commerce of Shandong Province acting as members of editorial board.

Ⅱ.Shandong Business Yearbook is guided by Marxism-Leninism, Mao Zedong thought, Deng Xiaoping theory, the important thought of three represents , scientific outlook on development and the thought of socialism with Chinese characteristics in the new era of Xi Jinping, adhere to the stand, viewpoint and method of dialectical materialism and historical materialism.

Ⅲ.The Yearbook was established in 2010,with one issue published each year.It is an authoritative reference book comprehensively and systematically recording annual operation conditions of Shandong business operation. Six columns, which were presented in word and diagram including special manuscripts,chronicle of events,business description,business statistics,municipal business and regulatory documents were set up in this issue.

Ⅳ.Standard trade terms mentioned in the Yearbook,such as foreign trade,import and export,all refer to trade in goods,unless there is special instruction.Classification standard of wholesale trade above designated size,retail trade,catering and lodging enterprise is:wholesale trade enterprises are qualified with annual main business revenue of 20 million Yuan and above;retail trade enterprises are qualified with annual main business revenue of 5 million Yuan and above; lodging enterprises are qualified with annual main business revenue of 2 million Yuan and above;catering enterprises are qualified with annual main business revenue of 2 million Yuan and above."Four-above Enterprises"refers to industrial enterprises above designated size,qualification degree construction enterprises,wholesale,retail,lodging and catering enterprises above designated size,and service enterprises above designated size.Retail price index excludes change of agricultural production material price.

Ⅴ.Relevant numbers in all columns may not be completely the same as statistical caliber, due to different data sources and delivering times.Please subject to numbers in the column of business statistics in practical use.Sort orders of the city are generally ordered by unified regulation of administrative division in Shandong Province,and ordered by business developing conditions under some circumstances.

Ⅵ.In the Yearbook,normalized shortened form is used for countries and international organizations,while full name is generally used for names of institutions and enterprises.

Ⅶ.Growth data in the Yearbook are all year-on-year growth data unless there is special instruction.

Ⅷ.Internationally recognised units of measurement are generally adopted for unit of measurement in the yearbook.Considering that "mu"and other Chinese units of measurement are still used in few quoted materials,some Chinese units of measurement remain in literature to avoid effection changes during conversion between Chinese and legal units.

省领导商务活动

2020年9月22日，中共山东省委书记刘家义（右）在济南会见泰国正大集团公司副董事长杨小平

2020年11月5日，山东省省长李干杰（右）在上海会见德国汉高集团公司副总裁荣杰

省领导商务活动

2020年9月14日，山东省副省长王书坚（右）在济南会见日本住友商事株式会社常务执行董事、东亚区总裁御子神大介

2020年12月22日，山东省副省长汲斌昌（右）在济南会见安永会计师事务所大中华区首席执行官陈凯

2020年11月13日，山东省商务厅厅长张德平在新加坡—山东经济贸易理事会第二十二次会议上发表演讲

2020年1月3日，山东省推动开发区改革创新领导小组办公室在济南召开全省开发区体制机制改革创新工作座谈会

重要商务活动

2020年1月9日，山东省商务厅在济南召开全省商务工作会议

2020年4月24日，山东省商务厅在济南举办首届山东出口商品（中东欧）云展会

重要商务活动

2020年5月15日，山东省商务厅在济南举办山东出口商品（泰国）云展会

2020年6月30日，山东省商务厅、香港特别行政区投资推广署在济南举办善用香港平台、鲁港合作共赢推介会

2020年6月30日，中共山东省委、山东省人民政府在济南举办第二届儒商大会暨青年企业家创新发展国际峰会

2020年8月26—30日，山东省商务厅在潍坊举办外贸产品进商场及新媒体直播活动

2020年8月27日，中共山东省委、山东省人民政府在济南举办山东与世界500强连线欧洲专场活动

2020年8月28—30日，山东省商务厅在济南举办第四届中华老字号（山东）博览会

重要商务活动

2020年8月28日，中央广播电视总台、山东省人民政府举办的山东消费年活动在济南启动

2020年9月2日，商务部在北京召开专题新闻发布会，介绍山东等自贸试验区建设一周年有关情况

重要商务活动

2020年9月22日，中共山东省委、山东省人民政府在济南举办山东与世界500强连线东盟专场活动

2020年10月23日，山东省人民政府、韩国产业通商资源部在山东、韩国共同举办山东与世界500强连线韩国专场活动

重要商务活动

2020年10月29日，中共山东省委、山东省人民政府在济南举办山东与世界500强连线美国专场活动

2020年11月5—10日,山东省人民政府组团参加商务部、上海市人民政府在上海举办的第三届中国国际进口博览会

重要商务活动

2020年11月6日，山东省人民政府在上海国家会议中心举办山东与世界500强产业链高质量合作发展对话活动

2020年11月10日，中共山东省委、山东省人民政府在济南举办山东与世界500强连线日本专场活动

2020年11月13日，新加坡—山东经济贸易理事会第二十二次会议在济南和新加坡两地以视频方式召开

2020年11月25日，山东省商务厅在济南召开2020跨境电子商务生态大会。图为项目签约现场

目 录

特 载

大 事 记

业务综述

业务统计

市级商务

规范性文件

索 引

Contents

Special Manuscripts

Chronicle of Events

Business Description

Business Statistics

Municipal Business

Regulatory Documents

Index

特载

Special Manuscripts

简要说明

一、栏目内容

本栏目刊载省领导讲话、省商务厅主要领导工作报告、全省商务工作要点等指导全省商务工作发展方向、反映全省商务工作总体要求的文件。

二、资料来源

中共山东省委办公厅、山东省人民政府办公厅、山东省商务厅

Brief Introduction

Ⅰ. Content

The column publishes speech of provincial leaders, speech of major leaders in provincial commerce department, key points of provincial commerce work and other documents directing development orientation of provincial commerce work and reflecting general requirements of provincial commerce work.

Ⅱ. Data sources

General Office of Shandong Provincial CPC Committee and Shandong Provincial Government, Commerce Department of Shandong Province

在全省稳外贸稳外资工作电视电话会议上的讲话

Speech on the Provincial TV Conference of Stabilizing Foreign Trade and Foreign Direct Investment

任爱荣

（2020 年 7 月 24 日）

这次会议是经省政府同意召开的，目的是学习贯彻国务院外贸外资工作电视会议和省委第十一届十一次全会精神，总结上半年外贸外资工作，部署下半年稳外贸稳外资任务，确保完成全年目标任务。

今年以来，面对新冠肺炎疫情的严峻挑战，全省上下坚定落实党中央、国务院关于统筹疫情防控和经济社会发展的决策部署，按照省委、省政府工作要求，坚定做好“六稳”工作、落实“六保”任务，外贸外资总体稳定。进出口增速与全国平均水平持平，其中出口增速高于全国平均水平 3.6 个百分点。实际使用外资增速高于全国平均水平 11.2 个百分点，位居吸引外资前六位省市第二。这是党中央、国务院举旗定向、掌舵领航，省委、省政府正确领导、科学决策，全省上下齐心协力、狠抓落实的结果。

疫情发生后，省委、省政府审时度势，在坚决打好打赢疫情防控人民战争、总体战、阻击战的同时，把稳外贸、稳外资作为重中之重，第一时间推动外贸外资企业复工复产，研究外贸扶持政策，强化招商引资措施，先后组织两次重点外资项目视频签约活动，召开儒商大会暨青企峰会，策划组织对话山东系列活动。省主要领导同志亲自部署、靠前指挥，家义书记两次召开专题会议，省委常委会、省政府常务会多次研究稳外贸、稳外资工作。各市、各相关部门快速行动，出台一系列支持扶持政策，采取云展会、云招商等多种方式抢订单、促签约，成效明显。这里要重点表扬青岛、潍坊、临沂、济宁、枣庄 5 市，进出口和实际利用外资实现双增长，济南市外贸实现增长，烟台、日照、滨州、淄博、东营、德州等市实际利用外资保持增长，为稳住外贸、外资基本盘作了贡献。对大家的辛勤工作，我代表省政府表示衷心的感谢！

当前，全球疫情仍处在大流行期，国际市场持续萎缩，世界经济陷入衰退，叠加全球贸易保护主义、单边主义等不确定、不稳定因素，下半年稳外贸、稳外资依然面临巨大压力。下面，就做好下一阶段的外贸、外资工作，我讲五点意见。

一、提高政治站位，切实把稳住外贸、外资基本盘作为当前的重要政治任务

（一）稳住外贸、外资基本盘，是做到“两个维护”的具体体现。习近平总书记今年在多个重要会议上都明确要求稳住外贸、外资基本

盘，保障产业链、供应链畅通运转，稳定国际市场份额，培育新形势下参与国际竞争的新优势，强调“坚持用全面、辩证、长远的眼光分析当前经济形势，努力在危机中育新机、于变局中开新局”。总书记的要求就是我们的行动指南。要切实树牢“四个意识”，增强“四个自信”，坚决做到“两个维护”，把思想和行动统一到习近平总书记的重要指示精神上来，无论形势多么困难，稳外贸稳外资的决心都不能动摇、工作不能松劲、力度不能减弱，在困难、挑战中奋力开拓工作新局面。

（二）稳住外贸、外资基本盘，是全面做好“六保”工作的必然要求。“六保”是今年“六稳”工作的着力点。“六稳”中的两个稳就是稳外贸、稳外资。“六保”任务中保市场主体、保产业链供应链稳定与外贸、外资工作直接相关，保粮食能源安全、保居民就业也与外贸、外资有着密切关系。今年以来李克强总理多次召开国务院常务会部署稳外贸、稳外资工作。省委对稳外贸、稳外资寄予极大期望，提出今年外贸、外资增速要高于全国平均水平。但从当前进展看，有的市距离目标还有一定差距。我们要坚持问题导向和结果导向，坚定信心、主动作为、迎难而上，努力把上半年的差距补回来，确保完成全年任务目标。

（三）稳住外贸、外资基本盘，是打造对外开放新高地的重要内容。刚刚结束的省委十一届十一次全会出台《关于深化改革创新打造对外开放新高地的意见》，提出全力打造八个高地，塑造开放型经济体制机制新优势，第一板块就是推动外贸、外资高质量发展，要求稳住外贸基本盘，加大稳外资力度。各市、各有关部门（单位）要按照《关于深化改革创新打造对外开放新高地的意见》及其重点任务配档表的工作要求、完成时限，配套完善实施举措，推动全会确定的稳外贸、外资各项任务落实落地。

二、聚焦保市场主体，千方百计拓市场、增订单

全省5万余家外贸企业、1.7万家外资企业是我们开放型经济发展的根基。在严峻挑战和重重困难面前，既要鼓励企业遵循市场规律，做适应性、战略性调整，又要更好发挥政府作用，紧紧扭住拓市场、增订单这条生命线，千方百计帮助企业渡过难关。

（一）精准发力服务企业。服务企业贵在精准，切忌添乱。

要注重强化政策落实。今年以来，国务院已出台一系列稳外贸、稳外资政策。近日，国办又印发《关于进一步优化营商环境更好服务市场主体的实施意见》。这些政策含金量高，关键是抓好落实。必须精准施策抓落实。政策再好，实施路径不科学就难落实。前期各级出台扶持措施存在一些不精准、难落实问题，省委、省政府及时发现纠正，对存在前置条件、缺少实施细则等问题的政策进行了优化整合，效果比较明显。各市各部门也要进一步梳理优化本地区、本部门相关政策，提高针对性和可操作性。必须转变作风抓落实。政策再好，不认认真真抓落实也不行。山东外资19条出台及时，被商务部转发全国学习。稳外贸、外资32条是经过优化整合的政策举措。近段时间以来，省派“四进”攻坚工作组开展专题督导，发现仍有地方和部门存在不落实的情况，这反映了作风问题。各市各部门要把政策是否落实落细作为作风改进的重要标准，进一步优化服务，确保各项政策真正直达企业、惠及企业。必须加强宣传贯彻抓落实。近日省委、省政府研究出台“六保三促”一揽子政策举措，稳外贸、稳外资政策是“三促”举措之一，但我们发现

有的地方对此关注不够，说明宣传贯彻存在薄弱环节。对中央和省委、省政府出台的重大政策举措，各级政府和部门要第一时间学习领会，及时宣传贯彻、抓好落实。

要注重帮助企业纾难解困。为帮助企业解决困难，省委、省政府选派万名干部下基层，组建“四进”攻坚工作组，建立了稳外贸、稳外资服务平台，组建549支服务队定向服务2335家外贸基本盘企业和1119家外资基本盘企业。截至7月20日，稳外贸、稳外资服务平台共收集问题1440个，办结1437个，办结率99.8%，帮助企业解决发展难题，得到了家义书记、干杰省长的肯定。前期，153个省派“四进”攻坚工作组对外贸、外资开展专项督导服务，解决了不少问题，发挥了很大作用。各市、各部门要用好这些平台和服务队，继续推动相关问题的解决。省委统筹疫情防控和经济社会发展领导小组办公室外经外贸运行组要对已解决问题定期回访，继续用好旬报载体，将前期“四进”攻坚工作组收集的559个问题纳入平台，一体推进解决。

要注重分类指导。在疫情冲击面前，企业遇到的困难和对政府的诉求千差万别。要坚持分类指导，引导企业及时调整经营策略，努力在困境中求生存、寻商机。对有市场、有订单但缺少资金、物流受阻的，要集中政策资源，帮助其渡过难关。调研发现，有品牌有技术、产品层次较高、在国际产业链中有优势的企业，订单情况相对较好。受影响最大的是服装、箱包、鞋靴、玩具、家具、塑料制品等劳动密集型产品，要着力为这些产品生产企业让利输血、减负松绑，创造良好的生存和发展环境。对产业链较短、在国外可替代、可延期消费的产业，要积极帮助其提升层次、转换市场。对于防疫物资以及宅经济相关企业，要帮助其扩大产能、抢抓商机，实现更大发展。中小外贸企业信息渠道狭窄、抗风险能力弱，要积极提供信息咨询、政策辅导和信保支持。对于重点外贸企业，要坚持一企一策，针对企业需求量身打造帮扶措施。

（二）千方百计保国际市场份额。每一个海外市场都是我们付出大量心血和努力一点一点培育开拓出来的，一旦丢掉就很难再拿回来。要把保海外市场作为当前稳外贸的最紧迫任务，创新方式、主动作为，花大力气帮助外贸企业稳住市场订单，在国际市场上站稳脚跟，力求更大发展。

一要用好线上手段。上半年山东出口超出预期，很大程度上是因为企业有去年延续下来的订单。下半年形势将更严峻。但要认识到，订单不足不等于国外没有需求。要围绕医疗健康、高新机电产品、食品农产品、建材轮胎等优势产品，继续办好出口商品云展会，引导企业参加网上展会，不断提升线上展洽适应能力，努力开发新客户、拓展新市场。要充分发挥驻外机构、贸促机构、中资企业协会的作用，精准推送各国市场需求信息，帮助企业更好地把握商机。

二要深挖市场潜力。上半年，东盟跃居为山东第一大出口市场，增长22.2%，出口额占全省出口总额的14%，比重比去年同期提高2.2个百分点。对“一带一路”沿线市场出口增长8.9%，出口额占全省出口总额的30.7%，比重比去年同期提高2.3个百分点。东方不亮西方亮，要不断拓展新兴市场的广度和深度，支持企业开发适合当地需求的产品，抢占更多市场份额。上半年对欧盟、韩国出口均增长1.1%，要继续深化与这些传统市场的互利合作，与海外客户共同进退、共担风险，力保份额不减少。

三要站稳美国市场。当前企业对美出口面

临更多困难，但绝不能轻言放弃。上半年山东对美国出口 709.8 亿元，同比下降 9.6%，但出口额占全省出口总额的比重仍达 13.4%，是单一国别最大市场。这是绝对不能丢掉的阵地，依然要想方设法站稳占住。

（三）更大力度支持企业出口转内销。这既是推动企业转型升级，引导企业用好国内国际两个市场、两种资源的需要，又是构建国内国际双循环相互促进新发展格局、推动经济高质量发展的需要，不仅是外贸企业立足当前求生存的应急之策，更是着眼长远谋发展的战略之举。要充分发挥中国超大规模市场的优势，破除国内国际两个市场之间的壁垒，贯彻落实好国务院支持出口产品转内销的实施意见以及山东即将出台的政策措施，解决好转内销企业产品认证、市场准入、销售渠道、金融服务等方面的问题，支持企业主动调整战略，抢抓“两新一重”建设以及网上销售、直播带货等消费新模式快速发展的机遇，促进同线同标同质发展，积极开拓国内市场，稳定生产经营。

（四）大力发展跨境电子商务等贸易新业态。疫情影响下，跨境电子商务发挥无接触、交易链条短、海外仓等优势，支持传统行业转型升级、触网上线，正成为外贸发展新动能。山东有 7 个市是国家级跨境电子商务综合试验区，但对标先进省份，发展差距很大。去年全省跨境电子商务零售进出口 29.6 亿元，仅为广东的 2.7%、浙江的 10.1%。原因是多方面的，但根子还是在工作上。一方面我们后知后觉，没能抓住首轮跨境电子商务先行先试机遇，造成很大被动，特别是失去跨境电子商务平台在全国布局的先机，对今后发展形成制约。另一方面也存在前期申报积极、后期建设乏力问题，忽视产业生态打造，发展跨境电子商务受到平台渠道、物流配送、仓储设施、监管规范等方方面面制约。与南方和郑州相比，山东跨境电子商务综合试验区对跨境电子商务产业的扶持培育力度不够大，缺少对跨境电子商务业态模式的深入研究和创新实践，这是我们落后的根本原因。外贸领域相较其他领域合规性要求更高，业态创新不能完全依赖企业。下一步，省商务厅要与有关部门紧密配合，尽快出台跨境电子商务发展三年行动计划，在完善服务体系、引进培育主体、创新监管模式等方面完善各项扶持政策措施，推动跨境电子商务产业链、生态圈协同发展。要按照三年跨境电子商务进出口占全省比重达到 5% 的目标，尽快分解核定任务，力争今年完成跨境电子商务进出口 100 亿元。各市要压实主体责任，根据各跨境电子商务综合试验区实施方案，加大对跨境电子商务平台、龙头企业、大卖家的招引力度，结合特色产业培育一批专业平台和垂直电子商务平台，推动跨境电子商务与直播电子商务融合发展，提前做好 9710、9810 跨境电子商务 B2B 出口筹备工作。另外，国家将加大对市场采购贸易的支持力度，临沂要在现有基础上加快发展、做大规模，正在申办的市要积极准备，提前研究实施方案，搭建技术支撑。海关、外汇、税务等监管部门要按照包容审慎监管要求，积极探索适应跨境电子商务、市场采购贸易业态特点，有利于新业态发展的便利、有效监管措施。

（五）多措并举做好进口。家义书记指出，今天的进口就是明天的出口。今年上半年山东外贸的短板就是进口，进口大宗商品占比超过 50%，价格波动对进口额影响很大。其中，原油作为最大单项进口商品，虽然进口量增长 23.4%，但由于平均价格下滑 33.9%，导致进口值下降 18.3%。铝矿砂、铜矿砂、未锻轧铜材量价齐跌，进口值分别下降 17.5%、29%、29.2%。要把握“两新一重”建设政策导向，帮助有关企业、机构和项目加大关键零部件、核心装备等领域的进口。要为相关企业特别是进口百强企业做好一企一策精准服务。要用好特殊监管场所政策，大力发展保税进口业务，支持两头在外、大进大出。要发挥指定进口口岸的作用，开辟绿色通道，降低通关成本，支持企业进口肉类、水海产品、水果等适销对路的产品，更好地满足人民群众美好生活新期待。要用好各类扩进口载体、平台，谋划好第三届进博会筹备工作，努力放大参会成效。要在所举办的涉外经贸活动中逐步纳入促进口的内容，积极推介山东需求，延揽国际高端产品和资源要素。

三、聚焦保产业链、供应链稳定，精准招引外资

疫情发生以来，各国对产业链、供应链安全性、稳定性的担忧增多，主要经济体已在制定产业链重新布局政策，全球产业链、供应链重塑已成趋势。要着眼于保持产业链、供应链完整、稳定，主动参与全球产业链、供应链重塑，抓紧谋划系统性支持措施。

（一）着力营造国际化营商环境。要高度重视外资企业在稳定产业链、供应链中的重要作用。一家外资企业投资带来的可能是一个产业链，一家企业迁走带走的也可能是一个产业链。要以贯彻落实新的《中华人民共和国外商投资法》及其实施条例、《优化营商环境条例》为契机，加快健全外商投资促进、保护和服务体系，支持外资企业平等参与政府采购、基建投资、产业升级等项目，对内外资企业做到一视同仁，让留下来的外企暖心安心，增强外商在山东发展的信心。要着力降低制度性交易成本，深化探索市场准入承诺即入制，建立商事登记、货币结算、知识产权保护、法律仲裁等跨境全流程服务体系，提升外商投资便利化水平。要不断提高生活环境国际化程度，建立外国人来鲁工作许可、居留许可并联受理、闭环审批机制，畅通外国人来鲁通道，推行外国人来鲁邀请网上申报机制，建设外国人来鲁邀请电子管理系统。有条件的市要探索建设国际人才港，打造国际仿真生活环境。

（二）大力推动产业链招商。省委全会决定推行重点产业链链长制，由省级负责同志担任重点产业链链长，加大产业链招商力度。各级各部门要用好要素跟着项目走机制，把招商机构、招商力量、招商资源更多地配置到主导优势产业链上。要突出本地化配套强链、延链，对处于产业链上游的龙头企业、核心企业，针对企业需求和疫情暴露出的短板弱项，加大配套企业引进力度。鼓励各地加强与海尔卡奥斯等工业互联网平台合作，打造山东本地化、区域化特色产业集群。要加快以企招商建链、扩链步伐，抢抓跨国公司全球布局调整时机，积极主动参与全球产业链、供应链重塑。要聚焦新基建和十强产业，瞄准跨国公司、头部企业，拉出清单一对一靶向精准招商，带动形成新的产业链。

（三）努力提升山东与日韩的合作。日本、韩国是山东对外开放的重点方向，强化与日韩合作也是国家批准山东自贸试验区建设时赋予山东的重要任务。要深刻把握日韩对华投资的新趋势，在新能源汽车、新一代信息技术、医养健康、新基建等重点领域，从人才、技术、资金等方面构建良好产业生态，加快打造对日韩合作的多层次、高能级开放平台，夯实互利合作基础。要加大对日韩资企业的服务力度，进一步畅通人员往来，保障产业链供应链稳定，协助其开拓内需市场，促进日韩企业将更高端产品线、更关键环节放到山东。下周即将启动对话山东系列合作交流活动，各地要精心筹备、

积极参与。目前组委会办公室已征集若干签约项目，对这些项目一定要加强审核，实打实，不能虚，将来要定期调度、抓好落地。

（四）加大新开放领域外资招引力度。近日国家发布2020年全国外商投资准入负面清单，由40条减至33条，取消证券公司、证券投资基金管理公司、期货公司、寿险公司外资股比限制，放开商用车制造外资股比限制。自贸试验区的外商投资准入负面清单由37条减至30条，取消禁止外商投资中药饮片的规定，允许外商独资设立职业教育机构。每个负面清单条目的取消或放宽，都意味着一个新的投资增长点。目前商务部正在修订鼓励外商投资产业目录，使更多领域的外商投资能够享受税收等相关优惠政策。我们要及时、全面、准确地掌握政策，挖掘潜力，在金融、商用车、中医药和职业教育等领域推出一批合作项目，加大招商力度，力争年内有所突破。

四、建强开放平台，打造外贸外资高质量发展集聚区

自贸试验区、上合示范区、开发区、综保区是我们扩大对外开放、发展开放型经济的重要平台，要充分利用这些平台吸引开放要素集聚发展。

（一）高质量建设自贸试验区。自贸试验区是制度创新的高地，也是外贸外资发展高地。山东自贸试验区设立近一年时间，112项创新任务已实施近100项、完成58项。这里面不少是有价值、可复制推广的创新成果，其中22项已经总结整理报商务部。还有一些已取得很大突破，需要再向前迈进一步，提升到制度创新层面。前期省自贸办、三个片区和各级各有关部门都做了大量工作，省里为自贸试验区和上合示范区赋权，把能下放的权限都下放了，一业一证、事中事后监管等改革试点也在自贸试验区全面推开。下一步，要突出新旧动能转换、海洋经济发展、中日韩地方经贸合作等山东特色，在改革创新上再加大力度，聚焦片区功能定位进行差异化探索，围绕产业链部署创新链，促进制度创新与新业态、新模式培育有机融合，加快产业链、创新链、人才链、资金链四链合一，真正形成制度创新高地，带动企业集聚、开放发展。

（二）加快建设上合示范区。建设中国—上海合作组织地方经贸合作示范区，打造“一带一路”国际合作新平台，是党中央赋予我们的重要使命。“一带一路”沿线国家和地区是山东深耕细作的市场，尽管遭受中美经贸摩擦和新冠肺炎疫情影响，但双方贸易额始终稳定增长。必须看到，今年前5个月，示范区对上合国家进出口额1259万美元，增长7%，仅占示范区进出口总额的2.9%，增速低于全区平均水平14.9个百分点，上合组织国家对上合示范区投资项目为零。商务部要求上合示范区建设突出重点、尽快破题，与白俄罗斯和乌克兰合作实现突破。我们不能唱独角戏，下一步要充分调动与上合组织国家开展地方合作的积极性，按照商务部要求实施重点突破，探索推动油气全产业链开放发展，加快推进四大中心建设，创建更加开放的地方经贸合作机制。同时，要拓宽贸易领域，发展特色服务贸易、丝路电子商务，加快贸易通道建设，统筹做好“一带一路”沿线国家和地区境外经贸合作区布局，逐步将其打造成为“一带一路”国际合作新平台。

（三）全面有序推进开发区体制机制改革。上半年全省开发区进出口额占全省的61.1%，增长0.8%，增幅高于全省平均水平4个百分点，实际使用外资占全省的52%，增长8.1%，增幅高于全省平均水平0.9个百分点。开发区稳住了，就稳住了全省外贸、外资的半壁江山。根

据省委部署，今年将在全省全面有序推开体制机制改革，各开发区改革方案，领导小组基本完成审核，将按程序反馈各市，请各市按照有关要求抓紧调整完善并抓好落实。改革成效到底如何，最终还要用发展成果来检验。各市要把着力点放在推动开发区回归本源、聚焦主责主业上，把发展外贸放在更加重要的位置，立足自身产业特点和出口优势，支持企业进行市场开拓攻关。要加大招商力度，立足国际合作园区建设，选准引资方向和重点，吸引更多外资企业入驻，对重点外资项目要专人跟踪、全程服务，在项目选址、用地、工程建设、生产许可等方面给予更大支持。

（四）做强综合保税区。山东目前有 12 个综合保税区，但多而不强、有数量缺质量的问题比较突出。海关特殊监管区域进出口仅占全省的 9.8%，低于江苏 11.7 个百分点，原因在于没有将政策落地与产业发展结合起来，区内八成以上为传统保税加工、保税物流业务，没有特色主导产业，高附加值的保税维修、检验检测、融资租赁、服务外包、跨境电子商务等新业态新模式发展较慢。海关总署已出台综合保税区绩效考核办法，今年即将按此考评，考评结果作为奖惩主要依据。有关市要坚持结果导向，利用考核牵引，把现有综合保税区做优做强。要用足用好综合保税区 21 条政策及相关配套政策。今年 5 月，商务部、生态环境部和海关总署发布公告，支持区内企业开展 55 类产品保税维修业务，目前全省有 4 个综合保税区开展了此项业务。下一步，各地要加快推进力度，制定一区一策工作方案，积极促进济南综合保税区飞机、青岛电子内窥镜、烟台海工装备、潍坊可视电子设备、威海打印机、临沂悬浮高速离心风机电机等保税维修业务，发展更多新型业态，使综合保税区真正成为区域性开放功能平台。

五、压实工作责任，坚定不移转变作风狠抓落实

稳外贸、稳外资工作涉及方方面面，在当前变局变数较大的情况下，更需要各级各部门主动应变求变，共同努力，形成合力，抓重点、补短板、强弱项、求突破，促进外贸、外资稳定发展。

（一）进一步明确任务夯实责任。省商务厅作为省委统筹疫情防控和经济社会发展领导小组办公室外经外贸运行组牵头部门，要更好地发挥作用，密切跟踪形势发展变化，主动加强与有关部门的沟通，协调落实好已出台政策并加强督促检查。对目前正在研究的一些政策，像出口转内销、境外园区建设等，条件成熟的要尽快出台。各有关部门、单位要结合自身职能，加强财税、金融、物流、通关等政策和外贸、外资政策的协同配合，形成支持外贸、外资发展的合力。各市承担着稳外贸、稳外资主体责任，要在非常时期采取非常之策，拿出真金白银，支持企业发展。5 个进出口和实际使用外资均实现正增长的市，要保持目前良好局面，锚定更高目标，力争多作贡献。其他市要聚焦短板，加倍努力，有针对性地挖掘外贸、外资新的增长点，采取有效措施进行弥补，力争尽快由降转增。

（二）进一步转变作风强化担当。稳外贸、稳外资工作各种问题交织，工作之间环环相扣、紧密联系。近期国家和省里相关政策出得比较密集，各级各部门要立足本职，狠抓落实，确保让企业第一时间用上政策、享受红利。当前企业反映的问题诉求也很多，要坚持企业有所呼、政府有所应，做到马上就办、接诉即办，紧贴企业所需所盼开展工作。对于企业反映的共性问题，要研究在政策层面加以破解。对个

性化诉求，要因企施策、一企一策，即办，快办，搞好帮扶。

（三）进一步用好考核指挥棒。今年省里在对各市经济社会发展综合考核中专门设立了双招双引和打造对外开放新高地考核，稳住外贸、外资基本盘占该项指标总分数的60%。省里前期出台了利用外资奖励政策，近期将会落实。省政府最近又出台了对外贸工作的单项奖励政策，每个月对各市进出口完成情况进行考核。各市也要坚持目标导向，在有关考核中加重对外贸、外资工作的考核力度，凝聚工作合力。

知识窗

“十三五”时期中国贸易结构不断优化

一是国际市场布局更趋多元。目前，中国对外贸易朋友圈已扩大到230多个国家和地区。东盟成为中国第一大贸易伙伴；与“一带一路”沿线国家和地区经贸合作不断深化，进出口占全国贸易总额比重从2015年的25.1%提升至2020年的29.1%。

二是国内区域布局更趋协调。东部地区一般贸易方式出口持续扩大，自主发展能力进一步增强；中西部地区外向型经济加快发展，承接加工贸易梯度转移取得积极成效。

三是市场主体更趋多元。2019年民营企业首次超过外商投资企业，成为中国第一大外贸主体；2020年民营企业进出口占中国外贸总值的46.6%，较2015年提升9.6个百分点，成为稳外贸的重要力量。

四是贸易方式更加优化。一般贸易贡献增强，进出口比重由2015年的54.0%提升至2020年的59.9%；跨境电子商务、市场采购贸易方式等贸易新业态新模式蓬勃发展，成为新增长点；服务贸易创新发展试点不断深化，促进服务贸易竞争力持续提升。

五是商品结构更加优化。出口产品不断向价值链上游攀升，机电产品出口比重持续提升，集成电路等高附加值产品出口保持快速增长；进出口更趋平衡，与人民生活密切相关的优质消费品进口和有助于转型升级的技术装备进口不断扩大。

接续奋斗 砥砺前行 在融入新发展格局中谱写商务发展新篇章

——在全省商务工作电视电话会议上的报告

Report on the Provincial Business Work Teleconference

张德平

（2021 年 1 月 19 日）

结合学习贯彻中共十九届五中全会精神、落实全国商务工作电视电话会议和省委经济工作会议部署，省商务厅党组对去年工作进行了总结，对今年目标任务和重点工作进行了研究。下面，我代表商务厅党组作工作报告。

一、2020 年工作回顾

刚刚过去的一年是极不平凡的一年，商务工作遇到了前所未有的三重冲击，即百年不遇的新冠肺炎疫情严重冲击，世界经济陷入二战结束以来最严重的衰退，美国对中国的遏制打压全面升级。面对严峻形势，全省商务系统深入学习贯彻习近平总书记对山东工作的重要指示要求，增强“四个意识”，坚定“四个自信”，做到“两个维护”，坚决落实省委、省政府决策部署，锚定“六稳”“六保”任务要求，攻坚克难、化危为机，在空前考验中交出了一份靓丽答卷，主要体现在两个率先、三个好于。两个率先，即外贸外资企业在全国率先复工复产，外贸外资在全省主要经济指标中率先转正。三个好于，即商务主要指标好于预期、好于全国平均水平、好于主要对标省份。2020 年，全省进出口增长 7.5%，高于全国平均水平 5.6 个百分点；出口增长 17.3%，高于全国平均水平 13.3 个百分点；进出口、出口增幅在全国前六大省市中分别排名第 2 位、第 1 位。实际使用外资及港澳台地区投资增长 20.1%，高于全国平均水平 15.6 个百分点，增幅在全国前六大省市中排名第 1 位。实际对外投资增长 36.2%，高于全国平均水平 36.6 个百分点。社会消费品零售总额与上年持平，好于全国平均水平 3.9 个百分点。

一年来，我们牢记习近平总书记“走在前列、全面开创”的教导，统筹疫情防控和商务发展，发起开放倒逼改革攻坚行动，奋力在危机中育先机、于变局中开新局，重点抓了六方面工作：

（一）打好疫情防控阻击战，市场保供更加有力。疫情初期，第一时间成立疫情防控工作领导小组，年初三到岗到位，每天召开例会，及时协调解决各种急难问题。启动生活必需品市场应急监测制度，对重点农产品保供企业建立“品种 + 任务”调运清单，推动全省 30 家企业对接湖北 40 个商超和批发市场，圆满完成对湖北等省市的保供任务。千方百计从全球进口额温枪、口罩等防疫物资，弥补市场缺口。制定批发零售、餐饮等7个生活服务行业疫情防控指南，出台18条政策措施促进复商复市。沿产业链点对点跟踪推进外资企业配套厂商复产。协调现代汽车公司等韩资配套企业提前复工，韩国产业通商资源部部长专门致函省主要领导表示感谢。北京新发地市场疫情突发后，迅速建立京鲁蔬菜保供联席保障机制，向北京供应蔬菜3万吨。

（二）着力激发市场潜力活力，消费回升势头更加强劲。倡导推进分餐制，促进餐饮消费。推动16个市发放消费券5.3亿元，拉动消费28.4亿元。联合中央广播电视总台开展新消费、爱生活—山东消费年活动，现场直播带货14.57亿元，配套组织乐购促消周、暖冬消费季，全年促销活动好戏连台。加快推进步行街改造提升，青岛台东路入选全国试点，第二批13条省级步行街试点进展顺利。新增7个国家级电子商务进农村综合示范县，全省农产品网络零售额增长22.3%。出台支持出口产品转内销16条措施，开展电子商务直播进外贸企业、出口产品进商超活动，支持企业开拓国内市场。下半年，全省社会消费品零售总额连续6个月实现正增长。

（三）坚决稳住外贸外资基本盘，高质量发展步伐更加坚实。坚持问题导向，聚焦企业急难愁盼，出台稳外贸15条、稳外贸外资32条、高水平利用外资20条等政策措施，目录化、清单化送政策上门。组建549支服务队，定向服务2335家外贸基本盘企业、1119家外资基本盘企业。上线运行山东省稳外贸稳外资服务平台，一企一策解决问题2215个。创新推动工作线下转线上，先后组织重点外资项目签约开工仪式、儒商青企会、山东与世界500强连线等重大活动，签约外资项目237个，合同外资104.9亿美元。出台线上展洽会实施方案，举办山东出口商品云展会60场，出口成交8.1亿元。举办11期应对国际贸易摩擦视频专题培训。有效应对中美经贸摩擦，美国重新成为山东第一大出口市场，山东全年对美国进出口增长26.4%。大力发展新业态、新模式，开展跨境电子商务B2B、9710、9810业务出口试点，新增3个国家级跨境电子商务综合试验区、两个市场采购贸易试点单位，全省跨境电子商务进出口增长366.2%，市场采购贸易出口增长84.5%。3个市被确定为国家级全面深化服务贸易创新发展试点单位。坚持在谈、签约、落地“三个一批”外资项目推进机制，强化要素跟着项目走，让外商投资放心、发展安心，全年新设外资企业3060家，增长21.6%。

（四）深化改革创新探路先行，高能级平台作用更加凸显。加快建设自贸试验区、上合示范区、开发区，当好先遣队、特战队。《中国（山东）自由贸易试验区条例》正式发布。自贸试验区112项试点任务实施104项，形成60项制度创新案例，9项获国家认可，前11个月，自贸试验区进出口、实际使用外资分别占全省的11.8%、11%。出台支持上合示范区建设的18项政策措施，四个中心建设取得新进展。商务部门等政府机构在全国首创负面清单放权模式，清单外行政权力事项全部下放至自贸试验区和上合示范区。开发区体制机制改革基本完成，压减内设机构58.7%、管委会人员56.2%、实际管辖面积48%，更加聚焦主责主业，动力活力逐步释放。前11个月，54个试点开发区实际使用外资、进出口增速分别高于全省平均水平23.9个、8.7个百分点。新增两个综合保税区，总量达13个。10个纳入海关统计的综合保税区进出口占全省的11.5%，增长24.7%。

（五）主动融入国家开放大局，区域经贸合作更加深入。深度融入“一带一路”建设，对沿线国家实际投资增长16.8%，进出口增长9.1%。13个境外经贸合作区完成投资33.9亿元，产值185.7亿元，带动货物出口105.4亿元。全面落实山东与日韩9个方面的机制化安排，开展对日知彼、日韩资企业专题调研，推进一批重点项目落地，全省吸收日资增长115.7%，吸收韩资增长136.4%、增幅在前十位外资来源地中居第一。抢抓《区域全面经济伙伴关系协定》签署机遇，研究制定《深化与日韩经贸合作先期行动计划》。加快推动多式联运，畅通国际物流通道。

（六）加快高水平制度供给，开放型经济新体制更加完善。省委十一届十一次全会专题研究对外开放工作，出台打造对外开放新高地的意见，推出45条实打实的政策措施，构建起山东高水平扩大开放的四梁八柱。成立省对外开放工作领导小组，省委、省政府主要领导任组长，统筹推进全省对外开放工作。建立外贸外资通报约谈制度，落实奖励措施，形成省市工作合力。创新市场采购贸易监管方式，制定对韩国54类出口商品正面清单，为企业节省资金上亿元。出台实施跨境电子商务等新业态提升、培育山东本土跨国公司、境外经贸合作园区高质量发展3个三年行动计划，健全重点工作长效推进机制。

回望过去的一年，面对严峻考验，全省商务系统负重前行，开创了工作新局面。实践中，我们做到了三个始终坚持。

始终坚持问题导向，主动应对风险挑战。出政策、做工作、搭平台，跟着问题走、奔着问题去，把解决问题作为打开工作局面的突破口。疫情对国际物流影响初现端倪之时，我们迅即成立工作专班，会同相关单位全力攻坚，推动出台专项扶持政策。创新推出鲁贸贷，实施税保证保险，推动封闭贷款政策落地落细，扩大政策性优惠利率贷款规模，有效缓解了企业融资压力。只要我们坚持问题导向，有敢啃硬骨头、敢涉险滩的魄力和勇气，就能找到破解困局、攻坚克难的金钥匙。

始终坚持创新先行，抢占发展先机。这次疫情冲击不同以往，供给中断、需求萎缩，挑战前所未有。面对困难，我们不等不靠、敢闯敢试，探索创新、抢滩前沿，多项工作走在全国前列，主要指标迈上新台阶。我们只要准确识变、科学应变、主动求变，下好先手棋，掌握主动权，集中力量办好自己的事，就能应对变局、开拓新局。

始终坚持系统观念，形成推动发展的强大合力。商务工作涉及方方面面，要放到全省这盘大棋中谋划推动。省委、省政府高度重视，省主要领导亲自谋划、亲自指挥、亲自推动商务领域重点工作，省直各部门和各市通力配合、同向发力，将一个个不可能变成了可能，实现了新突破、新跨越。

一年来，我们深入学习习近平新时代中国特色社会主义思想，巩固深化“不忘初心、牢记使命”主题教育成果，加强政治建设，提高政治能力，推动全面从严治党向纵深发展，加强高素质干部队伍建设，涌现出一批先进典型。

2020年的成绩，实现了“十三五”商务发展的圆满收官。五年来，全省商务系统不懈奋斗，取得了显著成绩。社会消费品零售总额规模扩大，强大市场优势进一步显现。货物进出口突破2万亿元大关，年均增长8%，占全国的比重由“十二五”末的6.1%提高到“十三五”末的6.8%。实际使用外资规模连创新高，2020年达到176.5亿美元，居全国第四位。实际对外投资位居全国前列。高能级开放平台建设实现新突破，自贸试验区、上合示范区成功获批，开发区体制机制改革迈出坚实步伐，跨国公司领导人青岛峰会永久落户。“十三五”规划各项任务目标基本完成，为新发展阶段商务高质量发展奠定了坚实基础。

成绩来之不易，值得倍加珍惜。这是省委、省政府坚强领导的结果，是各部门支持合作的结果，是全省商务系统勇挑重担、真抓实干的结果。在此，我代表厅党组向大家表示衷心的感谢和崇高的敬意！

二、准确把握商务发展新形势

做好当前和今后一个时期的商务工作，要充分认识、准确把握新发展格局下面临的新形势。

（一）准确把握商务系统在新发展格局中的职责定位。构建新发展格局明确了国家经济现代化的路径选择。商务工作联通内外、贯通城乡、对接产销，是国内大循环的重要组成部分，是国内国际双循环的关键枢纽，在服务构建新发展格局中处于十分重要的位置。促进畅通国内大循环，要立足扩大内需这个战略基点，紧紧扭住供给侧结构性改革这条主线，加强需求侧管理，推进城乡循环，全面促进消费，提升消费层次，使建设超大规模的国内市场成为一个可持续的历史进程。促进畅通国际循环，要重视以国际循环提升国内大循环效率和水平，实施更大范围、更宽领域、更深层次对外开放，主动融入“一带一路”，稳住外贸外资基本盘，深化与日韩地方经济合作，打造对外开放新高地。促进畅通国内国际双循环，要充分利用两个市场、两种资源，促进内需和外需、进口和出口、引进外资和对外投资协调发展，加大制度型开放，完善内外贸一体化调控体系，推动构建现代流通体系，实现国内外市场更好联通、相互促进，不断增强商务发展的竞争力、持续力。

（二）准确把握当前面临的严峻复杂形势。外部环境依然复杂严峻。新冠肺炎疫情仍在全球蔓延，世界经济低迷，贸易投资复苏乏力。疫情对消费的不利影响持续存在。局部聚集性疫情反复出现，居民对餐饮、住宿等消费仍有顾虑。外贸回升向好基础不稳。防疫物资、宅经济产品和境外订单转入是去年拉动出口增长的一次性因素，随着今年疫苗普及，境外复工复产提速，这些因素可能削弱。此外，企业仍面临人民币汇率升值、原材料成本上涨等困难。外资增长不确定性因素增多。全球国际直接投资持续下降，国际引资竞争加剧，主要经济体纷纷出台政策促进制造业回流。人员跨境流动受限，外资项目储备不足。

（三）准确把握制约商务高质量发展的短板弱项。从国内大循环看，流通现代化水平不高，物流成本偏高，冷链物流运输水平低，省内缺乏大型物流企业。消费新业态、新模式发展迟缓。电子商务网络零售规模小。首店经济、免税经济发展缓慢。夜间消费活力不足。高端服务消费供给不足。农村消费潜力亟待挖掘，乡镇促进农村消费的节点作用还没有充分发挥。从国际循环看，进出口结构两高两低：劳动密集型产品出口占比高，大宗商品进口占比高，高新技术产品出口占比低，对欧美日韩高端市场出口占比低。外贸新业态、新模式规模小、拉动弱。制造业利用外资占比逐年下降。商务领域安全风险增多。从国内国际双循环看，内外贸市场标准不一。开放平台作用发挥不充分。国际物流不畅，航空货运运力不足，对重点国家航线偏少，海运部分航线舱位紧张、运费高涨，欧亚班列回程班列少。

在看到困难、问题的同时，更要看到发展机遇。经济全球化根本方向没有改变，中国经济长期向好的基本面没有改变，山东经济持续向好、新旧动能转换初见成效的发展趋势没有改变。中国深入推进高水平制度型开放，签署《区域全面经济伙伴关系协定》、完成《中欧投资协定》谈判、谋划加入《全面与进步跨太平洋伙伴关系协定》，对外开放的大门越开越大，为我们统筹两个市场两种资源、服务于构建新发展格局提供了更大的舞台。

三、今年目标任务和重点工作

今年全省商务工作的总体要求是：以习近平新时代中国特色社会主义思想为指导，全面贯彻中共十九大和十九届二中、三中、四中、五中全会精神，加强党对商务工作的全面领导，增强“四个意识”，坚定“四个自信”，做到“两个维护”，坚持稳中求进工作总基调，立足新发展阶段，贯彻新发展理念，融入新发展格局，扎实做好“六稳”工作，落实“六保”任务，建设现代流通体系，全面促进消费，稳住外贸外资基本盘，构建开放型经济新体制，打造对外开放新高地，确保“十四五”开好局、起好步。

主要预期目标是：社会消费品零售总额平稳增长，增幅高于全国平均水平；进出口量稳质升，增幅高于全国平均水平；实际使用外资稳定增长，增幅高于全国平均水平，制造业实际使用外资比重大幅提高；对外投资合作平稳发展。

实现上述目标，任务艰巨繁重，必须牢牢把握构建新发展格局这个纲，把融入新发展格局贯穿到商务工作的各领域全过程，做到纲举目张。重点抓好以下九个方面的工作。

（一）着力构建现代流通体系。优化流通网络布局，规划布局一批区域性流通节点城市，发挥济南、青岛等5个枢纽城市的作用，积极推进30个县域节点城市建设，形成一体化骨干流通网络。组织实施流通企业走出去促进工程，在“一带一路”沿线、区域全面经济伙伴关系协定覆盖区域、欧盟、非洲等全球30个国家和地区建设一批境外物流园区、仓储物流中心和分拨中心，高质量布局全球流通网络。培育壮大流通主体，制定培育壮大现代流通企业五年行动计划，组织实施151现代物流企业培育工程，“十四五”时期引进培育10家全球性国际物流企业集团、50家全国大型物流企业、100家专业化中小物流企业，提升物流整体运行效率，促进国内国际双循环。到2025年，社会物流总费用占生产总值的比率降低3个百分点。推动商品市场创新发展，布局建设10个商品交易市场创新发展示范基地。开展现代商贸流通体系建设试点。畅通城乡循环，持续推进农商互联，打造特色农产品产销一体化供应链，改造升级公益性农产品批发市场、农贸市场，建立产销对接长效机制。发展县乡村三级物流配送、城乡高效配送网络，建设一批县级物流配送中心，提升乡镇站点的辐射带动功能。加快推进国家级电子商务进农村综合示范县建设，畅通农产品上行和工业品下行通道。

（二）提升城市消费供给水平。积极发展便民消费，抢抓城市更新行动机遇，开展15分钟社区便民生活圈改造提升行动，拓展便利店、菜市场、早餐店、维修店、家政服务点以及教育、文化、娱乐、健身、医疗、康养等便民商业业态，一站式满足居民生活消费和服务消费需求。支持发展休闲体验消费，培育夜间消费集聚区。提振餐饮消费，持续推进厉行节约、反对浪费专项行动。加快培育新型消费，推动直播电子商务、社交电子商务、内容电子商务等做大做强，培育建设县域直播电子商务产业园区、产业基地。创建无接触式消费模式，探索发展智慧超市、智慧商店、智慧餐厅等新零售业态。加快发展免税经济，增设口岸进境免税店、市内免税店。培育认定一批省级新型消费示范城市，建设具有较强影响力的新型消费商圈。大力提升服务消费，积极引进日韩养老机构、教育培训机构、会展服务机构，加大高端服务消费供给。推进生活服务数字化赋能工程，发展社区生活服务业。推进家政服务业信用体系建设，开展诚信家政进社区惠民促消费活动。

（三）补齐农村消费短板。推进乡镇商贸中心建设，推动大型商贸流通企业向乡镇下沉，建设改造直营连锁超市，打造生活消费服务综合体，培育和建设一批集聚效应显著、服务功能完善、拉动消费作用明显的乡镇商贸中心，为农民提供较完备的生产生活服务，把乡镇建设成为服务农民的区域中心，促进城乡经济循环。今年首批培育认定 10 个乡镇商贸中心建设示范县（市）。扩大农村大宗商品消费，组织开展新一轮汽车下乡活动，对农村居民购买 3.5 吨及以下货车、1.6 升及以下排量乘用车予以补贴。实施家电以旧换新活动，对消费者淘汰旧家电并购买绿色智能家电给予补贴。改善农村消费环境，多部门联合开展农村放心消费专项行动，加大对假冒伪劣商品的监管和打击力度，规范农村市场秩序。

（四）创新发展对外贸易。提高出口质量，出台贸易创新发展实施方案，持续优化商品结构、市场布局、贸易方式，提高机电、高新技术产品和高附加值产品出口比重。在全省县域范围内开展外贸高质量发展示范区创建活动，今年首批认定 10 个示范区。举办山东出口商品全球系列展洽活动，“线上 + 线下”开拓国际市场。开展国际贸易摩擦产业巡回辅导行动和行业自律促进行动，探索多主体协同应对国际贸易摩擦，提高贸易摩擦应对能力。大力培育新业态新模式。实施跨境电子商务等新业态提升计划，加快推进 7 个国家级跨境电子商务综合试验区建设，培育认定一批省级跨境电子商务平台、产业园、公共海外仓。复制推广链上自贸保税展示展销新模式，建设跨境电子商务线下 O2O 体验店。放大市场采购贸易试点政策效应，创新开展市场采购贸易出口信用保险服务。推动青岛、济宁、枣庄 3 市扩大二手车出口。探索发展离岸贸易。扩大进口规模，加快建设国家级进口贸易促进创新示范区，培育 10 个省级进口贸易创新示范区，认定 100 家进口贸易小巨人企业，扩大先进核心设备和关键零部件进口，增加高品质日用消费品进口。加快服务贸易转型升级。深化济南、青岛、威海市国家级服务贸易创新发展试点工作。大力发展数字贸易、工业设计、文化创意、电子竞技、动漫等新兴服务贸易。探索建设数字贸易先行示范区，打造一批省级特色产业服务出口基地，认定一批省级技术先进型服务企业。推动汽车和飞机制造、石油装备、医药研发等优势产业创建“互联网 + 智能制造 + 个性化服务”运营模式，打造山东制造服务品牌。支持创建国家级服务外包示范城市，推动服务外包加快向高技术、高附加值、高品质和高效益转型升级。

（五）推进内外贸一体化。健全内外贸一体化发展机制，落实国家完善内外贸一体化调控工作要求，指导企业做好经营资质、质量标准、检验检疫、认证认可等方面的工作衔接。培育认定 30 家省级双循环示范企业，探索内外贸融合发展新模式。推进同线同标同质，支持出口企业发展三同产品，会同有关部门解决标准衔接、标识规范等问题。开展三同宣传推广活动，推动三同产品进电子商务平台、进商超、进社区。组织出口转内销活动。支持外贸企业入驻政府采购网上商城，在大型商场、超市设立外贸出口产品专区、专柜。引导外贸企业利用网上销售、直播带货、场景体验等新模式打造新国货品牌，扩大国内市场份额。在国家和省级步行街开展家乡好街、请您来逛活动，推动出口产品转内销。

（六）提高利用外资和港澳台资质量。加大重点领域和重点国别（地区）引资力度。落实鼓励外商投资产业目录，用好选择山东云平台、产业链精准招商平台以及卡奥斯等工业互联网平台，引导境外资金更多投向制造业、现代服务业领域。抢抓中欧投资协定谈判完成机遇，加大汽车、新能源、海运服务、金融服务等产业引资力度。深度分析《区域全面经济伙伴关系协定》境外签约方自欧美进口商品清单，加强对欧美高技术制造业的靶向招商。完善鲁港经贸合作机制，吸引香港贸易、金融、航运、科技等行业领军企业在山东设立区域性总部。认定一批山东省跨国公司地区总部和山东省跨国公司总部基地。加快推进重大投资项目落地。健全省领导联系重点外资企业制度，推动省重点引资项目列入国家稳外资专班项目。盯紧去年重大活动签约的237个重点项目，加强用地、环保、能耗等要素保障，加快推动项目落地出资。创新举办线上线下招商活动。以打造主场外交新平台为努力方向，办好第二届跨国公司领导人青岛峰会。适时组织赴日韩、欧盟招商活动。

（七）建强高能级开放平台。推进自贸试验区制度创新，开展自贸试验区制度集成创新行动，聚焦片区特色优势产业，围绕产业链开展系统性、集成性、原创性制度创新，做大做强主导优势产业，提升产业链、供应链开放发展水平。争取率先实施自贸试验区跨境服务贸易负面清单制度。建立自贸试验区特色统计制度，实施创新激励机制。推进青岛片区山东国际大宗商品交易市场建设。研究制定自贸试验区2.0升级版，对标《区域全面经济伙伴关系协定》《中欧投资协定》《全面与进步跨太平洋伙伴关系协定》，先期开展压力测试，加快制度型开放。推动上合示范区建设提速。压实上合示范区建设主体责任，完善考核办法，加大考核力度，落实支持政策。加强与省内重点园区合作，建设上合联动创新区。加快推动油气全产业链开放发展。巩固扩大开发区体制机制改革成果。组织开展开发区改革工作回头看活动，推动开发区聚焦主责主业，将开发区打造成为外贸外资主阵地、高端产业主战场、新业态新模式发展主引擎。建立开发区产业链长制，推动产业集群特色化、区域化发展。突出开发区与重点国别（地区）的投资合作，培育建设一批国际合作园区。推动东西部开发区合作共建。提升综合保税区发展水平，积极发展融资租赁、研发设计等新业态，扩大船舶、通信设备、精密电子等产业保税维修规模。

（八）推动对外合作有序发展。深化山东与“一带一路”沿线国家的经贸合作。推动省内工程、装备、建材等企业与央企配套协作，开展国际产能和基础设施建设合作。在沿线国家开展交通、电力等重大项目建设，带动成套设备及服务出口。培育山东本土跨国公司。全面落实培育山东本土跨国公司行动计划，推动企业围绕市场、技术、品牌等要素进行跨国并购，提升跨国竞争实力。建设境外并购回归产业园，带动高端产业、技术和品牌引进来。建好境外经贸合作区。实施境外经贸合作区高质量发展行动计划，拓展“合作区+”功能，使之与跨境电子商务海外仓、境外展会、欧亚班列货物分拨中心优势互补、一体发展，助力企业开拓国际市场。认定第三批省级境外经贸合作区。

（九）深化与日韩地方经济合作。落实与

日韩经贸合作先期行动计划。建设《区域全面经济伙伴关系协定》地方经贸合作先行区。设立《区域全面经济伙伴关系协定》对日本进出口关税享惠商品清单，指导企业提前布局产能和市场渠道。深度研究《区域全面经济伙伴关系协定》区域内原产地累积规则，引进日韩汽车、船舶、电子、医药、装备制造等优势产业上下游企业。建设国际物流黄金大通道。推动加密山东与日韩之间的空运、海运航班航线，加密欧亚班列图定路线开行频次。加快推进中韩陆海联运整车运输，提高威海港—仁川海港—仁川国际机场运输效率，打造全国经仁川国际机场通达全球的跨境电子商务信息家电产品出口快捷通道。推动青岛、威海、烟台、日照口岸先行先试《区域全面经济伙伴关系协定》6小时通关政策，带动形成全国与日本、韩国之间的食品、农产品贸易集散地。深化山东与日韩之间的口岸、通关、港口、物流合作，构建全国面向日韩服务最优、效率最高、成本最低的服务体系，建设东联日韩、西通欧亚、辐射东南亚、带动全中国的黄金大通道。健全山东与日韩地方经贸合作机制。巩固深化山东与日韩政府部门、相关机构和大企业的合作机制，提升山东省政府经济咨询顾问（日本）会议机制，进行贸易投资、人员往来、国际消费等领域的机制创新。完善山东与日韩企业共同开拓第三方市场的长效机制。

围绕上述九个方面的工作，我们将重点组织10个活动：3月举办深化山东与港澳台合作推进会，4月举办山东与《区域全面经济伙伴关系协定》覆盖区域合作对接会，5月举办中国（山东）—欧盟投资峰会，6月举办全省全面促进城乡消费创造新需求大会，7月、8月、9月分别举办日本、韩国、《区域全面经济伙伴关系协定》覆盖区域进口博览会，10月举办第二届跨国公司领导人青岛峰会，11月举办山东干部讲堂打造对外开放新高地专场，12月举办《区域全面经济伙伴关系协定》中小企业合作论坛。各市要按照相关活动安排，结合自身实际，找准结合点、发力点、创新点，提前谋划、积极参与，确保取得最大成效。

做好商务工作，关键在于加强党的全面领导。要提高政治站位，自觉用习近平新时代中国特色社会主义思想武装头脑、指导实践、推动工作，善于从讲政治的高度思考和推动商务发展，不断提高政治判断力、政治领悟力、政治执行力。坚持严字当头，保持高压反腐的政治定力，持之以恒正风肃纪。加强干部队伍建设，提高专业化能力，努力成为商务领域的行家里手，打造高素质商务干部队伍。要树立正确的政绩观，健全外贸外资考核通报机制，既看发展又看基础，既考核量的增长也考核结构的优化。各市商务主管部门要牢固树立正确的政绩观，切实扛起防范和惩治统计造假、弄虚作假的政治责任，确保数据经得起检验。要加强系统行风建设，充分认识商务系统行风建设的重要性，突出商务为民，努力解决电视问政、“双稳”平台、“四进”攻坚等渠道反映的问题诉求，始终把基层企业反映强烈的问题作为行风建设的重点，不断增强人民群众的获得感、幸福感、安全感。

新时代孕育新希望，新征程催生新使命。让我们在习近平新时代中国特色社会主义思想的指引下，不断增强“四个意识”，坚定“四个自信”，做到“两个维护”，坚定信心、迎难而上，做好商务高质量发展各项工作，在融入新发展格局上迈好第一步、见到新气象，以优异成绩庆祝建党100周年！

2020 年山东省商务工作要点

Provincial Commerce Work Keypoints in 2020

山东省商务厅

（2020 年 1 月 20 日）

2020 年是全面建成小康社会、实现“十三五”规划目标和全省新旧动能转换初见成效的决战决胜之年，做好商务工作意义重大。总体要求是，以习近平新时代中国特色社会主义思想为指导，全面贯彻中共十九大和十九届二中、三中、四中全会精神，增强“四个意识”，坚定“四个自信”，做到“两个维护”，紧扣全面建成小康社会目标任务，坚持稳中求进工作总基调，坚持新发展理念，坚持深化供给侧结构性改革，落实重点工作攻坚年部署，聚焦打造对外开放新高地，稳外贸、稳外资、促消费，推动全省商务实现高质量发展。

主要预期目标：社会消费品零售总额平稳增长。对外贸易稳中提质，利用外资稳定增长，力争外贸、外资两项指标增幅高于全国平均水平，高于对标省份。对外投资合作平稳发展。

重点任务、重点领域有新突破：自贸试验区，每个片区形成不少于 2 条在全国复制推广的改革试点经验。上合示范区，四个中心建设取得明显阶段性成果。开发区、海关特殊监管区域，全国排名位次明显前移，外贸、外资主要指标保持较快增长。步行街和首店经济，每个市至少打造 1 条省级步行街、2 条市级步行街，全省首店突破 300 家。外贸新业态，跨境电子商务零售进出口实现倍增，外贸综合服务企业出口增幅高于全省平均水平，市场采购贸易出口突破 350 亿元。

一、建设高水平开放平台

（一）推动自贸试验区建设。建立健全总体制度框架体系，理顺 3 个片区运行体制机制。推动试验区总体方案 112 项试点任务落实，实施保税油品、融资租赁、保税维修等重点任务专项攻关行动计划。推动出台《中国（山东）自由贸易试验区条例》。研究出台考核评估办法，做好业务培训、宣传推介等工作。

（二）推动上合示范区建设。出台《山东省支持中国—上海合作组织地方经贸合作示范区建设的若干措施》。建立与上海合作组织国家常态化互访交流机制，加强旅游、文化合作，扩大农产品和资源能源型产品进口。加大对上海合作组织国家援外培训力度。推动上海合作组织国家在山东设立经贸代表处。完善指标体系，加强对上合示范区建设的督导考核。

（三）推进开发区体制机制改革。组织指导各市全面推开开发区体制机制改革。总结提炼典型案例，复制推广成熟经验，将改革试点中的有效经验、做法上升为制度性安排。做好开发区优化整合、国际合作园区认定等重点工作。开展综合保税区功能拓展、创新监管等工作。建立健全开发区综合评价办法和海关特殊监管区域发展绩效评价办法。

（四）筹办重大经贸活动。办好第二届跨国公司领导人青岛峰会，向着打造主场外交新平台努力。筹备组织第二届儒商大会。积极参加第三届中国国际进口博览会。创新组织粤港澳山东周。机制性、常态化组织美国商务周、欧洲商务周、日韩山东周。

二、推动对外贸易稳中提质

（一）千方百计稳外贸。创新“境外百展 +”计划，打造山东出口商品系列展会。加大对 20 个重点市场的开拓力度，支持各市开拓 6—7 个重点市场。巩固提升传统市场。深耕细作“一带一路”市场。积极拓展非洲、拉美等新兴市场。抢抓区域全面经济伙伴关系协定所创造的机遇，研究与日韩贸易创新的突破口，深挖 14 国市场贸易潜力。

（二）推动贸易高质量发展。贯彻落实《中共中央、国务院关于推进贸易高质量发展的指导意见》,出台具体落实措施。大力发展高质量、高技术、高附加值产品贸易，加快培育国际自主品牌。扩大一般贸易规模。支持创建国家外贸转型升级基地。培育认定第三批外贸转型升级试点县（市、区）。加快国际营销服务体系建设。

（三）加快发展新业态、新模式。健全发展新业态、新模式的政策体系。加快推进国家级跨境电子商务综合试验区建设，推动青岛、威海参与全国综合试验区 B2B 平台建设，济南、烟台复制推广前三批综合试验区的经验做法。推动潍坊、日照、临沂等 7 市开展跨境电子商务 1210 保税进口业务。支持企业建设跨境电子商务海外仓。推进外贸综合服务企业信息共享和联合监管。支持临沂工程物资市场扩大市场采购贸易规模，积极争取新一批市场采购贸易试点。

（四）积极主动扩大进口。扩大十强产业关键零部件、核心装备进口，增加紧缺和特色日用消费品进口，拓展重要原材料进口来源。积极争取原油进口配额，稳定扩大原油进口。支持创建国家进口贸易促进创新示范区。

（五）妥善应对中美经贸摩擦。完善 1700 家企业运行监测平台,继续打好“六大组合拳”。借鉴先进省市“订单 + 清单”的经验做法，对全部对美出口企业建档立卡。建立中美经贸摩擦信息共享平台。充实政策工具箱，精准帮扶受影响的企业。指导企业申请关税排除。完善防控应对预案。加强贸易摩擦预警机制和法律服务体系建设。加强贸易政策合规审查工作。

（六）创新发展服务贸易。深化服务贸易创新发展试点、重点文化出口基地、中医药服务出口基地、中国服务外包示范城市等国家试点建设。大力发展数字服务、技术贸易。举办服务贸易系列展会，培育文化贸易品牌。推动服务外包转型升级。扎实推进服务贸易百强主体培育工程。

三、稳定和扩大利用外资及港澳台地区投资

（一）全力以赴稳外资。贯彻落实《国务院关于进一步做好利用外资工作的意见》，出台推动高质量利用外资政策措施。加强重大经贸活动前期论证和后期评估，洽谈推进一批高质量项目。发挥双招双引考核的指挥棒作用，强化重点签约项目跟踪调度，早日落地见效一批好项目。聚焦八大发展战略，谋划储备一批带动力强的新项目。

（二）拓宽引资领域和来源。提高制造业利用外资质量。抓住国家放宽服务业等市场准

入和股比限制的时机，吸引更多金融、文化等产业的外资项目。绘制全省产业招商地图，构建产业链招商体系。强化与跨国公司、行业领军企业的对接与合作。引导港资投向十强产业，招引港澳高端服务业落户山东。推动在鲁台资企业增资扩股。

（三）构建完善的招引网络。突出企业主体地位，以商招商、以企招企。完善选择山东云平台。健全省直部门（单位）与基层双招双引挂钩联动机制。常态化举办对外经贸合作视频路演。发挥驻外经贸代表处的作用，形成省市双招双引的合力。

（四）优化外商投资环境。落实《中华人民共和国外商投资法》及其实施条例，建立投资促进、保护和管理体系。落实外商投资准入前国民待遇加负面清单管理制度。实施外商投资企业信息报告制度，加强事中事后监管。构建外商投资综合服务体系。完善省级外商投诉工作协调机制，保护外商投资企业合法权益。

四、深化与日韩之间的区域经贸合作

（一）推动合作机制落地。推动山东省—韩国经贸合作交流会机制、山东省商务厅—日本经济产业省九州经济产业局定期会晤机制落地，办好中国山东省与韩国产业通商资源部省部联席会议，举行山东省—釜山市第一次交流会。用好山东省与日本经济咨询顾问机制化交流平台。推动落实中国（山东）自由贸易试验区济南片区中日（济南）软件信息服务业合作机制。支持青岛与釜山、烟台与平泽、威海与仁川创新地方经贸合作机制。

（二）深化产业经贸对接。在新一代信息技术、节能环保、康养医疗、文化旅游、商贸物流等领域，全方位深化山东与日韩的产业合作。推动山东与日韩世界 500 强企业合作。拓宽山东与日韩在服务贸易领域的合作。推动中韩（烟台）产业园与韩中新万金产业园创新合作。在中国（山东）自由贸易试验区设立与日韩合作的专属区，建设中日产业园区，打造高端产业合作平台。

（三）拓展第三方市场合作。加强山东与日韩商（协）会之间的信息交流。推动山东与日韩企业共同开发第三方市场，重点拓展基础设施和制造业领域合作。

五、有序推动对外投资合作

（一）推动境外经贸合作区发展。出台推动境外经贸合作区高质量发展的政策措施。统筹做好合作区国别布局。引导合作区有序承接国内产能转移，把关键技术、关键环节留在国内。发挥境外经贸合作区平台载体作用，加强与日韩等国企业合作。支持企业在合作区建设跨境电子商务海外仓。举办山东—匈牙利经贸合作对接会、境外经贸合作区发展论坛暨企业对接会。

（二）坚持以“走出去”带动引进来。完善培育本土跨国公司的政策措施。引导企业整合利用全球智力、技术创新、品牌管理、营销网络等要素资源，向全球价值链中高端迈进，带动境外企业回归发展。

（三）大力发展对外承包工程。聚焦设施联通和产能合作，建设一批综合效益好、带动作用强的大项目。支持企业利用对外承包工程、境外投资、援外项目等推动省内商品出口，带动装备、技术、标准、认证和服务“走出去”。实施对外承包工程项目备案加负面清单管理模式。大力发展高端劳务。创新举办第八届央企鲁企经贸合作对接会。

（四）强化平台建设和风险防范。健全对外投资促进政策和服务体系。深化商务、银行、出口信用保险机构与企业之间的合作机制，对接政策性资金，拓展企业融资渠道。做好对外投资真实性、合规性审查，落实对外投资备案（核准）报告管理制度。推进境外企业和对外投资联络服务平台建设。完善“走出去”公共服务平台和风险保障平台建设。

六、多措并举促进消费

（一）扩大提升城市消费。大力发展首店经济。活跃夜间商业和市场，繁荣发展夜经济。建立步行街省、市、区、街四级联动工作机制。研究出台全省步行街改造提升的意见，制定评价标准，开展第二批省级试点。支持各市建设市级步行街，各县（市、区）建设特色街区。积极开展绿色商场创建。继续评选一批再生资源示范园区。落实二手车流通、报废机动车回收拆解政策，积极促进汽车消费。支持开展保税展示交易业务，积极发展进境口岸免税店，吸引境外消费回流。建设、改造一批社区生活服务中心和便利店。支持济南、青岛建设国际消费中心城市。

（二）有效启动农村市场。推动农村商业体系创新，支持大型商贸流通企业布局农村商业体系，改造提升乡镇商业网点，把乡镇打造成连接城乡消费的重要节点。深入实施农商互联工程，打造特色农产品产销一体化供应链条。推进落实《粤港澳大湾区菜篮子建设合作框架协议》。深入实施电子商务进农村综合示范工程，推进城乡高效配送体系建设，健全县、乡、村三级物流配送体系，促进农产品进城和工业品下乡。

（三）创新发展电子商务。实施电子商务平台与优质鲁货对接工程，培育线上线下互动消费市场。与直播平台合作，加快村播产业带、示范县和直播基地建设，举办直播推介销售专场活动。开展数据赋能服务，促进商贸流通企业转型和创新发展。推动电子商务与快递物流协同发展。

（四）积极培育服务消费。实施商贸服务业345品牌培育工程，重点培育30家骨干餐饮品牌企业、40个品牌展会项目及会展企业、50家品牌家政企业。推动餐饮企业连锁化、特色化发展，打造齐鲁美食品牌。研究制定促进家政服务业发展的政策措施。加快家政信用体系建设，推进“互联网+”家政服务，办好山东家政日，促进家政业提质扩容。推动出台《山东省家政服务管理条例》。开展品牌展会培育工作，建立评价机制，推动会展业向品牌化、专业化、市场化发展。

（五）实施消费促进活动。用好山东省完善促进消费体制机制联席会议制度，研究促进消费的政策措施。策划启动主题消费促进活动。巩固扩大山东品牌中华行活动。深化山东品牌高铁行活动。实施老字号品牌拓展计划，办好第四届老字号博览会。

（六）保障市场繁荣稳定。加强市场动态信息、预测预警信息、政策解读信息发布，加强消费引导，稳定市场预期。健全应急保供快速反应机制，完善重要商品储备体系，优化应急商品投放网络。稳定、有序推进报废机动车回收拆解行业规范发展。抓好单用途商业预付卡管理。开展追溯体系改造升级和模式创新。

七、加强党对商务工作的全面领导

（一）把政治建设摆在首位。坚持用习近平新时代中国特色社会主义思想武装头脑，增强“四个意识”，坚定“四个自信”，做到“两个维护”，建设过硬政治机关。坚持党建引领，推动党建和业务相互促进、深度融合。巩固深化“不忘初心、牢记使命”主题教育成果。

（二）狠抓纪律作风建设。严肃党内政治生活，严明党的政治纪律和政治规矩，持之以恒正风肃纪，严格落实中央八项规定及其实施细则精神和省委实施办法，营造风清气正的商务发展环境。树立过紧日子思想，把勤俭办事、厉行节约落到实处。

（三）着力提升商务行政效能。加强商务法治建设，坚持依法行政，推进“放管服”改革。编制全省商务发展“十四五”规划纲要。严肃财经纪律，强化预算约束，深化绩效管理，发挥资金使用效益。对重大经贸活动、境外展览会等工作，加强第三方评估，作为资金分配、动态管理的重要依据。坚持商务为民，实行一线工作法，服务企业和群众。做好商务领域安全生产、环境保护、脱贫攻坚、对外宣传等工作。

（四）打造高素质商务干部队伍。加强高素质专业化干部队伍建设。完善考核评价、容错纠错等工作机制，激励干部担当作为、干事创业。加强全省开放人才培训，实施全省开放人才专业化能力提升工程，为全省对外开放工作提供智力支撑。

中国（山东）自由贸易试验区条例

Regulations of China（Shandong）Pilot Free Trade Zone

（2020 年 9 月 25 日山东省第十三届人民代表大会常务委员会第二十三次会议通过）

第一章　总　则

第一条　为了推进和保障中国（山东）自由贸易试验区的建设和发展，根据有关法律、行政法规和国务院批准的《中国（山东）自由贸易试验区总体方案》，结合本省实际，制定本条例。

第二条　本条例适用于经国务院批准设立的中国（山东）自由贸易试验区（以下简称自贸试验区）。

自贸试验区包括济南片区、青岛片区、烟台片区，以及根据自贸试验区建设与发展的需要，报经国务院批准的自贸试验区扩展区域。

第三条　自贸试验区应当围绕增强发展创新力、转变经济发展方式、建设海洋强国的战略要求，以制度创新为核心，探索可复制可推广经验，加快推进新旧动能接续转换、海洋经济高质量发展、区域经济合作持续深化，形成新时代改革开放的新高地。

第四条　自贸试验区应当对标国际国内先进经验，推动经济发展质量变革、效率变革、动力变革，建立与国际投资贸易规则相衔接的制度框架和监管机制，逐步建成贸易投资便利、金融服务完善、监管安全高效、辐射带动作用突出的高标准高质量自由贸易园区。

第五条　省人民政府应当建立健全自贸试验区与省内开发区、海关特殊监管区域等重要功能区的协同创新、联动发展机制，建设联动创新区，健全税收分享等机制，实现优势互补、政策互惠、资源共享、互相促进。

自贸试验区各片区应当根据发展定位和目标，发展重点产业，建立联动合作机制，相互借鉴、错位发展。

第六条　建立鼓励自贸试验区改革创新、宽容失误的激励机制和容错免责机制，完善以支持改革创新为导向的评价体系，激发创新活力。

对在自贸试验区改革创新中作出突出贡献的单位和个人，按照有关规定予以表彰、奖励。

在自贸试验区进行的创新出现失误或者未能实现预期目标，但是符合国家和省确定的改革方向，决策程序符合法律、法规规定，未牟取私利，没有造成重大损失和严重不良影响或者主动挽回损失、消除不良影响的，对有关单位和个人不作负面评价，免予追究相关责任。

第二章　管理体制

第七条　本省按照统筹管理、分级负责的原则，建立精简高效、权责明晰、顺畅协调、公开透明的自贸试验区管理体制。

第八条　中国（山东）自由贸易试验区工作领导小组负责组织领导、统筹协调自贸试验区建设发展工作，研究决定自贸试验区改革发展的重大事项。

中国（山东）自由贸易试验区工作办公室承担中国（山东）自由贸易试验区工作领导小组日常工作，履行下列职责：

（一）贯彻执行国家有关自贸试验区建设的法律、法规、规章和政策；

（二）拟定自贸试验区发展规划和计划，督促检查各片区贯彻落实情况；

（三）会同有关部门研究、起草自贸试验区综合改革、投资、贸易、金融、科技、海洋、人才等政策并组织实施；

（四）协调有关部门和单位以及自贸试验区各片区相关工作；

（五）开展综合评估、目标考核，指导督促自贸试验区改革试点任务实施，总结创新案例，复制推广创新成果；

（六）统计发布自贸试验区公共数据信息。

第九条　自贸试验区片区管理机构负责片区改革试验的具体事务，履行下列职责：

（一）组织实施片区发展规划、产业布局和政策措施；

（二）统筹推进片区各项试验试点任务；

（三）制定完善深化改革创新的制度举措，并组织落实；

（四）协调有关部门在片区内的行政管理工作；

（五）统计发布片区公共数据信息；

（六）省和片区所在地设区的市人民政府赋予的片区改革试验的其他职责。

第十条　省和片区所在地设区的市人民政府有关部门，应当支持自贸试验区片区管理机构的工作，在各自职责范围内承担自贸试验区有关行政事务。自贸试验区片区的社会管理、公共服务等事务由所在地设区的市人民政府负责。

第十一条　自贸试验区片区管理机构应当建立与海关、海事、边防检查、税务、金融监管等中央驻鲁单位的沟通协调机制，研究提出推进投资开放、贸易便利、金融服务和海洋经济发展等方面的创新措施，争取国家有关部门支持在自贸试验区先行先试有关政策。

中央驻鲁单位驻自贸试验区的工作机构应当依法履行行政管理职责，加强对自贸试验区工作的支持；自贸试验区片区管理机构应当为上述工作机构履行职责提供便利和协助。

第十二条　省和片区所在地设区的市人民政府应当依照省人民代表大会常务委员会有关决定，向自贸试验区片区下放片区履行职能所需的省级、市级管理权限。对下放的权限，省、市人民政府有关部门应当履行指导、协调和监督职责。

第十三条　省和片区所在地设区的市人民

政府应当定期组织对自贸试验区改革创新措施进行评估，并按照国家和省有关规定向自贸试验区外复制推广。

第十四条　中国（山东）自由贸易试验区工作办公室、自贸试验区片区管理机构可以组织市场主体、专业机构分别对省人民政府有关部门、片区所在地设区的市人民政府有关部门支持自贸试验区改革创新工作进行评估，并将评估结果报本级人民政府。

除法律、行政法规或者国务院规定的以外，不得设置对自贸试验区片区管理机构的考核、检查和评比项目；对依照法律、行政法规或者国务院规定开展的考核、检查和评比应当简化程序、减少频次。

第十五条　片区所在地设区的市人民政府应当建立自贸试验区智库保障机制，为自贸试验区的发展规划、重大项目引进和创新措施的制定等提供支持。

自贸试验区片区管理机构应当建立意见征询工作机制，听取中央驻鲁单位驻自贸试验区工作机构以及片区内单位、个人对片区工作的意见，并及时根据相关诉求提出创新举措。

第十六条　自贸试验区建立改革创新风险防控和监测预警体系，完善突发事件应急预案和处置机制，确保改革试验平稳可控。

第十七条　自贸试验区可以借鉴国内外先进经验，结合片区实际，采用市场化运营管理模式，委托专业运营公司负责片区专业性、技术性较强的管理和服务等工作。

第三章　投资开放

第十八条　自贸试验区可以在法定权限内制定外商投资自由化便利化的具体措施，保护外国投资者和外商投资企业合法权益。

自贸试验区片区管理机构按照政府主导、多方参与的原则，健全外商投资服务体系，为外国投资者和外商投资企业提供法律、法规、政策措施、投资项目信息等方面的咨询和服务。

第十九条　自贸试验区片区管理机构应当结合片区发展目标，采取有效措施，鼓励和引导投资者在重点发展领域投资。

自贸试验区应当发挥中小企业境内境外双向投资公共服务平台功能优势，实现招商引资信息实时共享、投资项目精准对接。

第二十条　自贸试验区实行外商投资准入前国民待遇加负面清单管理制度。外商投资准入特别管理措施，按照国务院发布或者批准发布的负面清单执行。对负面清单之外的外商投资，按照内外资一致的原则实施管理。

自贸试验区应当按照国家规定，落实外商投资信息报告制度，配合做好外商投资安全审查工作。

第二十一条　建立和完善自贸试验区境外投资综合服务和风险防控体系，支持开展境外投资的企业以境外资产和股权、采矿权等权益为抵押获得贷款。

第二十二条　自贸试验区应当健全各类市场主体依法平等准入相关行业、领域和业务的公平竞争管理体系，保障外商投资企业依法平等参与标准制定、政府采购、招标投标等活动，统一外商投资企业和内资企业或者机构在资质获取、招标投标、权益保护等方面的待遇。

第二十三条　片区所在地设区的市人民政府应当建立外商投资企业投诉工作机制，完善投诉工作规则、公布投诉方式和处理时限，及时处理自贸试验区片区内外商投资企业或者其投资者反映的问题。

第四章　贸易便利

第二十四条　自贸试验区内海关特殊监管区域与境外之间的管理为一线管理，海关特殊监管区域与境内区外之间的管理为二线管理。按照一线放开、二线安全高效管住的原则，建立与国际贸易发展需求相适应的监管模式。

片区所在地设区的市人民政府应当配合海关等部门加快自贸试验区内通关一体化改革，创新通关、查验、税收征管机制，促进区内通关便利，推进自贸试验区与进出境口岸以及其他海关特殊监管区域货物流转监管制度创新。

第二十五条　自贸试验区实行一点接入、一次申报、一次办结的国际贸易单一窗口制度，实现海关、海事、边防检查、税务、外汇管理等单位之间信息互换、监管互认、执法互助。

企业可以通过电子口岸平台一次性递交口岸监管部门需要的标准化电子信息，口岸监管部门应当将处理结果通过平台向企业反馈。

第二十六条　自贸试验区应当健全促进过境贸易发展的相关制度，优化货物过境监管流程和服务措施，支持开展境内外货物中转、集拼和国际分拨配送业务。

对符合国家环保要求允许进口的高附加值数控机床、工程设备、电子设备、通信设备等旧机电设备的进口、加工后再出口，海关给予通关便利。

第二十七条　在自贸试验区海关特殊监管区域内实行下列改革措施：

（一）实施货物按状态分类监管制度；

（二）在自贸试验区海关特殊监管区域内注册的融资租赁企业，进出口飞机、船舶、海洋工程结构物等大型设备涉及跨关区的，实行海关异地委托监管；

（三）对自贸试验区海关特殊监管区域内从事贸易经纪或者代理活动的经营许可进行改革，依法改为备案或者逐步取消。

第二十八条　自贸试验区应当根据片区产业发展需要，积极培育跨境电子商务、汽车平行进口、数字化贸易以及文物和文化艺术品保税存储、展示等新业态、新模式。

支持基础业务转型升级，建立和完善与新型贸易模式相适应的海关监管、税收、金融、跨境支付等服务系统。

支持海关特殊监管区域外企业开展保税检测、维修和再制造等新业态。

第五章　金融服务

第二十九条　在自贸试验区内创造条件稳步推进人民币资本项目可兑换、人民币跨境使用和外汇管理等方面的改革创新。

支持符合条件的自贸试验区内机构自主开展直接投资、并购、债务工具、金融类投资等交易；提高自贸试验区投融资便利化水平，支持符合条件的企业开展资本项目收入支付便利化改革。

支持在自贸试验区内依法依规设立外商投资金融机构。

第三十条　推动自贸试验区内跨境交易以人民币计价和结算；探索自贸试验区内金融机构按照规定开展跨境资产转让等业务时使用人民币计价结算，并纳入全口径跨境融资宏观审慎管理。

支持自贸试验区内金融机构和企业从境外借入人民币资金。探索外资股权投资管理机构、外资创业投资管理机构在自贸试验区内发起管理人民币股权投资和创业投资基金。开展合格境内有限合伙人试点，逐步放宽项目投资限制。

鼓励自贸试验区内企业根据自身经营和管理需要，开展跨境双向人民币资金池业务和跨境人民币资金集中运营业务。

支持自贸试验区内符合条件的机构按照有关规定，为跨境电子商务提供跨境本外币支付结算服务。

第三十一条　自贸试验区应当建立统一的内外资融资租赁企业准入标准，鼓励并支持投资者在自贸试验区设立融资租赁企业。

支持企业拓展融资租赁经营范围、融资渠道，开展跨境租赁资产交易、租赁资产跨境转让等创新业务，发展飞机、船舶等大型设备保税融资租赁，建设融资租赁集聚区。

第三十二条　自贸试验区可以采取下列措施，推动金融创新：

（一）在严格监管前提下审慎有序进行金融综合经营试点；

（二）支持本地法人银行开展股债联动业务试点；

（三）探索发展私募股权投资二级交易基金；

（四）创新知识产权保险业务，开展基金管理服务专项改革创新；

（五）支持保险法人机构依法依规开展境外投资；

（六）根据期货保税交割业务需要，拓展仓单质押融资功能，推动完善仓单质押融资所涉及的仓单确权等工作；

（七）探索本外币合一银行账户试点。

第三十三条　自贸试验区片区管理机构应当配合金融监管部门完善金融风险监测和评估，建立与区域金融业务发展相适应的风险防控机制，加强对重大金融风险的识别和区域性系统性金融风险的防范。

开展自贸试验区业务的金融机构和特定非金融机构应当按照规定，向金融监管部门报送相关信息，履行反洗钱、反恐怖融资和反逃税等义务，配合金融监管部门关注跨境异常资金流动，落实金融消费者和投资者保护义务。

第六章　创新驱动

第三十四条　省和片区所在地设区的市人民政府及其有关部门应当支持自贸试验区在下列方面加强创新能力建设：

（一）建设海外创新孵化中心、海外人才离岸创新创业基地等创新平台，鼓励自贸试验区内的企业、高等学校、科研机构参与国际科技项目合作；

（二）支持企业联合金融机构、高等学校、科研机构建设产业创新平台；

（三）支持境外知名高等学校、教育和科研机构设立教育教学、研究、实训机构或者项目；

（四）推动双元制职业教育发展，设立产业技能人才培养培训载体；

（五）与高等学校、科研机构合作共建知识产权公共服务平台和创新支撑平台。

第三十五条　省和片区所在地设区的市人民政府及其有关部门应当优化自贸试验区医疗医药行业发展环境，支持先进医疗技术研发和孵化，完善医药评审制度和检疫查验流程，发展重点医疗行业，搭建国际医学学术交流平台，推动自贸试验区医疗医药行业发展。

第三十六条　企业专有技术和知识产权受法律保护。

自贸试验区应当建立知识产权运营中心，完善知识产权评估、质押融资风险分担、质押物处置和人才、技术资本化评估制度，完善知识产权争端解决机制，建立健全知识产权保护运用体系。

第三十七条　省和片区所在地设区的市人民政府应当加强自贸试验区人才使用制度的顶层设计，健全高层次管理人才、专业技术人才和技能型人才的培养、引进、激励等制度，为符合条件人才在住房、配偶安置、子女入学、医疗、社会保险等方面提供便利。

鼓励自贸试验区创新开放型的人才评估机制，构建市场化的人力资本产业公共服务平台，推进人力资本价值评测、出资和交易，建立人力资本价值统计、分析和应用体系，完善与人力资本价值相匹配的财富分配、资本对接、资源配置的多元化市场机制，推动人力资本产业发展。

支持自贸试验区根据新职业、新群体等特色专业人才实际需求，设置特色专业职称。

第三十八条　支持自贸试验区建设国际人才集聚高地，鼓励港澳台专业人才和符合条件的外籍专业人才到自贸试验区工作，在外籍人才来华工作许可、永久居留申办、签证证件办理、执业资格互认等方面提供便利服务。

对接受自贸试验区企业邀请开展商务贸易的外籍人员，公安机关出入境管理部门应当给予落地签证或者临时入境的便利。

符合条件的境外人员，可以担任自贸试验区内事业单位、国有企业的法定代表人。

第三十九条　省和片区所在地设区的市人民政府应当建立先行先试保障机制，为自贸试验区改革创新提供制度支持。

自贸试验区片区管理机构、区内企业以及其他单位和个人，在自贸试验区进行的改革创新举措，有关人民政府或者部门应当给予支持，并在政策、资金、人才等方面提供便利。

支持自贸试验区各片区聚焦主导产业，鼓励开展全产业链体制机制创新。

第七章　海洋经济

第四十条　自贸试验区青岛片区、烟台片区应当重点发展海洋特色产业，提升航运服务能力，提高海洋国际合作水平，推动海洋经济高质量发展。

第四十一条　省人民政府和青岛市、烟台市人民政府应当采取措施，引导海洋高端装备、海洋生物医药、海洋智能制造、涉海高端服务等产业要素向自贸试验区聚集，重点发展下列海洋产业和项目：

（一）建设现代化水产品加工以及贸易中心；

（二）建设海洋工程装备研究机构、重大研发试验平台、智慧码头，发展涉海装备研发、制造、维修、服务等产业；

（三）建设现代化海洋种业资源引进中转基地，加强海洋生物种质和基因资源研究以及产业应用；

（四）推进自贸试验区国家海洋药物中试基地、蓝色药库研发生产基地建设。

支持自贸试验区内有条件的金融机构为海洋经济发展提供各类涉海金融服务。

第四十二条　自贸试验区应当加快拓展国际船舶管理服务，发展船舶管理、航运交易、航运信息、航运保险、航运仲裁、海损理算等国际航运现代服务产业，优化航运发展服务环境，采取下列措施，提升国际航运服务能力：

（一）依法开展船舶等航运要素交易和国际范围船舶交易；

（二）设立国际中转集拼货物多功能集拼仓库；

（三）开展外籍邮轮船舶维修业务；

（四）建立以一单制为核心的多式联运服务体系，完善本省中欧班列运营平台。

第四十三条　鼓励自贸试验区与境内外沿

海港口合作，建立跨区域港口、港航合作机制，增强陆海联运中转、分拨、配送等服务功能。

支持自贸试验区统筹海洋与陆地发展，强化自贸试验区与海港、空港联动，推进海陆空邮协同发展。

第四十四条　自贸试验区应当发挥东亚海洋合作平台作用，加强区内区外联动，深化开放合作，提升海洋国际合作水平。

支持涉海高等学校、科研机构、国家实验室、企业与国内外机构共同建设海洋实验室和海洋研究中心。

支持涉海企业参与国际标准制定。

第八章　区域经济合作

第四十五条　自贸试验区应当按照国家有关规定创新与日本、韩国地方产业合作模式，推进研发创新、品牌打造、标准制定、产业链拓展等多环节合作，强化优势互补，共同开拓第三方市场，推动区域经济合作持续深化。

第四十六条　自贸试验区应当发挥区位优势和产业特色，完善合作方式，推动与其他园区互动协调发展，打造区域贸易和投资合作先行区，推动产业园区高标准建设。

第四十七条　推动建立中日、中韩通关合作机制，加强中日、中韩海关间经认证的经营者互认合作，推动信息互换、监管互认、执法互助、检验检疫、标准计量等方面的高效合作；创新自由贸易协定缔约方之间班轮卫生检疫电讯申报、无疫通行的监管模式。

在风险可控的前提下，申报与日本、韩国合作的鲜活农副产品目录清单，建设快速通关绿色通道。

第四十八条　自贸试验区应当采取措施，促进与日本、韩国现代服务业集聚发展，推进服务行业管理标准和规则相衔接，促进相互间服务要素便捷流动；探索建设中日韩消费专区。

自贸试验区推动建立国际化科技成果转移转化平台，为技术引进和创新成果运用提供支撑。

第九章　营商环境

第四十九条　自贸试验区应当持续优化市场环境、政务环境、法治环境、社会环境，构建市场化、法治化、国际化营商环境。

第五十条　自贸试验区应当创新监管方式，完善监管规则，实行差异化监管模式，以信用为基础加强事中事后监管。

第五十一条　自贸试验区应当遵循简政放权、放管结合、优化服务的原则，最大限度精简审批事项、评估事项和下放审批权限，优化审批流程，提高审批效率，为行政管理相对人提供高效优质服务。

自贸试验区应当根据放管服改革要求，确定可以开展极简审批、不见面审批（服务）、一次办好的事项。极简审批事项、不见面审批（服务）事项、一次办好事项名录由中国（山东）自由贸易试验区工作办公室公布。

自贸试验区各片区应当利用互联网与移动终端，推行网上申报、咨询、查询、备案、投诉、评价、公示等措施，对流程的节点进行限期督办，及时跟踪、记录事中事后监管措施落实情况，实现待办事项全程透明公开。

第五十二条　自贸试验区片区所在地设区的市人民政府应当在城市交通、社会治安、城市管理、安全生产、公共服务等领域，运用物联网、云计算、大数据、区块链等手段，提高片区社会治理智能化水平。

第五十三条　在自贸试验区内建立便捷、

高效的税收服务体系，推行网上办税，提供在线纳税咨询、涉税事项办理情况查询等服务，提高税收征收管理和服务水平。

第五十四条 自贸试验区应当加强生态环境保护工作，推进新一代信息技术、新能源新材料、清洁能源、节能环保等绿色产业集聚发展，加快提升自贸试验区绿色发展、低碳发展和循环发展水平。

有关生态环境主管部门应当将自贸试验区内的环境友好型项目，纳入环境影响评价绿色通道，优先办理，在专家论证、审查、审批等各个环节提供政策支持和技术评估服务。

鼓励自贸试验区内企业申请国际通行的环境和能源管理体系标准认证，采用先进生产工艺和技术，节约能源，减少污染物和温室气体排放。

第五十五条 自贸试验区应当通过新闻发布会、信息通报例会或者书面发布等方式，及时发布涉及自贸试验区的有关法律、法规、政策文件以及公共服务、办事指南等信息，并通过多种途径和形式进行宣传解读。

第五十六条 支持自贸试验区发展专业化、国际化的律师、仲裁、调解、鉴定等法律服务机构，支持境内外高端法律服务人才在自贸试验区依法开展专业法律服务。

第五十七条 支持仲裁机构借鉴国际商事仲裁惯例，完善仲裁规则，提高自贸试验区内商事纠纷仲裁的国际化程度。

支持行业协会、商会以及商事纠纷专业调解机构借鉴国际先进规则，及时化解自贸试验区内的各类纠纷。

第五十八条 自贸试验区改革创新需要暂时调整或者停止适用有关法律、行政法规、部门规章的，有关部门应当及时提出建议，依照法定程序报请有权机关作出决定。

自贸试验区改革创新需要暂时调整或者停止适用有关地方性法规、地方政府规章或者规范性文件的，由制定机关依照法定程序作出决定。

第十章　附　则

第五十九条 本条例自2021年1月1日起施行。

大事记

Chronicle of Events

简要说明

一、栏目内容

本栏目刊载2020年度山东省商务工作重要事件、重要举措以及国内外重要商务事件、商务举措。

二、资料来源

山东省商务厅、各市商务主管部门

Brief Introduction

Ⅰ. Content

The column publishes significant events in commerce work of Shandong Province, significant measures as well as significant domestic and foreign commerce events and commerce measures in 2020.

Ⅱ. Data sources

Commerce Department of Shandong Province and Municipal Commerce Departments

1月
January

2日 山东省商务厅厅长张德平与山东省文化和旅游厅副厅长张桂林、济南市副市长王京文、青岛市副市长耿涛一同参加山东广播电视台《问政山东》夜经济专题直播节目，就繁荣夜间经济、充分释放城乡消费潜力、提升夜间文化市场品质接受电视问政，并针对观众关心的问题研究部署相关工作。

3日 山东省推动开发区改革创新领导小组办公室在济南召开全省开发区体制机制改革创新工作座谈会，交流试点工作进展情况，研究改革试点中遇到的突出问题，部署深化开发区体制机制改革创新相关工作。山东省商务厅厅长、推动开发区改革创新领导小组办公室主任张德平提出工作要求。

9日 山东省商务厅在济南召开全省商务工作会议。会议以习近平新时代中国特色社会主义思想为指导，全面贯彻中共十九大和十九届二中、三中、四中全会精神，认真落实全国商务工作会议和全省经济工作会议部署，总结交流2019年工作，研究部署2020年工作。山东省副省长任爱荣致贺信。山东省商务厅厅长张德平作工作报告。

同日 山东省商务厅、山东省发展和改革委员会、山东省财政厅印发《山东省省级储备猪肉投放预案》，在投放原则、投放时机、投放范围、投放渠道、投放价格等方面作出具体规定。

10日 山东省商务厅主办的山东老字号暨非遗快闪年货节在济南启幕。组委会精选德州扒鸡、宏济堂、梁子黑陶、潍坊风筝等30家中华老字号、山东老字号、非遗企业，通过快闪方式开展产品特卖、组团采购、线上网红特卖、老字号及非遗技艺传习四大主题活动，展示其品牌产品和传统技艺，以增强老字号和非遗品牌消费黏性、提升老字号品牌价值、助力老字号企业创新发展。

15日 山东省商务厅在厅机关召开“不忘初心，牢记使命”主题教育总结会议，党组书记、厅长张德平作总结报告，中共山东省委主题教育第三巡回督导组副组长李成金到会指导。

16日 济南市人民政府发布《中国（山东）自由贸易试验区济南片区实施方案》，出台《中国（山东）自由贸易试验区总体方案》中所涉及的85项制度创新措施以及77项自主创新举措。

17日 山东省商务厅厅长张德平带队走访商务部驻青岛特派员办事处，与办事处负责人进行工作交流，探讨合作事宜。

同日 商务部、国家发展和改革委员会、财政部、海关总署、国家税务总局、国家市场监督管理总局发布关于扩大跨境电子商务零售进口试点的通知，确定将包括山东济南、烟台、潍坊、日照、临沂在内的50个城市（地区）和海南全岛纳入跨境电子商务零售进口试点范围。

19日 商务部批准济南天桥区商务局、济南历城区商务局、济南槐荫区商务局、济南高新区服务业促进局、莱芜高新区经济发展局为对外贸易经营者备案登记机关。

20日 山东省商务厅印发《中央生态环境保护督察回头看及大气污染防治专项督察反馈意见整改落实细化方案》，要求各市商务部门加强成品油流通监管。

23日 山东省商务厅、山东省发展和改革委员会、山东省自然资源厅、山东省住房和城乡建设厅、山东省生态环境厅、山东省供销合作社联合社确定山东神州再生资源有限公司、济南市莱芜福泉橡胶有限公司、青岛兆岭钢铁有限公司、淄博博达再生资源有限公司、淄博厉拓再生资源有限公司、淄博永盛达再生资源有限公司、利津循环经济产业园、鱼台县丰鲁再生资源有限公司、山东银丽金属利用有限公司、山东德隆再生资源科技集团有限公司、山东新东岳再生资源科技有限公司、威海正宇设备有限公司、烟台市百汇物资有限公司、山东上元再生资源有限公司、山东金升再生有色集团有限公司、山东永锋资源综合利用有限公司、山东方达再生资源利用有限公司、山东青美再生资源有限公司为首批省级再生资源示范产业园创建单位，山东闽源再生资源有限公司、青岛传琦再生资源有限公司、枣庄市润恒汽车拆解回收有限公司、滕州市山海再生资源有限公司、鱼台县华峰废旧物资回收有限公司、济宁市鲁源再生资源开发有限公司、潍坊大环再生资源有限公司、山东天保再生资源开发有限公司、山东鹏洲塑业有限公司、威海市宏兴物资再生有限公司、临沂阔鑫再生资源回收有限公司、阳信环能再生资源有限公司、曹县鲁成废旧物资回收有限公司、山东绿杨资源再生科技有限公司为首批省级再生资源回收分拣示范中心创建单位。

同日　青岛市人民政府印发《关于在中国（山东）自由贸易试验区青岛片区开展证照分离改革优化营商环境的实施方案》，推出涉企事项清单化、审批改革分类化、政府服务专属化、保障措施配套化等方面的17项改革举措，营造市场化、法治化、国际化的营商环境。

29日　寿光市向新冠肺炎重点疫区湖北省武汉市捐赠优质蔬菜350吨，之后每天调运约600吨质优价廉的新鲜蔬菜供应武汉市场。金乡县、兰陵县分别向武汉等新冠肺炎疫区捐赠优质大蒜300吨、200吨，助力疫区打好新冠肺炎疫情攻坚战。

2月 February

4日　山东省人民政府办公厅印发《关于应对新冠肺炎疫情支持生活服务业批发零售业展览业及电影放映业健康发展的若干意见》，在加大减税降费力度、实施援企稳岗政策、缓解企业成本压力、加大金融支持力度等方面推出18项举措，以扶持受新冠肺炎疫情冲击严重的餐饮住宿、文化旅游、批发零售、展览、电影放映等行业。

5日　山东省商务厅推出16项应对新冠肺炎疫情、有效开展对外经贸工作的举措，通过支持企业尽早复工复产、扩大防疫物资进口、加大国际市场开拓力度、加强贸易救济处置服务、支持外资项目加快落地，全力稳外贸、稳外资，力争把疫情影响降到最低。

同日　山东省商务厅印发《关于全力做好全省外贸外资企业复工有关工作的紧急通知》，要求各市商务部门积极协调解决企业复工过程中遇到的困难和问题，推动外贸外资企业尽快复工复产。

10日　山东省商务厅、山东省卫生健康委员会印发《商贸零售、餐饮企业在新型冠状病毒流行期间经营服务防控指南》，指导相关行业开展疫情防控。

同日　山东省商务厅印发《关于积极扩大紧缺疫情防控物资进口的紧急通知》，要求各市商务部门积极拓展进口渠道、强化购销对接，切实落实省委、省政府疫情防控工作相关部署。

14日　山东省商务厅在滨州举办选择山东云平台线上招商会，利用云招商智能系统在线推介滨州优势产业与重点合作项目，通过大众网、今日头条等媒体平台向全球视频直播，并以中、英、日、韩 4 种语言同步进行图文直播。

18 日　烟台市投资促进机构举办重点项目网上集中签约活动，总投资近 800 亿元的 10 个项目签约落地，投资方向为新能源汽车、新一代信息技术、高端装备制造、生物医药等新兴产业。

19 日　中共山东省委、山东省人民政府在济南以主会场 + 项目现场视频连线方式举办重点外商投资项目推进会，中共山东省委书记刘家义，省委副书记、省长龚正出席，16 个项目负责人分别介绍项目情况。山东省商务厅厅长张德平参加活动。

21 日　山东省副省长任爱荣在中国（山东）自由贸易试验区济南片区调研疫情防控、企业复工复产和片区建设情况。

同日　山东省商务厅在济南召开外贸企业应对疫情影响专题调度视频会，张德平厅长提出工作要求。

24 日　山东省副省长任爱荣在济南主持召开省委经济运行应急保障指挥部外经外贸运行工作组第二次会议，贯彻落实习近平总书记稳住外贸外资基本盘的工作要求和省委主要领导批示精神，研究制定应对疫情影响全省稳外贸稳外资政策措施。山东省商务厅厅长张德平参加会议。

25 日　中共山东省委、山东省人民政府在济南举办重点外商投资项目视频集中签约仪式，省委书记刘家义讲话，省委副书记、省长龚正主持，66 个外商投资项目签约。签约仪式以主会场 + 分会场 + 投资方视频连线方式举行，山东省及济南市、青岛市领导孙立成、王清宪、凌文、任爱荣、孙述涛、孟凡利，山东省商务厅厅长张德平等省直有关部门负责人参加。

26 日　山东省商务厅在泰安举办选择山东云平台线上招商活动，推介泰安优势产业和招商项目。

27 日　山东省商务厅、中国出口信用保险公司山东分公司印发《关于发挥出口信用保险作用全力支持外贸企业应对新冠肺炎疫情影响的通知》，要求将短期险作为应对疫情影响、稳外贸工作的有力抓手，充分发挥出口信用保险的保障作用，完善提升投保和理赔服务，改进出口信用保险统保服务，加强对外贸企业尤其是中小微企业的融资支持。

28 日　中共山东省委、山东省人民政府在济南召开中国（山东）自由贸易试验区、中国—上海合作组织地方经贸合作示范区建设工作专题会议，学习贯彻习近平总书记关于扩大对外开放的重要指示精神，研究部署相关工作。中共山东省委书记刘家义主持会议并讲话，省委副书记、省长龚正出席会议。山东省和济南市、青岛市领导孙立成、王清宪、任爱荣、孙述涛，山东省商务厅厅长张德平等参加会议。

3 月
March

3 日　山东省商务厅、山东省卫生健康委员会印发《家政、洗染、美发美容、家电服务、人像摄影等行业在新型冠状病毒流行期间经营服务防控指南》，指导相关行业加强疫情防控。

同日　山东省商务厅在济南举办 2020 年山东省私募基金行业发展暨青岛平度凤台金谷线上招商活动。

5 日　根据中共山东省委进企业、进项目、进乡村、进社区攻坚行动统一部署，山东省商务厅选派 15 个干部组成 3 个工作组，分别下沉到青岛、烟台、潍坊市的基层单位，帮助其协调解决疫情防控、企业复工复产、脱贫攻坚、民生保障等方面的问题。

9日　中共山东省委在济南召开稳外贸、稳外资工作专题会议，学习贯彻习近平总书记关于稳住外贸外资基本盘的重要指示，分析山东外贸外资工作面临的形势、存在的问题和突破方向，研究统筹推进疫情防控和稳外贸、稳外资具体措施。中共山东省委书记刘家义主持会议并讲话，省委副书记、省长龚正，省委常委、秘书长孙立成，副省长任爱荣、刘强出席会议。山东省商务厅厅长张德平汇报稳外贸、稳外资工作情况。

11日　山东省商务厅在济宁举办选择山东云平台线上招商活动。

17日　商务部在北京召开全国进出口工作电视电话会议，山东省商务厅厅长张德平在山东分会场作交流发言。

18日　山东省推动开发区改革创新领导小组在济南召开2020年第一次会议，省委书记、省推动开发区改革创新领导小组组长刘家义主持会议并讲话，领导小组副组长王可、孙立成、任爱荣、于杰出席会议。会议听取领导小组办公室、省委组织部、省委机构编制办公室、省科学技术厅、省人力资源和社会保障厅负责人关于推动开发区改革创新工作情况的汇报，研究审议《全面有序推进开发区体制机制改革创新工作方案》《山东省开发区综合发展水平评价办法》《山东省国际合作园区认定奖励暂行办法》，部署相关工作。山东省商务厅厅长、省推动开发区改革创新领导小组办公室主任张德平参加会议。

同日　日本九州地区向山东捐赠的防疫物资运抵济南，包括6万余只口罩、1万余副手套、多件防护服。此前，九州地区285家企业、团体捐赠的2295万日元的善款已汇入山东省红十字会账户。

同日　泰安市人民政府举行外资招商项目视频签约仪式，集中签约15个外资招商项目，总投资143.2亿元，签约外资3.7亿美元，涉及医药健康、高端装备制造、新材料、现代金融、现代服务业、文化旅游等领域。

同日　山东省商务厅在东营举办选择山东云平台线上招商活动。

19日　青岛市人民政府启动为期100天的2020青岛百日万店消费季活动。

23日　山东省商务厅、山东省财政厅印发山东省鲁贸贷融资业务实施办法（试行），帮助中小微外贸企业解决融资难、融资贵等问题。

同日　山东省商务厅印发关于推荐中国银行山东省分行抗疫情、稳外贸、促发展专项金融服务方案的通知，引导外经贸企业和商贸流通企业用足用好相关金融支持政策。

27日　济南市科学技术局等14个单位印发《关于加快中国（山东）自由贸易试验区济南片区科技创新发展的若干意见》，出台推动片区科技创新发展的14项举措。

4月
April

1日　山东省商务厅在菏泽举办选择山东云平台线上招商活动。

2日　中共山东省委召开稳外贸、稳外资专题会议，学习贯彻习近平总书记关于统筹推进疫情防控和经济社会发展的重要指示，分析新冠肺炎疫情对外贸、外资的影响，研究稳外贸、稳外资具体措施。省委书记刘家义提出工作要求。省商务厅厅长张德平汇报稳外贸、稳外资所面临的新情况、新问题，提出相关工作建议。

同日　山东省商务厅、山东省总工会、山东省发展和改革委员会、山东省民政厅、山东省财政厅、山东省文化和旅游厅、山东省体育局印发《关于发行消费券促进消费回补和潜力释放的通知》，拟通过发行提货券、抵扣券、免费券和直接补贴等方式，推动居民消费。

同日　山东省商务厅厅长张德平参加山东广播电视台《问政山东》统筹做好疫情防控和经济社会发展措施落地专题直播节目，围绕推行分餐制、推动餐饮企业恢复正常经营、提振餐饮消费信心接受电视问政，研究部署相关工作。

3 日　烟台国际招商产业园首批落地的 4 个优质项目集中签约，总投资 68 亿元。

8 日　山东省商务厅启动为期两个月的春暖齐鲁、安心消费主题活动。

同日　山东省商务厅在潍坊举办选择山东云平台线上招商活动。

15 日　山东省商务厅在临沂举办选择山东云平台线上招商活动。

16 日　山东省商务厅、中国欧盟商会在济南联合举办山东省稳外贸、稳外资政策解读答疑视频会。山东省商务厅负责人介绍外资企业复工复产情况，山东省发展和改革委员会、山东省财政厅、山东省人力资源和社会保障厅负责人就应对疫情支持企业复工复产、稳外贸稳外资方面的政策措施进行解读，回答企业提出的相关问题。

21 日　商务部医疗物资出口质量调研指导组在济南召开山东省外经外贸运行组医疗物资出口工作组机制成员单位座谈会，听取山东省医疗物资出口工作机制建立和运行、稳外贸等情况汇报。山东省商务厅厅长张德平会见调研组一行。

21—22 日　山东省副省长任爱荣在中国（山东）自由贸易试验区青岛片区调研。

22 日　山东省副省长任爱荣在青岛主持召开山东省—驻鲁日韩机构座谈会，与大韩贸易投资振兴公社青岛贸易馆、日本贸易振兴机构青岛代表处、韩国农水产食品流通公社青岛代表处等 8 个日韩机构的首席代表进行工作交流。

同日　山东省商务厅在济南举办选择山东云平台线上招商活动。

27 日　《国务院关于同意在雄安新区等 46 个城市和地区设立跨境电子商务综合试验区的批复》同意在包括山东省东营市、潍坊市、临沂市在内的 46 个城市和地区设立跨境电子商务综合试验区。

同日　国务院批复同意烟台保税港区整合优化为烟台综合保税区。

28 日　山东省港口集团有限公司烟台港至东非的商品车滚装航线开通，首批 162 台出口非洲的工程车辆从烟台港登船发往坦桑尼亚达累斯萨拉姆港。

28 日—5 月 2 日　山东省商务厅在济南举办外贸企业出口产品进商场及新媒体直播活动，主会场设在银座商城玉函店，在银座和谐广场、嘉华购物广场设两个分会场。70 家企业的 1000 多种商品参加展卖活动。

29 日　山东省商务厅厅长张德平在济南会见德国思爱普公司大中华区副总裁谢燕琦一行，就双方在智能制造、大数据应用、工业互联网、智慧园区、产业链招商等方面开展合作进行交流。

同日　山东省商务厅、山东省发展和改革委员会、中共山东省委宣传部、中国国际贸易促进委员会山东省委员会、山东省工业和信息化厅、山东省财政厅、山东省农业农村厅、山东省文化和旅游厅、山东省市场监督管理局印发《优质鲁货与电商平台对接工程实施意见》，推出一系列对接活动，以发挥电子商务在培育产品品牌、拓宽市场渠道、促进消费等方面的积极作用。

同日　山东省商务厅在烟台举办选择山东云平台线上招商活动。

30日　山东省商务厅厅长张德平在济南会见新加坡益海嘉里集团公司董事总经理牛余新，洽商经贸合作事宜。

5月
May

9日　山东省商务厅印发《〈关于持续深入优化营商环境的实施意见〉的配套措施》和关税保证保险政策管理实施细则，推出改善营商环境的相关措施。

11日　中共山东省委、山东省人民政府在济南举办重点外商投资项目视频集中签约仪式，省委书记刘家义出席仪式并讲话，省委副书记、代省长李干杰主持。92个重点外商投资项目集中签约，总投资99.7亿美元，合同外资46.8亿美元，涉及高端装备制造、新能源新材料、现代高效农业等领域。山东省和济南市、青岛市领导王书坚、孙立成、凌文、孙述涛、孟凡利以及山东省商务厅厅长张德平等省直有关部门负责人参加活动。

13日　山东省商务厅在威海举办选择山东云平台线上招商活动。

14日　国家发展和改革委员会在北京召开中日地方发展合作示范区启动会，中日（青岛）地方发展合作示范区正式启动。中日（青岛）地方发展合作示范区位于青岛国际经济合作区内，总面积10.6平方千米，重点发展节能环保产业，与日本方面开展技术创新、产品研发、高端制造等领域的合作。

14—15日　山东省商务厅在天猫、京东商城举办老字号、好味道在线直播活动，推介山东老字号品牌商品。

15日　山东省商务厅在北京举办选择山东云平台线上招商活动。

17日　国务院批准设立济南章锦综合保税区。该保税区是济南市第二个综合保税区，位于中国（山东）自由贸易试验区济南片区内。

19日　中国（山东）自由贸易试验区济南片区举办企业集团财务公司海关税收担保试点启动仪式暨首份保函启用仪式。经海关总署批准，浪潮集团有限公司、中国重汽集团有限公司、山东晨鸣纸业集团股份有限公司的财务公司参与济南片区海关税收担保试点，首批担保金额4.5亿元。

同日　青岛市人民政府在青岛西海岸新区举办青岛日本国际客厅推介会暨入驻项目集中签约仪式，青岛日本国际客厅揭牌，20个青岛与日本之间的合作项目集中签约入驻。

20日　山东省商务厅在聊城举办选择山东云平台线上招商活动。

27日　山东省商务厅厅长张德平在济南会见香港特别行政区政府驻上海经济贸易办事处主任蔡亮，洽商鲁港经贸合作事宜。

同日　山东省商务厅在德州举办选择山东云平台线上招商活动。

28日—6月1日　山东省商务厅在临沂举办外贸出口产品进商场及新媒体直播活动。

29日　山东省商务厅印发《山东省商贸领域2020年安全生产月活动实施方案》，实施时间为6月1日至30日，拟通过有效的宣传教育活动，增强商贸流通企业的安全意识。

同日　中国（山东）自由贸易试验区青岛片区管委会和中欧国际交易所负责人在青岛签署合作备忘录，明确中欧国际交易所在中国（山东）自由贸易试验区青岛片区设立中欧国际交易所中国（北方）资本市场服务基地相关事宜。

6 月
June

1 日　中共山东省委常委、济南市委书记孙立成在山东省商务厅对接商务工作，与山东省商务厅厅长张德平等座谈。

3 日　山东省商务厅厅长张德平在济南调研泉城路步行街改造提升工作，实地考察宽厚里、芙蓉街、泉城路主街、红尚坊等街区，并与济南市、历下区、街区管理机构及所在街道有关负责人座谈交流。济南市副市长尹清忠一同调研。

同日　山东省商务厅印发外资到账奖励实施细则。

同日　山东省商务厅在淄博举办选择山东云平台线上招商活动。

4 日　山东省代省长李干杰在济南会见挪威驻华大使白思娜，商讨经贸合作事宜。山东省副省长任爱荣以及山东省商务厅厅长张德平等省直部门负责人参加会见。

同日　山东省商务厅厅长张德平在济南会见韩国 SK 集团公司中国总部高级副总裁李新明，商讨液化天然气、高端石化、通信等领域的合作。

6—9 日　中共济南市委、济南市人民政府举办 2020 首届济南电商直播节暨济南地产品展示交易会，推介济南优质产品。济南市委书记孙立成、山东省商务厅厅长张德平等出席开幕活动。

8 日　德国安顾集团有限公司与泰山财产保险股份有限公司在济南举行投资签约仪式，安顾集团有限公司向泰山财产保险股份有限公司投资 8.82 亿元，收购泰山财产保险股份有限公司 24.9% 的股权。山东省副省长凌文出席签约仪式。

12 日　山东省商务厅印发《2020 年对口支援和东西部扶贫协作工作计划》，对援疆、援藏、援渝相关工作作出部署。

17 日　山东省商务厅印发关于做好保障北京蔬菜供应和疫情防控工作的紧急通知，要求各级商务部门全力保障向北京的蔬菜供应，以化解北京新发地农产品批发市场新冠肺炎疫情暴发对当地蔬菜供应所产生的不利影响。

18 日　山东省人民政府新闻办公室在济南召开山东省线上销售发展情况新闻发布会，介绍相关职能部门组织实施优质鲁货与电子商务平台对接工程、电子商务促消费等情况，解读有关政策措施。

同日　青岛台东路步行街入选商务部第二批步行街改造提升试点街区。

19 日　山东省商务厅在枣庄举办选择山东云平台线上招商活动。

23 日　山东省人民政府新闻办公室在济南召开新闻发布会，山东省副省长任爱荣介绍第二届儒商大会暨青年企业家创新发展国际峰会总体安排和筹备情况。山东省商务厅厅长张德平等分别介绍相关情况。

24—28 日　山东省商务厅在青岛西海岸新区举办外贸出口产品进商场及新媒体直播活动。

28 日　商务部、公安部、交通运输部、国家邮政局、中华全国供销合作总社印发《商务部等 5 部门关于继续推进城乡高效配送专项行动有关工作的通知》，确定包括山东省济南市、临沂市在内的 10 个城市为第二批全国城乡高效配送专项行动重点推进城市。

30 日　中共山东省委、山东省人民政府在济南举办第二届儒商大会暨青年企业家创新发展国际峰会，邀请 20 个国家和地区的 7000

多位优秀企业家、创新创业者、知名人士在线交流，共叙儒风乡情，共商发展大计，助力山东高质量发展。中共山东省委书记刘家义与嘉宾视频连线，山东省代省长李干杰致辞，中共山东省委副书记杨东奇主持会议。山东省领导孙立成、王清宪、刘强、任爱荣，山东省商务厅厅长张德平等省直有关部门主要负责人参加活动。

同日　山东省商务厅与香港特别行政区政府投资推广署、驻上海经济贸易办事处在济南联合举办善用香港平台、鲁港合作共赢推介会，推介香港特别行政区投资政策、金融及专业服务资源，推动鲁港深化合作，携手参与“一带一路”建设。中央人民政府驻香港特别行政区联络办公室经济部副部长刘亚军、山东省商务厅厅长张德平、香港特别行政区政府投资推广署署长傅仲森、香港特别行政区政府驻上海经济贸易办事处主任蔡亮分别致辞。鲁港400余家企业的负责人参加活动。

同日　山东省商务厅在济南举办山东出口商品（澳大利亚）云展会，270余家山东企业、50多个澳大利亚采购商参加。

7月
July

3日　山东省人民政府办公厅印发《山东省推动步行街改造提升行动计划》，确定加强规划布局、完善交通设施、美化街区环境、优化业态结构、提高品牌效应、打造智慧街区、规范管理运营7个方面的重点工作。

同日　山东省商务厅印发《关于做好高考期间宾馆酒店疫情防控工作的通知》，要求各地确保考生及家长的住宿、饮食安全。

6—10日　山东省商务厅组织专家赴重庆市云阳县、石柱土家族自治县，对当地学员进行电子商务方面的培训，推动鲁渝扶贫协作取得更大成效。

13—17日　山东省商务厅组织省内企业参加在线举办的第30届中国华东进出口商品交易会。

15日　山东省商务厅在济南举办重庆市开州区扶贫产品营销推介活动，推介重庆出产的翠冠梨、青脆李、豆干、苕粉等特色产品。

17日　山东省商务厅在济南召开全省首批分餐制示范单位公布暨分餐制国家标准宣传贯彻会议。会议通过《山东省首批分餐制示范单位公约》，山东舜和国际酒店、山东大厦、济南舜耕山庄等50家餐饮企业获得山东省首批分餐制示范单位称号。

同日　烟台市人民政府、中国—东盟商务理事会在烟台举办烟台—东盟进出口商品云洽会。

21日　山东省商务厅在济南召开上半年商务运行分析会，分析上半年全省商务运行情况，研判形势，安排部署重点工作。山东省商务厅厅长张德平提出工作要求。

22日　烟台综合保税区通过由青岛海关、山东省发展和改革委员会、山东省商务厅等8部门专家组成的联合验收组的验收。

23日　山东省商务厅在济南举办选择山东云平台国际经贸合作云路演德国专场活动。

24日　山东省人民政府在济南召开全省稳外贸、稳外资工作电视电话会议，山东省商务厅厅长张德平通报上半年全省外贸外资运行情况，山东省副省长任爱荣提出工作要求。

30日　山东省商务厅、山东省财政厅、山东省扶贫开发办公室印发《山东省2020年电子商务进农村综合示范工作方案》，确定在商河县、招远市、寿光市、青州市、肥城市、博兴县、郯城县开展电子商务进农村综合示范工作。

8 月 August

1 日　中韩经贸联委会在青岛召开第 24 次会议，商讨常态化疫情防控下推动中韩经贸关系发展相关议题。

2 日　《国务院关于同意全面深化服务贸易创新发展试点的批复》同意包括山东青岛、济南、威海在内的 28 个省、市（区域）进行全面深化服务贸易创新发展试点，为期 3 年。

3 日　中国（山东）自由贸易试验区工作办公室在济南召开会议，研究取消海关特殊监管区域内企业贸易经纪代理经营许可、服务于中国（山东）自由贸易试验区建设的出入境便利措施等改革事项。

4 日　中国国际进口博览局、山东省商务厅在济南举办第三届中国国际进口博览会招商路演。

同日　山东省商务厅印发《关于推动服务外包加快转型升级的实施意见》，以加快服务外包数字化转型、推动服务外包向价值链高端延伸、增强服务外包核心竞争力。

6 日　烟台港 40 万吨货运码头投入使用，成为国内第 5 个可停泊 40 万吨货轮的港口。

7 日　山东省人民政府印发《山东省进一步做好利用外资工作的若干措施》，推出 20 项招商引资举措。

14 日　山东省商务厅等 12 个省直单位印发推进境外经贸合作区高质量发展行动计划（2020—2022），以创新对外投资方式、加快培育对外经贸合作和竞争新优势。

同日　山东省商务厅在全省餐饮行业开展厉行节约、反对浪费专项行动。

20 日　山东省商务厅负责人在济南与澳大利亚驻华大使馆公使衔参赞顾兆伦举行工作会谈，洽商经贸合作事宜。

21 日　山东省商务厅在济南召开山东省国际合作园区建设发展经验视频交流会，相关负责人解读推动国际合作园区发展的政策措施，部署相关工作。

23—27 日　商务部外资司司长宗长青在青岛、烟台、威海调研稳外资工作。

26 日　中共山东省委书记刘家义在济南会见日本驻华大使横井裕，洽商经贸合作事宜。山东省副省长任爱荣、山东省商务厅厅长张德平等参加会见。

26—30 日　山东省商务厅在潍坊举办外贸出口产品进商场及新媒体直播活动。

27 日　中共山东省委、山东省人民政府在济南举办山东与世界 500 强连线欧洲专场活动，山东省省长李干杰在主会场与世界 500 强领导人在线对话。其间举办山东营商环境与合作项目推介、欧洲重点投资项目签约活动。济南、青岛、潍坊、济宁、烟台 5 市在分会场举办配套交流活动。山东省领导刘强、任爱荣，山东省商务厅厅长张德平等省直部门负责人参加活动。

同日　济南章锦综合保税区通过海关总署、商务部等 8 个国家部委（单位）专家的联合验收。

同日　中国（山东）自由贸易试验区烟台片区在上海举办片区推介会暨科创离岸双向孵化基地启动揭牌仪式。

28 日　中央广播电视总台、山东省人民政府主办的“新消费 · 爱生活—山东消费年”活动在济南启动，山东省省长李干杰、中央广播电视总台副台长蒋希伟出席启动仪式。山东省和济南市领导于杰、刘强、任爱荣、孙述涛，中央广播电视总台央视副总编辑彭健明，山东省商务厅厅长张德平等省直有关部门负责人参加相关活动。

28—30日　山东省商务厅在济南举办第四届中华老字号（山东）博览会暨老字号品牌发展高峰论坛。山东省副省长任爱荣出席开幕活动。

31日　山东省人民政府新闻办公室在济南召开中国（山东）自由贸易试验区设立一周年建设成果新闻发布会。山东省商务厅厅长、中国（山东）自由贸易试验区工作办公室主任张德平介绍山东自贸试验区设立一周年建设总体情况，发布首批在全省复制推广的创新成果案例。

同日　山东省商务厅、重庆市商务委员会在济南召开鲁渝商务扶贫协作对接会，山东省商务厅厅长张德平、重庆市商务委员会主任张智奎就鲁渝商务扶贫协作进行深入交流，商讨今后的重点工作。

9月
September

1日　中共中央、国务院台湾事务办公室与山东省人民政府共同主办的第26届鲁台经贸洽谈会在潍坊开幕。

同日　青岛海关、济南海关启动跨境电子商务B2B（企业对企业）业务出口监管试点。

4日　商务部、北京市人民政府主办的2020年中国国际服务贸易交易会在北京开幕。交易会持续至9月9日，其间，由任爱荣副省长领衔的山东交易团举办山东主题日推介活动。

同日　受山东省省长李干杰委托，山东省副省长任爱荣集体约谈7月份出口增幅居各市后三位的聊城、日照、德州市人民政府主要负责人。山东省商务厅厅长张德平参加约谈。

同日　济南市商务局、中国饭店协会主办的第二十一届中国美食节暨第五届中国鲁菜美食文化节在济南开幕。

7—11日　中共山东省委组织部、山东省商务厅在山东省委党校（山东行政学院）举办全省开放人才领导力专题研讨班。

8—11日　山东省商务厅组团参加2020厦门国际投资贸易洽谈会，宣传推介山东新旧动能转换综合试验区、中国（山东）自由贸易试验区、上海合作组织地方经贸合作示范区、济青烟国际招商产业园、选择山东云平台，现场发布对外重点合作项目169个，通过网上投洽会发布项目203个。

10日　山东省商务厅厅长张德平在济南会见中国太平洋财产保险股份有限公司山东分公司总经理赵林增，洽商疫情防控常态化形势下稳外贸、稳外资相关事宜。

10—11日　山东省商务厅在枣庄市台儿庄区召开全省步行街改造提升工作现场会。

11日　山东省商务厅、济南市人民政府主办的第六届（济南）电子商务产业博览会暨2020泉城电子商务大会在济南山东国际会展中心开幕。

同日　山东省商务厅、阿里巴巴网络技术有限公司在济南举办山东省村播计划2.0启动仪式暨淘宝直播、村播学院授牌仪式。

12日　山东省商务厅举办的2020惠享山东消费促进季暨山东家电消费节在济南启动。

14日　山东省副省长王书坚在济南会见日本住友商事株式会社常务执行董事、东亚区总裁御子神大介，洽商经贸合作事宜。山东省商务厅厅长张德平参加会见。

同日　山东省商务厅、济南市商务局在济

南举办山东省暨济南市消费扶贫产品展销周。

15 日　海峡两岸经贸交流协会、全国台湾企业联合会、山东省商务厅、山东省人民政府台港澳事务办公室在济南举办台资企业拓内销线上推介对接会山东专场活动，以在线直播推介和企业线上洽谈相结合的方式，宣传推介山东食品农产品、家具、日用消费品和机电产品。

同日　山东省商务厅在济南举办选择山东国际经贸合作云路演德国图林根州专场活动。

17—18 日　山东省商务厅在临沂举办全省外贸新业态、新模式观摩交流活动。

19 日　山东省商务厅在济南举办齐鲁金秋美食月暨首届齐鲁美食嘉年华活动启动仪式。

22 日　中共山东省委、山东省人民政府在济南举办山东与世界 500 强连线东盟专场活动。山东省委书记刘家义与嘉宾连线交流，山东省省长李干杰致辞。山东省副省长任爱荣、山东省商务厅厅长张德平等参加活动。

25 日　山东省商务厅在济南举办选择山东云平台国际经贸合作云路演连线澳洲领先企业活动。

26 日　山东省十三届人民代表大会常务委员会第二十三次会议审议通过《中国（山东）自由贸易试验区条例》，自 2021 年 1 月 1 日起施行。

26—30 日　山东省商务厅在烟台举办外贸出口产品进商场及新媒体直播活动。

28 日　山东省商务厅、山东省发展和改革委员会、山东省自然资源厅、山东省生态环境厅印发《山东省重点外资项目要素保障实施细则》。

29 日　中共山东省委、山东省人民政府在济南举办山东与世界 500 强连线美国专场活动。山东省委书记刘家义与嘉宾连线交流，山东省省长李干杰致辞。山东省领导刘强、任爱荣，山东省商务厅厅长张德平等参加活动。

10 月
October

11 日　山东省商务厅、山东省粮食和物资储备局在临沂举办第二届齐鲁粮油花样面点大赛。

13 日　中国糖业酒类集团公司主办的第 103 届全国糖酒商品交易会在济南山东国际会展中心开幕，山东省省长李干杰、中粮集团有限公司董事长吕军、济南市委书记孙立成、济南市市长孙述涛出席，山东省商务厅厅长张德平等参加。

15 日　山东省人民政府在济南召开第三届中国国际进口博览会山东省筹备工作电视电话会议，山东省商务厅厅长张德平通报省交易团筹备工作情况，山东省副省长任爱荣提出工作要求。

16 日　山东省商务厅印发《山东省报废机动车回收拆解企业资质认定评审专家管理办法（试行）》，以规范行政许可评审专家管理工作。

18 日　山东省省长李干杰主持召开省政府常务会议，研究前三季度全省经济社会发展形势，山东省商务厅厅长张德平汇报全省商务运行情况。

20 日　山东省副省长任爱荣在济南会见丹麦驻华大使马磊，洽商经贸合作。

同日　山东省商务厅在济南举办选择山东国际经贸合作云路演瑞典专场活动。

22 日　中共山东省委、山东省人民政府与韩国产业通商资源部在济南举办山东与世界 500 强连线韩国专场暨山东省—韩国经贸合作交流会。山东省委书记刘家义与嘉宾连线交流，山东省省长李干杰致辞。山东省领导刘强、任爱荣，韩国驻青岛总领事朴镇雄，山东省商务厅厅长张德平参加活动。

同日　山东省商务厅厅长张德平在济南为山东省商务发展研究院挂牌。

23日　山东省商务厅厅长张德平在济南调研。

27日　山东省人民政府新闻办公室在济南召开走在前列、全面开创系列第十一场主题新闻发布会，山东省商务厅厅长张德平介绍山东全力打造对外开放新高地有关情况。

11月
November

4日　商务部、上海市人民政府主办的第三届中国国际进口博览会在上海开幕。山东省人民政府组团参加交易活动。山东省省长李干杰出席开幕式，济南市委书记孙立成、山东省副省长任爱荣、山东省商务厅厅长张德平等参加有关活动。

同日　商务部、国家发展和改革委员会、财政部等9个国家部委决定在全国设立包括青岛西海岸新区在内的10个进口贸易促进创新示范区。

6日　中共山东省委、山东省人民政府在上海国家会议中心举办山东与世界500强企业产业链高质量合作发展对话活动，山东省省长李干杰、商务部部长助理李成钢致辞，山东省领导孙立成、王清宪、任爱荣，山东省商务厅厅长张德平等参加。

6—11日　山东省商务厅、大众报业集团有限公司在全省举办山东消费年之乐购促销周活动。

10日　中共山东省委、山东省人民政府在济南举办山东与世界500强企业连线日本专场活动，山东省委书记刘家义与嘉宾连线交流，山东省省长李干杰致辞。山东省领导刘强、任爱荣，日本驻青岛总领事井川原贤，山东省商务厅厅长张德平等参加活动。

同日　山东省商务厅在日本大阪举办第22届中国山东出口商品展览会暨山东文化贸易展览会。

11日　山东省商务厅、日本日中经贸中心、日本能率协会在日本东京举办第6届山东品牌农产品东京展暨日本国际医疗用品及康复用品展览会。

13日　新加坡—山东经贸理事会第22次全体会议通过视频连线的方式，在山东济南和新加坡同时举行，山东省副省长、新加坡—山东经贸理事会山东方联合主席任爱荣和新加坡外交部兼交通部高级政务部长、新加坡—山东经贸理事会新方联合主席徐芳达出席会议并致辞。山东省商务厅厅长张德平等理事单位负责人参加会议。

16日　山东省副省长任爱荣约谈8、9两个月进出口增幅连续居于各市后三位的滨州市人民政府负责人。山东省商务厅厅长张德平参加约谈。

17日　中共山东省委在济南召开外经外贸工作座谈会，省委书记刘家义提出工作要求。山东省领导刘强、任爱荣出席，山东省商务厅厅长张德平参加。

18日　山东省商务厅厅长张德平在德州调研稳外贸、稳外资和开发区建设工作，德州市市长杨洪涛一同调研。

25日　山东省商务厅在济南召开2020山东跨境电子商务生态大会，发布《山东省跨境电子商务等新业态提升发展三年行动计划》，并举办重点项目签约仪式。山东省政协副主席王艺华出席并致辞，山东省商务厅厅长张德平、山东省教育厅总督学刘欣堂等参加有关活动。

26 日　山东省人民政府、香港特别行政区政府在青岛举办山东—香港深化合作对接会，全国政协副主席梁振英、山东省省长李干杰出席。青岛市委书记王清宪、山东省副省长任爱荣、山东省商务厅厅长张德平参加会议。

27 日　山东省商务厅、山东广播电视台在济南举办第二届山东家政日活动。

12 月
December

1 日　山东省商务厅、山东广播电视台启动为期 3 个月的山东消费年之暖冬消费季。

2—3 日　山东省商务厅在济南召开商务工作务虚会，研究分析商务工作面临的新形势、新任务，谋划 2021 年和“十四五”时期商务发展的思路与措施。山东省商务厅厅长张德平提出工作要求。

7 日　山东省商务厅、日本九州经济联合会、九州国际化推进机构以视频连线方式举办中国山东省—日本九州食品采购洽谈会。

10—11 日　青岛海关、山东省商务厅等单位专家组成联合验收组，对青岛前湾综合保税区、青岛即墨综合保税区分别进行验收和预验收，青岛前湾综合保税区通过验收，青岛即墨综合保税区通过预验收。

11 日　山东省副省长任爱荣在济南会见比利时驻华大使高洋，洽商经贸合作事宜。

12 日　青岛市商务局、重庆市奉节县商务委员会在青岛举办 2020 年度万吨奉节脐橙进山东消费扶贫活动。

15 日　山东省商务厅厅长、跨国公司领导人青岛峰会秘书长张德平在济南会见美国《财富》杂志亚太及中东区高级副总裁洪群芳。

同日　山东省商务厅、中共山东省委台港澳工作办公室等 14 个单位印发《山东省关于鼓励跨国公司在鲁设立地区总部的办法》，对相关事项作出明确规定。

17 日　山东省商务厅厅长张德平参加山东广播电视台《问政山东》栏目第 79 期——开放倒逼改革攻坚专题问政节目。

同日　东营综合保税区（二期）通过由济南海关、山东省商务厅等单位专家组成的联合验收组的验收。

22 日　山东省副省长汲斌昌在济南会见安永会计师事务所大中华区首席执行官陈凯。山东省商务厅厅长张德平参加会见。

23 日　山东省商务厅邀请山东省卫生健康委员会、山东省医疗保健局负责人，与中国美国商会医疗企业代表团成员在济南进行座谈交流。

28 日　山东省商务厅、中共山东省委网络安全和信息化委员会办公室等 17 个单位联合印发《关于推动服务外包加快转型升级的实施意见》，推动服务外包向数字化、网络化、智能化转型。

同日　山东省商务厅、山东省发展和改革委员会等 18 个单位印发《加快培育山东本土跨国公司三年行动计划（2020—2022）》。

30 日　山东省应对国外技术性贸易措施工作领导小组在济南召开第一次会议，研究《区域全面经济伙伴关系协定》实施后如何应对国外技术性贸易壁垒等议题。山东省商务厅厅长张德平主持会议。

同日　淄博综合保税区通过由济南海关、山东省商务厅等单位专家组成的联合验收组的预验收。

31 日　山东省商务厅、山东省财政厅、青岛海关、济南海关印发《山东省关税保证保险风险补偿资金管理暂行办法》，以支持生产企业进口大宗资源型商品、食品和农产品。

知识窗

2020 年中国货物贸易发展情况

2020 年，中国货物进出口总额 32.2 万亿元，增长 1.9%，是全球唯一实现贸易正增长的主要经济体。其中，出口 17.9 万亿元，增长 4%；进口 14.2 万亿元，下降 0.7%；贸易顺差 3.7 万亿元，增长 27.4%。全年进出口、出口规模均创历史新高。分季度看，进出口规模逐季攀升，分别为 6.6 万亿元、7.7 万亿元、8.9 万亿元、9.1 万亿元。以美元计，2020 年货物进出口总额 4.7 万亿美元，增长 1.5%。其中，出口 2.6 万亿美元，增长 3.6%；进口 2.1 万亿美元，下降 1.1%；贸易顺差 5350.3 亿美元，增长 27.1%。根据世界贸易组织（WTO）数据，2020 年中国出口增速高于全球 7.4 个百分点，进出口、出口、进口国际市场份额分别达 13.1%、14.7%、11.5%，均创历史新高，货物贸易第一大国地位进一步巩固。

对前五大贸易伙伴东盟、欧盟、美国、日本和韩国的进出口额分别为 4.7 万亿元、4.5 万亿元、4.1 万亿元、2.2 万亿元和 2.0 万亿元，合计占进出口总额的 54.3%，其中东盟首次成为中国第一大贸易伙伴。对“一带一路”沿线 6 国家进出口 9.4 万亿元，占进出口总额的 29.1%。对东盟、欧盟、美国进出口分别增长 7%、5.3% 和 8.8%，分别高于总体增速 5.1 个、3.4 个和 6.9 个百分点。对“一带一路”沿线国家进出口增长 1%，其中，出口增长 3.2%。对沙特阿拉伯、土耳其、埃及、波兰、新西兰等部分“一带一路”沿线国家出口增长较快，分别增长 18.4%、18%、12.1%、12.4% 和 5.9%。中欧班列全年开行 1.24 万列，发送货物 113.5 万标准箱，分别增长 50% 和 56%，综合重箱率达到 98.4%。

中西部地区进出口总额 5.6 万亿元，增长 11%，高 7 于整体增速 9.1 个百分点，占全国比重 17.5%，较上年提升 1.4 个百分点。其中，出口 3.4 万亿元，增长 10.7%，占全国出口总额的 19%，较上年提升 1.1 个百分点；进口 2.2 万亿元，增长 11.5%，占全国进口总额的 15.6%，较上年提升 1.7 个百分点。

业务综述

Business Description

简要说明

一、栏目内容

本栏目综合描述2020年山东省商务经济运行情况，含商贸流通、电子商务、对外贸易、外国及中国港澳台地区投资、对外经济技术合作、对外投资、经济园区、投资合作等内容，以文字形式呈现。

二、资料来源

山东省商务厅、山东省统计局、商务部、国家外汇管理局山东省分局

Brief Introduction

Ⅰ. Content

The column comprehensively describes commerce economic operation condition of Shandong Province in 2020, including commerce circulation, e-commerce, foreign trade, foreign investment, foreign economic and technical cooperation, investment abroad, economic zones, investment cooperation, presented in text.

Ⅱ. Data sources

Department of Commerce of Shandong Province, Shandong Statistics Bureau, Ministry of Commerce, National Foreign Exchange Administration

居民消费形态
Patterns of Consumption

【社会消费品零售总额】 2020年，山东省实现社会消费品零售总额29248.0亿元，基本恢复至上年水平。其中，餐饮收入3129.1亿元，比上年下降6.2%；商品零售26118.9亿元，增长0.8%。城镇社会消费品零售额23671.8亿元，下降0.3%;乡村社会消费品零售额5576.2亿元，增长1.4%。

突如其来的新冠肺炎疫情，对全省居民消费和商品销售产生了不利影响。疫情发生初期，消费全面抑制，批发、零售、住宿、餐饮企业经营惨淡，导致一季度全省社会消费品零售总额较上年同期下降15.2%。二季度，随着疫情防控形势好转，消费市场逐渐复苏，上半年全省社会消费品零售总额较上年同期下降9.5%。三季度，经济复苏节奏加速，消费市场持续回暖，全省社会消费品零售总额较上年同期下降4.5%。四季度，经济运行和商品流通进入快速增长轨道，全省社会消费品零售总额较上年同期增长11.2%，其中12月份同比增长12.4%。

【消费结构】 新兴消费高速增长，智能家电和音像器材、新能源汽车销售额比上年分别增长1.6倍和49.1%，能效等级1、2级家电商品销售额增长80.8%。品质消费渐成趋势，限额以上体育娱乐用品、文化办公用品零售额分别增长9.3%和13.4%。

【市场物价】 2020年，山东省居民消费价格比上年上涨2.8%。其中，消费品价格上涨4.2%，服务项目价格上涨0.4%。食品价格上涨12.1%，非食品价格上涨0.4%。农业生产资料价格上涨5.6%，农产品生产者价格上涨8.7%。工业生产者出厂价格下降1.9%，购进价格下降2.5%。

【居民收支】 2020年，山东省居民人均可支配收入32886元，比上年增长4.1%；人均消费支出20940元，增长2.5%。其中，城镇居民人均可支配收入43726元，增长3.3%；人均消费支出27291元，增长2.1%。农村居民人均可支配收入18753元，增长5.5%；人均消费支出12660元，增长2.9%。居民人均住房建筑面积40.0平方米，其中城镇、农村居民分别为37.3平方米和43.4平方米。

【旅游收入】 2020年，山东省各旅游企业接待国内外游客5.77亿人次，实现旅游总收入6019.7亿元，分别恢复至上年水平的61.5%和54.3%。A级旅游景区1227个，其中，5A级旅游景区13个，新获国家旅游部门评定1个。星级饭店539个，旅行社2685个。旅游度假区46个，其中，国家级5个，新获评1个，省级41个。省级工业旅游示范基地67个，省级康养旅游（中医药健康旅游）示范基地25个，省级中小学生研学基地111个，省级体育旅游示范基地13个。荣成市、沂南县、烟台市蓬莱区、齐河县、济南市章丘区获评第二批国家全域旅游示范区。

市场运行监测
Market Operation Monitoring

【市场主体】 2020年，山东省实有市场主体1185.8万个、注册资本（金）35.0万亿元，较上年增长 14.2%、36.2%。实有企业 361.2 万家、注册资本（金）33.4 万亿元，其中私营企业 345.2 万家，外商投资企业 3.5 万家，个体工商户 801.0 万个，农民专业合作社 23.6 万个。

【重要商品市场监测体系】 山东省市场运行监测主要监测生活必需品、生产资料、应急商品、茧丝绸、成品油、酒类等重要商品的价格、销售量、销售额、库存量等指标。其中，生活必需品市场监测覆盖全省所有县（市、区），监测样本企业 290 家，包括各地有代表性的超市、农贸市场和农副产品批发市场。监测内容为粮食、食用油、肉类、禽类、蛋类、蔬菜、水果、水产品、奶制品等 12 大类 70 余种生活必需品的价格、销售量、库存量。实行监测月报、周报制度，春节、国庆节等节假日期间或市场发生重大异常波动时启动日报制度。重要生产资料市场监测样本企业 171 家，均为从事生产资料经营活动的单位，监测内容为煤炭、成品油、钢材、橡胶、化肥、水泥、玻璃、有色金属、化工产品等 9 大类 26 细类生产资料的价格，实行周报制度。

【商贸流通业统计分析体系】 统计主体为商务部门，统计客体为具有代表性的 1645 家商务企业，包括生产资料批发、零售、住宿、餐饮、洗染、沐浴、家政、美容美发、会展、仓储等 18 个商贸服务行业的企业。统计指标包括企业销售（营业）额、从业人数、营业面积、成交税费、资产、负债、所有者权益、利润等，实行年报、季报和月报制度。

【蔬菜应急保供】 2020 年，山东商务系统针对新冠肺炎疫情导致国内部分地区蔬菜供应吃紧的不利局面，协调组织省内蔬菜产地和物流企业开展向疫情重点地区运送蔬菜、保障当地市场蔬菜供应相关工作，分别向湖北、北京、上海紧急调运蔬菜 1.66 万吨、10.6 万吨和 11.7 万吨，并向北京蔬菜储备库调运蔬菜 5020 吨。

流通业态

Circulation Forms

【实体零售】 2020 年，山东省实现社会消费品零售总额 29248.0 亿元，其中商品零售额 26118.9 亿元、较上年增长 0.8%。

为化解新冠肺炎疫情对出口的影响、形成国际国内双循环的良好格局，2020 年 4—9 月，山东省商务厅先后在济南、临沂、青岛、潍坊、烟台等市举办外贸出口产品进商场及新媒体直播系列活动，通过省市联手、内外贸融合、线上线下结合的方式推动商品销售，省内 400 多家生产企业、15 个商场参加，实现现场销售额 1600 余万元。

年内，银座集团股份有限公司、利群集团股份有限公司、家家悦控股集团有限公司、烟台振华商业集团有限公司、山东潍坊百货集团股份有限公司、济南华联商厦集团股份有限公司、山东全福元商业集团有限公司、山东新星集团有限公司、青岛利客来集团股份有限公司、山东德州百货大楼（集团）有限责任公司、青岛维客集团股份有限公司 11 家企业入围 2019 年度中国零售百强企业。银座集团股份有限公司、利群集团股份有限公司、家家悦控股集团股份有限公司、烟台振华商业集团有限公司、山东潍坊百货集团股份有限公司、济南华联商厦集团股份有限公司、山东全福元商业集团有限责任公司、青岛利客来集团股份有限公司、山东德州百货大楼（集团）有限责任公司、山东新星集团有限公司10家企业入围2019年度中国连锁百强企业。

【绿色商场创建】 2020年，商务部确定144家企业为年度绿色商场创建单位，山东鲁能亘富开发有限公司商业管理分公司、邹平圣豪购物有限公司济南高新分公司、荣成九龙城休闲购物广场有限公司、山东龙口市博商购物广场入围。至2020年年底，山东已有22家企业被商务部确定为绿色商场创建单位。

【再生资源回收】 2020年，山东省以废钢铁等8大类为主的再生资源重点品种回收量2751.65万吨，与2019年的2420.80万吨相比增加330.85万吨，增长13.7%，综合回收率为75.0%。除废橡胶回收数量较上年略有减少外，其他7大类再生资源回收数量皆有所增长。加上往年未统计的废有色金属类别中的废不锈钢、废机电产品和废旧变压器实现的230万吨回收量，2020年全省8大类再生资源回收总量为2981.65万吨。

2020年年底，山东省实有规范设置的再生资源基层回收站点1.45万个，比2019年的1.32万个增加0.17万个，增长9.8%。实有区域性再生资源交易市场36个，比2019年的34个增加2个，增长5.9%。实有再生资源回收分拣加工中心126个，比2019年的113个增加13个，增长11.5%。实有一般纳税人再生资源回收企业5186家，比2019年的4963家增加223家，增长4.5%。主要再生资源品种回收从业人员35.53万人，比2019年增加0.83万人，增长2.4%。

【拍卖企业经营情况】 2020年，山东省新设立拍卖企业79家，拍卖企业数量增加到548家。各拍卖企业开展6820次拍卖活动，实现成交总额292.16亿元，较上年下降12.0%；实现佣金收入2.64亿元，下降12.2%。其中，股权债权拍卖成交额80.5亿元，下降11.0%；土地使用权拍卖成交额54.43亿元，下降47.0%；机动车拍卖成交额5.09亿元，下降49.0%；农副产品拍卖成交额1.18亿元，增长29.1%；房地产拍卖成交额79.4亿元，增长1.2%；无形资产拍卖成交额14.05亿元，增长49.7%；文物艺术品拍卖成交额0.55亿元，下降74.7%；其他类标的拍卖成交额56.96亿元，增长49.6%。标的物委托拍卖方面，法院委托成交额19.69亿元，增长78.8%；行政机构委托成交额76.11亿元，下降32.4%；金融机构委托成交额85.91亿元，下降16.5%；破产清算组委托成交额15.98亿元，下降3.0%；其他机构委托成交额85.37亿元，增长13.8%；个人委托成交额9.09亿元，下降35.7%。

【二手车流通】 2020年，山东省二手车交易相对平稳，全年交易量263.8万辆，较上年增长3.49%。其中，济南、青岛、枣庄、烟台、潍坊、济宁、临沂等市二手车交易量均超过18万辆，青岛、枣庄、滨州、临沂、菏泽等市二手车交易增长幅度均大于5%。

【报废汽车回收拆解】 2020年，山东省报废机动车回收拆解企业回收拆解报废汽车17.9万辆，较上年增长59.3%。其中，回收拆解客车6.1万辆，下降5.1%，回收拆解货车11.8万辆，增长197.5%。

市场体系建设

Market System Construction

【步行街改造提升】 2020年，山东省商务部门开展第二批步行街改造提升试点工作，通过引导街区优化环境、提升档次、丰富业态、完善功能等手段，推动步行街与周边资源有机融合、良性互动，形成错落有致的城市商业布局，达到聚人气、提活力、扩消费和繁荣商圈的目的。融汇济南老商埠、青岛鲁邦国际风情街、枣庄万洲第一街、东营万达·万恋街、烟台万行新街韩国风情街、潍坊十笏园文化街、济宁运河记忆历史街、泰安老街、威海韩乐坊、临沂沂州古城商业文化街、聊城江北水城欢乐小镇聊街、滨州渤海七路步行街、菏泽金街13个街区被确定为改造提升试点街区。至此，山东省被纳入改造提升的试点街区增加到25个，实现16个市全覆盖。

【国家级供应链体系建设试点】 2020年，济南、青岛两市国家级供应链体系建设试点工作通过验收。2017年，济南市、青岛市被商务部确定为供应链体系建设综合试点城市。经过3年多的建设，两市确定的50个试点项目带动社会投资10.19亿元，带动标准托盘使用52.6万片，采用标准周转箱20.9万个，标准托盘使用率提升到90.5%，标准化设施设备数量占比提升到86.5%，装卸货效率提高2.13倍，货损率降低38.5%，综合物流成本降低14.5%，试点企业平台交易额平均提高118.5%，交易管理成本平均下降24%。

烟台市、潍坊市2018年被商务部确定为流通领域现代供应链体系建设试点城市，2020年基本完成试点工作。经过两年多的建设，试点企业提质增效降本成效显著，平均库存周转率提高15%，供应链综合成本降低25%，订单服务满意度提高到85%，重点供应商产品质量合格率提高到95%，托盘、周转箱（筐）等物流单元标准化率提高到85%，供应链重点用户系统数据对接畅通率提升到85%，单元化物流占供应链物流比重提高15%。

【城乡高效配送试点】 2020年，济南市、临沂市被商务部确定为城乡高效配送专项行动第二批试点城市，加上2019年被确定为试点城市的淄博市、烟台市、潍坊市，山东省国家级城乡高效配送专项行动试点城市增加到5个。这些试点市积极推进以物流分拨中心、公共配送中心、末端配送网点为核心的配送网络体系建设，搭建县、乡、村三级农村物流网络体系，至2020年年底，整合建成县级物流节点201个、乡镇物流节点1805个、村级物流节点20184个。

【农商互联】 2020年，山东省商务厅根据2019年编制的《山东省推动农商互联完善农产品供应链实施方案》开展相关工作，建设淄博香椿、西葫芦，枣庄马铃薯、牛奶，烟台海参、烟薯，潍坊大姜、黄瓜、西红柿，济宁大蒜、花生、小龙虾，日照茶叶、芦笋、黄秋葵等15条特色农产品产销一体化供应链，以及香椿、马铃薯、海参、烟薯，大姜、大蒜、小龙虾、茶叶、芦笋9种农产品全链条标准化运营体系。新建或改造农贸市场、社区菜市场等零售网点158个。农商互联项目实施主体农产品产地商品化设施使用率、冷藏仓储能力均提高35%以上，带动农民收入提高6%以上。

产品追溯体系建设

Construction of Product Traceability System

【市级产品追溯体系建设】 2020年，经商务部、财政部批准和支持，山东省泰安市、滨州市启动重要产品追溯体系建设工作。至此，山东省

已先后有 17 个市开展产品追溯体系建设相关工作，实现了市级产品追溯工作全覆盖。2010 年，青岛市、济南市、潍坊市、淄博市、烟台市、威海市、临沂市着手开展肉菜流通追溯体系试点市建设。2016 年，济宁市、德州市、菏泽市、莱芜市开展重点产品追溯示范市建设。2018 年，枣庄市、东营市开展重要产品追溯体系建设。2019 年，聊城市、日照市开展重要产品追溯体系建设。除 2020 年启动该项工作的泰安、滨州两市外，其他市产品追溯体系建设工作均已完成或基本完成。

【省级产品追溯管理平台】 山东省商务厅主导建设的山东省重要产品追溯体系省级管理平台，以云计算、大数据平台技术为支撑，以统一产品赋码为核心，对接各关键环节的企业追溯信息，追溯链条贯穿产品种养殖、生产加工、流通、消费全过程。至 2020 年年底，平台累计上传追溯信息 41178 万条，累计赋码 8559 万个，消费者累计扫码 18.3 万人次。

【追溯标准制定】 2020 年，山东省商务、市场监督管理等部门先后制定食用农产品可追溯供应商评价准则、食用农产品可追溯供应商通用规范（果蔬）、产品可追溯性评价标准、老字号产品追溯管理平台通用技术要求、重要产品追溯操作规程（大蒜）、重要产品追溯操作规程（鸡蛋）等产品追溯标准，引导产品追溯体系建设规范化发展，对可追溯产品进行标准化框定。

会　展

Exhibition

【概况】 2020 年，受新型冠状病毒疫情影响，山东展会数量锐减。上半年各类展会完全停办，下半年一些展会从实地举办改为在线举办。各类机构以实地或在线方式举办各类会展 595 个，较上年下降 40.9%。展示面积 1010 万平方米，下降 32.7%。年内，山东省已有 23 个展会通过国际展览联盟认证。

【区域分布】 2020 年，青岛、济南两市仍是山东展会活动最活跃的地区，其中青岛市举办各类展会 193 个，展览面积 303 万平方米，分别占全省的 32.4% 和 30%；济南市举办展会 112 个，展览面积 210 万平方米，分别占全省的 18.8% 和 20.8%。临沂、潍坊、烟台、泰安、东营等市展会活动相对活跃，其中临沂市举办展会 80 个，展览面积 156.8 万平方米。上述 7 市展会数量和面积分别占全省的 77.3 % 和 87.7%。

【参展商品】 2020 年，山东各展览机构举办以大众消费品为主要展示商品的展会 324 个，占展会总数的 54.45%，展示面积 475 万平方米，占展示总面积的 47.03%，所展示的商品包括汽车、农产品、家具、服装服饰、食品、文化用品、进口商品等。举办以专业用品为主要展示商品的展会 271 个，占展会总数的 45.35%，展示面积 535 万平方米，占展示总面积的 52.97%，所涉及的行业领域包括装备制造、农资、医药卫生、新能源、城建、机械设备、装饰建材、美容美发、教育、新材料、海洋科技等。

【展览场馆】 2020 年，山东省实际投入使用的专业展览场馆 31 个，室内展览面积 141.82 万平方米，室外展览面积 80.5 万平方米。在建专业展览场馆 8 个，规划室内展览面积 89.52 万平方米。拟建专业展览场馆 3 个，规划室内展览面积32万平方米。

【第二十一届中国（寿光）国际蔬菜科技博览会】 2020年4月20日至5月30日，中国（寿光）国际蔬菜科技博览会组委会在寿光举办第二十一届中国（寿光）国际蔬菜科技博览会。受新冠肺炎疫情影响，博览会组委会根据中共中央创新展会服务模式的要求，举办能参展、能观展、能交易的网上展会。浏览参观人次180.7万，达成合作意向80个，交易额6.1亿元。

【齐鲁国际车展（春、秋季）】 齐鲁晚报主办，6月4—8日、9月3—7日分别在济南山东国际会展中心举办。展览面积各6万平方米，奔驰、宝马、路虎、捷豹、沃尔沃、雷克萨斯、英菲尼迪、林肯、讴歌等百余个汽车品牌参展，近千款车型亮相，涵盖家用轿车、越野车、多用途汽车等多种车型。成交量2.4万辆，成交额72亿元。

【2020济南地产品展示交易会】 济南市商务局、济南市工业和信息化局主办，2020年6月6—9日在济南舜耕国际会展中心举办。展会采取实体展览与线上展览相融合的展示模式，实体展览面积2万平方米，参展商品包括食品、保健品、生物医药、家具家电、纺织服装、文化娱乐、电子信息、机械装备等济南工业企业生产的优势产品，现场销售额1.26亿元，意向订单额近8亿元。

【第23届中国国际机床及自动化展览会】 济南金诺展览有限公司主办，2020年6月11—13日在济南山东国际会展中心举办。展览面积12万平方米，设置9个展馆，分设工业自动化、工业节能环保、仪器仪表、机器人技术、流体动力传动、机械传动、压缩空气技术、轴承产品科学8个精品展区，实现成交额3.9亿元。

【第22届山东国际水展】 济南金诺展览有限公司主办，2020年6月11—13日在济南山东国际会展中心举办。展览面积4万平方米，参展企业682家，特设城镇水务展区、山东家用净水展区、智慧环保展区。展品为工业纯水、民用净水，污水处理、污泥处置、水务工程、环境监测，建筑给排水系统，膜、仪器仪表，泵阀管道、药剂、杀菌消毒等主要设备及相关配套部件，以及市政、民用与工业三大领域的完整水行业全产业链技术与服务解决方案。

【第22届山东国际供热供暖、空调通风及燃气装备展】 山东省燃气热力协会、山东省城市经济学会集中供热分会、山东省建筑节能协会主办，2020年6月11—13日在济南山东国际会展中心举办。展览面积5.7万平方米，参展企业793家，专业观众52896人次，在线直播平台观看人数120万人次。

【第43届中国国际医疗器械（山东）博览会】 山东省医学会、山东新丞华展览有限公司主办，2020年6月17—19日在济南山东国际会展中心举办。展览面积3.6万平方米，参展企业900余家，展品包括医学影像、医用检验、手术室、急救、康复理疗、医用耗材、眼科、口腔、医疗建筑设计、可穿戴医疗、医院信息化、康养、医用特种车辆和各类防疫物资产品以及各类院内感控、大型医疗设备消杀、医务人员防护等解决方案。

【第83届山东省糖酒商品交易会】 山东省糖酒副食品商业协会主办，淄博市张店区人民政府、淄博国际会展中心具体承办，2020 年 6 月 21—23 日在张店举办。展示面积近 6 万平方米，设置特装展位 150 余个、标准展位 700 余个。20 多个省、自治区、直辖市的近 2000 家工商企业参展。签订合作意向 1 万多个，签约额超过 10 亿元。

【第 14 届全国食品博览会】 法国高美艾博展览集团公司、中贸科技集团有限公司、山东省食品工业协会、中国国际贸易促进委员会济南市委员会主办，2020 年 6 月 30 日在济南山东国际会展中心举办。展览面积 4 万平方米，设置包括休闲食品、烘焙及焙烤制品、坚果炒货食品、糖果零食、进口食品、营养品、农产品、水产品、肉制品展区在内的 14 个展区，吸引专业观众 8 万余人，签约成交额 36.9 亿元。

【第十五届中国济南太阳能利用大会暨多能互补展览会】 山东省太阳能行业协会、山东新丞华展览有限公司主办，2020 年 7 月 3—5 日在济南国际会展中心举办。展览展示面积 3 万平方米，展品涵盖太阳能光热、光伏、空气能、生物质能、风能、电能、储能、智能微网、绿色照明、氢能等多种能源互补的应用产品及设备。其间举办第三届中国分布式光伏大会、噢力（诺）奥（太）联盟暨国网电商论坛、2020 山东省清洁供热市场发展年会以及山东、河北、河南、安徽、江苏 5 省协会渠道光伏座谈会。

【第十一届威海国际食品博览会暨中韩商品博览会】 威海市人民政府主办，2020 年 7 月 24—27 日以在线方式举办，将展示交易、智能配对、即时沟通、视频会议、直播营销、支付物流、多语言检索等网络功能融为一体，提升展览效果。总曝光量 1871 万人次，官网浏览量 333 万人次。境内外参展企业 800 多家，境内外专业采购商 1128 家，其中境外采购商 138 家，预约采购对接视频会议 1745 次。

【第 20 届济南家具博览会】 济南金诺展览有限公司主办，2020 年 8 月 15—17 日在济南山东国际会展中心举办。展览面积 4 万平方米，设置实木家具、办公家具、软体家具、红木家具、木工机械和原辅材料展区，460 余家省内外家居企业参展。

【第 15 届中国（济南）新能源汽车电动车展览会】 山东世博展览策划有限公司主办，2020 年 8 月 21—23 日在济南山东国际会展中心举办。展览面积 8 万平方米，参展企业 600 余家，参展商品为新能源汽车、低速电动四轮车、摩托车及零部件。展会发布新车 60 余辆、新技术 40 多项，实现成交额 10.2 亿元。

【2020 首届淄博青岛啤酒节】 淄博市人民政府主办，张店区人民政府、临淄区人民政府、青岛啤酒股份有限公司承办，2020 年 8 月 21 日至 9 月 6 日在淄博举办。中心城区分会场接待入园游客 22.9 万人次，销售各类啤酒 108 吨。

【第 26 届鲁台经贸洽谈会】 中共中央、国务院台湾事务办公室和山东省人民政府主办，2020 年 9 月 1—4 日在潍坊举办。展会设置主题活动、两岸云上博览会、云洽谈三个板块，首次采用线上线下相结合的方式举办。1750 家企业参展，其中台湾企业 436 家。云展平台 657 万余人次在线对接，客户端点击量超过 1725 万人次。潍坊市签订合作项目 20 个，总投资 177.2 亿元。

【第21届中国美食节暨第5届中国鲁菜美食文化节】 中国饭店协会、济南市商务局主办，2020年9月4日至10月12日在济南举办。第21届中国美食节鲁菜之都分会场活动采用线上线下联动形式，线上部分以地标美食、品牌餐饮、促进消费为主线面向消费者开展优惠促消费活动，线下部分则以一会一展一赛一奖一对接为主线展开。以放心消费、品质鲁菜和鲁菜创新传承、提振餐饮消费为主题的第5届中国鲁菜美食文化节，开展特色美食体验活动月、中国鲁菜文化传承展览、中国名优特色小吃展、济南餐饮产业博览会、美食嘉年华、全民美食节、世界美食之都高峰论坛等多项活动。餐饮产业博览会展览面积15000平方米，展位510个，国内外参展企业252家，成交金额1.1亿元。100个特色美食店参与促消费、振经济中秋国庆惠民季、创新鲁菜盛典等活动，推出256个特色优惠菜品。

【第三十四届泰山国际登山节暨2020中国泰安投资合作洽谈会】 中共泰安市委、泰安市人民政府主办，2020年9月6日在泰安举办。德国、日本、韩国等15个国家和地区以及国内700余位嘉宾、客商通过现场出席和视频连线方式参加活动。洽谈会签约重点项目44个，总投资915.3亿元。其间举办的泰安市重点工业项目推介会，重点推介13个工业项目，涉及高端装备制造、高端化工、新材料、新能源、医养健康、文化旅游等产业。

【第二届潍坊国际海洋动力装备博览会】 山东省自然资源厅、山东省海洋局、潍坊市人民政府主办，2020年9月13—14日在潍坊举办，包括开幕式、高端论坛等7大活动。150多家知名企业、15个国家级科研院所参展。集中推介涉海园区项目23个，总投资4370亿元。签约项目16个，总投资162亿元。

【第十三届中国（济南）国际信息技术博览会】 中国电子信息行业联合会、国家工业信息安全发展研究中心、山东省工业和信息化厅主办，2020年9月17—19日在济南国际会展中心举办。展览面积3万平方米，展示商品以智慧城市、工业互联网、人工智能、5G应用、大数据产业发展试点示范项目为主。其间举办2020中国（济南）数字经济高端峰会暨大数据与实体经济深度融合全国行山东站、智能技改+新一代信息技术专题论坛、2020年人工智能科普教育高峰论坛活动。

【第九届黄河三角洲绿化苗木交易博览会】 北京林业大学、滨州市人民政府主办，2020年10月12日在惠民县皂户李镇举办，12个省、市、自治区的200余家企业参展。其间举办首届黄河流域生态保护和绿化行业高质量发展高峰论坛、首届黄河流域乡土树种开发与应用研讨会、北方苗木高质量发展生产技术研讨会、微型盆景制作大赛、苗木修剪演示、苗木供求对接会等活动。

【第103届全国糖酒商品交易会】 中国糖业酒类集团公司主办，2020年10月13—15日在济南山东国际会展中心举办。展览面积26万平方米，其中主展场展览面积11万平方米。来自全国各地的参展企业2500家，专业采购商及参观人数21万人，在线访问120万人次。实现交易总额300亿元，其中主展场交易额206亿元。

【首届潍坊国际食品农产品博览会】 山东省农业农村厅、山东省商务厅、潍坊市人民政府主办，2020年10月23—25日以线上线下相结合的形式在潍坊举办。近1000家企业和412个大型采购商参展，部分省市采购团、商协会和大型电子商务企业代表到会对接交流、洽谈合作。

【第35届山东畜牧业博览会】 山东省畜牧协会主办，2020年10月24—25日在济南山东国际会展中心举办。展览面积35000平方米，设置品牌馆、机械设备馆、动保饲料馆、智慧畜牧展区、畜禽粪污处理设备区、优质畜产品展区，1000多个展位，国内外400多家企业参展。其间举办智慧养殖高峰论坛等30余个主题活动以及优质畜产品推介会、评奖活动、现场媒体企业采访直播等宣传活动。

【第27届山东植保信息交流暨农药械交易会】 山东省植物保护协会主办，2020年10月30在济南山东国际会展中心举办。展览面积5万平方米，参展企业600余家，参展商品为农药、肥料、植保机械、无人机、包装设备。展会期间，组委会举办《农作物病虫害防治条例》《植物检疫条例》知识竞赛活动。

【第十四届中国（山东）国际糖酒食品交易会】 济南市人民政府主办，2020年11月27—29日在济南国际会展中心举办。展览面积3万平方米，设置参展国家专区、中国港澳台地区专区、城市专区和酒水、食品饮料、包装机械、综合特色展区，境外及国内20多个省市的600多家企业参展，实现交易额11亿元，意向订单额超过15亿元。

【中国（淄博）第二届国际食品展暨进出口商品展览会】 中国国际贸易促进委员会淄博市委员会、山东大众报业集团鲁中传媒发展有限公司主办，2020年12月17—21日在淄博国际会展中心举办。展览面积近2万平方米，设置中华老字号专区、非遗专区、支援湖北专区、名优特专区，459个标准展位，展示20多个国家400多家企业的4000多种产品。接待观展人员7.8万人次，商场、超市、酒店专业采购商逾190个，现场成交额约3100万元，意向签约额逾9300万元。

老字号

Time Honored Brands

【概况】 2020年，山东省实有332家省级以上老字号企业，其中包括66家中华老字号企业和266家山东老字号企业。老字号企业实现营业收入2018.75亿元，超额完成“十三五”规划所确定的2000亿元的工作目标。年内，68家老字号企业捐赠1837万元现金和价值4027万元的物资，用于抗击新冠肺炎疫情。

【系列促销推介活动】 2020年，山东省商务厅组织老字号企业，在省内外开展了一系列促销推介活动。1月10日至18日在济南举办山东老字号暨非遗快闪年货节，实现销售额426万。8月份在济南举办第四届中华老字号（山东）博览会。依托上海、浙江、河南、重庆、黑龙江等地举办的大型展会，通过自办展或展中展形式举办山东品牌中华行活动，组织近百家老字号企业参展，现场销售老字号品牌商品120万元，签订销售合同978万元。

【第四届中华老字号（山东）博览会】 2020年8月28—30日，山东省商务厅、山东省财政厅、山东省文化和旅游厅等单位在济南山东国际会展中心举办第四届中华老字号（山东）博览会。展览面积23000平方米，25个省区市的612家老字号及品牌企业携带8000余种商品参展。到场观众超过8万人次，现场销售2167万元。5118个专业采购商签订采购意向6.2亿元。其间举办的寻味老字号直播周各类短视频及直播活动在线浏览量超过3000万人次。线上线下同步开展的老字号购物节实现销售额1.83亿元，其中在京东、天猫等电子商务平台实现销售额4813万元，近3000个线下实体门店实现销售额1.35亿元。

【中华老字号直播基地直播带货活动】 2020年，山东老字号协会打造的中华老字号直播基地在天猫、京东等电子商务平台举办老字号好味道、老字号寻味之旅、理想生活列车山东站等系列直播活动，在快手直播平台开展老字号直播嘉年华直播活动，与新华社山东分社联合开展新华携手、助力齐鲁直播活动，并举办老字号直播探店活动。年内，直播基地开展7次大型直播营销活动，累计举办231次直播活动，制作企业宣传微视频百余条，带动产品销售5367万元。

商贸服务
Business Services

【商贸服务业345品牌培育工程】 2020年，山东省商务厅在全省范围内重点培育30家骨干餐饮品牌企业，取得初步成效。山东凯瑞商业集团有限公司、山东蓝海餐饮集团有限公司、山东舜和酒店集团有限公司、烟台百纳餐饮集团有限公司入围全国正餐企业50强，其中山东凯瑞商业集团有限公司位居第二。在全省重点培育发展一批示范性家政服务机构，山东现代家庭服务产业发展促进中心、山东省质量评价协会组织开展山东省诚信家政企业星级认定活动，最终认定76家诚信星级家政企业，其中三星级以上企业55家。山东大嫂有限公司等8家企业被认定为五星级诚信家政企业。

【山东家政日暨家政服务信用信息平台宣传月】 2020年11月27日，山东省商务厅、山东广播电视台在济南启动第二届山东家政日活动，通过开展庆祝行业节日、宣传诚信家政企业和家政服务标兵先进典型、发布行业发展报告等系列活动，向居民推广商务部家政服务信用信息平台及家政信用查手机客户端，贯彻落实国务院办公厅关于促进家政服务业提质扩容的意见，引导全省家政企业和家政服务员进驻信用平台，进一步推动全省家政服务信用体系建设。

【家政培训】 2020年年底，山东省商务厅在济南举办两期全省家政信用体系建设培训班，旨在贯彻落实《国务院办公厅关于促进家政服务业提质扩容的意见》要求，提高各级商务主管部门及家政企业对信用体系建设的认识，营造诚实守信的家政服务业发展环境，促进家政行业提质扩容。各级商务主管部门相关负责人及家政企业代表近600人参加培训。

电子商务

E－Commerce

【交易规模】 2020年，山东省实现网络零售额4505.1亿元，较上年增长12.6%，交易规模居全国各省区市第7位。其中，实物商品网络零售额3731.2亿元，增长19.8%；非实物商品网络零售额774亿元，下降12.9%。按交易模式划分，B2C（商家对消费者）网络零售额3428.4亿元，C2C（消费者对消费者）网络零售额1076.7亿元。

【网络店铺】 2020年，山东省各电子商务平台店铺数量为134.9万个，从业人员约200万人。其中，青岛市网络店铺185415个，占全省的13.7%，数量位居全省首位，济南市、临沂市网络店铺数量分别占全省的12.5%和9.0%。

【各市网络零售额】 2020年，山东省各市网络零售交易规模差距悬殊，网络零售额最多的青岛市交易规模为1428.1亿元，网络零售额最少的日照市交易规模则仅为40.4亿元。交易规模逾百亿元的市除青岛外，还包括济南市（852.9亿元）、临沂市（352.7亿元）、烟台市（291.9亿元）、潍坊市（266.7亿元）、菏泽市（169.8亿元）、淄博市（159.8亿元）、济宁市（154.3亿元）、威海市（152.3亿元）、聊城市（126.3亿元）、枣庄市（126.0亿元）、德州市（124.4亿元）、滨州市（112.0亿元）。与上年比较，枣庄市、德州市和济宁市网络零售额增幅最大，分别为35.4%、29.5%和24.4%。

【交易商品】 2020年，山东省网络交易商品主要是家用电器及音像器材，日用品，服装、鞋帽、针纺织品，上述商品网络零售额约占全省网络零售额的50%。网络零售额较大的其他商品包括粮油食品、化妆品、文化办公用品、体育娱乐用品、通信器材、家具、五金、电料等。其中，文化办公用品网络零售额较上年增长49.0%，通信器材网络零售额增长39.1%。

【农村电子商务】 2020年，山东省农村电子商务实现网络零售额1063.7亿元，居全国各省区市第五位，交易额占全省网络零售额的23.6%，较上年增长16.1%。其中，青岛市农村网络零售额占全省的18.6%，位居全省第一。烟台市、潍坊市分居二、三位，网络零售额分别占全省的12.6%和11.7%。农产品网络零售额360.3亿元，增长22.3%，其中，水产品占19.4%，休闲食品和滋补食品分别占17.7%、13.7%。

【主要交易平台】 2020年，山东省电子商务主要交易平台为天猫商城、淘宝网和京东商城，三者在全省网络零售额中所占比重分别为31.0%、18.5%和16.7%，合计占比66.2%。

【电子商务示范县】 2020年，山东省26个国家级电子商务进农村综合示范县网络零售额为394.3亿元，较上年增长10.4%，低于全省农村网络零售额增幅5.6个百分点。省级电子商务示范县网络零售额为916.9亿元，增长24.0%，高于全省农村网络零售额增幅7.9个百分点。

【电子商务服务体系】 2020年，山东省新建和改造县级电子商务公共服务中心19个，乡镇级电子商务服务站206个，村级电子商务服务点2967个。

货物贸易

Trade in Goods

【概况】2020年，山东省实现货物进出口22009.4亿元，较上年增长7.5%，增幅较全国平均水平高5.6个百分点。进出口额居广东、江苏、上海、浙江、北京之后，居各省区市第6位，占全国进出口总额的6.8%。其中出口13054.8亿元，占全省生产总值73129.0亿元的17.9%，增长17.3%，增幅较全国平均水平高13.3个百分点；进口8954.6亿元，下降4.1%，降幅低于全国平均水平3.4个百分点。进出口增幅在全国进出口前10位省市中居第4位，其中出口、进口增幅分列第2、第9位。实现贸易顺差4100.2亿元,较上年增加2310.5亿元。

【各市进出口】2020年，青岛市、烟台市、潍坊市、威海市、济南市进出口额位居各市前列，分别为6407.0亿元、3214.9亿元、1903.9亿元、1614.6亿元和1382.7亿元，合计占全省进出口总额的66.0%。青岛市、烟台市、潍坊市、威海市出口额位居各市前列，分别出口3876.8亿元、1963.1亿元、1215.6亿元和1165.8亿元，合计占全省出口总额的63.0%。青岛市、烟台市、东营市进口额位居各市前列，分别进口2530.2亿元、1251.8亿元和889.0亿元。枣庄市、临沂市、泰安市、济南市进出口增长较快，增幅均超过20%，其中枣庄市增幅超过80%。枣庄市、临沂市、济宁市、东营市出口增长较快，增幅均超过30%，其中枣庄市增幅为79.6%。日照市、聊城市、滨州市、菏泽市进出口额均为负增长，其中菏泽市下降10.6%。除日照市下降15.5%外，其他市出口额均不同程度地增长。

【贸易方式】2020年，山东省一般贸易进出口15080.7亿元，增长9.6%，其中出口9567.3亿元，增长23.3%，进口5513.4亿元，下降8.1%。进料加工贸易进出口3287.8亿元，下降0.4%，其中出口2394.5亿元，下降0.6%。来料加工贸易进出口546.7亿元，下降15.6%，其中出口344.7亿元，下降17.3%。海关特殊监管区域进出口2617.6亿元，增长6.8%，其中出口323.2亿元，增长7.8%。其他贸易方式进出口3094.1亿元，增长12%，其中出口748.3亿元，增长37.7%。

【市场采购贸易方式出口】2020年9月，青岛即墨国际商贸城、烟台三站批发交易市场被商务部确定为市场采购贸易方式出口试点单位，加上此前已经获准开展该项业务的临沂工程物资市场，全省开展市场采购贸易方式出口业务的单位增加到3个，备案经营主体3200个。年内，临沂工程物资市场出口343.3亿元，占全国市场采购贸易方式出口总值的4.9%，远低于义乌、广州等地同类业务出口。贸易对象增加到183个，主要是韩国、越南、印度尼西亚、印度和泰国，其中对韩国出口230.4亿元，占全省出口总值的67.1%。出口商品以初级产品为主，包括纺织服装鞋帽、小商品、建材、塑料及其制品、板材、机械设备及配件、化工产品、电气设备及配件、五金、陶瓷产品，其中工程物资类产品占四成左右。鞋靴、服装等劳动密集型产品出口173.2亿元，钢铁制品出口27.9亿元，胶合板、单板等木制品出口17.3亿元，花岗岩等各类石料出口14.3亿元，高新技术产品出口额则仅为3.3亿元。

【跨境电子商务进出口】2020年，潍坊市、临沂市、东营市被国务院确定为国家级跨境电子商务综合试验区，全省国家级跨境电子商务综合试验区数量由此增加到7个。山东省人民政府出台济南、烟台、潍坊、临沂、东营跨境电子商务综合试验区建设实施方案，为相关区域规范化发展提供政策保障。

年内，山东省实现跨境电子商务进出口138.3亿元，较上年增长366.2%。其中，网购保税进口22.5亿元，增长484.4%；跨境直购出口50.4亿元，增长101.6%。10月份开始启动的跨境电子商务B2B直接出口和海外仓出口业务，出口额分别为62.3亿元和1.1亿元。

【外贸综合服务企业进出口】 2020年，山东省省级外贸综合服务企业出口220.4亿元，较上年下降9.5%。从主要出口商品看，钻井平台出口39.3亿元，增长16.1%；纺织品出口12.4亿元，增长18.4%；服装及衣着附件出口11.5亿元，下降3.9%；机床出口7.5亿元，增长12.9%；履带式推土机出口5.3亿元，增长16.8%；手机出口4.2亿元，下降70%。从主要出口市场看，对东盟出口61.1亿元，增长94.3%；对美国出口20.5亿元，增长11%；对欧盟出口18.9亿元，增长1.1%；对日本出口17.7亿元，增长56.1%。从主要出口企业看，山东一达通企业服务有限公司、烟台森泽国际物流有限公司、山东新华锦国际商务集团有限公司、青岛一达通企业服务有限公司、烟台海港国际物流有限公司、山东山推工程机械进出口有限公司出口额均逾10亿元。

【进出口商品结构】 机电产品、劳动密集型产品、农产品为主要出口商品，出口额分别为5590.7亿元、2869.5亿元和1257.4亿元，分别增长19.2%、31.8%和1.9%，出口权重分别占全省的42.8%、22.0%和9.6%。出口轮胎588.5亿元，出口钢材481.2亿元，分别下降7.2%、7.5%。原油、机电产品、金属矿及矿砂、农产品为主要进口商品。进口原油1.09亿吨，增加16%，价值2306.2亿元，下降25.9%，进口均价每吨2117.2元，下跌36.1%；进口机电产品1849.2亿元，增长10%；进口农产品1182.6亿元，增长10.2%。进口金属矿及矿砂2.16亿吨，增加7.2%，价值1526.8亿元，增长5.8%。其中，进口铁矿砂1.24亿吨，增加16.8%，价值880.2亿元，增长29.5%，进口均价每吨712.4元，上涨10.8%；进口铝矿砂8459.6万吨，减少3.4%，价值263.2亿元，下降13.7%，进口均价每吨311.1元，下跌10.7%；进口铜矿砂193.8万吨，减少29.5%，价值221.6亿元，下降27.1%，进口均价每吨1.14万元，上涨3.4%。

【大宗商品进口】 2020年，山东省进口原油10892.7万吨，增加16%，进口均价每吨2117.2元，下跌36.1%，货值2306.2亿元，下降25.9%；进口成品油135.3万吨，下降19.9%，进口均价每吨3162.1元，下跌18.6%，货值42.8亿元，下降34.8%；进口铝矿砂及其精矿8459.6万吨，下降3.4%，进口均价每吨311.1元，下跌10.7%，货值263.2亿元，下降13.7%；进口铁矿砂及其精矿12355.1万吨，增加16.8%，进口均价每吨712.4元，上涨10.8%，货值880.2亿元，增长29.5%；进口铜矿砂及其精矿193.8万吨，减少29.5%，进口均价每吨11436.7元，上涨3.4%，货值221.6亿元，减少27.1%；进口粮食1546.2万吨，增长11.8%，货值376.7亿元，增长7.6%，其中进口大豆1067.2万吨，增长10.4%，进口均价每吨2759.9元，下跌3.7%，货值294.5亿元，增长6.3%；进口食用植物油29.1万吨，增加99.8%，进口均价每吨9809.1元，增长11.5%，货值28.5亿元，增长122.7%。进口煤及褐煤

1188.2 万吨，减少 4.6%，进口均价每吨 563.9 元，下跌 0.4%，货值 67 亿元，减少 5%。

【原油进口】 2020 年，山东 33 家企业分三批获得国家原油非国营贸易进口允许量 8890 万吨，第一批进口允许量安排 5237 万吨，第二批进口允许量安排 2575 万吨，第三批进口允许量安排 1078 万吨。其中，32 家地方炼油企业获得原油非国营贸易进口允许量 8854 万吨，1 家贸易企业获得原油非国营贸易进口允许量 36 万吨。地方炼油企业年内进口原油 8757.3 万吨，执行率 98.9%，进口额 282.1 亿美元。

至 2020 年年底，山东已有 27 家地方炼油企业获得原油进口资质，其中广饶科力达石化科技有限公司等 4 家企业为 2020 年新获批企业。

【农产品出口】 2020 年，山东省实现农产品进出口 2440.1 亿元，较上年增长 5.7%，其中出口 1257.4 亿元，较上年增长 1.9%，出口额占全国农产品出口总额的 23.9%，所占比重较上年提升 1.1 个百分点，连续 22 年居全国各省区市第一位。蔬菜、水海产品、鲜干水果及坚果为主要出口商品，其中出口蔬菜 302.6 亿元，增长 4.9%；出口水海产品 296.6 亿元，下降 15.3%；出口鲜干水果及坚果 140 亿元，增长 40.5%，三者合计出口额占农产品出口总值的 58.8%。从出口市场看，2020 年山东省对“一带一路”沿线国家出口农产品 407 亿元，增长 13.9%，占出口总值的 32.4%，其中对东盟出口 255.4 亿元，增长 17.6%。对日本、欧盟（不含英国）和韩国分别出口农产品 283.8 亿元、149 亿元、129.7 亿元，分别下降 7.1%、7.1% 和 4.8%。对美国出口农产品 110 亿元，增长 9%。

【二手车出口试点】 2020 年，已经获得二手车出口试点资格的济宁市建设集货源采购、质量安全、信息共享、风险防控、售后服务、车辆溯源于一体的二手车出口服务平台和集二手车辆技术状况查询、检索、验证、技术参数确认于一体的二手车出口自检自控平台，进一步完善国内车源采购体系，开拓国际市场，构建国际营销网络，拓展二手车出口规模。至 2020 年年底，济宁市累计出口二手车 915 辆，出口额 900.4 万美元。其中，2019 年出口二手车 242 辆，出口额 221.9 万美元，2020 年出口二手车 673 辆，出口额 678.5 万美元。贸易对象包括尼日利亚、坦桑尼亚、苏丹、几内亚、乌兹别克斯坦、吉尔吉斯斯坦、越南、菲律宾、柬埔寨、蒙古等 43 个国家。

2020 年 11 月，枣庄市被商务部批准开展二手车出口试点业务。

【家用电器出口】 2020 年，山东省实现家用电器出口 239 亿元，较上年增长 46.1%。其中对墨西哥出口增长 93.4%，出口额占出口总值的 21.0%。对东盟出口增长 39.8%，出口额占出口总值的 7.8%。

【进出口企业结构】 2020 年，山东省民营企业进出口增长较快，国有企业、外商投资企业进出口则有所下降。民营企业实现进出口 15275.5 亿元，增长 14.4%，进出口额占进出口总额的 69.4%，其中出口 9248.7 亿元，增长 29.1%。国有企业实现进出口 1810.5 亿元，下降 6%，其中出口 772.2 亿元，下降 4.8%。外商投资企业实现进出口 4887.3 亿元，下降 5.2%，其中出口 3025.7 亿元，下降 3.8%。

【进出口百强企业】 2020 年，山东省进出口百强企业实现进出口 6880.5 亿元，进出口额占全省进出口总额的31.3%。出口百强企业实现出口3120.3亿元，占全省出口额的23.9%。进口百强企业进口5093.1亿元，占全省进口额的56.9%。鸿富锦精密电子（烟台）有限公司、日照钢铁控股集团有限公司、浪潮电子信息产业股份有限公司、歌尔股份有限公司、青岛海信国际营销股份有限公司、山东东明石化集团有限公司、东营齐润化工有限公司、阳谷祥光铜业有限公司、威海蓝创进出口有限公司、海尔海外电器产业有限公司进出口额居进出口企业前十位。

【主要贸易对象】 2020年，山东省与亚洲国家和地区的贸易额为9814.7亿元，其中出口6231.1亿元；与欧洲国家的贸易额为4176.3亿元，其中出口2575.1亿元；与北美洲国家的贸易额为2889.3亿元，其中出口2272.7亿元；与拉丁美洲国家的贸易额为2539.7亿元，其中出口860.8亿元；与非洲国家的贸易额为1468.3亿元，其中出口765.1亿元；与大洋洲国家的贸易额为1119.4亿元，其中出口350.1亿元。主要贸易对象为东盟、美国、欧盟、韩国、日本等。其中，与东盟贸易额为3006.8亿元，较上年增长24.4%，出口1818.8亿元，增长29.9%；与美国贸易额为2431.3亿元，增长26.4%，出口1996.9亿元，增长24.1%；与欧盟贸易额为2322.5亿元，较上年增长14.8%，出口1748.2亿元，增长19.1%；与韩国贸易额为2078.8亿元，较上年增长6.6%，出口1333.5亿元，增长15.6%；与日本贸易额为1567.5亿元，较上年增长3.7%，出口1203.3亿元，增长0.9%。

【与“一带一路”沿线国家贸易】 2020年，山东省与“一带一路”沿线国家货物贸易额为6608.2亿元，较上年增长9.1%。其中，出口3883.5亿元，增长18.2%；进口2724.7亿元，下降1.6%。与蒙古国贸易额18.2亿元，增长28.4%，其中出口17.8亿元，增长29.5%。与东盟贸易额3008.1亿元，增长24.4%，其中出口1820.1亿元，增长29.9%。与西亚北非16国贸易额1401.4亿元，下降2.2%，其中出口794.5亿元，增长16.7%。与南亚8国贸易额656.1亿元，增长3.6%，其中出口529.3亿元，增长1.1%。与中亚5国贸易额124.5亿元，增长13.1%，其中出口92.9亿元，增长5.1%。与独联体7国贸易额1066.4亿元，下降6.4%，其中出口350.0亿元，增长5.2%。与中东欧16国贸易额333.5亿元，增长8.6%，其中出口278.9亿元，增长13.4%。

【与区域全面经济伙伴关系协定成员贸易】 2020年，山东省与区域全面经济伙伴关系协定（RCEP）成员贸易额7743.0亿元，占全省货物贸易总值的35.2%。贸易额较上年增长12.6%，高于全省平均水平5.1个百分点。其中出口4688.8亿元，增长17.2%，进口3054.2亿元，增长6.4%。

【齐鲁号欧亚班列】 2020年，山东开行齐鲁号欧亚班列1506列，较上年增长42.9%。2018年10月31日首发以来，齐鲁号欧亚班列已累计开行2635列。

【沿海港口货物吞吐量】 2020年，山东沿海港口完成货物吞吐量16.9亿吨，较上年增长4.9%。其中外贸吞吐量9.3亿吨，增长5.0%，集装箱吞吐量3191.1万标准箱，增长6.0%。

出口退（免）税

Export Tax Reimbursement

【概况】 2020年，山东外贸企业申报出口退（免）税额较上年有所下降，税务机关审核通过和国库办理退税额亦均有所下降。

【申报出口退（免）税额】 2020年，山东出口企业累计申报出口退（免）税1331.55亿元，较上年的1422.60亿元下降6.4%。有出口业绩的4.2万家外贸企业之中，只有3.76万家申报出口退（免）税，申报率为89.5%。

【核准办理出口退（免）税额】 年内，税务机关审核通过退（免）税额1331.55亿元，其中退税738.74亿元，免抵税额592.81亿元。国库办理出口退税额738.73亿元，较上年的793.25亿元下降6.87%，国库退付率100%。综合办理率96.50%，较上年的94.49%提高2.01个百分点。

贸易救济案件

Trade Remedy Cases

【概况】 2020年，山东省向境外出口的商品遭遇97起贸易救济调查案件，涉案金额21.9亿美元，涉案企业4061家，分别比上年增长34.7%、下降20.1%、增长18.1%。

【发起主体】 2020年，对山东出口商品发起贸易救济调查的既有主权国家，也有欧盟、欧亚经济联盟等经济组织，共有24个主体。其中，美国发起的贸易救济调查涉及金额9亿美元，占涉案总金额的41.1%。美国以外的经济主体发起贸易救济调查案件76起，占案件总数的78.4%。

【涉案商品】 2020年，山东集装箱拖车、平轧铝材、硅树脂密封剂、钢制风塔等80种出口商品遭遇境外贸易救济调查，涉及钢铁、轻工、化工、纺织等多个产业。其中，涉及钢铁产品26起，涉案金额4.4亿美元；轻工产品18起，涉案金额1.8亿美元；化工产品17起，涉案金额3.8亿美元；机电产品13起，涉案金额7.1亿美元。

【贸易救济类型】 2020年，山东出口商品遭遇反倾销调查66起，占案件总数的68.0%，其中发达国家23起，发展中国家43起；遭遇反补贴调查17起，较上年增长88.9%，均为发达国家发起，其中，美国10起、澳大利亚3起、欧盟2起、加拿大2起；遭遇保障措施调查14起。

【涉案区域】 青岛、烟台、济南3市合计涉案金额12.3亿美元，占全省的56.2%。青岛、临沂、滨州3市合计涉案企业2590家，占全省的63.8%。

服务贸易

Trade in Services

【概况】 2020年，山东省实现服务进出口2339.1亿元，较上年下降8.7%。其中，服务出口1180.2亿元，增长8.9%；服务进口1158.9亿元，下降21.7%。服务进出口增幅、出口增幅和进口增幅分别高于全国平均水平7个百分点、10个百分点和2.3个百分点。

【服务贸易领域】2020年，山东省服务贸易主要领域为旅游服务、运输服务和建筑服务等传统服务业以及信息服务、金融服务等新兴服务业。传统服务中旅游服务进出口大幅下降，实现进出口574.8亿元，下降48.0%。运输服务实现进出口745.3亿元，增长24.2%。建筑服务实现进出口79.7亿元，下降4.9%。新兴服务中其他商业服务、专有权利使用费和特许费服务、电信计算机和信息服务进出口强势增长，保险、金融服务进出口大幅下降。其他商业服务实现进出口447.2亿元，增长25.0%。专有权利使用费和特许费服务进出口50.9亿元，增长25.9%。电信计算机和信息服务实现进出口424.8亿元，增长22.8%。保险服务实现进出口3.6亿元，下降74.6%。金融服务实现进出口6.3亿元，下降27.6%。

【服务贸易对象】2020年，受新冠肺炎疫情影响，山东省与美国、欧洲、日韩等主要贸易对象的服务贸易额明显下降。与日本贸易额170.8亿元，下降27.9%。与韩国贸易额284.4亿元，下降8.5%。与美国贸易额320.8亿元，下降29.2%。与新加坡贸易额下降12.1%，与德国贸易额下降28.4%，与澳大利亚贸易额下降26.9%。

【与“一带一路”国家服务贸易】2020年，山东省与“一带一路”国家服务进出口额383.2亿元，比上年增长1.1%。其中服务出口额201.7亿元，增长23.2%，进口额181.5亿元，下降15.7%。

【各市服务贸易】2020年，青岛市、烟台市、济南市、潍坊市、威海市、滨州市服务进出口额均逾百亿元，合计实现进出口19405310万元，占全省服务进出口总额的83.0%。其中，青岛市实现服务进出口8489301万元，烟台市实现服务进出口4316129万元，济南市实现服务进出口2828211万元。德州市、枣庄市、聊城市、菏泽市服务进出口额均不足20亿元。青岛市、烟台市、济南市分别实现服务出口4436861万元、3089311万元、1157185万元，合计占全省服务出口总额的73.6%。青岛市、济南市、烟台市、滨州市分别实现服务进口4052440万元、1671026万元、1226818万元、1087992万元，合计占全省服务进口总额的69.4%。临沂市、枣庄市、滨州市、烟台市服务进出口额分别增长24.5%、21.9%、12.6%和5.4%，其他市均不同程度地下降，其中菏泽市、聊城市下降幅度接近30%。

【服务外包签约额和执行额】2020年，山东服务外包经营主体与境内外发包主体签订服务外包合同36121个，较上年增长9.1%。其中，签订离岸服务外包合同33323个，增长11.0%，在岸服务外包合同2798个，下降2.4%。服务外包签约额1477.8亿元，增长4.4%。其中，离岸服务外包签约额1308.6亿元，增长4.7%，在岸服务外包签约额169.2亿元，增长2.0%。年内，省内接包主体完成服务外包执行额1204.1亿元，较上年增长20.1%，其中，服务外包离岸执行额1048.5亿元，首次突破千亿元，增长20.5%。

【服务外包类型】信息技术外包和知识流程外包离岸执行额增长较快，业务流程外包离岸执行额小幅下降。信息技术外包离岸执行额392.1亿元，增长22.3%。知识流程外包离岸执行额555.1亿元，增长26.9%。业务流程外包离岸执行额下降1.9%。

【各市服务外包】 2020年，济南市、青岛市、淄博市、威海市、烟台市、潍坊市分别承担服务外包项目11025个、9335个、6268个、3912个、3667个、1001个，合计占全省服务外包项目总数的97.5%。聊城市、东营市、德州市服务外包项目不足10个。济南市、青岛市、淄博市、威海市、烟台市分别承担离岸服务外包项目10561个、8027个、6164个、3905个、3051个，合计占全省的95.2%。青岛市、烟台市、济南市服务外包签约额分别为4931581万元、3885739万元、3743279万元，合计占全省的85.0%。青岛市服务外包执行额3548869万元，烟台市服务外包执行额3498448万元，济南市服务外包执行额3075239万元，合计占全省的84.6%。聊城市、临沂市、日照市服务外包签约额不足亿元，日照市、聊城市、临沂市服务外包执行额不足千万元。

【服务外包市场】 传统市场增长较快，与日本服务外包离岸执行额188.6亿元，增长8.9%；与韩国服务外包离岸执行额167.4亿元，增长29.8%；与美国服务外包离岸执行额151.6亿元，增长9.7%；与德国服务外包离岸执行额27.1亿元，增长9.2%。

【文化贸易额】 2020年，山东省实现文化贸易额703.2亿元，较上年增长62.6%。其中，出口689.3亿元，增长63.9%；进口14亿元，增长16.6%。

【文化贸易商品】 2020年，山东省文化用品出口527.7亿元，出口额占文化贸易出口总额的76.6%。工艺美术品及收藏品出口133.7亿元，出口额占文化出口总额的19.4%。文化专用设备、出版物出口额分别为23.5亿元、4.4亿元。游艺器材及娱乐用品为主要出口商品，出口额382.3亿元，占全省文化出口总额的55.5%。

【文化出口市场】 2020年，山东省最大的文化产品出口市场为北美洲，出口额256.6亿元，较上年增长80.1%。美国是山东省最大的单一国家出口市场，年内山东向美国出口文化产品236亿元，占出口总额的34.2%。向“一带一路”沿线国家和地区、欧盟、东盟、中东、金砖四国分别出口102.8亿元、158.1亿元、39.4亿元、20.9亿元、17.6亿元。

【文化出口企业】 2020年，山东省有文化产品出口实绩的企业5420家，较上年增加1024家。其中民营企业出口329.21亿元，占出口总额的47.76%。外商投资企业出口357亿元，占51.79%。国有企业出口3.06亿元，占0.44%。

【各市文化贸易】 2020年，山东省16个市文化产品出口额全部超过1亿元。9个市文化产品出口额逾10亿元，分别是烟台市、青岛市、临沂市、威海市、济宁市、枣庄市、潍坊市、淄博市和东营市，合计出口662.2亿元，占全省文化产品出口总额的96.1%，其中烟台市出口354.8亿元，青岛市出口107.6亿元。菏泽市、德州市、济南市、泰安市、滨州市、聊城市、日照市合计出口27.1亿元，占全省文化产品出口总额的3.9%，其中日照市、聊城市、滨州市出口均不足两亿元。

吸收外国及中国港澳台地区投资

Foreign Direct Investment

【总体情况】2020年，山东省新设外国及中国港澳台地区投资企业3060家，较上年增长21.6%。外国及中国港澳台地区实际投资176.5亿美元，增长20.1%。以人民币计量，实际投资1220.6亿元，增长20.3%。

【投资产业】2020年，山东三次产业实际吸收外国及中国港澳台地区投资比重为0.56∶28.93∶70.51。新设制造业企业568家，实际吸收境外投资37.8亿美元，占吸收投资总额的21.4%。新设高技术企业（含高技术制造业和高技术服务业企业）629家，增长33%，实际吸收境外投资35.4亿美元，增长70.6%。

【主要投资来源】2020年，10个主要投资来源在山东实际投资166.2亿美元，占山东吸收投资总额的94.2%。中国香港仍是最主要投资来源，实际投资135.2亿美元，占山东吸收投资总额的76.6%。新加坡为第二大投资来源，实际投资10.2亿美元。在新型冠状病毒肆虐的情况下，一些投资来源投资额不降反升。其中，韩国、日本投资额分别增长136.4%、115.7%，所占比重较上年提高3.3个百分点。中国香港、新加坡、美国、中国台湾、澳大利亚投资额分别增长22.8%、35.8%、4.1%、15.9%和41.5%。

【世界500强企业投资】2020年，法国电力公司、达能公司、液化空气有限公司，瑞士ABB公司，意大利联合圣保罗银行，日本夏普株式会社，韩国SK集团公司，新加坡丰益国际有限公司等31家世界500强企业在山东投资，设立53家企业。

【投资方式】2020年，外商及中国港澳台商以并购方式在山东设立企业187家，签约投资39.4亿美元、较上年增长26.7%。外商及中国港澳台商对业已投资设立的415家企业进行增资，增资额63.0亿美元，分别增长22.4%和29.2%，增资额占山东吸收投资额的35.7%，比上年提高2.5个百分点。

【投资企业生产经营情况】山东省参加2020年联合年报的外国及中国港澳台地区投资企业16846家，投资总额3948亿美元，注册资金1733亿美元，实收资金968亿美元。申报企业实现营业收入21373亿元，利润总额1015亿元，纳税总额1064亿元，从业人数122万人。

【各市吸收投资】2020年，青岛、烟台、济南、威海、潍坊5个市实际使用外国及中国港澳台地区投资均超过10亿美元，临沂、济宁、泰安3个市实际使用外国及中国港澳台地区投资均超过6亿美元。聊城、日照、临沂、枣庄4个市实际使用外国及中国港澳台地区投资实现倍增，分别增长187.4%、149.7%、140.5%和110.6%，东营、济宁等10个市实现两位数以上增长。

【企业境外发债】2020年，山东27家企业在境外发行35笔债券，其中省属企业及其子公司发行19笔，其他地方国有企业发行15笔。至2020年年底，山东企业累计在境外发行债券135笔，发债规模411亿美元，存量规模287亿美元。

对外国及中国港澳台地区投资与合作

Outbound Investment and Economic Cooperation

【总体情况】 2020年，山东省对外国及中国港澳台地区实际投资83.5亿美元，较上年增长36.2%，投资额居各省区市第4位。至2020年年底，山东省累计对外国及中国港澳台地区实际投资707.5亿美元。对外承包工程新签合同额101.1亿美元，较上年下降20.4%；完成营业额94.3亿美元，下降17.9%；派出各类劳务人员3.1万人，下降49.8%。对外承包工程完成营业额、外派劳务均居各省区市第三位。

【投资领域】 山东省对外国及中国港澳台地区投资主要集中在产能合作、营销网络、资源开发三个领域，合计投资63.6亿美元，占全省对外国及中国港澳台地区投资总额的76.1%。

【出资方式】 货币出资为主要出资方式，419家企业以货币出资。全省货币出资额83.3亿美元，占对外国及中国港澳台地区实际投资总额的99.7%。

【投资主体】 民营企业投资43.5亿美元，较上年增长22.8%，投资额占全省对外国及中国港澳台地区投资总额的52%。国有企业投资33.1亿美元，增长104.5%，投资额占全省对外国及中国港澳台地区投资总额的39.6%。外商投资企业投资7亿美元，下降28.1%，投资额占全省对外国及中国港澳台地区投资总额的8.4%。

【国际产能合作】 2020年，山东省125家企业在国际产能合作和装备制造领域有实际出资，投资额23.2亿美元，较上年下降8.5%。山东太阳纸业股份有限公司在老挝设立太阳纸业控股老挝有限责任公司，出资2.6亿美元。

【境外资源开发】 2020年，山东省24家企业开展境外资源开发业务，投资额9.7亿美元，较上年增长24.4%。山东黄金矿业股份有限公司并购澳大利亚卡蒂诺资源有限公司，出资2.9亿美元。

【境外经贸合作园区】 2020年，纳入商务部统计的13个境外经贸合作园区完成投资5.2亿美元，实现产值29.4亿美元，区内从业人员3.1万人。其中9个经贸合作园区布局在"一带一路"沿线，成为山东企业参与国际产能合作的重要平台。

【在"一带一路"沿线国家投资】 2020年，山东省在"一带一路"沿线国家实际投资22.8亿美元，较上年增长16.8%，主要投资项目包括山东南山铝业股份有限公司在新加坡设立的南山铝业新加坡有限公司、烟台联测控股有限公司在新加坡设立的联合科技控股有限公司、山东太阳纸业股份有限公司在老挝设立的太阳纸业控股老挝有限责任公司、绿叶投资集团有限公司在新加坡设立的绿叶投资新加坡公司、淄博蓝帆投资有限公司在新加坡设立的柏盛介入科技有限公司。

【承包工程市场】 2020年，亚非拉地区为山东省主要承包工程市场，业务量占业务总量的九成。其中，山东工程承包企业在亚洲市场新签合同额62.6亿美元，较上年下降11.1%，业务量占业务总量的62%；完成营业额56.5亿美元，下降22.8%，占比59.9%。在非洲市场新签合同额22.4亿美元，下降32.9%，占比22.2%；完成营业额30.8亿美元，下降3.2%，占比32.7%。在拉美市场新签合同额12.2亿美元，下降30.6%，占比12%；完成营业额4.2亿美元，下降31.1%，占比4.4%。

【承包工程领域】 承包工程企业在电力工程建设、一般建筑、交通运输、石油化工四个优势领域新签合同额78.4亿美元，下降25.7%，完成营业额84.2亿美元，下降17%。新签千万美元以上的大项目147个，签约额92.9亿美元，下降21.1%，完成营业额23.2亿美元，下降34.6%。其中，电力工程建设项目新签合同额23.4亿美元，下降17%，占比23.1%；完成营业额31.8亿美元，下降12%，占比33.7%。交通运输建设项目新签合同额21.5亿美元，下降40.5%，占比21.3%；完成营业额15.7亿美元，增长23.1%，占比16.6%。

【在"一带一路"沿线国家工程承包业务】 工程承包企业在"一带一路"沿线国家和地区签订施工合同额62.4亿美元，下降9.8%，完成营业额55.7亿美元，下降24.7%。主要项目包括中国电建集团山东电力建设有限公司承揽的沙特阿拉伯萨拉曼国王国际综合港务设施项目，山东电力建设第三工程有限公司承揽的巴林阿杜二期独立电站及海水淡化项目、阿布扎比Taweelah独立水厂项目，中启胶建集团有限公司承揽的柬埔寨中启卡威汽车工业园项目，中国山东对外经济技术合作集团有限公司承揽的塞尔维亚瓦列沃快速路项目。

【工程承包企业】 青建集团股份公司、山东高速集团有限公司、烟建集团有限公司、天元建设集团有限公司、山东淄建集团有限公司、山东德建集团有限公司、山东科瑞石油装备有限公司7家山东企业进入2020年度《美国工程新闻记录》（ENR）评选的全球最大国际承包商250强企业榜单。

【劳务派遣】 2020年，山东省向境外派遣劳务人员3.1万人。其中，承包工程项下派出1.3万人，下降35.5%，占比43.4%；劳务合作项下派出1.8万人，下降57.1%，占比56.6%。外派建筑劳务（含工程项下建筑劳务）人员1.4万人、制造业劳务人员4168人、农林牧渔业劳务人员586人。向亚洲地区派送劳务人员2.7万人，亚洲市场继续保持山东省第一外派劳务市场地位。

【对外援助项目】 2020年，山东省29家企业具备援外总包企业资格，其中成套项目总承包资格企业17家、物资项目总承包资格企业12家。天元集团有限公司、青岛澳柯玛进出口公司分别承接援助南苏丹朱尔河大桥、赤道几内亚公务车项目。烟建集团有限公司中标援建塔吉克斯坦议会大楼项目，项目金额8.2亿元。

经济开发区

Economic Development Zones

【运行概况】 2020年，山东省160个开发区（含15个国家级经济技术开发区、21个高新技术产业开发区、124个省级经济开发区）实际吸收外国及中国港澳台地区投资135.3亿美元，占全省吸收境外投资的76.7%，增长25.8%，高于全省平均水平5.7个百分点。实现货物进出口14832.4亿元，占全省货物进出口总值的67.4%，增长8.6%，高于全省平均水平1.1个百分点。其中，率先完成体制机制改革的54个开发区吸收境外投资、货物进出口增速分别高出全省平均水平23.9个和8.7个百分点。

【体制机制改革】2020年，山东省全面推动开发区体制机制改革，初步建立起精简高效的开发区管理体制、灵活实用的开发区运营机制。至2020年年底，省内开发区撤减管委会内设机构1467个，占原内设机构数量的58.7%。精减管理人员26588人，压减56.2%。减少代管乡镇75个，压减50.7%。缩减实际管辖面积9555.9平方千米，压减48%。省政府撤并省级开发区9个。

【青岛经济技术开发区】2020年，青岛经济技术开发区实现生产总值2420亿元，较上年增长3.6%；实现一般公共财政预算收入201亿元，增长1.2%；完成固定资产投资703亿元，增长16.9%；吸收外国及中国港澳台地区投资9.5亿美元，增长14.7%；实现货物进出口1860亿元，增长9.7%。综合发展水平连续6年蝉联省内开发区首位，连续14年跻身全国开发区前十位。

【烟台经济技术开发区】2020年，烟台经济技术开发区实现一般公共预算收入106.5亿元，增长5.3%；固定资产投资增长7%；规模以上工业实现营业收入2485亿元，增长5.3%；实现货物进出口1502亿元，增长14.9%；吸收外国及中国港澳台地区投资7.42亿美元，增长16.6%。

【威海经济技术开发区】2020年，威海经济技术开发区实现生产总值319.4亿元，较上年增长1.1%，其中第一产业实现增加值6.4亿元，第二产业实现增加值119.5亿元，第三产业实现增加值193.5亿元。138家规模以上工业企业实现营业收入288.4亿元，下降5.6%。固定资产投资增长4.3%，其中房地产开发投资713078万元，下降34.6%。实现财政收入465183万元，增长7.2%，其中公共财政预算收入275975万元，增长4.2%，基金收入14033万元，增长151.1%。实现货物进出口3723367万元，增长13.3%，其中出口2601122万元，增长57.9%。登记注册外国及中国港澳台地区投资项目143个，实际吸收境外投资22803万美元，增长0.2%。

【东营经济技术开发区】2020年，东营经济技术开发区实现公共财政预算收入36.03亿元，生产总值增长1.2%，实现社会消费品零售总额58.4亿元，实现货物进出口95.3亿元，吸收外国及中国港澳台地区投资7574万美元。

【潍坊滨海经济技术开发区】2020年，潍坊滨海经济技术开发区一般公共财政预算收入较上年增长2.8%；规模以上工业实现增加值105.5亿元，增长10.2%；固定资产投资增长4.3%，实现货物进出口237.3亿元，外国及中国港澳台地区投资增长427.1%。

【日照经济技术开发区】2020年，日照经济技术开发区实现生产总值334.8亿元，较上年增长3%；实现公共财政预算收入26.86亿元，增长2%；固定资产投资增长7%，规模以上工业增加值增长3%；实现货物进出口325亿元，增长3.4%；吸收外国及中国港澳台地区投资2.45亿美元，增长147%。

【邹平经济技术开发区】 2020年，邹平经济技术开发区完成固定资产投资76亿元，实现公共财政预算收入27.1亿元，实现规模以上工业产值1838.7亿元，实现货物进出口201.2亿元。

【临沂经济技术开发区】 2020年，临沂经济技术开发区实现生产总值237.5亿元，较上年增长6.1%；实现规模以上工业产值500亿元，增长17.6%；实现规模以上工业增加值105亿元，增长12.2%；完成固定资产投资118.3亿元，增长13.1%；实现一般公共财政预算收入20.8亿元，增长15.7%。

【招远经济技术开发区】 2020年，招远经济技术开发区实现公共财政预算收入41.1亿元，较上年增长3.2%；固定资产投资增长4.5%，规模以上工业增加值增长10.6%；实现货物进出口167亿元，增长23.7%；吸收外国及中国港澳台地区投资14527万美元，增长111.6%。

【德州经济技术开发区】 2020年，德州经济技术开发区实现公共财政预算收入29.5亿元，完成固定资产投资169.5亿元，规模以上工业增加值增长5.9%，实现货物进出口104.8亿元，吸收外国及中国港澳台地区实际投资6391万美元。

【明水经济技术开发区】 2020年，明水经济技术开发区238家规模以上工业企业实现主营业务收入1214亿元，较上年增长35.7%；实现工业增加值282亿元，增长24.8%；实现利税143.1亿元，增长128.2%;实现利润115.6亿元，增长185.3%；实现货物进出口64.8亿元，增长52.1%；吸收外国及中国港澳台地区投资1.5亿美元，增长31%。

【胶州经济技术开发区】 2020年，胶州经济技术开发区实现一般公共财政预算收入549507万元，较上年增长1.3%；固定资产投资增长11.6%，规模以上工业增加值增长14.4%；实现货物进出口255亿元，增长30.7%；吸收外国及中国港澳台地区投资59173万美元，增长39.3%。

【聊城经济技术开发区】 2020年，聊城经济技术开发区实现公共财政预算收入31.67亿元，较上年增长2.8%；完成固定资产投资168.21亿元，规模以上工业增加值增长6.9%，实现货物进出口76.88亿元，吸收外国及中国港澳台地区投资6532万美元。

【威海临港经济技术开发区】 2020年，威海临港经济技术开发区生产总值较上年增长4.9%，规模以上工业增加值增长12.4%，一般公共预算收入增长6%，固定资产投资增长3.9%。

【滨州经济技术开发区】 2020年，滨州经济技术开发区实现生产总值149.25亿元，较上年增长2.9%；实现一般公共预算收入17.41亿元，增长3.8%；规模以上工业增加值增长2.1%，固定资产投资增长8.3%，吸收外国及中国港澳台地区投资4142万美元。

海关特殊监管区域

Customs Special Supervision Areas

【运行概况】 2020年，山东境内实有海关特殊监管区域13个，分别是济南综合保税区、济南章锦综合保税区、青岛前湾综合保税区、青岛西海岸综合保税区、青岛胶州湾综合保税区、青岛即墨综合保税区、烟台综合保税区、东营综合保税区、潍坊综合保税区、威海综合保税区、临沂综合保税区、日照综合保税区、淄博综合保税区。10个纳入统计的海关特殊监管区域（不含2020年8月通过国家验收的济南章锦综合保税区和尚未通过验收的青岛即墨综合保税区、淄博综合保税区）实现货物进出口2522.5亿元，较上年增长24.7%，增幅高于全省平均水平17.2个百分点，进出口额占全省进出口总额的11.5%、较上年提高1.7个百分点。进出口规模在全国各省区市海关特殊监管区域中位列第7，较上年上升1位。实际使用外商投资5.2亿美元，增长744.7%。

【区域调整】 2020年1月22日，山东省人民政府批准日照市依托日照跨境电子商务产业园设立日照中盛保税物流中心（B型），规划面积10.9万平方米，四至范围为东至海滨三路、西至海滨四路、南至上海路、北至连云港路；4月27日，国务院批准烟台保税港区整合优化为烟台综合保税区，整合优化后的烟台综合保税区规划面积6.18平方千米；5月17日，国务院批准设立济南章锦综合保税区，规划面积1.52平方千米；6月19日，国务院批准临沂综合保税区核减规划面积，核减后的规划面积为3.16平方千米；7月28日，国务院批准青岛前湾保税港区整合优化为青岛前湾综合保税区，整合优化后的青岛前湾综合保税区规划面积9.12平方千米；8月30日，国务院批准设立淄博综合保税区，规划面积1.84平方千米；9月23日，国务院批准东营综合保税区核减规划面积，核减后的规划面积为2.12平方千米。

【业务拓展】 2020年，济南综合保税区、青岛前湾综合保税区、青岛西海岸综合保税区、青岛胶州湾综合保税区、烟台综合保税区、东营综合保税区、潍坊综合保税区、威海综合保税区、临沂综合保税区、日照综合保税区10个综合保税区开展保税维修和跨境电子商务业务，维修业务进出口额11.9亿元，跨境电子商务业务进出口额51.1亿元。青岛前湾综合保税区、青岛西海岸综合保税区、青岛胶州湾综合保税区、烟台综合保税区、东营综合保税区、潍坊综合保税区、威海综合保税区、临沂综合保税区8个综合保税区开展保税研发业务，研发业务进出口额0.6亿元。2020年5月，济南综合保税区获准开展增值税一般纳税人资格试点。

【管理体制】 山东省海关特殊监管区域管理体制不一、机构规格不等。青岛前湾综合保税区、烟台综合保税区和潍坊综合保税区管委会为山东省人民政府派出机构，由所在地人民政府代管。临沂综合保税区、东营综合保税区、威海综合保税区、日照综合保税区管委会为当地政府派出机构。济南高新技术产业开发区管委会加挂济南综合保税区管委会牌子。济南章锦综合保税区由济南综合保税区管委会管理。青岛胶州湾综合保税区由青岛市城阳区政府管理。青岛西海岸综合保税区由青岛前湾综合保税区管委会代管。青岛即墨综合保税区管委会为青岛市即墨区政府派出机构，与青岛蓝谷高新技术产业开发区管委会合署办公。淄博综合保税区尚未确定管理体制。

中国（山东）自由贸易试验区

China (Shandong) Pilot Free Trade Zone

【法规制定】 2020年9月25日，山东省十三届人大常委会第二十三次会议表决通过《中国（山东）自由贸易试验区条例》，于2021年1月1日起施行。《中国（山东）自由贸易试验区条例》包含总则、管理体制、投资开放、贸易便利、金融服务、创新驱动、海洋经济、区域经济合作、营商环境、附则10个章目，五十九条，对中国（山东）自由贸易试验区运行和发展进行规范。

【省级支持服务措施】 2020年7月，山东省人民政府印发《山东省人民政府关于向中国（山东）自由贸易试验区和中国—上海合作组织地方经贸合作示范区下放部分行政权力事项的通知》，明确除涉及国家安全、公共安全、人民生命健康安全和意识形态安全以及法律、法规明确规定不能下放行使的行政权力事项外，其他行政权力事项均可下放至两区行政管理机构，并配套印发《关于做好省级行政权力事项下放后相关落实工作的通知》《关于高标准高质量完成省级权力事项下放和承接等工作的通知》，确保将相关措施落到实处。

中国（山东）自由贸易试验区工作领导小组办公室牵头推动落实2020版自贸试验区外商投资准入负面清单管理制度，在全国率先实施负面清单制赋权，除明确涉及国家安全、意识形态安全以及法律、法规明确规定不能下放行使的213项行政权力事项外，其他省级事权均下放至由自贸试验区行使。组建中国（山东）自由贸易试验区创新研究中心，为自贸试验区发展提供智力支持。

山东省科学技术厅出台措施，赋予自由贸易试验区更多科技创新自主权。将外国人工作许可办理权下放至济南片区，标的额1000万元以下的技术合同认定登记、科技成果登记委托权下放至济南、烟台片区。授权自由贸易试验区结合实际制定符合自身需求的外国人才分类标准，扩大外国人才（A类）范围，享受外国人才签证（R字签证）政策，对区内用人单位引进的急需紧缺技能型人才和符合产业发展方向的外国人才不作学历要求。开展优秀外籍高校毕业生办理外国人工作许可政策先行先试工作。为自由贸易试验区人才引进和科技研发提供更多便利。优化外国人来鲁工作许可申办程序，实行全程网办、不见面审批。在自由贸易试验区推行实验动物许可证照分离改革，对区内实验动物生产、使用许可证有效期满申请延续的申请单位，如果承诺原许可范围及条件没有实质性变化，不再现场验收，材料齐全后可直接办理。生产许可申报材料减至6项，使用许可申报材料减至5项，审批承诺时限缩减至14个工作日。制定《关于建立山东产业技术研究院推动创新发展的框架意见》，支持山东产业技术研究院在自由贸易试验区建设发展，并推动青岛海洋科学与技术试点国家实验室等5个实验室建设技术创新平台。支持青岛国家海洋技术转移中心、山东省技术成果交易中心、山东省海洋科技成果转移转化中心、烟台市（国际）技术市场等科技成果转移转化平台建设，打造国际科技成果转移转化示范区。

山东省住房和城乡建设厅印发《全面优化工程建设项目审批流程实施方案》，在自由贸易试验区探索取消施工图审查（或缩小审查范围）工作。大幅压减规范审批事项，对47类建设项目豁免环评手续，向各市及自由贸易试验区等重点功能区下放工程建设领域省级权力事项44项。

国家外汇管理局山东省分局先后印发《国家外汇管理局山东省分局关于在中国（山东）自由贸易试验区济南片区和烟台片区开展外汇创新业务的通知》和《国家外汇管理局青岛市

分局关于在中国（山东）自由贸易试验区青岛片区开展外汇创新业务的通知》，分别在三个片区实施优化经常项目外汇收支审核、放宽货物贸易电子单证审核条件和实施资本项目外汇收入支付便利化等金融创新举措，提升片区贸易投资便利化水平。

中国银行保险监督管理委员会山东监管局印发《山东银保监局办公室关于印发山东自贸试验区及证照分离改革全覆盖试点工作任务分工方案的通知》《关于简化山东（济南、烟台）自由贸易试验区银行业保险业金融机构市场准入方式推动金融领域创新的通知》《关于在山东（济南、烟台）自由贸易试验区复制推广有关监管政策、推动区内金融创新服务实体经济发展的通知》，鼓励银行保险机构有针对性地进行体制机制、产品和服务模式创新，为自由贸易试验区提供优质金融服务，并建立银行保险机构自由贸易试验区金融创新工作联系机制，逐月调度相关情况。

【市级推动发展举措】 济南市人民政府办公厅出台中国（山东）自由贸易试验区济南片区证照分离改革全覆盖试点相关工作方案，在建立改革事项责任清单、分类落实审批制度改革要求、加强事中事后监管等方面开展证照分离改革相关工作。济南市发展和改革委员会出台推动中国（山东）自由贸易试验区济南片区信用体系建设十条措施，在片区建设信用信息数据库、信用综合服务平台和分类分级监管信用体系。济南市教育局出台《关于落实中国（山东）自由贸易试验区济南片区实施方案的十二条措施》，支持、引导外商独资设立经营性教育培训机构，推动双元制职业教育发展，支持高等教育机构探索实行“事业化管理＋市场化运营”发展模式。济南市科学技术局推出加快片区科技创新发展相关举措，便利片区开展跨境科技研发活动，推动建设国际科技孵化机构。济南市工业和信息化局支持片区发展以人工智能为代表的智能制造产业及相关信息产业。济南市出入境管理机构优化进区外籍人员办理签证、居留证件流程，为在片区工作、创业和商务、旅游的外国人提供出入境、居留和永居便利。济南市行政审批服务局推行证照联办、不见面审批，简化审批服务流程。

中共青岛市委办公厅出台《关于加快中国—上海合作组织地方经贸合作示范区、中国（山东）自由贸易试验区青岛片区人才集聚发展的若干政策措施（试行）》，招引高层次、专业化、国际化创新创业人才，推动现代海洋、国际贸易、航运物流、现代金融、先进制造等产业发展。青岛市人民政府办公厅出台中国（山东）自由贸易试验区青岛片区开展证照分离改革优化营商环境实施方案，推出17条具体举措，并推出行政权力下放清单，由片区根据工作需要、承接能力和实施条件等情况分步分批承接落实。青岛市科学技术局等11个市直单位联合推出鼓励片区科技创新发展相关举措，包括鼓励先进技术及高端研发机构引进、支持跨境研发及产业合作、培育科技服务业、支持高端人才往来便利化等。国家外汇管理局青岛市分局、中国银行保险监督管理委员会青岛监管局等单位也分别出台支持片区发展的相关措施。

烟台市人民政府出台知识产权运营服务体系建设实施方案，支持中国（山东）自由贸易试验区烟台片区建设知识产权金融服务体系，打造知识产权服务业集聚区和知识产权运营服务体系核心承载区。烟台市证照分离改革工作联席会议办公室部署开展片区证照分离改革全覆盖试点工作。烟台市市场监督管理局印发《关于加强中国（山东）自由贸易试验区烟台片区创新药品快速审评审批工作的实施意见》，支持片区发展生物医药相关产业。

【制度创新】在创新驱动方面，建立人力资本评价赋能体系，破解创新创业瓶颈，35个银行与非银行金融机构与自由贸易试验区人才有价在线评估平台签约，授信总额度1500亿元。创立以货物出区免担保、一物一码可追溯、展示商品可退回、交易完成才缴税为特色的链上自贸保税展示展销全流程监管模式，降低监管成本和保税商品价格。在改善营商环境方面，创建数字保险箱，打造智慧政务服务模式，实现申办材料、证照和信用信息跨部门、跨系统可信传递，已为1万多家企业和2万多位个人建立数字保险箱，149个政务服务事项实现即时办。相关机构创设中日韩投资便利化跨国办模式，提供企业注册和变更、跨境银行开户、跨境办税全过程离岸服务，已有6家韩资企业、1家日资企业通过跨国办方式在境外取得烟台片区的营业执照。在提升贸易便利化水平方面，通过海铁联运全程联运提单方式将港口功能扩展到内陆，运输成本降低16%、时效提高20%。探索进口大宗商品智慧鉴定监管模式，将海关鉴定监管、对企业申报情况抽查验证、进出口商品检验鉴定机构日常监管、大宗散货第三方检验鉴定结果采信监管职能加以集成，提高通关效率。首创保税原油混兑调和业务和沿海港口外贸原油国际中转业务，推出全国首个基于关税大数据的线上融资产品——关税e贷。打造中日韩消费专区，到账韩资1.3亿美元，增长60.6%，到账日资6655万美元，增长21.6%。青岛自贸全球新消费体验中心投入运营。年内，9项制度创新成果获国家相关部委认可，36项制度创新成果在全省推广。

【运行情况】2020年，中国（山东）自由贸易试验区承接省级行政权力事项360项，政务服务上网事项扩展到10余个大类，全程在线办理率超过80%。至2020年年底，登记市场主体54288个，其中涉及证照分离改革事项的市场主体8765个。管理机构办理涉企经营许可事项49634件，其中直接取消审批6143件、审批改备案2006件、告知承诺15104件、优化审批服务26381件。实现跨境收支655.3亿美元，占全省跨境收支总额的17.3%。企业结售汇203.1亿美元，占全省结售汇总额的9.1%。4家跨国公司开办跨境双向人民币资金池业务，收付金额24.6亿元。12个银行分支机构挂牌营业。已有20个行业开展一业一证改革试点工作。新开办企业从营业执照申领到印章刻制、社保登记、医保登记、税务登记、公积金登记、银行预开户全程最快35分钟办结。工业项目审批15个工作日内、其他项目审批30个工作日内完成，320个项目实现拿地即开工。

济南片区　2020年新设企业13471家，其中内资企业13384家，占全市的11%，外资企业87家，占全市的30%。新增内资企业注册资本2289亿元，占全市的22%。备案境外投资机构45个，占全市的58%，备案协议投资额6.85亿美元，实际投资额14.28亿美元、占全市的75%。银行设立分、支行17个，办理跨境人民币业务2849笔，金额115.4亿元。华鲁控股有限公司、山钢财务有限公司、浪潮集团有限公司等5家企业实现跨境双向人民币资金池结算26.1亿元，占全市的36%。至2020年年底，已集聚医药企业2200家，医疗医药研发、生产、流通、服务一体化产业链条正在形成，新药特药研发、细胞治疗、基因检测、互联网医疗产业体系日趋完善。321家人力资本服务企业落地，600余家企业和创业团队获得投融资 13.8 亿元。链上自贸全流程保税监管新模式施行货物出区免担保、一物一码可追溯、展示商品可退回、交易消费才缴税，常年展销 40 多个国家的近 3000 种进口商品。

年内，片区完成固定资产投资额 761.84 亿元，实现税收收入 257.3 亿元、占全市的 19%。与外国及中国港澳台商签约投资 343.4 亿美元，实际投资 7.6 亿美元。实现进出口 592 亿元，占全市的 42.8%，其中出口 211 亿元，占全市的 27.9%，进口 381 亿元，占全市的 60.7%。有进出口实绩的企业 1100 家，占全市的 26%。

青岛片区　打造关、检、汇、税、贸、储、运、融一体化产业链条，推动航运、贸易、金融耦合创新发展，实现进出口 1108 亿元，较上年增长 13.7%。片区管理机构招引浦银金租公司，发挥其在航空、航运租赁业务领域的优势，落地山东首个单机单船融资租赁项目。引进日本欧力士集团公司，构建中日产业运营平台，着力于同日本企业在节能环保、金融服务、医疗健康、城市开发、文旅文创等领域开展合作。片区管委会设立三峡绿色产业（山东）股权投资基金，规模 50 亿元，投资方向为新能源、生态环保等绿色产业。海尔卡奥斯工业互联网平台将互联网络覆盖到 15 个行业的 100 余家企业。吸收外国及中国港澳台地区投资 5.3 亿美元，较上年翻了一番。实现外贸进出口 1108 亿元，增长 13.7%。

烟台片区　以化工新材料作为主导产业，打造有机化工、氯碱化工、光气化工、化工新材料、精细化工一体化产业链条，已培育年产值逾千万元企业 44 家。富士康精密电子（烟台）有限公司承接马来西亚产游戏机进口维修业务，片区全球维修业务已拓展至液晶面板、台式电脑等领域。华润化学材料科技股份有限公司、韩国新能源汽车电子公司两个世界 500 强企业所投资的产业项目、首个俄罗斯企业投资的医疗器械项目在片区落地。管委会设立业瀛基金，规模 10 亿元，旨在推动片区产业转型升级、化解重点企业流动性风险。

中国—上海合作组织地方经贸合作示范区

China-Shanghai Cooperation Organization Regional Economic and Trade Cooperation Demonstration Zone

【概况】 中国—上海合作组织地方经贸合作示范区（简称上合示范区）于 2019 年 9 月 20 日经国务院批准设立，实施范围在山东胶州经济技术开发区内，近期目标是建设区域物流中心、现代贸易中心、双向投资合作中心、商旅文交流发展中心，打造上海合作组织国家面向亚太市场的出海口，形成与上海合作组织国家相关城市交流合作集聚的示范区。中远期目标是建成与上海合作组织国家相关地方间双向投资贸易制度创新的试验区、企业创业兴业的聚集区、“一带一路”地方经贸合作的先行区。

【领导机构】 2020 年 1 月 20 日，中共山东省委、山东省人民政府成立山东省推进中国—上海合作组织地方经贸合作示范区建设领导小组，省委书记、省人大常委会主任刘家义任组长，省委副书记、省长龚正任常务副组长，省委常委、秘书长孙立成，省委常委、青岛市委书记王清宪，副省长任爱荣，青岛市委副书记、市长孟凡利任副组长。山东省人民政府办公厅、山东省发展和改革委员会、山东省教育厅、山东省科学技术厅、山东省工业和信息化厅、山东省财政厅、山东省人力资源和社会保障厅、山东省自然资源厅、山东省交通运输厅、山东省农业农村厅、山东省商务厅、山东省文化和旅游厅、山东省人民政府外事办公室、山东省地方金融监管局、中国国际贸易促进委员会山东省委员会、青岛海关、山东省税务局负责人为成员。主要职责是：深入学习贯彻党中央、国务院有关中国—上海合作组织地方经贸合作示范区的决策精神，落实省委工作部署，统筹领导示范区建设工作，研究审议示范区发展重大措施，协调解决重大问题。

领导小组下设服务协调办公室和实施推进办公室。服务协调办公室设在山东省商务厅，张德平兼任办公室主任。实施推进办公室设在青岛市人民政府，孟凡利兼任办公室主任。

各成员单位按照职责分工开展工作。

【制度保障】 2020年12月，山东省人民政府出台《关于支持中国—上海合作组织地方经贸合作示范区建设的若干措施》，在落实负面清单制放权、鼓励先行先试、建设联动创新区、加大双招双引和市场开拓力度等方面推出18项具体举措。山东省人民政府与商务部建立部省协作机制，召开9部委（单位）专题会议研究支持示范区发展的措施。海关总署指导青岛海关出台17项支持措施。山东省高级人民法院出台《关于保障上合示范区和自由贸易试验区建设推动打造对外开放新高地的意见》，为示范区建设提供司法保障。青岛市人民政府出台加快培育国际贸易、人才聚集、金融创新、市场主体集聚等系列政策，制定《加快推进上合示范区建设实施方案》《上合示范区建设行动纲要》《上合示范区建设2020年工作计划》，实行“5+5”推进保障工作机制。示范区实行“管委会+公司”管理模式，成立青岛上合发展集团公司，在全国范围内公开选聘94个工作人员，组建精明强干的管理团队，提高各项政策措施的执行效率。

【四个中心建设】 在区域物流中心建设方面，2020年1月16日，示范区多式联运中心推出日韩陆海快线，齐鲁号日本名古屋—中国青岛—哈萨克斯坦阿拉木图过境班列首发。4月27日，开辟齐鲁号中欧班列上合快线，中国胶州至乌兹别克斯坦塔什干点对点班列首发，每周固定开行两个班次。新增满洲里、二连浩特等3条图定线路，图定线路数量增加至2条。年内，多式联运中心装运集装箱76.5万标准箱，较上年增长11%，欧亚班列开行401列，增长15.8%。中国国际海运集装箱（集团）股份有限公司“一带一路”高端冷链平台、苏宁跨境电子商务产业园、嘉里物流园等一批物流项目正在建设，签约引进中国外运股份有限公司、香港嘉里集团有限公司、新加坡丰树公司、金控数码港发展有限公司所投资的14个物流项目。年内，示范区规模以上物流企业实现营业收入36.7亿元，增幅超过50%。

在现代贸易中心建设方面，建成3万平方米的上合国家客厅、央企国际客厅，设立上合示范区展馆、特色商品展区及文化旅游展区，俄罗斯、斯里兰卡等国的15个商协会、200多中外员工入驻。建设俄罗斯中心，俄罗斯数字艺术博物馆、中俄院士科博园、俄罗斯农产品供应链贸易项目、贝加尔湖旅游项目等签约入驻。实施贸易主体招引双千计划，引进俄罗斯华诺俄翔贸易平台、欧亚贸易港贸易物流平台、新华锦国际贸易进出口平台、青建电子商务平台，集聚686家贸易企业。在俄罗斯设立海外仓，在乌苏里、绥芬河、乌鲁木齐等地设立中转边境仓。依托北京京东世纪贸易有限公司的电子商务平台建设上合特色商品馆，2020年实现营业收入700多万元。

在双向投资合作中心建设方面，中国—上海合作组织技术转移中心揭牌，上合能源产业联盟成立，一批供应链项目签约。通过举办上合“一带一路”央企国际客厅网上招商发布会等活动，招引乾元通5G互联网产业园、吉利卫星互联网、柔宇国际先进柔性显示屏生产线、Handle全球根节点（青岛）等28个项目落户，总投资1288亿元。深圳拓邦智能控制运营中心项目、德国Loxone（乐易）智慧电子产业园、中启控股集团股份有限公司柬埔寨蒙多基里省生态农业开发区、青岛海尔集团有限公司土耳其埃斯基谢希尔工业园项目等稳步推进。中国巴基斯坦中心项目签约落户，项目总投资17亿元，规划建筑面积19万平方米。示范区金融服务中心与国家开发银行、青岛银行等23个金融机构签订合作协议，启动规模100亿元的欧亚基金、中俄能源基金，中俄能源基金到位资金6.21亿元。

在商旅文交流发展中心建设方面，利用山东大学、复旦大学相关资源，建设中国—上合组织经贸学院。依托中国石油大学（华东）建设上合国家能源人文研究所，青岛大学与俄罗斯圣彼得堡国立大学开展互换留学生项目。青岛电子学校尼泊尔分校2020年1月挂牌，首批招收学生30人。建设上合示范区法智谷，北京德恒律师事务所等4个知名律师事务所进驻。11月5日，上合组织国家青年创业中心项目开工建设，总建筑面积18万平方米，计划总投资17.3亿元。

【运行情况】2020年，上合示范区实现一般公共财政预算收入549507万元，较上年增长1.3%。固定资产投资增长11.6%。实现货物进出口163.8亿元，增长10.1%，其中与上海合作组织国家贸易额12.9亿元，增长51.3%。实现服务进出口10.5亿元，增长57.9%。规模以上工业增加值增长21.1%。吸收外国及中国港澳台地区实际投资59173万美元，增长39.3%。签约落户项目28个，总投资1288亿元，其中世界500强企业投资项目5个，中国500强企业投资项目4个，独角兽企业投资项目2个，行业领军企业投资项目5个。新增贸易企业686家。

重点区域投资合作
Investment Cooperation

【山东省与香港特别行政区投资合作】2020年5月27日，山东省商务厅厅长张德平在济南会见香港特别行政区政府驻上海经济贸易办事处主任蔡亮，双方就鲁港经贸合作重点领域交换意见，并就山东在香港、澳门特别行政区举办港澳山东周活动，利用香港平台优势共同开拓“一带一路”市场、推动双向投资合作进行深入交流。

6月30日，山东省商务厅与香港特别行政区政府投资推广署、香港特区政府驻上海经济贸易办事处在济南举办善用香港平台、鲁港合作共赢推介会。该推介会是第二届儒商大会暨青年企业家创新发展国际峰会的专场活动，旨在推介香港特别行政区投资政策与环境、金融及专业服务，推动鲁港深化合作，促进山东携手香港参与共建“一带一路”。中央人民政府驻香港特别行政区联络办公室经济部副部长刘亚军、山东省商务厅厅长张德平、香港特别行政区政府投资推广署署长傅仲森、香港特别行政区政府驻上海经济贸易办事处主任蔡亮参加活动。香港特别行政区政府投资推广署、香港交易所、香港程伟宾律师事务所、汇丰银行、

招商局集团有限公司、潍柴控股集团有限公司等单位负责人发表主旨演讲。山东16市商务局、400余家企业负责人在线参加活动。

2020年7月，山东省商务厅组织省内百家企业参加香港贸易发展局举办的夏季采购汇·网上展活动，参与325个在线视频对接会。

2020年11月26日，山东省人民政府、香港特别行政区政府在青岛举办山东—香港深化合作对接会，全国政协副主席梁振英、山东省省长李干杰出席。青岛市委书记王清宪、山东省副省长任爱荣、山东省商务厅厅长张德平参加会议。鲁港双方参会人员深入探讨经贸合作重点领域，就加强金融、教育、医疗等方面的合作达成共识。

【山东省与台湾地区投资合作】 2020年9月1日，中共中央、国务院台湾事务办公室与山东省人民政府共同主办的第26届鲁台经贸洽谈会在潍坊开幕。中共中央、国务院台湾事务办公室副主任裴金佳，中共山东省委常委、统战部部长张江汀出席开幕式并致辞，山东省副省长任爱荣主持开幕式。经贸洽谈会以线上线下相结合、线上为主的方式进行，海峡两岸工商界2000多人参加。

2020年9月15日，商务部台港澳司，中共中央、国务院台湾事务办公室经济局指导，海峡两岸经贸交流协会、全国台湾同胞投资企业联谊会、山东省商务厅、山东省人民政府台港澳事务办公室在济南举办台资企业拓内销线上推介对接会山东专场活动，采取在线直播推介和企业线上洽谈相结合的方式，宣传推介山东食品、农产品、家具、日用消费品、机电产品。102家台湾企业与115家山东企业业务人员进行对口洽谈，达成销售意向近4亿元。在线观看人次超过3.8万。

【山东省与日本投资合作】 2020年1月，山东省商务厅、中共山东省委办公厅、山东省发展和改革委员会、山东省科学技术厅、山东省工业和信息化厅、山东省人民政府驻日本经贸代表处组织联合调研组，赴日本经济最发达的东京（关东地区）、大阪（关西地区）两大城市圈，开展对日知彼实地调研。调研组成员广泛接触日本工商界人士，多方了解情况，形成包含山东与日本5个领域26条合作意向和路径的调研报告，为山东与日本关东地区和关西地区的进一步合作奠定基础。

2020年4月22日，山东省副省长任爱荣在青岛主持召开山东省—驻鲁日韩机构座谈会，与大韩贸易投资振兴公社青岛贸易馆、日本贸易振兴机构青岛代表处、韩国农水产食品流通公社青岛代表处等8个日韩机构的首席代表就新冠肺炎疫情期间日韩投资企业所面临的人员往来、资金链、订单、国际物流、供应链等问题进行交流，商讨化解之道，并洽商山东与日韩在新基建、在线医疗、在线教育、在线娱乐等领域的合作。

2020年5月20日，国家发展和改革委员会批准设立中日（青岛）地方发展合作示范区。示范区位于青岛国际经济合作区内，总面积10.6平方千米，重点发展节能环保产业，注重山东与日本在技术创新、产品研发、高端制造等领域的合作。

2020年7月15日，山东省商务厅、济南海关、山东省人民政府驻日本经贸代表处、日本经济产业省九州经济产业局、九州经济联合会举办中国山东省—日本九州地区合作视频交流会，双方就后新冠疫情时代如何加强合作交流等问题进行深入交流。

2020年8月6日，山东省商务厅负责人召集日本住友商事株式会社、山东省机场管理集团有限公司、济南市人民政府相关负责人，商讨推进济南国际机场投资项目相关事宜。

2020 年 8 月 26 日，中共山东省委书记刘家义在济南会见日本驻华大使横井裕一行。山东省副省长任爱荣、山东省商务厅厅长张德平等省直有关部门负责人、日本驻青岛总领事井川原贤、部分日本企业代表参加会见。刘家义表示，山东正在加快新旧动能转换、培育壮大十强现代优势产业集群、构建一群两心三圈区域发展格局、营造诚信法治高效的营商环境、推动经济社会高质量发展，这为深化鲁日合作提供了大好机遇。希望双方进一步加强经贸和科技、教育、人文、医疗卫生等领域的交流合作，不断取得新的成果，努力实现互利共赢。横井裕表示，日本和山东经济互补性强，双方合作基础良好、前景广阔，很多日本企业十分看好山东，希望双方进一步加深各领域合作，促进人文交往，不断密切友好关系。

2020 年 9 月 3 日，日本住友商事株式会社基础设施部门负责人访问民航山东安全监督管理局、山东省机场管理集团有限公司，洽商相关投资事宜。

2020 年 9 月 14 日，山东省常务副省长王书坚在济南会见日本住友商事株式会社常务执行董事、东亚区总裁御子神大介，洽商加快推进医疗康养平台公司、智慧交通、国际机场运营等系列项目合作事宜。

2020 年 11 月 10 日，中共山东省委、山东省人民政府在济南举办山东与世界 500 强企业连线日本专场活动，中共山东省委书记刘家义与日本住友株式会社、伊藤忠株式会社、丸红株式会社等世界 500 强企业负责人在线交流，商讨经贸合作事宜。山东省省长李干杰致辞。日本研究机构、企业负责人进行营商环境与合作推介。山东省领导刘强、任爱荣，日本驻青岛总领事井川原贤，山东省商务厅厅长张德平等参加活动。活动期间，主办方举办山东与日本重点合作项目签约仪式以及山东对日本产业链招商推介会。

2020 年 12 月 7 日，山东省商务厅、日本九州经济联合会、九州国际化推进机构以视频连线方式举办中国山东省—日本九州食品采购洽谈会。日本九州地区的 5 家企业推出包括酒、饮料和水产品在内的 17 大类意向商品销售清单，山东 29 个采购商参会，与九州企业进行一对一洽谈。

【山东省与韩国投资合作】 2020 年 4 至 5 月份，山东省商务厅、山东省人力资源和社会保障厅、山东省地方金融监管局、山东省工商业联合会、中国国际贸易促进委员会山东省委员会联合 16 个市相关机构组成 36 个调研组，分两个阶段对全省 3718 家日韩资企业进行专题调研，样本企业占全省实际在营日韩资企业总数（4036 家）的 92.1%。调研组实地走访日韩资企业 474 家，座谈企业 1495 家，问卷调查企业 1749 家，全面了解疫情对日韩资企业产生的影响，宣传推介《全省稳外贸稳外资政策措施清单》，就日韩资企业订单下滑、稳岗压力增大、供应链不稳定、资金周转困难等问题进行现场办公、共同研究对策，将企业提出的 23 项具体诉求推送至全省稳外贸稳外资服务平台和各相关市，帮助其协调解决。

2020 年 5 月 26—29 日，在前期 3 市日韩资企业调研的基础上，山东省商务厅会同山东省工商业联合会、中国国际贸易促进委员会山东省委员会和其他 13 个市商务（投促）部门组成 15 个调研组，对 459 家日韩资企业进行专题调研，实地走访日韩资企业 73 家，座谈企业 205 家，问卷调查企业 181 家，形成调研报告，挖掘企业经营中的困难和问题，推送至相关职能部门协调解决。

2020 年 6 月 4 日，山东省商务厅厅长张德平在济南会见韩国 SK 集团公司中国总部高级副总裁李新明，洽商液化天然气、高端石化、通信等领域的合作。

2020 年 8 月 1 日，中韩经贸联委会在青岛召开第 24 次会议，山东省商务厅厅长张德平参加会议，提出统一中韩自由贸易区项下商品归类、扩大中韩原产地证书商品品目数量、重点推动韩国 SK 集团公司与中国石油天然气集团公司威海天然气接收站项目、进一步扩大韩国商品进口规模建设中韩消费专区四个方面的议题。

2020 年 8 月 12—14 日，韩国希杰集团公司第一制糖项目团队成员访问泰安、潍坊、烟台等市有关企业，与相关企业负责人探讨生物科技领域的经贸或技术合作。

2020 年 10 月 22 日，中共山东省委、山东省人民政府与韩国产业通商资源部在济南举办山东与世界 500 强连线韩国专场暨山东省—韩国经贸合作交流会。会议采用线上线下相结合的方式，在济南和韩国首尔设主会场。中共山东省委书记刘家义与韩国现代汽车公司、希杰集团公司、SK 集团公司等世界 500 强企业负责人在线交流。山东省省长李干杰致辞。中韩双方研究机构、企业负责人围绕新产业、制造业、防疫安全与复工复产等领域的合作进行交流。其间举办重点项目签约仪式，济南、青岛、淄博、烟台、潍坊等分会场举办线上配套活动。中韩双方食品、农水产品、美妆、医疗、汽车零部件等领域的生产企业、电子商务平台等约 200 个机构进行在线贸易洽谈。

【山东省与新加坡投资合作】2020 年 9 月 22 日，中共山东省委、山东省人民政府在济南举办山东与世界 500 强连线东盟专场活动。中共山东省委书记刘家义与嘉宾连线交流，山东省省长李干杰致辞。山东省副省长任爱荣、山东省商务厅厅长张德平等参加活动。中国驻新加坡大使、双方企业、有关机构负责人作推介发言，青岛、淄博、枣庄、东营、烟台、潍坊、济宁、泰安、菏泽等市与东盟重点项目进行在线签约，青岛、淄博、枣庄、东营、烟台等市分别举办配套交流活动。

2020 年 11 月 13 日，新加坡—山东经贸理事会第 22 次全体会议通过视频连线的方式，在山东济南和新加坡同时举行，山东省副省长、新加坡—山东经贸理事会山东方联合主席任爱荣和新加坡外交部兼交通部高级政务部长、新加坡—山东经贸理事会新方联合主席徐芳达出席会议并致辞。山东省商务厅厅长张德平等理事单位负责人参加会议。有关理事单位围绕创新发展、金融服务进行专题推介，5 个合作项目签约。

【山东省与美国投资合作】2020 年 3 月 13 日，山东省商务厅联合美国相关机构举办山东省产业招商重点合作项目视频会议，推介济南、青岛、烟台 3 市投资环境和重点招商项目。

2020 年 3 月 26 日，山东省商务厅、中国美国商会在济南举办山东省稳外贸稳外资政策解读答疑电话会，山东省商务厅、山东省发展和改革委员会、山东省财政厅、山东省人力资源和社会保障厅、山东省交通运输厅、山东省卫生健康委员会、山东省药品监督管理局、青岛海关、山东省税务局负责人解读山东省应对疫情支持企业复工复产、稳外贸稳外资方面的政策措施，解答企业提出的相关问题。已在山东投资经营、在山东有供应链或未来在山东有发展计划的40多家商会会员企业派代表参会。

2020年8月14日，美国空气产品公司中国区副总裁冯燕访问山东，在济南与山东省商务厅负责人洽商经贸合作事宜，通报美国空气产品公司在山东投资项目运营情况以及今后的投资方向。

2020年9月29日，中共山东省委、山东省人民政府在济南举办山东与世界500强连线美国专场活动。中共山东省委书记刘家义与嘉宾连线交流，山东省省长李干杰致辞，并与美国空气产品公司主席、总裁兼首席执行官葛思民连线对话。

《财富》杂志首席执行官穆瑞澜连线致辞。安永会计师事务所中国公司主席、大中华区首席执行官、全球管理委员会成员陈凯，中国美国商会主席葛国瑞，德尔福科技公司电子电气化事业部兼燃油喷射系统亚太区总经理博格丹·贝瑞安达等嘉宾对山东新一轮高水平对外开放与国际化营商环境建设建言献策。山东部分市所招引的美国重点投资项目集中签约。

主会场活动结束后，济南、青岛、淄博、烟台、潍坊等市在分会场举办配套交流会。

山东省领导刘强、任爱荣，山东省商务厅厅长张德平等省直有关单位负责人、企业代表在主会场参加活动。

2020年12月22日，山东省副省长汲斌昌在济南会见安永会计师事务所中国公司主席、大中华区首席执行官陈凯，希望安永会计师事务所不断深化与山东企业的合作，助力山东双招双引，为山东发展建言献策。山东省商务厅厅长张德平参加会见。

2020年12月23日，山东省商务厅在济南举办医疗卫生合作交流会，山东省卫生健康委员会、山东省医疗保健局负责人与中国美国商会医疗企业代表团就商会会员企业关心的医疗领域相关问题进行座谈。

【山东省与欧洲投资合作】 2020年4月16日，山东省商务厅、中国欧盟商会在济南举办山东省稳外贸稳外资政策解读答疑视频会，山东省商务厅负责人介绍外资企业复工复产情况，山东省发展和改革委员会、山东省财政厅、山东省人力资源和社会保障厅、山东省交通运输厅、山东省商务厅、山东省卫生健康委员会、山东省药品监督管理局、山东省税务局、青岛海关等单位负责人解读山东省出台的应对疫情支持企业复工复产、稳外贸稳外资方面的政策措施。中国欧盟商会秘书长唐亚东参会并致辞，对山东省商务厅捐赠防疫物资表示感谢，并表示将积极支持欧盟企业与山东企业的经贸合作。已在山东投资经营、在山东有供应链或未来在山东有发展计划的130多位商会会员企业代表参会。

2020年4月29日，山东省商务厅厅长张德平在济南会见德国思爱普（SAP）公司大中华区副总裁谢燕琦，就思爱普公司与山东企业在智能制造、大数据应用、工业互联网、智慧园区、产业链招商等方面开展合作进行交流。

2020年6月8日，德国安顾集团有限公司战略投资泰山保险公司签约仪式在济南举行。根据协议，安顾集团有限公司将通过其保险子公司斥资8.82亿元，收购泰山保险公司24.9%的股权。山东省副省长凌文出席签约仪式。

2020年8月27日，中共山东省委、山东省人民政府在济南举办山东与世界500强连线欧洲专场活动，山东省省长李干杰分别与瑞士嘉能可集团公司首席执行官伊凡·格拉森伯格，林德公司执行副总裁、亚太区首席执行官蓝胜杰，法国电力集团公司副总裁兼大中华区总裁傅楷德，德国贺利氏集团公司董事会主席兼首席执行官凌瑞德，《财富》杂志亚洲执行主编钱科雷连线对话。外方连线嘉宾表示，将在新能源、新材料、贸易、环保、科技等领域进一步深化与山东的合作，努力取得更多合作成果。在营商环境与合作项目推介环节，法国达能集团公司、德国大陆集团公司、意大利联合圣保罗银行负责人分别介绍在华发展战略和与山东合作计划。在欧洲重点投资项目签约环节，德国吕纳堡公司中国总部及青山生物基因科技智慧产业园等10个投资项目签约。济南、青岛、潍坊、济宁、烟台5市在分会场举办配套交流会。山东省领导刘强、任爱荣，山东省商务厅厅长张德平等省直有关部门负责人参加活动。

2020年9月17日，意大利驻华使馆副馆长、经济商务处负责人、公使衔参赞德玛睿访问山东，在济南与山东省商务厅负责人会谈，洽商经贸合作事宜。

2020年10月20日，山东省副省长任爱荣在济南会见丹麦驻华大使马磊，希望双方进一步深化合作，继续深化贸易往来，加大双向投资，加深在教育、科技、旅游等领域的人文交流。

2020年12月11日，山东省副省长任爱荣在济南会见比利时驻华大使高洋，希望双方进一步加强交流，推动在科技创新、教育、制药、环保、信息技术等领域的务实合作。

【山东省与非洲投资合作】 2020年6月11日，山东省商务厅在济南召开对非合作重点企业座谈会，分析新冠肺炎疫情常态化防控形势下中非经贸合作面临的新形势，研讨山东省与非洲合作的新路径、新举措。

2020年6月24日，山东省商务厅举办山东出口商品云展会肯尼亚站活动，48家肯尼亚企业和84家山东企业开展105场洽谈活动，在机电、建材、五金和家居等领域达成一批初步合作意向。

2020年7月8日，山东省商务厅举办山东出口商品云展会海外仓专场西亚北非站活动，32家西亚北非企业和87家山东企业参加，参展商品涉及机电、建材、五金和家居等领域。

2020年7月10日，山东省商务厅举办中国出口商品（非洲）云展之贝宁与尼日利亚专场，25个贝宁、尼日利亚采购商和48个中国供货商通过视频洽谈达成系列贸易合作意向，涵盖电子、印刷、包装、文体用品、建材等领域。

2020年9月24日，山东省副省长任爱荣在济南会见塞内加尔驻华大使马马杜·恩迪亚耶，就进一步加强经贸投资、园区建设、基建、港口等领域的合作进行深入交流。

2020年11月26—28日，山东省商务厅采用“线下实体展位+现场展品展示+专业人员服务+网上视频对接”方式在肯尼亚举办山东出口商品展览会，53家山东企业的业务人员在线接待客户2462人，意向成交1500万美元。

2020年12月3日，博茨瓦纳驻华使馆在济南举办投资推介会，山东省商务厅等政府机构以及13家企业代表参加，双方在电力工程、太阳能电厂、旅游开发等领域达成一系列合作意向。

知识窗

新加坡—山东经济贸易理事会

新加坡—山东经济贸易理事会是经中华人民共和国对外贸易经济合作部、外交部和新加坡政府批准，由新加坡政府和山东省人民政府于1993年联合成立的经贸合作促进机构，倡议者为新加坡时任总理吴作栋。

1993年6月24—28日，山东省省长赵志浩率山东省政府代表团访问新加坡，与新加坡贸易工业部部长丹那巴南共同签署《关于建立新加坡—山东经济贸易理事会的谅解备忘录》。7月，新加坡内阁资政李光耀、副总理王鼎昌率新加坡政府高级代表团以及由160余人组成的企业代表团访问山东，考察青岛、烟台、威海市，提出与山东进行多层次、多领域合作的倡议。11月，丹那巴南率团访问山东，出席新加坡—山东经济贸易理事会成立大会。

新加坡—山东经济贸易理事会的主要职能是：研究双方经贸合作和其他领域合作的发展规划和实施方案，确定投资和其他方面合作的领域和项目，促进人才培训、信息交流和重点项目合作，研究提出有关合作建议。

新加坡—山东经济贸易理事会成员由双方政府经济、综合管理部门和相关机构共同组成，双方各设联合主席一人，山东方面的联合主席由分管外经贸工作的副省长担任，新加坡方面的联合主席由贸易工业部相关负责人担任。

理事会下设人才培训、信息交流、粮线合作、企业发展合作、仓储运输合作、房地产合作、贸易合作7个工作委员会，并分别设立秘书处，承担日常工作，负责会议筹备和议定事项的落实。

从1993年起，新加坡—山东经济贸易理事会分别在山东和新加坡召开会议，至2020年，已经召开22次会议。

业务统计

Business Statistics

简要说明

一、栏目内容

本栏目刊载2020年山东省商务经济运行统计数据，含商贸流通、电子商务、对外贸易、外国及中国港澳台投资、对外经济技术合作、对外投资、经济园区、自由贸易试验区等方面的统计数据，以图表形式呈现。

二、资料来源

山东省商务厅、山东省统计局、商务部、国家外汇管理局山东省分局、青岛海关、济南海关

Brief Introduction

Ⅰ. Content

The column publishes statistical data of commerce economic operation of Shandong Province in 2020, including statistical data in aspects of commerce circulation, e-commerce, foreign trade, Investment by Merchants of Foreign States and Hong Kong, Macau, Taiwan Districts, foreign economic and technical cooperation, oversesa investment, economic zones, Pilot free trade zone, presented in word and diagram.

Ⅱ. Data sources

Department of Commerce of Shandong Province, Shandong Statistics Bureau, Ministry of Commerce of the People's Republic of China, National Foreign Exchange Administration, Shandong Branch of the State Administration of Foreign Exchange, Qingdao Customs, Jinan Customs

居民消费形态
Residents Consumption Patterns

2016—2020 年山东省社会消费品零售总额
Consumer Good Retail Sales of Shandong from 2016 to 2020

表 4-1

年　份	金额（亿元）	增长（%）
2016 年	23482.1	
2017 年	25527.9	8.7
2018 年	27480.3	7.6
2019 年	29251.2	6.4
2020 年	29248.0	–0.1

2016—2020 年山东省居民人均可支配收入
Per Capita Disposable Income of Residents in Shandong Province from 2016 to 2020

表 4-2

年　份	金额（元）	增长（%）
2016 年	24685	8.7
2017 年	26930	9.1
2018 年	29205	8.4
2019 年	31597	8.2
2020 年	32886	4.1

2020年山东省居民人均可支配收入
Per Capita Disposable Income of Residents in Shandong Province

表4-3

收入指标	全省居民		城镇居民		农村居民	
	金额（元）	增长（%）	金额（元）	增长（%）	金额（元）	增长（%）
收入总额	**32886**	**4.1**	**43726**	**3.3**	**18753**	**5.5**
工资性收入	18716	3.3	27250	2.4	7591	5.9
经营性收入	6964	2.2	6097	0.8	8095	3.8
财产净收入	2357	6.6	3793	6.1	485	6.3
转移净收入	4848	8.7	6586	8.0	2582	9.7

2020年山东省居民人均消费支出
Per Capita Annual Expenditure of Inhabitants in 2020

表4-4

支出指标	全省居民		城镇居民		农村居民	
	金额（元）	增长（%）	金额（元）	增长（%）	金额（元）	增长（%）
支出总额	**20940**	**2.5**	**27291**	**2.1**	**12660**	**2.9**
烟酒食品	5757	6.3	7319	5.1	3722	8.7
衣着	1438	-0.4	2013	-1.5	689	2.6
居住	4437	1.5	5973	1.5	2435	0.6
生活用品及服务	1571	2.1	2149	3.1	818	-2.4
交通通信	3004	0.4	3688	-2.0	2112	5.7
教育文化娱乐	2374	-1.5	3204	1.0	1291	-1.7
医疗保健	1914	5.4	2298	5.2	1413	5.2
其他用品和服务	445	0.9	647	1.1	181	-1.9

2020 年年末山东省每百户居民家庭主要耐用消费品拥有量
Number of Major Consumer Durables Per 100 Households

表 4–5

耐用消费品名称	单　位	全省居民	城镇居民	农村居民
家用汽车	辆	52.3	61.2	40.0
摩托车	辆	23.0	11.8	38.4
电冰箱（柜）	台	104.1	106.4	101.0
洗衣机	台	99.1	100.9	96.7
热水器	台	97.5	102.9	90.1
空调	台	127.6	151.3	95.0
彩色电视机	台	106.9	106.4	107.6
照相机	台	17.5	28.0	3.2
计算机	台	63.7	79.4	42.0
固定电话	部	9.4	10.9	7.4
移动电话	部	234.4	236.8	231.0
健身器材	台	6.6	10.2	1.7
空气净化器	台	6.3	10.2	0.9
洗碗机	台	1.2	1.7	0.6

2020年山东省居民消费价格指数
Consumer Price Indices in 2020

表 4-6

价格指数	全　省	城　市	农　村
综合指数	**102.8**	**102.5**	**103.6**
食品烟酒	109.5	108.9	111.1
粮食	102.4	102.7	101.6
鲜菜	109.9	109.3	111.8
猪肉	152.2	152.4	151.7
鸡蛋	87.8	88.6	85.9
鲜瓜果	89.3	90.5	85.4
衣着	100.6	100.7	100.4
居住	99.7	99.4	100.5
生活用品及服务	99.9	99.9	100.1
交通通信	96.2	96.0	96.9
教育文化娱乐	101.2	101.3	100.8
健身活动	100.1	100.2	98.9
旅游	101.3	101.5	99.0
医疗保健	101.5	101.4	101.9
其他用品和服务	104.6	104.5	105.0
养老服务	101.1	100.7	102.8

2020 年山东省米面价格变化
Price Fluctuations of Rice and Flour in Shandong Province in 2020

表 4-7

监测日期	大米零售价格（元 / 千克）	面粉零售价格（元 / 千克）
2020-01-03	6.33	5.53
2020-01-10	6.36	5.54
2020-01-17	6.48	5.51
2020-01-24	6.47	5.51
2020-01-31	6.25	5.05
2020-02-07	6.19	4.97
2020-02-14	6.06	4.93
2020-02-21	6.07	4.91
2020-02-28	6.13	5.51
2020-03-06	6.15	5.50
2020-03-13	6.12	4.76
2020-03-20	6.09	4.76
2020-03-27	6.06	4.86
2020-04-03	5.95	4.86
2020-04-10	6.18	4.75
2020-04-17	6.22	4.77
2020-04-24	6.33	5.32
2020-05-01	6.34	5.37
2020-05-08	6.03	5.16
2020-05-15	6.04	5.19
2020-05-22	6.15	5.18
2020-05-29	6.12	5.23
2020-06-05	6.13	5.31
2020-06-12	6.14	5.27
2020-06-19	6.08	5.23

续表 4-7

监测日期	大米零售价格（元 / 千克）	面粉零售价格（元 / 千克）
2020-06-26	6.11	4.94
2020-07-03	6.13	4.90
2020-07-10	6.12	4.87
2020-07-17	6.14	4.86
2020-07-24	6.16	4.89
2020-07-31	6.15	4.93
2020-08-07	6.15	4.91
2020-08-14	6.13	4.91
2020-08-21	6.17	4.89
2020-08-28	6.20	4.88
2020-09-04	6.20	4.90
2020-09-11	6.23	4.91
2020-09-18	6.22	4.91
2020-09-25	6.22	4.82
2020-10-02	6.20	4.84
2020-10-09	6.27	4.99
2020-10-16	6.28	4.98
2020-10-23	6.08	4.89
2020-10-30	6.07	4.88
2020-11-06	6.04	4.83
2020-11-13	6.07	4.85
2020-11-20	6.07	4.85
2020-11-27	6.08	4.85
2020-12-04	6.08	4.86
2020-12-11	6.07	4.89
2020-12-18	6.09	4.87
2020-12-25	6.08	4.87

2020年山东省食用油价格变化

Price Fluctuations of Edible Oil in Shandong Province in 2020

表 4-8

监测日期	豆油零售价格（元/千克）	花生油零售价格（元/千克）
2020-01-03	12.51	25.30
2020-01-10	12.54	25.44
2020-01-17	12.46	25.15
2020-01-24	12.56	25.18
2020-01-31	12.90	24.66
2020-02-07	13.00	24.00
2020-02-14	12.26	23.34
2020-02-21	12.26	23.27
2020-02-28	13.36	25.17
2020-03-06	13.37	25.19
2020-03-13	12.02	22.57
2020-03-20	12.07	22.25
2020-03-27	12.34	22.87
2020-04-03	12.28	22.78
2020-04-10	11.91	23.11
2020-04-17	11.96	23.17
2020-04-24	12.74	24.80
2020-05-01	12.79	24.85
2020-05-08	12.70	24.50
2020-05-15	12.68	24.50
2020-05-22	12.57	24.52
2020-05-29	12.53	24.48
2020-06-05	12.76	24.63
2020-06-12	12.55	24.59
2020-06-19	12.60	24.72

续表 4–8

监测日期	豆油零售价格（元 / 千克）	花生油零售价格（元 / 千克）
2020–06–26	12.23	23.62
2020–07–03	12.20	23.72
2020–07–10	12.18	23.65
2020–07–17	12.18	23.65
2020–07–24	12.23	23.84
2020–07–31	12.21	23.86
2020–08–07	12.22	23.85
2020–08–14	12.30	24.01
2020–08–21	12.34	24.18
2020–08–28	12.24	24.27
2020–09–04	12.22	24.36
2020–09–11	12.16	24.45
2020–09–18	12.16	24.40
2020–09–25	12.03	24.55
2020–10–02	11.96	24.44
2020–10–09	11.86	23.60
2020–10–16	11.86	23.61
2020–10–23	11.96	24.21
2020–10–30	11.93	24.14
2020–11–06	12.01	24.46
2020–11–13	12.01	24.49
2020–11–20	12.06	26.54
2020–11–27	12.06	24.44
2020–12–04	12.10	24.43
2020–12–11	12.12	24.65
2020–12–18	12.13	24.63
2020–12–25	12.16	24.64

2020年山东省猪肉（精瘦肉）价格变化
Price Fluctuations of Pork in Shandong Province in 2020

表 4-9

监测日期	零售价格（元 / 千克）	监测日期	零售价格（元 / 千克）
2020-01-03	61.66	2020-07-03	61.70
2020-01-10	62.46	2020-07-10	63.08
2020-01-17	63.60	2020-07-17	64.08
2020-01-24	66.80	2020-07-24	64.93
2020-01-31	66.95	2020-07-31	64.69
2020-02-07	67.01	2020-08-07	64.50
2020-02-14	67.53	2020-08-14	64.74
2020-02-21	68.36	2020-08-21	64.96
2020-02-28	67.55	2020-08-28	64.87
2020-03-06	66.96	2020-09-04	64.70
2020-03-13	67.03	2020-09-11	65.05
2020-03-20	66.44	2020-09-18	64.93
2020-03-27	64.74	2020-09-25	63.67
2020-04-03	65.29	2020-10-02	63.39
2020-04-10	63.99	2020-10-09	63.40
2020-04-17	63.37	2020-10-16	62.37
2020-04-24	63.35	2020-10-23	60.92
2020-05-01	62.82	2020-10-30	59.30
2020-05-08	61.49	2020-11-06	58.70
2020-05-15	60.23	2020-11-13	58.00
2020-05-22	59.11	2020-11-20	57.62
2020-05-29	58.30	2020-11-27	57.30
2020-06-05	58.13	2020-12-04	57.39
2020-06-12	57.99	2020-12-11	58.08
2020-06-19	59.97	2020-12-18	58.60
2020-06-26	61.08	2020-12-25	59.15

2020年山东省蔬菜价格变化
Price Fluctuations of Vegetables in Shandong Province in 2020

表 4-10

监测日期	批发价格（元 / 千克）	零售价格（元 / 千克）
2020-01-03	4.60	6.39
2020-01-10	4.72	6.54
2020-01-17	5.05	7.04
2020-01-24	5.86	8.80
2020-01-31	6.30	7.58
2020-02-07	6.37	7.45
2020-02-14	5.87	7.64
2020-02-21	5.87	7.61
2020-02-28	5.51	7.27
2020-03-06	5.33	7.21
2020-03-13	4.91	6.70
2020-03-20	4.36	6.24
2020-03-27	4.23	6.00
2020-04-03	4.13	5.85
2020-04-10	4.03	5.83
2020-04-17	4.01	5.87
2020-04-24	3.75	5.63
2020-05-01	3.61	5.37
2020-05-08	3.20	5.13
2020-05-15	3.17	4.94
2020-05-22	3.14	4.82
2020-05-29	3.19	4.85
2020-06-05	3.20	4.80
2020-06-12	3.24	4.78
2020-06-19	3.55	5.10

续表 4–10

监测日期	批发价格（元 / 千克）	零售价格（元 / 千克）
2020–06–26	3.76	5.41
2020–07–03	3.74	5.36
2020–07–10	3.73	5.42
2020–07–17	3.73	5.40
2020–07–24	3.79	5.61
2020–07–31	3.89	5.63
2020–08–07	3.89	5.75
2020–08–14	4.28	6.09
2020–08–21	4.52	6.49
2020–08–28	4.63	6.68
2020–09–04	4.55	6.61
2020–09–11	4.42	6.50
2020–09–18	4.16	6.25
2020–09–25	4.29	6.30
2020–10–02	4.19	6.19
2020–10–09	4.28	6.39
2020–10–16	4.15	6.28
2020–10–23	4.09	6.07
2020–10–30	4.06	5.97
2020–11–06	3.95	5.84
2020–11–13	3.90	5.78
2020–11–20	3.92	5.74
2020–11–27	4.04	5.86
2020–12–04	4.23	6.16
2020–12–11	4.47	6.40
2020–12–18	4.73	6.64
2020–12–25	4.87	6.81

2020年山东省鸡蛋价格变化
Price Fluctuations of Egg in Shandong Province in 2020

表4-11

监测日期	批发价格（元/千克）	零售价格（元/千克）
2020-01-03	9.10	9.65
2020-01-10	9.49	9.73
2020-01-17	8.96	9.69
2020-01-24	8.84	9.72
2020-01-31	7.97	9.24
2020-02-07	7.15	8.28
2020-02-14	6.74	7.64
2020-02-21	6.69	7.64
2020-02-28	6.97	7.68
2020-03-06	6.95	7.62
2020-03-13	6.66	7.37
2020-03-20	6.71	7.45
2020-03-27	6.53	7.40
2020-04-03	6.64	7.40
2020-04-10	7.05	7.36
2020-04-17	6.70	7.49
2020-04-24	6.56	7.37
2020-05-01	6.26	7.17
2020-05-08	6.05	6.92
2020-05-15	6.03	6.73
2020-05-22	5.90	6.67
2020-05-29	5.69	6.43
2020-06-05	5.87	6.42
2020-06-12	5.75	6.38
2020-06-19	5.80	6.27

续表 4-11

监测日期	批发价格（元 / 千克）	零售价格（元 / 千克）
2020-06-26	6.00	6.40
2020-07-03	5.89	6.38
2020-07-10	5.96	6.44
2020-07-17	6.20	6.61
2020-07-24	6.94	7.21
2020-07-31	8.45	8.23
2020-08-07	8.15	8.40
2020-08-14	7.31	7.91
2020-08-21	7.26	7.67
2020-08-28	7.90	8.05
2020-09-04	7.92	8.20
2020-09-11	7.92	8.43
2020-09-18	8.23	8.51
2020-09-25	8.43	8.47
2020-10-02	8.23	8.41
2020-10-09	7.73	8.43
2020-10-16	7.51	8.08
2020-10-23	7.37	7.82
2020-10-30	7.18	7.80
2020-11-06	7.18	7.83
2020-11-13	7.33	7.85
2020-11-20	7.22	7.75
2020-11-27	7.18	7.71
2020-12-04	7.31	7.78
2020-12-11	7.59	8.02
2020-12-18	8.04	8.33
2020-12-25	8.37	8.60

流通业态

Circulation Forms

2020年山东省再生资源回收机构和从业人员

Renewable Resource Recovery Organizations

表4-12

序　号	分类指标	单　位	数　量	增长（%）
1	基层回收站点	万个	1.45	9.8
2	区域性交易市场	个	36.00	5.9
3	回收分拣加工中心	个	126.00	11.5
4	回收企业	家	5186.00	4.5
5	回收从业人员	万人	35.53	2.4

2020年山东省再生资源回收量

Amounts of Renewable Resource Recovery

表4-13

序　号	品　种		回收量			
			单　位	2019年	数　量	增长（%）
1	废钢铁		万吨	1185.0	1360.0	14.8
2	废有色金属		万吨	164.3	234.0	42.4
3	废塑料		万吨	216.0	242.0	12.0
4	废橡胶		万吨	53.0	50.6	-4.5
5	废纸		万吨	680.0	720.0	5.9
6	废玻璃		万吨	83.0	84.7	2.0
7	报废机动车	数量	万辆	12.6	17.9	59.3
		重量	万吨	25.2	44.8	77.6
8	废弃电器电子产品	数量	万台	413.0	427.0	3.3
		重量	万吨	15.1	15.6	3.3
9	合计		万吨	2420.8	2751.7	13.67

2020 年山东省拍卖成交额
Turnovers of Auction Enterprises

表 4–14

时　间	拍卖成交额（万元）	占全国比重（%）	增长（%）
第一季度	413062.7	4.7	–46.8
第二季度	753621.8	3.9	5.9
第三季度	742915.8	3.3	24.6
第四季度	1013008.2	3.1	–17.0

2017—2020 年山东省拍卖企业经营情况
Turnovers of Auction Industry from 2017 to 2020

表 4–15

年　份	拍卖活动（场次）	成交额（万元）	佣金额（万元）
2017 年	7779	5024656	46350
2018 年	6136	3514554	32460
2019 年	6938	3288800	30800
2020 年	6820	2921606	26359

2020年山东省二手车交易数量
Turnovers of Used Car in Shandong Province in 2020

表4-16

序　号	地　区	交易量（辆）
1	**山东省**	**2637914**
2	济南市	200961
3	青岛市	284776
4	淄博市	110632
5	枣庄市	184200
6	东营市	84599
7	烟台市	198041
8	潍坊市	275900
9	济宁市	196548
10	泰安市	87509
11	威海市	108703
12	日照市	84985
13	临沂市	310035
14	德州市	135876
15	聊城市	124168
16	滨州市	99551
17	菏泽市	151430

2020 年山东各地回收拆解报废机动车数量
Amounts of Scrap Vehicle Dismantled by City

表 4–17

序　号	地　区	回收拆解机动车（辆）
1	**山东省**	**178533**
2	济南市	12514
3	青岛市	26687
4	淄博市	4944
5	枣庄市	2679
6	东营市	6987
7	烟台市	10395
8	潍坊市	21800
9	济宁市	10255
10	泰安市	6441
11	威海市	8185
12	日照市	5290
13	临沂市	21984
14	德州市	9498
15	聊城市	9002
16	滨州市	12127
17	菏泽市	9745

2020年山东省报废车辆拆解企业拆解车辆数
Motor Vehicles Dismantled by Enterprises in 2020

表4-18

序　号	地　区	企业名称	拆解数量（辆）
1	济南市	山东省华嘉资源综合利用有限公司	5983
2		济南市泉汇物资再生利用有限公司	5024
3		莱芜市双城报废汽车拆解有限公司	1507
4	青岛市	青岛交运报废汽车回收有限公司	13967
5		青岛市金属回收加工厂	12720
6	淄博市	淄博捷迅工贸有限公司	4944
7	枣庄市	枣庄市汽车拆解中心	2679
8	东营市	东营市龙马报废机动车回收拆解有限公司	6987
9	烟台市	烟台万通汽车回收有限公司	7552
10		烟台鑫广绿环再生资源股份有限公司	2843
11	潍坊市	潍坊市鸢飞机动车回收有限公司	6784
12		寿光市德隆报废汽车回收有限公司	6227
13		潍坊旭东旧机动车回收有限责任公司	8789
14	济宁市	济宁市运河物资再生利用有限公司	6081
15		梁山县华通物资再生利用有限公司	4174
16	泰安市	泰安市泰山拆车有限公司	6441
17		肥城石横特钢拆解有限公司	0
18	威海市	威海市报废汽车回收拆解有限公司	8185
19	日照市	日照佰庆机动车回收拆解有限公司	3128
20		日照君青能源科技材料有限公司	2162
21	临沂市	临沂市广发资源综合利用有限公司	14902
22		临沂奥凯再生资源利用有限公司	7082
23	德州市	德州龙马汽车设备更新回收拆解有限公司	3612
24		山东永锋资源综合利用有限公司	5886
25	聊城市	聊城新开金属回收有限公司	9002
26	滨州市	滨州鲁物废车拆解金属回收有限公司	7947
27		山东博纳新报废汽车拆解有限公司	4180
28	菏泽市	菏泽市经纬报废汽车回收拆解有限公司	5065
29		山东方达再生资源利用有限公司	4680

电子商务
E — Commerce

2020 年山东各市实物商品网络店铺数量
On-Line Shops for Commodity Selling by City

表 4-19

地　区	店铺数量（个）	地　区	店铺数量（个）
山东省	**1349530**	聊城市	64402
青岛市	185415	德州市	58180
济南市	168528	泰安市	54737
潍坊市	124017	威海市	54656
临沂市	120742	滨州市	45147
烟台市	117482	枣庄市	41988
济宁市	102607	东营市	34348
淄博市	72495	日照市	33403
菏泽市	71383		

2020年山东各市网络零售额
On-Line Retail Sales by City

表4-20

地　区	网络零售额（亿元）	增长（%）	地　区	网络零售额（亿元）	增长（%）
山东省	**4505.1**	**12.6**	威海市	152.3	13.3
青岛市	1428.1	14.7	聊城市	126.3	23.6
济南市	852.9	7.8	枣庄市	126.0	35.4
临沂市	352.7	15.9	德州市	124.4	29.5
烟台市	291.9	11.6	滨州市	112.0	17.7
潍坊市	266.7	9.3	泰安市	89.8	9.6
菏泽市	169.8	9.7	东营市	57.6	17.2
淄博市	159.8	5.9	日照市	40.4	16.6
济宁市	154.3	24.4			

2020 年山东省网络零售商品份额
Network Retail Shares of the Commodities

图 4-1

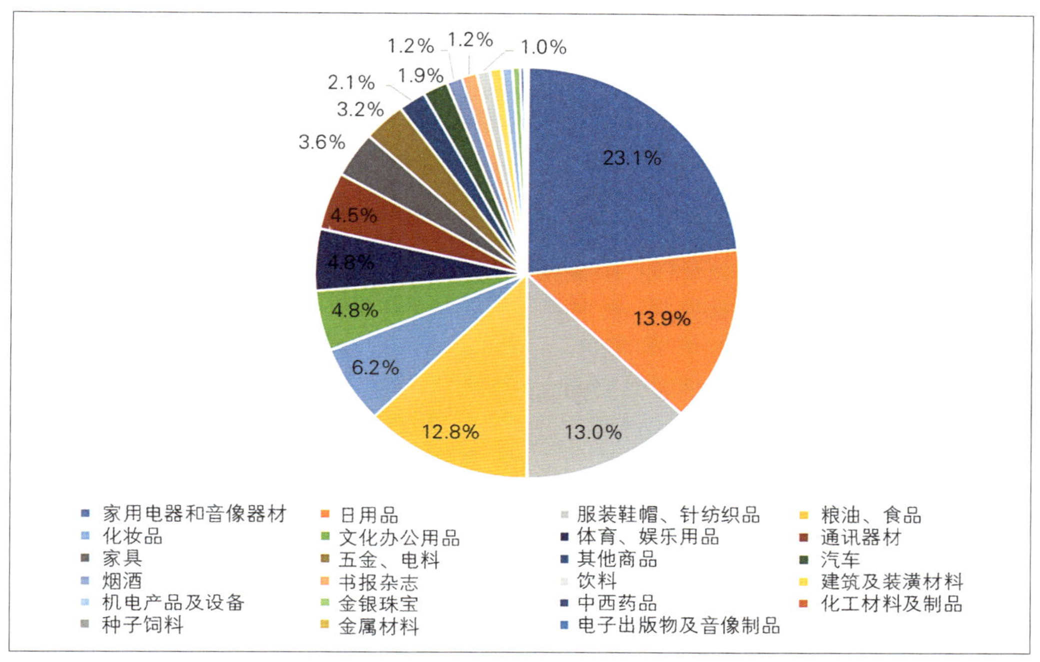

2020 年山东省各类农产品网络零售额份额
Network Retail Shares of the Agricultural Products

图 4-2

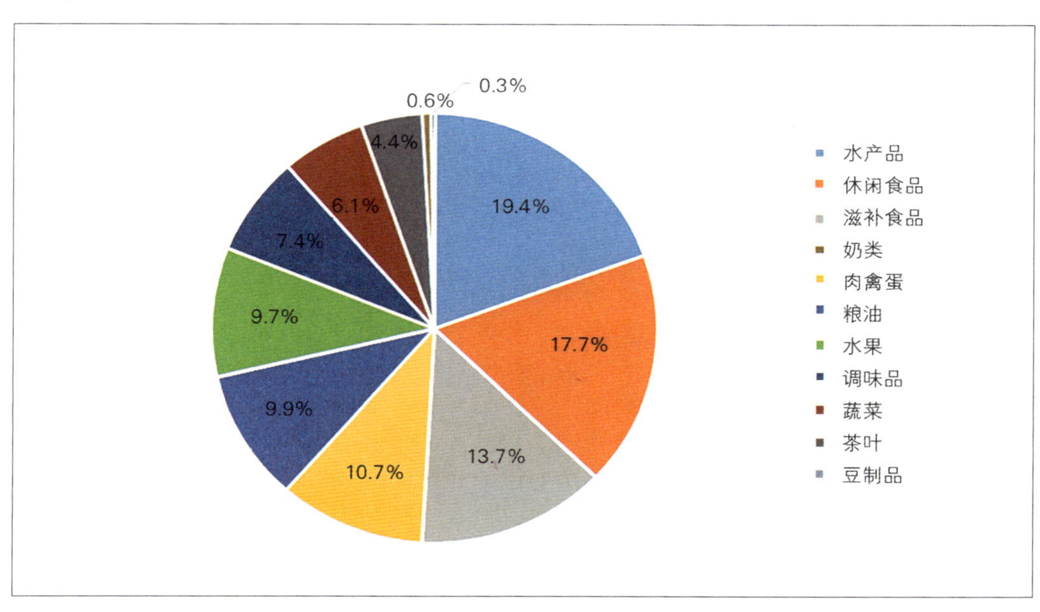

货物贸易
Trade in Goods

2020年全国货物贸易主要省市进出口额
Major Provinces and Cities in Good Trade

表 4-21

区 域	进出口			出 口			进 口		
	金额（亿元）	增长（%）	权重（%）	金额（亿元）	增长（%）	权重（%）	金额（亿元）	增长（%）	权重（%）
中 国	**321556.9**	**1.9**	**100.0**	**179326.4**	**4.0**	**100.0**	**142230.6**	**-0.7**	**100.0**
广东省	70844.8	-0.9	22.0	43498.0	0.2	24.3	27346.8	-2.6	19.2
江苏省	44500.5	2.6	13.8	27444.3	0.9	15.3	17056.2	5.5	12.0
浙江省	33808.0	9.6	10.5	25180.1	9.1	14.0	8627.9	11.2	6.1
上海市	34828.5	2.3	10.8	13725.4	0.0	7.7	21103.1	3.8	14.8
山东省	**22009.4**	**7.5**	**6.8**	**13054.8**	**17.3**	**7.3**	**8954.6**	**-4.1**	**6.3**
福建省	14035.7	5.5	4.4	8474.4	2.3	4.7	5561.2	10.6	3.9
北京市	23215.9	-19.1	7.2	4654.9	-10.0	2.6	18561.0	-21.1	13.0
四川省	8081.9	19.0	2.5	4654.3	19.2	2.6	3427.5	18.8	2.4
河南省	6654.8	16.4	2.1	4075.0	8.5	2.3	2579.9	31.7	1.8
天津市	7340.7	-0.1	2.3	3075.1	1.9	1.7	4265.5	-1.5	3.0

2020 年山东省货物贸易额
Trade in Goods of Shandong Province in 2020

表 4-22

分类指标	进出口			出　口			进　口		
	金额（万元）	增长（%）	权重（%）	金额（万元）	增长（%）	权重（%）	金额（万元）	增长（%）	权重（%）
总　额	**220093500**	**7.5**	**100.0**	**130547900**	**17.3**	**100.0**	**89545600**	**-4.1**	**100.0**
按企业性质划分									
国有企业	18105495	-6.0	8.2	7722375	-4.8	5.9	10383120	-6.9	11.6
外商投资企业	48873084	-5.2	22.2	30257219	-3.8	23.2	18615865	-7.4	20.8
民营企业	153114921	14.4	69.6	92568306	29.1	70.9	60546615	-2.5	67.6
集体企业	9531897	-6.5	4.3	4485166	-14.2	3.4	5046731	1.5	5.6
私营企业	143158646	16.2	65.0	87939893	32.5	67.4	55218753	-2.9	61.7
个体工商户	424378	15.5	0.2	143247	20.0	0.1	281131	-41.9	0.3
按贸易方式划分									
一般贸易	150807146	9.6	68.5	95673392	23.3	73.3	55133754	-8.1	61.6
加工贸易	38345236	-2.9	17.4	27391134	-3.1	21.0	10954102	-2.5	12.2
来料加工贸易	5467022	-15.6	2.5	3446566	-17.3	2.6	2020456	-12.4	2.3
进料加工贸易	32878214	-0.4	14.9	23944568	-0.6	18.3	8933646	0.1	10.0
其他贸易	30941118	12.0	14.1	7483373	37.7	5.7	23457745	5.7	26.2
对外承包工程出口货物	620739	50.6	0.3	620739	50.6	0.5	—	—	—
海关特殊监管区域进出口	26175897	6.8	11.9	3232485	7.8	2.5	22943412	6.7	25.6
按大类商品划分									
机电产品	74251674	16.8	33.7	55768920	19.3	42.7	18482754	10.0	20.6
化工产品	27231822	3.6	12.4	19529630	3.6	15.0	7702192	3.8	8.6
纺织服装	19366947	18.2	8.8	18673667	19.9	14.3	693280	-13.9	0.8
农产品	24400548	5.7	11.1	12574242	1.9	9.6	11826306	10.2	13.2
轻工工艺品	16318074	30.8	7.4	13424395	44.5	10.3	2893679	-9.3	3.2
高新技术产品	21874548	19.0	9.9	10634807	15.7	8.1	11239741	22.2	12.6

2020年山东各市货物贸易额
Trade in Goods of 16 Cities in 2020

表 4-23

地　区	进出口			出　口			进　口		
	金额（万元）	增长（%）	权重（%）	金额（万元）	增长（%）	权重（%）	金额（万元）	增长（%）	权重（%）
山东省	**220093500**	**7.5**	**100.0**	**130547900**	**17.3**	**100.0**	**89545600**	**-4.1**	**100.0**
济南市	13826642	22.9	6.3	7550370	17.2	5.8	6276272	30.7	7.0
青岛市	64070068	8.2	29.1	38767641	13.7	29.7	25302427	0.7	28.3
淄博市	8876699	0.1	4.0	4891793	17.3	3.7	3984907	-15.2	4.5
枣庄市	2638037	80.2	1.2	2498231	79.6	1.9	139806	91.7	0.2
东营市	13443364	-19.0	6.1	4553374	33.0	3.5	8889990	-32.5	9.9
烟台市	32149375	10.7	14.6	19631001	13.4	15.0	12518374	6.7	14.0
潍坊市	19039182	6.4	8.7	12156153	7.8	9.3	6883028	3.9	7.7
济宁市	5451380	18.3	2.5	3861094	35.9	3.0	1590286	-9.9	1.8
泰安市	2119044	24.8	1.0	1458914	10.4	1.1	660130	75.5	0.7
威海市	16145724	15.1	7.3	11658218	26.6	8.9	4487506	-7.0	5.0
日照市	10238575	-2.8	4.7	3434606	-15.5	2.6	6803969	5.1	7.6
临沂市	11671997	39.9	5.3	9922289	46.2	7.6	1749708	12.5	2.0
德州市	3868622	11.9	1.8	2472402	21.6	1.9	1396220	-2.0	1.6
聊城市	4042134	-1.0	1.8	2274470	10.2	1.7	1767664	-12.4	2.0
滨州市	8175117	-6.6	3.7	3274226	5.1	2.5	4900891	-13.1	5.5
菏泽市	4337540	-10.6	2.0	2143119	21.9	1.6	2194421	-29.0	2.5

2020 年山东省主要进口商品
Major Import Goods of Shandong Province in 2020

表 4-24

进口商品名称	进口额（万元）	增长（%）	权重（%）
原油	23062000	-25.9	25.8
电器及电子产品	9299536	33.3	10.4
铁矿砂及其精矿	8801584	29.5	9.8
机械设备	5698986	-3.1	6.4
粮食	3766536	7.6	4.2
铝矿砂及其精矿	2632125	-13.7	2.9
仪器仪表	2274758	1.5	2.5
铜矿砂及其精矿	2216425	-27.1	2.5
纸浆	2216322	-10.7	2.5
初级形状的塑料	2163482	0.5	2.4
水海产品	1817506	-19.8	2.0
未锻轧铜及铜材	1636033	6.9	1.8
合成橡胶（包括胶乳）	1580034	22.1	1.8
天然橡胶（包括胶乳）	883253	-11.7	1.0
煤及褐煤	670033	-5.0	0.7
纺织纱线、织物及制品	632654	-18.2	0.7
棉花	600236	-36.2	0.7
钢材	571233	-18.5	0.6
金属制品	569940	-10.7	0.6
运输工具	520608	-40.9	0.6

2020年山东省大宗资源性商品进口量
Staple Goods Import Volume of Shandong Province in 2020

表4-25

进口商品名称	进口量（万吨）	进口商品名称	进口量（万吨）
原油	10892.7	未锻压铜及铜材	37.3
铁矿砂及其精矿	12355.1	天然橡胶（包括胶乳）	95.2
粮食	1546.2	煤及褐煤	1188.2
大豆	1067.2	棉花	52.2
铝矿砂及其精矿	8459.6	成品油	135.3
铜矿砂及其精矿	193.8	食用植物油	29.1
初级形状的塑料	260.4		

2020 年山东省主要出口商品
Major Export Goods of Shandong Province in 2020

表 4–26

出口商品名称	出口额（万元）	增长（%）	权重（%）
机械设备	14879536	20.8	11.4
电器及电子产品	13796803	28.4	10.6
服装及衣着附件	10022087	14.9	7.7
纺织纱线、织物及制品	8657462	26.3	6.6
运输工具	7939863	–7.2	6.1
金属制品	6755372	28.7	5.2
新的充气橡胶轮胎	5713924	–7.4	4.4
钢材	4812048	–7.5	3.7
蔬菜及制品	3026395	4.9	2.3
水海产品及制品	2925491	–15.6	2.2
塑料制品	2841380	77.2	2.2
家具及其零件	2812974	52.6	2.2
陶瓷产品	1676747	75.8	1.3
医药品	1583771	25.3	1.2
水果及制品（鲜干水果及坚果）	1567184	37.5	1.2
灯具、照明装置及零件	1428489	279.3	1.1
未锻轧铝及铝材	1404395	–9.2	1.1
玩具	1367742	106.6	1.0
鞋类	1364283	16.3	1.0
仪器仪表	1185914	26.2	0.9

2020年山东省主要贸易伙伴
Main Trade Partners of Shandong Province in 2020

表4-27

贸易伙伴	贸易额（万元）	增长（%）	权重（%）
东　　盟	30068069.5	24.4	13.7
美　　国	24312651.2	26.4	11.0
欧　　盟	23224622.8	14.8	10.6
韩　　国	20788281.4	6.6	9.4
日　　本	15674767.1	3.7	7.1
中　　东	14014327.6	-2.2	6.4
巴　　西	13375260.5	-8.0	6.1
澳大利亚	9839018.4	11.7	4.5
俄 罗 斯	9390743.7	-9.2	4.3
南　　亚	6561329.4	3.6	3.0

2020年山东省主要进口来源
Import Origins of Shandong Province in 2020

表4-28

进口来源	进口额（万元）	增长（%）	权重（%）
东　　盟	11880426	16.8	13.3
巴　　西	11580961	-9.5	12.9
韩　　国	7453488	-6.5	8.3
澳大利亚	6888189	4.5	7.7
俄 罗 斯	6685343	-13.5	7.5
中　　东	6069684	-19.3	6.8
欧　　盟	5742455	3.5	6.4
美　　国	4344029	37.8	4.9
日　　本	3641395	14.2	4.1
中国台湾	3620824	57.0	4.0

2020年山东省主要出口市场
Export Final Destinations of Shandong Province in 2020

表4–29

出口市场	出口额（万元）	增长（%）	权重（%）
美　　国	19968622	24.1	15.3
东　　盟	18187644	29.9	13.9
欧　　盟	17482168	19.1	13.4
韩　　国	13334794	15.6	10.2
日　　本	12033372	0.9	9.2
中　　东	7944643	16.7	6.1
南　　亚	5292837	1.1	4.1
英　　国	4207293	61.1	3.2
中国香港	3471070	37.9	2.7
澳大利亚	2950830	33.0	2.3

2020年山东省与各大洲市场主体货物贸易额
Countries and Regions Engaged in Trade with Shandong Province

表4-30

市场主体	进出口			出　口			进　口		
	金额（万元）	增长（%）	权重（%）	金额（万元）	增长（%）	权重（%）	金额（万元）	增长（%）	权重（%）
合　计	**220093500**	**7.5**	**100.0**	**130547900**	**17.3**	**100.0**	**89545600**	**-4.1**	**100.0**
亚洲	**98147282**	**11.5**	**44.6**	**62310519**	**15.5**	**47.7**	**35836763**	**5.1**	**40.0**
中国香港	3553419	34.4	1.6	3471070	37.9	2.7	82349	-35.2	0.1
中国台湾	5096284	43.2	2.3	1475460	17.8	1.1	3620824	57.0	4.0
日本	15674767	3.7	7.1	12033372	0.9	9.2	3641395	14.2	4.1
韩国	20788281	6.6	9.4	13334794	15.6	10.2	7453488	-6.5	8.3
东盟	30068070	24.4	13.7	18187644	29.9	13.9	11880426	16.8	13.3
印度尼西亚	4106991	10.1	1.9	2596942	3.0	2.0	1510049	24.8	1.7
马来西亚	7740575	48.0	3.5	2830374	38.9	2.2	4910200	53.7	5.5
新加坡	3591623	101.4	1.6	2725220	142.7	2.1	866404	31.1	1.0
泰国	5028335	1.4	2.3	2595556	21.1	2.0	2432779	-13.6	2.7
南亚	6561329	3.6	3.0	5292837	1.1	4.1	1268493	15.3	1.4
印度	4107472	2.2	1.9	2926331	-2.5	2.2	1181141	16.3	1.3
中东	14014328	-2.2	6.4	7944643	16.7	6.1	6069684	-19.3	6.8
阿拉伯联合酋长国	3175528	22.2	1.4	1644884	16.5	1.3	1530644	29.0	1.7

续表 4–30

市场主体	进出口			出口			进口		
	金额（万元）	增长（%）	权重（%）	金额（万元）	增长（%）	权重（%）	金额（万元）	增长（%）	权重（%）
非洲	**14683188**	**–20.4**	**6.7**	**7651388**	**9.1**	**5.9**	**7031801**	**–38.5**	**7.9**
南非	1290411	2.7	0.6	886801	0.2	0.7	403610	8.7	0.5
欧洲	**41762704**	**13.5**	**19.0**	**25750527**	**20.5**	**19.7**	**16012177**	**3.9**	**17.9**
欧盟	23224623	14.8	10.6	17482168	19.1	13.4	5742455	3.5	6.4
德国	5835008	13.7	2.7	3706058	22.5	2.8	2128950	1.0	2.4
荷兰	3929844	29.8	1.8	3543927	31.2	2.7	385917	18.2	0.4
法国	1881414	11.8	0.9	1465799	14.9	1.1	415615	2.2	0.5
意大利	1897435	3.1	0.9	1448080	4.6	1.1	449356	–1.5	0.5
俄罗斯	9390744	–9.2	4.3	2705401	3.4	2.1	6685343	–13.5	7.5
拉丁美洲	**25396505**	**–9.7**	**11.5**	**8607675**	**4.6**	**6.6**	**16788830**	**–15.6**	**18.7**
巴西	13375260	–8.0	6.1	1794299	3.4	1.4	11580961	–9.5	12.9
智利	2937168	–0.1	1.3	831745	16.0	0.6	2105423	–5.2	2.4
北美洲	**28892863**	**25.3**	**13.1**	**22727167**	**26.1**	**17.4**	**6165696**	**22.4**	**6.9**
美国	24312651	26.4	11.0	19968622	24.1	15.3	4344029	37.8	4.9
加拿大	4482398	20.1	2.0	2757723	42.6	2.1	1724675	–4.1	1.9
大洋洲	**11193801**	**9.8**	**5.1**	**3500624**	**28.6**	**2.7**	**7693177**	**3.0**	**8.6**
澳大利亚	9839018	11.7	4.5	2950830	33.0	2.3	6888189	4.5	7.7

2020年山东省与“一带一路”沿线国家货物贸易额
Trade with the Countries Along the Belt and Road

表 4-31

贸易对象	进出口			出　口			进　口		
	金额（万元）	增长（%）	权重（%）	金额（万元）	增长（%）	权重（%）	金额（万元）	增长（%）	权重（%）
合　计	**66081884**	**9.1**	**30.0**	**38834884**	**18.2**	**29.7**	**27247000**	**-1.6**	**30.4**
东亚	**182343**	**28.4**	**0.1**	**178141**	**29.5**	**0.1**	**4202**	**-5.5**	—
蒙古	182343	28.4	0.1	178141	29.5	0.1	4202	-5.5	—
东盟 11 国	**30081043**	**24.4**	**13.7**	**18200618**	**29.9**	**13.9**	**11880426**	**16.8**	**13.3**
新加坡	3591623	101.4	1.6	2725220	142.7	2.1	866404	31.1	1.0
马来西亚	7740575	48.0	3.5	2830374	38.9	2.2	4910200	53.7	5.5
印度尼西亚	4106991	10.1	1.9	2596942	3.0	2.0	1510049	24.8	1.7
缅甸	667658	-3.3	0.3	614923	-5.2	0.5	52735	25.4	0.1
泰国	5028335	1.4	2.3	2595556	21.1	2.0	2432779	-13.6	2.7
老挝	248231	-10.9	0.1	85454	4.1	0.1	162777	-17.2	0.2
柬埔寨	372724	20.8	0.2	332816	16.6	0.3	39908	73.6	—
越南	5544943	12.4	2.5	4132123	23.5	3.2	1412820	-11.0	1.6
文莱	108783	268.3	—	26550	21.0	—	82233	982.3	0.1
菲律宾	2658206	19.2	1.2	2247686	25.4	1.7	410520	-6.3	0.5
东帝汶	12974	27.3	—	12974	27.3	—	—	—	—
西亚北非 16 国	**14014328**	**-2.2**	**6.4**	**7944643**	**16.7**	**6.1**	**6069684**	**-19.3**	**6.8**
伊朗	596713	-28.7	0.3	350256	-42.2	0.3	246457	6.6	0.3

续表 4-31

贸易对象	进出口			出　口			进　口		
	金额（万元）	增长（%）	权重（%）	金额（万元）	增长（%）	权重（%）	金额（万元）	增长（%）	权重（%）
伊拉克	1711700	10.7	0.8	562316	25.6	0.4	1149384	4.7	1.3
土耳其	1105361	9.3	0.5	944846	16.3	0.7	160515	-19.3	0.2
叙利亚	59171	-16.7	—	59134	-16.7	—	38	460.0	—
约旦	169018	17.2	0.1	155447	11.9	0.1	13572	156.3	—
黎巴嫩	68524	-24.6	—	66791	-26.2	0.1	1733	404.3	—
以色列	799038	14.6	0.4	649032	21.2	0.5	150006	-7.2	0.2
巴勒斯坦	6545	38.5	—	6545	38.5	—	—	-100.0	—
沙特阿拉伯	2368689	12.2	1.1	1863112	37.4	1.4	505577	-33.1	0.6
也门	180875	-12.4	0.1	147102	26.5	0.1	33773	-62.6	—
阿曼	1681267	-41.1	0.8	255454	18.7	0.2	1425813	-46.0	1.6
阿联酋	3175528	22.2	1.4	1644884	16.5	1.3	1530644	29.0	1.7
卡塔尔	343400	-11.1	0.2	249874	21.0	0.2	93525	-48.0	0.1
科威特	880313	-20.1	0.4	208179	17.1	0.2	672135	-27.3	0.8
巴林	123165	8.3	0.1	122828	10.2	0.1	337	-84.8	—
埃及	745019	33.8	0.3	658844	29.6	0.5	86175	77.3	0.1
南亚 8 国	**6561329**	**3.6**	**3.0**	**5292837**	**1.1**	**4.1**	**1268493**	**15.3**	**1.4**
印度	4107472	2.2	1.9	2926331	-2.5	2.2	1181141	16.3	1.3
巴基斯坦	1152406	13.7	0.5	1092033	15.8	0.8	60373	-14.2	0.1
孟加拉国	939869	3.0	0.4	921266	2.2	0.7	18603	66.7	—

续表 4-31

贸易对象	进出口			出口			进口		
	金额（万元）	增长（%）	权重（%）	金额（万元）	增长（%）	权重（%）	金额（万元）	增长（%）	权重（%）
阿富汗	53038	-47.7	—	52571	-48.1	—	467	323.2	—
斯里兰卡	226179	6.9	0.1	222224	6.3	0.2	3956	57.0	—
马尔代夫	22621	-14.6	—	19376	-26.9	—	3245	29499393.6	—
尼泊尔	59232	21.6	—	58524	20.4	—	708	736.4	—
不丹	512	8.7	—	512	8.8	—	—	-100.0	—
中亚 5 国	**1244595**	**13.1**	**0.6**	**929458**	**5.1**	**0.7**	**315137**	**45.6**	**0.4**
哈萨克斯坦	643324	31.5	0.3	377226	21.6	0.3	266098	48.6	0.3
吉尔吉斯斯坦	69318	-46.4	—	69237	-46.4	0.1	81	-43.6	—
塔吉克斯坦	45354	-5.3	—	45354	-3.6	—	—	-100.0	—
土库曼斯坦	57078	13.6	—	42354	-14.7	—	14725	2498.7	—
乌兹别克斯坦	429520	11.9	0.2	395287	13.6	0.3	34233	-4.4	—
独联体 7 国	**10663742**	**-6.4**	**4.8**	**3499959**	**5.2**	**2.7**	**7163783**	**-11.2**	**8.0**
白俄罗斯	190347	18.9	0.1	123211	46.8	0.1	67136	-11.7	0.1
俄罗斯	9390744	-9.2	4.3	2705401	3.4	2.1	6685343	-13.5	7.5
乌克兰	771934	22.0	0.4	468034	14.6	0.4	303900	35.5	0.3
格鲁吉亚	126128	-5.5	0.1	122652	-6.2	0.1	3476	32.1	—
阿塞拜疆	129190	146.5	0.1	44055	-15.3	—	85135	21090.3	0.1
亚美尼亚	40385	-26.6	—	22897	4.7	—	17488	-47.3	—

续表 4–31

贸易对象	进出口			出口			进口		
	金额（万元）	增长（%）	权重（%）	金额（万元）	增长（%）	权重（%）	金额（万元）	增长（%）	权重（%）
摩尔多瓦	15015	8.2	—	13710	19.1	—	1305	–44.9	—
中东欧 16 国	**3334505**	**8.6**	**1.5**	**2789229**	**13.4**	**2.1**	**545276**	**–10.5**	**0.6**
波兰	1396779	10.2	0.6	1257444	14.1	1.0	139334	–16.0	0.2
立陶宛	111052	1.7	0.1	100146	4.5	0.1	10906	–18.7	—
爱沙尼亚	41871	–20.9	—	32901	–10.6	—	8970	–44.4	—
拉脱维亚	74516	2.3	—	64875	9.9	—	9642	–30.0	—
捷克	521593	9.1	0.2	419188	16.2	0.3	102405	–12.8	0.1
斯洛伐克	98636	–26.1	—	77029	–31.3	0.1	21608	1.3	—
匈牙利	272613	31.0	0.1	195362	38.4	0.1	77252	15.5	0.1
斯洛文尼亚	156431	21.2	0.1	149212	22.6	0.1	7218	–1.7	—
克罗地亚	85952	21.4	—	74447	23.2	0.1	11504	11.1	—
波黑	7474	19.7	—	7138	19.2	—	336	32.0	—
黑山	10058	–17.2	—	10057	30.9	—	0	–100.0	—
塞尔维亚	73724	28.6	—	68826	32.3	0.1	4898	–7.3	—
阿尔巴尼亚	39854	–18.4	—	35681	–8.6	—	4173	–57.5	—
罗马尼亚	280923	19.5	0.1	198250	16.2	0.2	82673	28.3	0.1
保加利亚	147201	–18.0	0.1	86012	–1.3	0.1	61189	–33.8	0.1
北马其顿	15827	80.5	—	12662	46.4	—	3165	2481.8	—

出口退（免）税
Export Tax Reimbursement

2020 年山东省出口退（免）税额
Statistic Data of Export Tax Reimbursement in 2020

表 4-32

地　区	有出口实绩的企业（家）	申报退（免）税的企业（家）	企业申报率（%）	企业申报退（免）税额（万元）	审核通过退（免）税额（万元）	税务部门审核通过率（%）	审核通过应退税额（万元）	国库办理退税额（万元）	国库退付率（%）	综合办理率（%）
山东省	**42007**	**37594**	**89.49**	**13315477**	**13315394**	**100.00**	**7387270**	**7387270**	**100.00**	**96.50**
济南市	3256	2908	89.31	1062587	1062587	100.00	541900	541900	100.00	96.44
青岛市	15863	14220	89.64	3341023	3340947	100.00	2577300	2577300	100.00	96.55
淄博市	2190	1950	89.04	577143	577143	100.00	244700	244700	100.00	96.35
枣庄市	489	436	89.16	200729	200729	100.00	76500	76500	100.00	96.39
东营市	596	533	89.43	435744	435744	100.00	240800	240800	100.00	96.48
烟台市	3756	3372	89.78	1688279	1688279	100.00	774600	774600	100.00	96.59
潍坊市	4230	3802	89.88	1847804	1847804	100.00	831100	831100	100.00	96.63
济宁市	1098	982	89.44	290460	290460	100.00	125700	125700	100.00	96.48
泰安市	775	694	89.55	229534	229534	100.00	90900	90900	100.00	96.52
威海市	3056	2731	89.37	1045538	1045538	100.00	517300	517300	100.00	96.46
日照市	846	757	89.48	475748	475748	100.00	248800	248800	100.00	96.49
临沂市	2673	2389	89.38	847784	847784	100.00	427601	427601	100.00	96.46
德州市	1028	916	89.11	327425	327418	100.00	126600	126600	100.00	96.37
聊城市	760	669	88.03	292098	292098	100.00	176680	176680	100.00	96.01
滨州市	649	575	88.60	405752	405752	100.00	277000	277000	100.00	96.20
菏泽市	742	660	88.95	247829	247829	100.00	109789	109789	100.00	96.32

贸易救济案件
Trade Remedy Cases

2020 年山东省出口商品遭遇的贸易救济调查案件
Trade Remedy Measures Initiated by Foreign Entities

表 4-33

序　号	立案时间	案件类型	发起主体	目标商品	涉案金额（万美元）	涉案企业（家）
1	2020-01-09	反补贴	美国	液力端产品	811	43
2	2020-01-14	反倾销	印度	粘胶短纱线	100	6
3	2020-01-23	反倾销	巴基斯坦	电容器	4	2
4	2020-01-24	反倾销	印度	苯胺	4677	3
5	2020-01-29	反倾销	美国	木制模具和木工制品	188	8
6	2020-01-29	反补贴	美国	木制模具和木工制品	188	8
7	2020-01-31	反倾销	巴西	铝合金钢无缝气瓶	1	1
8	2020-02-03	反倾销	阿根廷	割草机	2	1
9	2020-02-05	反倾销	美国	立式发动机及其零部件	7256	91
10	2020-02-05	反补贴	美国	立式发动机及其零部件	7256	91
11	2020-02-07	反倾销	印度	PVC 装饰贴膜	302	40
12	2020-02-13	反倾销	美国	二氟甲烷	4811	12
13	2020-02-14	反倾销	欧盟	铝型材	1619	52
14	2020-02-17	反倾销	澳大利亚	铝挤压件	2879	99
15	2020-02-18	保障措施	菲律宾	进口机动车	1	1
16	2020-02-21	反倾销	泰国	热镀锌冷轧钢卷材或非卷材	9970	36
17	2020-02-26	反倾销	美国	缓蚀剂	1423	31
18	2020-02-26	反补贴	美国	缓蚀剂	1423	31
19	2020-03-13	反倾销	马来西亚	镀铝或镀锌非合金钢扁轧制品	1138	8
20	2020-03-31	反倾销	澳大利亚	精密钢管	137	24
21	2020-03-31	反补贴	澳大利亚	精密钢管	137	24
22	2020-04-07	反倾销	泰国	镀锡钢板卷	277	32
23	2020-04-08	反倾销	美国	立式发动机及其零部件	6643	75
24	2020-04-08	反补贴	美国	立式发动机及其零部件	6643	75
25	2020-04-06	反倾销	越南	聚酯长丝纱线	162	8
26	2020-04-16	反倾销	澳大利亚	A4 复印纸	186	12
27	2020-04-16	反补贴	澳大利亚	A4 复印纸	186	12
28	2020-04-17	反倾销	美国	非重复充装钢瓶	1174	45

续表 4-33

序　号	立案时间	案件类型	发起主体	目标商品	涉案金额（万美元）	涉案企业（家）
29	2020-04-17	反补贴	美国	非重复充装钢瓶	1174	46
30	2020-04-20	反倾销	印度	铜和铜合金扁轧制品	15	5
31	2020-04-21	反倾销	美国	床垫	655	28
32	2020-04-21	反补贴	美国	床垫	655	28
33	2020-04-23	反倾销	智利	研磨球	876	10
34	2020-05-09	反倾销	印度	天然云母珠光工业颜料	8586	7
35	2020-05-11	反倾销	哥伦比亚	石油及天然气管道管	377	11
36	2020-05-15	保障措施	南非（代表南部非洲关税同盟）	进口铁或钢制六角头螺栓产品	61	18
37	2020-05-18	反倾销	埃及	预应力混凝土钢绞线产品	96	6
38	2020-05-21	反倾销	印度	涤纶纱线	38	4
39	2020-05-21	反倾销	印度	邻苯二甲酸酐	13	1
40	2020-05-25	反倾销	新西兰	镀锌线	25	3
41	2020-05-26	反倾销	印度	丁腈橡胶	548	3
42	2020-05-27	反倾销	澳大利亚	彩钢带	43	11
43	2020-05-27	反补贴	澳大利亚	彩钢带	43	11
44	2020-06-11	反倾销	加拿大	装饰和其他非结构胶合板	1959	51
45	2020-06-11	反补贴	加拿大	装饰和其他非结构胶合板	1959	51
46	2020-06-20	反倾销	印度	铝箔	4825	21
47	2020-06-22	保障措施	菲律宾	进口镀铝锌板卷	1230	27
48	2020-06-22	保障措施	菲律宾	进口镀锌板卷	3101	77
49	2020-06-22	保障措施	菲律宾	进口彩涂板	5743	51
50	2020-06-23	保障措施	南非	进口结构钢产品	102	2
51	2020-06-29	反倾销	欧亚经济联盟	铝制餐厨具	155	19
52	2020-07-17	反倾销	美国	扎口丝产品	1219	81
53	2020-07-17	反补贴	美国	扎口丝产品	1219	81
54	2020-07-20	保障措施	马达加斯加	进口润滑油	1	1
55	2020-07-21	反倾销	哥伦比亚	无框涂层镜	386	25
56	2020-07-28	反倾销	乌克兰	进口电缆产品	12	3
57	2020-07-29	反倾销	巴西	铝板	1147	8
58	2020-07-30	反倾销	美国	金属储物柜	3924	180
59	2020-07-30	反补贴	美国	金属储物柜	3924	180
60	2020-08-14	反倾销	欧盟	平轧铝材	12863	164
61	2020-08-20	反倾销	美国	集装箱拖车	19612	238
62	2020-08-20	反补贴	美国	集装箱拖车	19612	238

续表 4-33

序　号	立案时间	案件类型	发起主体	目标商品	涉案金额（万美元）	涉案企业（家）
63	2020-08-21	反倾销	印度	乙酰乙酰基衍生物	2061	19
64	2020-08-21	反倾销	埃及	硅铁合金	15	2
65	2020-08-17	反倾销	巴西	袜子	1025	32
66	2020-08-27	反倾销	哥伦比亚	亚克力板	16	3
67	2020-09-02	反倾销	哥伦比亚	钢型材	194	17
68	2020-09-04	反倾销	印度	维生素 C	199	4
69	2020-09-07	保障措施	菲律宾	聚乙烯颗粒	264	20
70	2020-09-08	反倾销	印度	铝压延产品	6085	50
71	2020-09-13	保障措施	马来西亚	陶瓷地砖和墙砖	481	46
72	2020-09-16	反倾销	印度	二亚硫酸钠	161	11
73	2020-09-17	反倾销	欧亚经济联盟	三聚氰胺	163	4
74	2020-09-17	反倾销	韩国	不锈钢板卷	1841	25
75	2020-09-18	保障措施	泰国	铝箔	5	3
76	2020-09-22	反倾销	印度	未处理气相二氧化硅	155	11
77	2020-09-24	反倾销	欧盟	光缆	92	11
78	2020-09-24	反倾销	印度	头孢三嗪钠	5588	19
79	2020-09-28	反倾销	印度	硅树脂密封剂	11887	171
80	2020-09-30	反倾销	印度	装饰纸	3	1
82	2020-09-28	反倾销	印度	HFC 制冷剂	986	9
83	2020-09-30	反倾销	印度	HFC 制冷剂	592	3
81	2020-10-02	保障措施	印度尼西亚	服装及服饰配件	1307	52
84	2020-10-08	保障措施	英国	钢产品	89	11
85	2020-10-08	保障措施	美国	蓝莓	92	11
86	2020-10-21	反倾销	欧盟	钢制风塔	11577	319
87	2020-10-22	反倾销	欧盟	铝转换箔产品	2601	2
88	2020-11-01	保障措施	秘鲁	服装	27	8
89	2020-11-09	反倾销	阿根廷	摩托车链条	4153	142
90	2020-12-04	反补贴	欧盟	铝转换箔	2601	2
91	2020-12-09	反倾销	秘鲁	拉链及其配件	2595	278
92	2020-12-19	反倾销	乌克兰	涂层碳化钢	102	10
93	2020-12-11	反倾销	越南	山梨糖醇	520	5
94	2020-12-21	反补贴	欧盟	光缆	92	11
95	2020-12-21	反倾销	欧盟	钢铁紧固件	4588	161
96	2020-12-21	反倾销	加拿大	软垫式座椅	580	13
97	2020-12-21	反补贴	加拿大	软垫式座椅	580	13

服务贸易
Trade in Services

2020 年山东各市服务贸易额
Service Trading Values of 16 Cities in 2020

表 4-34

地　区	进出口			出　口			进　口		
	金额（万元）	增长（%）	权重（%）	金额（万元）	增长（%）	权重（%）	金额（万元）	增长（%）	权重（%）
山东省	**23390790**	**-8.7**	**100.0**	**11801558**	**8.9**	**100.0**	**11589232**	**-21.7**	**100.0**
济南市	2828211	-19.6	12.1	1157185	-10.7	9.8	1671026	-24.8	14.4
青岛市	8489301	-15	36.3	4436861	5	37.6	4052440	-29.6	35.0
淄博市	684368	-5.0	2.9	205953	4.9	1.7	478415	-8.6	4.1
枣庄市	174413	21.9	0.7	123233	266.8	1.0	51180	-53.3	0.4
东营市	881284	-7.7	3.8	280384	205.1	2.4	600900	-30.4	5.2
烟台市	4316129	5.4	18.5	3089311	10.6	26.2	1226818	-5.5	10.6
潍坊市	1400530	-3.3	6.0	622698	46.9	5.3	777832	-24	6.7
济宁市	386287	-6.2	1.7	201600	5.9	1.7	184687	-16.7	1.6
泰安市	234085	-19.4	1.0	78413	-43.9	0.7	155672	3.3	1.3
威海市	1255234	-5.7	5.4	803371	-7.4	6.8	451863	-2.5	3.9
日照市	492033	-21.3	2.1	244842	-3.5	2.1	247191	-33.5	2.1
临沂市	695167	24.5	3.0	417375	107.3	3.5	277792	-22.1	2.4
德州市	176419	-7.1	0.8	68892	98.3	0.6	107527	-30.7	0.9
聊城市	147639	-28.7	0.6	17906	-46.9	0.2	129733	-25.2	1.1
滨州市	1115905	12.6	4.8	27913	-15.5	0.2	1087992	13.5	9.4
菏泽市	113785	-29.5	0.5	25621	19.5	0.2	88164	-36.9	0.8

2020年山东省服务贸易领域
Service Trading Sectors in 2020

表 4-35

贸易领域	进出口			出口			进口		
	金额（万元）	增长（%）	权重（%）	金额（万元）	增长（%）	权重（%）	金额（万元）	增长（%）	权重（%）
总额	**23390790**	**-8.7**	**100.0**	**11801558**	**8.9**	**100.0**	**11589232**	**-21.7**	**100.0**
旅游服务	5748443	-48.0	24.6	221290	-87.4	1.9	5527153	-40.5	47.7
运输服务	7453200	24.2	31.9	3444582	45.1	29.2	4008618	10.5	34.6
建筑服务	796997	-4.9	3.4	707515	-2.7	6.0	89482	-19.8	0.8
保险服务	35817	-74.6	0.2	26535	-80.2	0.2	9282	33.1	0.1
金融服务	63117	-27.6	0.3	35310	-27.7	0.3	27807	-27.5	0.2
电信、计算机和信息服务	4248229	22.8	18.2	4121855	22.5	34.9	126374	34.6	1.1
专有权利使用费和特许费	509416	25.9	2.2	67197	141.6	0.6	442219	17.4	3.8
体育、文化和娱乐服务	64003	17.7	0.3	49806	150.7	0.4	14197	-58.8	0.1
其他商业服务	4471568	25.0	19.1	3127468	31.4	26.5	1344100	12.2	11.6
加工服务	1592810	14.3	6.8	1535444	11.8	13.0	57366	179.7	0.5
维护和维修服务	589708	40.8	2.5	444499	60.7	3.8	145209	2.1	1.3
其他服务	2289050	29.6	9.8	1147525	57.0	9.7	1141525	10.3	9.9

2020年山东省服务贸易主要对象
Service Trading Partners of Shandong Province in 2020

表 4–36

贸易对象	进出口			出　口			进　口		
	金额（万元）	增长（%）	权重（%）	金额（万元）	增长（%）	权重（%）	金额（万元）	增长（%）	权重（%）
总　额	**23390790**	**–8.7**	**100.0**	**11801558**	**8.9**	**100.0**	**11589232**	**–21.7**	**100.0**
亚洲	**12474159**	**–5.3**	**53.4**	**7861786**	**6.7**	**66.8**	**4612373**	**–20.4**	**39.8**
中国香港	3944327	4.6	17.0	2306858	63.8	19.7	1637469	–30.6	14.2
韩国	2843667	–8.5	12.2	2194925	–9.7	18.7	648742	–4.4	5.6
新加坡	2062644	–12.1	8.9	750074	–0.3	6.4	1312571	–17.7	11.4
日本	1707746	–27.9	7.3	1276881	–31.1	10.9	430865	–16.6	3.7
阿联酋	262484	63.2	1.1	223953	76.4	1.9	38531	13.8	0.3
中国台湾	194124	12.7	0.8	83162	34.1	0.7	110962	0.6	1.0
印度尼西亚	170095	86.9	0.7	142579	221	1.2	27516	–40.9	0.2
欧洲	**4303925**	**1.6**	**18.4**	**1735025**	**22.3**	**14.7**	**2568900**	**–8.8**	**22.2**
瑞士	952766	33.2	4.1	221694	42.7	1.9	731072	30.6	6.3
英国	767175	–1.1	3.3	298268	25.3	2.5	468908	–12.8	4.1
德国	709741	–28.4	3.1	286054	4.0	2.4	423687	–40.8	3.7
爱尔兰	241798	14.5	1.0	38063	33.3	0.3	203735	11.6	1.8

续表 4-36

贸易对象	进出口			出　口			进　口		
	金额（万元）	增长（%）	权重（%）	金额（万元）	增长（%）	权重（%）	金额（万元）	增长（%）	权重（%）
法国	223265	31.2	1.0	93045	107.2	0.8	130220	4.0	1.1
丹麦	223121	35.5	1.0	196430	149	1.7	26691	−68.9	0.2
荷兰	215835	−26.7	0.9	134393	−37.8	1.1	81442	3.9	0.7
意大利	192548	−5.1	0.8	57661	55.4	0.5	134887	−18.6	1.2
美洲	**4846047**	**−27.1**	**20.7**	**1428858**	**−7.0**	**12.1**	**3417189**	**−33.1**	**29.5**
美国	3208013	661.1	13.8	951859	−14.8	8.1	2256154	−33.9	19.5
加拿大	1117669	−34	4.8	120386	−38	1.0	997283	−33.4	8.6
英属维尔京群岛	128215	664.1	0.6	105418	6.8	0.9	22797	−0.1	0.2
巴西	86326	646.1	0.4	39647	37.9	0.3	46679	20.6	0.4
非洲	**619995**	**42.9**	**2.6**	**454032**	**47.8**	**3.8**	**165963**	**31.0**	**1.4**
几内亚	94567	22.8	0.4	36609	76.0	0.3	57958	3.1	0.5
塞内加尔	82578	376.6	0.4	82277	409.7	0.7	302	−74.5	—
南非	38480	242.6	0.2	32163	414.8	0.3	6317	26.7	0.1
大洋洲	**1146664**	**−19.9**	**4.9**	**321857**	**43.2**	**2.6**	**824807**	**−31.1**	**7.1**
澳大利亚	811282	−26.9	3.5	156232	15.3	1.3	655050	−32.8	5.7
新西兰	153517	−17.6	0.7	11144	31.3	0.1	142373	−19.9	1.2

2020年山东各市服务外包签约额和执行额
Service Outsource Business Performance by City

表4-37

地区	合同数						签约额						执行额					
	服务外包		离岸外包		在岸外包		服务外包		离岸外包		在岸外包		服务外包		离岸外包		在岸外包	
	数量（个）	增长（%）	数量（个）	增长（%）	数量（个）	增长（%）	金额（万元）	增长（%）	金额（万元）	增长（%）	金额（万元）	增长（%）	金额（万元）	增长（%）	金额（万元）	增长（%）	金额（万元）	增长（%）
山东省	**36121**	**9.8**	**33323**	**11.0**	**2798**	**-2.4**	**14777946**	**4.4**	**13085732**	**4.7**	**1692214**	**2.0**	**11968646**	**19.9**	**10655031**	**21.3**	**1313615**	**9.6**
济南市	11025	14.4	10561	19.4	464	-41.4	3743279	-22.1	3131467	-24.4	611812	-7.5	3075239	11.7	2638216	11.4	437023	13.8
青岛市	9335	4.1	8027	5.0	1308	-1.2	4931581	0.2	4403444	3.8	528137	-22.7	3548869	9.8	3110008	14.5	438861	-15
淄博市	6268	10.9	6164	13.4	104	-52.1	293886	5.6	291651	6.2	2235	-37.7	254183	1.6	252590	2.2	1593	-47.9
枣庄市	241	—	196	—	45	—	78238	—	48490	—	29748	—	29947	148611.3	13724	68051.5	16223	—
东营市	6	—	5	—	1	—	10720	—	8998	—	1722	—	2750	—	2750	—	—	—
烟台市	3667	58.3	3051	50.4	616	113.9	3885739	42.2	3608904	41.6	276835	52.0	3498448	34.8	3255748	34.9	242700	33.5
潍坊市	1001	60.2	859	48.6	142	202.1	622540	47.2	554361	45.4	68179	63.6	498456	42.4	456073	40.2	42383	71.9
济宁市	146	14500.0	144	14300.0	2	—	58807	35179.30	55943	33461.4	2864	—	29948	38425.5	29943	38418.7	5	—
泰安市	140	259	118	742.9	22	-12.0	214583	28.1	47729	-47.6	166854	118.1	147758	55.0	14305	27.6	133453	58.7
威海市	3912	-21.4	3905	-20.6	7	-88.3	898127	12.8	897492	13.9	635	-92.3	866776	25.0	866508	25.5	268	-90.7
日照市	252	-57.6	245	-50.0	7	-93.3	6651	-37.7	6585	-30.5	66	-94.5	586	-92.8	541	-92.6	45	-94.6
临沂市	77	51.0	3	-92.7	74	640.0	3023	-53.3	1416	-77.5	1607	722.5	852	-50.7	493	-68.0	359	89.1
德州市	8	300.0	4	100.0	4	—	10864	226.7	10750	223.3	114	—	1168	—	1168	—	0	—
聊城市	2	100.0	—	—	2	—	1406	-19.9	—	—	1406	—	702	—	—	—	702	—
滨州市	41	156.2	41	156.2	—	—	18502	172.0	18502	172.0	—	—	12964	146.6	12964	181.5	—	—
菏泽市	0	—	0	—	0	—	0	—	0	—	0	—	0	—	0	—	0	—

2020年山东省服务外包业务类型
Service Trading Catogories in 2020

表 4-38-1

服务外包类型	服务外包合同数		离岸外包合同数		在岸外包合同数	
	数量（个）	增长（%）	数量（个）	增长（%）	数量（个）	增长（%）
总　　量	**36121**	**9.8**	**33323**	**11.0**	**2798**	**-2.4**
信息技术外包	3874	-10.2	3090	-11.5	784	-4.5
业务流程外包	3965	-6.1	3241	-12.3	724	37.1
知识流程外包	28282	16.2	26992	18.2	1290	-15.0

表 4-38-2

服务外包类型	服务外包签约额		离岸外包签约额		在岸外包签约额	
	金额（万元）	增长（%）	金额（万元）	增长（%）	金额（万元）	增长（%）
总　　额	**14777946**	**4.4**	**13085732**	**4.7**	**1692214**	**2.0**
信息技术外包	4951232	19.9	4243735	15.3	707497	57.8
业务流程外包	1974756	-4.3	1572592	-5.8	402164	2.1
知识流程外包	7851958	-1.3	7269405	1.8	582553	-28.6

表 4-38-3

服务外包类型	服务外包执行额		离岸外包执行额		在岸外包执行额	
	金额（万元）	增长（%）	金额（万元）	增长（%）	金额（万元）	增长（%）
总　　额	**11968646**	**19.9**	**10655031**	**21.3**	**1313615**	**9.6**
信息技术外包	4497946	25.2	3920503	22.3	577443	49.2
业务流程外包	1475344	-5.8	1183082	-1.9	292262	-18.7
知识流程外包	5995356	24.2	5551446	26.9	443910	-1.9

2020年山东省离岸服务外包业务来源
Contractees of Offshore Service Outsourcing Business in 2020

表 4-39

业务来源	项　目		签约额		执行额	
	数量（个）	增长（%）	金额（万元）	增长（%）	金额（万元）	增长（%）
合　计	**33313**	**11.4**	**13085732**	**4.7**	**10655031**	**21.3**
亚洲	**15320**	**10.7**	**7578895**	**5.7**	**6199350**	**24.6**
日本	2684	3.5	2095897	10.1	1885782	8.9
韩国	2949	11.6	2159066	36.3	1674291	29.8
中国香港	2351	-11.8	1118231	25.0	849307	29.9
巴基斯坦	270	28.0	208483	59.1	183142	138.2
印度尼西亚	518	12.6	317685	-18.0	175412	51.0
印度	933	10.8	170248	34.1	155404	51.4
欧洲	**6407**	**15.5**	**1947339**	**34.2**	**1476953**	**34.5**
德国	886	11.0	327589	9.2	270629	9.2
西班牙	371	43.2	203013	157	187746	197.3
意大利	498	-11.4	158944	22.2	140811	47.0
英国	984	23.9	235026	92	116995	5.1
丹麦	286	31.2	120133	116.8	110048	250.4
俄罗斯	448	1.4	111422	7.5	98469	8.5
美洲	**8083**	**3.8**	**2322764**	**2.1**	**1960572**	**16.6**
美国	5111	-6.0	1816874	-3.1	1516079	9.7
加拿大	793	32.4	163542	30.9	140303	74.4
巴西	399	18.0	118312	67.2	69713	15.6
墨西哥	286	17.2	69420	63.5	57373	57.1
非洲	**1613**	**28.7**	**1027129**	**-18.4**	**855931**	**-0.4**
尼日利亚	130	25.0	335538	374.5	323677	391.1
阿尔及利亚	36	-35.7	171439	554.2	122096	-23.3
埃塞俄比亚	24	-17.2	103566	27.3	99239	22.6
大洋洲	**1890**	**28.0**	**209605**	**-21.4**	**162225**	**-17.9**
澳大利亚	1643	31.4	169612	6.1	129905	16.6
新西兰	175	23.2	17403	30.6	14963	33.7

2020年山东各市文化贸易额
Trade in Culture by City

表 4-40

地　区	进出口		出　口		进　口	
	金额（万元）	增长（%）	金额（万元）	增长（%）	金额（万元）	增长（%）
山东省	**7032213**	**62.6**	**6892621**	**63.9**	**139592**	**16.6**
济南市	43502	–24.5	41746	–12.5	1756	–82.3
青岛市	1111611	53.1	1076235	53.4	35376	43.8
枣庄市	171591	68.7	170386	67.6	1205	1764.50
淄博市	159893	246.9	158568	249.7	1325	75.5
东营市	155915	17915.0	153597	25708.8	2318	757.5
烟台市	3626285	55.7	3548349	57.3	77936	6.3
潍坊市	172146	–30.6	165644	–32.0	6502	47.2
济宁市	231016	150.2	227479	147.0	3537	1579.7
泰安市	24233	11.5	21237	15.5	2995	–10.6
威海市	482135	160.7	481157	161.8	978	–12.2
日照市	10277	–43.2	10044	–41.9	233	–71.2
滨州市	18211	85.5	16952	75.1	1259	830.0
德州市	72647	226.1	72585	228.9	62	–70.7
聊城市	16342	380.8	15806	369.3	537	1646.3
临沂市	643445	53.7	640565	53.2	2881	479.8
菏泽市	92965	109.8	92271	108.5	694	1176.4

2020年山东省文化贸易商品
Cultural Trading Commodities in 2020

表 4–41

商品名称	进出口		出　口		进　口	
	金额（万元）	增长（%）	金额（万元）	增长（%）	金额（万元）	增长（%）
出版物	**61210**	**86.9**	**43772**	**101.6**	**17438**	**58.0**
图书、报纸、期刊	18127	129.1	17879	142.3	249	–53.5
音像制品及电子出版物	16757	69.5	791	20.4	15966	73.0
其他出版物	26326	76.0	25102	83.5	1223	–4.1
工艺美术品及收藏品	**1357611**	**56.9**	**1337012**	**55.8**	**20599**	**201.0**
工艺美术品	1353665	56.5	1337012	55.8	16653	151.2
收藏品	3946	1677.3	—	—	3946	1736.7
文化用品	**5357027**	**61.6**	**5276793**	**62.9**	**80234**	**8.1**
文具	9084	24.2	9064	24.4	19	–29.3
乐器	88382	41.0	77391	44.1	10992	22.7
玩具	1373797	106.9	1367742	106.6	6056	201.3
游艺器材及娱乐用品	3885763	50.6	3822596	51.9	63167	—
文化专用设备	**256365**	**126.8**	**235043**	**175.3**	**21322**	**–23.0**
印刷专用设备	104765	72.8	94335	118.4	10431	–40.1
广播电视电影专用设备	151600	189.1	140709	233.6	10891	6.2

2020年山东省文化贸易对象
Cultural Trading Partners of Shandong Province in 2020

表 4-42

贸易对象	进出口		出口		进口	
	金额（万元）	增长（%）	金额（万元）	增长（%）	金额（万元）	增长（%）
亚洲	**1893353**	**56.5**	**1780001**	**59.7**	**113352**	**18.7**
中国香港	186302	221.8	175659	205.0	10643	3374.5
中国台湾	59256	202.2	56123	238.3	3133	3.7
日本	536244	8.5	481359	0.9	54885	214.0
韩国	404056	54.0	397495	56.1	6561	-14.7
东盟	415822	165.6	394276	171.8	21546	87.9
南亚	66042	43.5	65721	43.3	322	105.6
其他亚洲国家	225630	30.4	209369	77.8	16261	-70.6
非洲	**44174**	**59.7**	**44114**	**59.8**	**60**	**5.0**
南非	13950	47.2	13905	47.4	45	-1.7
非洲其他国家	30224	66.2	30209	66.2	15	31.4
欧洲	**2158461**	**49.2**	**2140362**	**49.0**	**18099**	**76.6**
俄罗斯	46491	49.5	46474	50.2	17	-89.2
欧洲其他国家	2111970	49.2	2093888	49.0	18082	79.1
拉丁美洲	**210417**	**40.5**	**210093**	**40.3**	**323**	**496.9**
巴西	63574	268.2	63562	268.5	12	-18.3
智利	24345	60.1	24345	60.1	—	—
拉丁美洲其他国家	122498	4.4	122187	4.2	311	693.4
北美洲	**2573544**	**78.9**	**2565882**	**80.1**	**7662**	**-44.7**
美国	2366445	73.3	2359887	74.4	6558	-48.5
加拿大	207098	183.5	205994	186.4	1104	-2.3
北美洲其他国家	1	51.8	1	51.8	—	—
大洋洲	**152264**	**192.8**	**152168**	**193**	**96**	**69.9**
澳大利亚	142698	199.1	142609	198.9	89	1573.1
大洋洲其他国家	9566	123.5	9559	126.0	7	-86.6

吸收外国及中国港澳台地区投资
Foreign Direct Investment

2020年山东各市吸收外国及中国港澳台地区投资
Direct Investment of 16 Cities in Shandong Province in 2020

表 4-43

地　区	项目数		实际投资	
	数量（个）	增长（%）	金额（万美元）	增长（%）
山东省	**3060**	**21.6**	**1764763**	**20.1**
济南市	203	-11.0	192456	-14.2
青岛市	870	-8.8	585297	0.2
淄博市	91	—	37812	67.7
枣庄市	117	98.3	30495	110.6
东营市	64	82.9	44493	82.5
烟台市	482	39.3	228263	17.6
潍坊市	292	143.3	108326	54.9
济宁市	132	106.3	81239	79.9
泰安市	80	60.0	68251	48.7
威海市	329	20.5	135822	11.1
日照市	42	—	46664	149.7
临沂市	173	36.2	93156	140.5
德州市	39	8.3	26584	66.1
聊城市	62	77.1	20844	187.4
滨州市	37	76.2	36058	66.0
菏泽市	47	34.3	29003	49.7

2020 年山东省吸收外国及中国港澳台地区投资月度进展
Direct Investment Monthly Progress

表 4–44

月　份	当　月		月度累计	
	投资额（万美元）	增长（%）	投资额（万美元）	增长（%）
1 月	94492	1.9	94492	1.9
2 月	68735	–21.3	163227	–9.4
3 月	154823	14.6	318050	0.9
4 月	58043	–1.7	376093	0.5
5 月	111459	2.7	487552	1.0
6 月	153914	33.3	641466	7.2
7 月	102245	11.5	743711	7.8
8 月	158162	116.5	901873	18.2
9 月	175716	121.4	1077589	27.9
10 月	184058	45.2	1261647	30.2
11 月	259386	69.6	1521033	35.5
12 月	243730	–29.7	1764763	20.1

2020年山东省三次产业吸收外国及中国港澳台地区投资
Investment in Primary, Secondary and Tertiary Industries

表4-45

投资产业	投资项目		实际投资	
	数量（个）	增长（%）	金额(万美元)	增长（%）
合　计	**3060**	**21.6**	**1764763**	**20.1**
第一产业	**62**	**17.0**	**9924**	**-11.4**
第二产业	**685**	**13.8**	**510518**	**8.3**
采矿业	6	50.0	2308	-94.7
制造业	568	7.8	378369	11.0
纺织业	13	62.5	3824	75.1
化学原料及化学制品制造业	53	65.6	23037	-41.3
医药制造业	16	23.1	44530	140.0
通用设备制造业	75	17.2	22428	3.4
专用设备制造业	61	-19.7	41761	-8.6
计算机、通信和其他电子设备制造业	30	-16.7	26399	27.7
电力、燃气及水的生产和供应业	60	17.7	69021	-5.6
建筑业	56	154.6	60827	335.0
第三产业	**2313**	**24.2**	**1244321**	**26.1**
批发和零售业	907	30.9	219446	138.8
交通运输、仓储和邮政业	44	-2.2	62945	-16.4
住宿和餐饮业	43	-24.6	14012	-23.3
信息传输、软件和信息技术服务业	207	52.2	91301	119.0
金融业	64	-62.8	66833	32.8
房地产业	202	26.3	404432	-13.2
租赁和商务服务业	335	37.9	202378	52.1
科学研究和技术服务业	319	40.5	152253	123.3
水利、环境和公共设施管理业	38	65.2	7366	-12.1
居民服务、修理和其他服务业	19	-13.6	1290	-25.5
教育	41	141.2	750	-2.5
卫生和社会工作	11	-35.3	1608	44.1
文化、体育和娱乐业	56	86.7	12547	-45.3

2020 年各大洲投资主体在山东投资
Sources of Investment by Continent in 2020

表 4-46

投资主体	投资项目		实际投资	
	数量（个）	增长（%）	金额（万美元）	增长（%）
合　计	**3060**	**21.6**	**1764763**	**20.1**
亚洲	**2410**	**22.3**	**1594903**	**27.5**
中国港澳地区	1249	36.2	1356268	22.5
中国香港	1230	35.0	1351694	22.8
韩国	621	5.4	87895	136.4
日本	125	50.6	31459	115.7
中国台湾	181	-3.2	12114	15.9
东盟	149	40.6	104243	34.6
新加坡	94	34.3	101550	35.8
非洲	**74**	**64.4**	**5366**	**217.3**
欧洲	**209**	**-11.4**	**50745**	**-47.9**
欧盟	115	-5.0	38045	-47.9
德国	46	12.2	12519	-70.7
法国	15	15.4	756	-56.1
荷兰	7	-56.3	18115	-17.1
英国	47	-6.0	12442	-9.9
拉丁美洲	**26**	**-18.8**	**53540**	**-13.4**
英属维尔京群岛	14	0.0	45735	-23.7
北美洲	**172**	**1.8**	**37083**	**12.8**
美国	104	-15.5	23085	4.1
加拿大	67	45.7	9248	16.1
大洋洲	**75**	**17.2**	**23126**	**-3.4**
澳大利亚	61	48.8	11026	41.5

说明：部分投资项目存在多个投资来源

2020 年山东省主要投资来源
Major Sources of Direct Investment

表 4-47

序　号	投资来源	投资项目		实际投资	
		数量（个）	增长（%）	金额（万美元）	增长（%）
1	中国香港	1230	35.0	1351694	22.8
2	新 加 坡	94	34.3	101550	35.8
3	韩　　国	621	5.4	87895	136.4
4	日　　本	125	50.6	31459	115.7
5	美　　国	104	-15.5	23085	4.1
6	荷　　兰	7	-56.3	18115	-17.1
7	德　　国	46	12.2	12519	-70.7
8	英　　国	47	-6.0	12442	-9.9
9	中国台湾	181	-3.2	12114	15.9
10	澳大利亚	61	48.8	11026	41.5

山东省历年吸收外国及中国港澳台地区投资
Direct Investment in Shandong Province Over the Years

表 4-48

年　份	投资项目（个）	实际投资（亿美元）
合　计	**79819**	**2582.5**
1987 年以前	114	0.7
1988 年	184	0.4
1989 年	195	1.3
1990 年	305	1.5
1991 年	656	1.8
1992 年	3258	9.7
1993 年	5940	18.4
1994 年	3192	25.4
1995 年	2574	26.1
1996 年	2175	25.9
1997 年	1597	25.0
1998 年	1366	22.2
1999 年	1717	24.7
2000 年	2728	29.7
2001 年	3047	36.2
2002 年	4065	55.9
2003 年	5305	70.9
2004 年	5891	87.0
2005 年	6415	89.7
2006 年	4030	100.0
2007 年	2717	110.1
2008 年	1527	82.0
2009 年	1468	80.1
2010 年	1632	91.7
2011 年	1433	111.6
2012 年	1333	123.5
2013 年	1405	140.5
2014 年	1352	152.0
2015 年	1509	163.0
2016 年	1477	168.3
2017 年	1479	178.6
2018 年	2156	205.2
2019 年	2517	146.9
2020 年	3060	176.5

说明：2003 年以前吸收投资金额为全口径数据，包括从境外借款，项目数和签约投资额则不包括从境外借款部分。2004 年，商务部改革外商投资（含外国及港澳台地区投资，下同）统计制度，统计数据中剔除境外借款。2008 年实际利用外资改为实际到账外资，2016 年改为实际使用外资，口径不变

山东各市及省直单位累计吸收外国及中国港澳台地区投资
Accumulate Investment Received by 17 Cities and Provincial Entities

表 4-49

地　区	投资项目		实际投资	
	数量（个）	权重（%）	金额（亿美元）	权重（%）
济南市	4785	6.0	234.1	9.1
青岛市	29529	37.0	972.9	37.7
淄博市	3005	3.8	96.2	3.7
枣庄市	1142	1.4	28.6	1.1
东营市	1010	1.3	38.4	1.5
烟台市	13689	17.1	372.1	14.4
潍坊市	5200	6.5	165.2	6.4
济宁市	2124	2.7	105.2	4.1
泰安市	1676	2.1	56.0	2.2
威海市	8603	10.8	212.0	8.2
日照市	1319	1.7	70.6	2.7
莱芜市	517	0.6	16.1	0.6
临沂市	2220	2.8	58.5	2.3
德州市	1318	1.6	36.2	1.4
聊城市	787	1.0	20.7	0.8
滨州市	886	1.1	58.1	2.2
菏泽市	1170	1.5	30.5	1.2
省直单位	839	1.0	11.1	0.4

山东省三次产业累计吸收外国及中国港澳台地区投资
Accumulate Investment in Primary,Secondary and Tertiary Industry

表 4-50

投资领域	投资项目		实际投资	
	数量（个）	权重（%）	金额（亿美元）	权重（%）
合　计	**79819**	**100.0**	**2582.5**	**100.0**
第一产业	**2535**	**3.2**	**66.6**	**2.6**
第二产业	**56115**	**70.3**	**1617.3**	**62.6**
采矿业	242	0.3	18.7	0.7
制造业	53814	67.4	1470.2	56.9
电力、燃气及水的生产和供应业	687	0.9	96.6	3.7
建筑业	1379	1.7	31.3	1.2
第三产业	**21169**	**26.5**	**898.6**	**34.8**
交通运输、仓储和邮政业	942	1.2	80.6	3.1
信息传输、计算机服务和软件业	917	1.2	32.9	1.3
批发和零售业	7530	9.4	137.7	5.3
住宿和餐饮业	1679	2.1	19.9	0.8
金融业	687	0.8	77.6	3.0
房地产业	2825	3.5	338.5	13.1
租赁和商务服务业	3351	4.2	90.9	3.5
科学研究、技术服务和地质勘查业	1565	2.0	85.1	3.3
水利、环境和公共设施管理业	212	0.3	9.9	0.4
居民服务和其他服务业	309	0.4	5.9	0.2
教育	190	0.2	2.1	0.1
卫生、社会保障和社会福利业	137	0.2	1.8	0.1
文化、体育和娱乐业	776	1.0	14.1	0.5
公共管理和社会组织	3	—	—	—

各大洲投资主体累计在山东投资
Accumulate Investment by Invest Entities

表 4-51

投资主体	投资项目		实际投资	
	数量（个）	权重（%）	金额（亿美元）	权重（%）
合　计	**79819**	**100.0**	**2582.5**	**100.0**
亚洲	**63331**	**79.3**	**2078.2**	**80.4**
中国港澳地区	21813	27.3	1215.5	47.1
中国香港	21421	26.8	1211.3	46.9
韩国	25378	31.8	413.4	16.0
日本	5541	6.9	120.1	4.6
中国台湾	7197	9.0	87.3	3.4
东盟	2941	3.7	158.6	6.1
新加坡	1758	2.2	134.6	5.2
非洲	**522**	**0.7**	**17.2**	**0.7**
欧洲	**4406**	**5.6**	**154.2**	**6.0**
欧盟	2945	3.7	116.1	4.5
德国	930	1.2	42.8	1.7
法国	411	0.5	15.5	0.6
英国	730	0.9	24.3	0.9
拉丁美洲	**1352**	**1.7**	**131.3**	**5.1**
英属维尔京群岛	954	1.2	104.9	4.1
北美洲	**8310**	**10.4**	**160.8**	**6.2**
美国	6742	8.4	120.2	4.7
加拿大	1533	1.9	24.0	0.9
大洋洲	**1804**	**2.3**	**40.8**	**1.6**
澳大利亚	1304	1.6	22.4	0.9

说明：1. 部分投资项目存在多个投资主体
　　2. 2020 年起，因英国脱欧，英国投资数据从欧盟数据中剔除后单独列出

对外国及中国港澳台地区投资与合作
Outbound Investment and Economic Cooperation

2020年山东各市对外国及中国港澳台地区实际投资
Actual Outbound Investment by 16 Cities in 2020

表 4-52

地　区	投资额（万美元）	增长（%）	权重（%）
山东省	**835469.8**	**36.2**	**100.0**
济南市	191321.0	72.7	22.9
青岛市	103217.4	–33.2	12.4
淄博市	51398.3	51.5	6.2
枣庄市	210.1	16.5	0.0
东营市	18306.1	272.6	2.2
烟台市	169456.3	55.6	20.3
潍坊市	48134.3	61.5	5.8
济宁市	95828.1	27.1	11.5
泰安市	5524.5	–24.0	0.7
威海市	48790.0	60.3	5.8
日照市	10449.4	154.2	1.3
临沂市	1985.4	–55.2	0.2
德州市	10468.5	3.7	1.3
聊城市	19066.5	176.0	2.3
滨州市	54039.8	97.0	6.5
菏泽市	7274.2	70.8	0.9

2020 年山东省对外国及中国港澳台地区投资月度进展
Monthly Outbound Investment of Shandong Province in 2020

表 4–53

月　份	备案投资按月累计			实际投资按月累计	
	项目（个）	中方投资（万美元）	增长（%）	投资额(万美元）	增长（%）
1 月	22	13671.4	–42.4	72263.9	–28.1
2 月	32	40783.6	–134.3	115826.6	–25.0
3 月	65	189081.3	17.2	181341.1	–9.6
4 月	106	267418.6	81.2	251959.3	0.5
5 月	133	277882.4	42.3	297197.7	0.7
6 月	160	313734.8	40.3	399246.6	21.7
7 月	179	402861.1	–4.8	518025.5	45.3
8 月	202	474111.4	–9.4	589002.2	46.6
9 月	233	492030.5	–14.6	671394.3	53.1
10 月	261	513382.0	–20.4	703920.5	42.3
11 月	281	603908.2	–15.1	733650.4	32.3
12 月	308	651811.5	–18.3	835469.8	36.2

2020年山东省对外国及中国港澳台地区实际投资分类指标
Classified Indicators of Outbound Investment of Shandong Province

表4-54

分类指标	中方投资（万美元）	增长（%）	权重（%）
总　额	**835469.8**	**36.2**	**100**
投资主体			
国有企业	330549.9	104.5	39.6
民营企业	434815.2	22.8	52
外商投资企业	70104.7	-28.1	8.4
设立方式			
新设企业	630732.4	50.6	75.5
并购企业	204737.5	5.2	24.5
出资方式			
货币出资	833210	38.8	99.7
实物出资	2259.8	-82.8	0.3
行业领域			
资源开发	97117.1	24.4	11.6
产能合作	232327.8	-8.5	27.8
营销网络	306779.4	56.2	36.7
服务业	199245.6	146.3	23.8

2020 年山东省对外国及中国港澳台地区实际投资主要目的地
Destinations of Actual Outbound Investment in 2020

表 4-55

序 号	投资区域	投资额（万美元）	权重（%）
1	中国香港	400992	48.4
2	新 加 坡	160201	19.3
3	老 挝	26294	3.2
4	开曼群岛	20223	2.4
5	瑞 士	17971	2.2
6	毛里求斯	17083	2.1
7	美 国	16968	2.0
8	加 拿 大	11631	1.4
9	越 南	9035	1.1
10	德 国	8335	1.0

说明：利润分摊额 84240 万美元未计入上述国家（地区）

2020年山东省对外国及中国港澳台地区备案投资目的地
Destinations of Registered Outbound Investment in 2020

表 4-56

序　号	投资区域	项目数（个）	备案投资额（万美元）
	亚洲	**170**	**256941.8**
1	中国香港	61	61137.8
2	新加坡	24	52785.4
3	斯里兰卡	3	30900.0
4	泰国	7	26733.8
5	印度	3	25080.8
6	印度尼西亚	5	24943.3
7	韩国	12	11413.0
8	越南	11	8635.9
9	巴基斯坦	2	6904.7
10	柬埔寨	2	5417.0
11	日本	16	2756.7
12	蒙古	1	1603.5
13	老挝	2	1331.7
14	马来西亚	5	553.9
15	缅甸	1	300.0
16	沙特阿拉伯	1	250.0
17	哈萨克斯坦	2	37.0
18	土耳其	1	30.0
19	乌兹别克斯坦	1	20.0
20	东帝汶	2	15.0
21	伊拉克	1	—
22	菲律宾	2	—
23	孟加拉	2	-720.0
24	阿拉伯联合酋长国	3	-3187.7
	非洲	**39**	**29421.1**
25	科特迪瓦	2	12461.0
26	尼日利亚	4	10076.0
27	毛里求斯	1	2200.0

续表4-56

序　号	投资区域	项目数（个）	备案投资额（万美元）
28	几内亚	2	1200.0
29	安哥拉	2	1000.0
30	莫桑比克	3	902.7
31	埃塞俄比亚	4	550.0
32	加纳	1	500.0
33	肯尼亚	2	164.8
34	赞比亚	3	105.6
35	毛里塔尼亚	1	100.0
36	坦桑尼亚	2	92.0
37	苏丹	1	50.0
38	南非	2	39.2
39	多哥	1	20.0
40	尼日尔	1	0.3
41	乌干达	1	—
42	布基纳法索	1	—
43	埃及	1	—
44	乍得	2	—
45	南苏丹	2	—
46	纳米比亚	0	-40.4
	拉丁美洲	**19**	**43049.2**
47	开曼群岛	2	30413.0
48	墨西哥	3	7470.4
49	阿根廷	2	3342.3
50	圭亚那	1	500.0
51	特立尼达和多巴哥	1	500.0
52	巴西	3	400.4
53	秘鲁	0	300.0
54	厄瓜多尔	1	100.0
55	智利	1	10.0
56	哥伦比亚	2	7.0

续表4–56

序　号	投资区域	项目数（个）	备案投资额（万美元）
57	英属维尔京群岛	2	6.0
58	玻利维亚	1	—
	欧洲	**48**	**167959.4**
59	德国	10	62455.4
60	意大利	2	30088.0
61	俄罗斯联邦	9	26755.9
62	法国	3	19552.4
63	保加利亚	1	11088.0
64	波兰	1	6000.0
65	罗马尼亚	2	4232.0
66	英国	5	3136.1
67	瑞典	2	1605.0
68	奥地利	1	1527.1
69	西班牙	3	1122.6
70	乌克兰	1	800.0
71	希腊	1	550.0
72	比利时	2	362.3
73	匈牙利	1	300.0
74	斯洛文尼亚	1	249.9
75	捷克	1	114.4
76	瑞士	1	100.0
77	波黑	1	—
78	丹麦	0	–2079.8
	北美洲	**24**	**107046.1**
79	百慕大群岛	0	61192.6
80	美国	16	24425.0
81	加拿大	8	21428.4
	大洋洲	**8**	**47394.0**
82	澳大利亚	8	44094.0
83	新西兰	0	3300.0

2020 年山东省对外国及中国港澳台地区实际投资流向
Destinations of Actual Outbound Investment in 2020

表 4-57

序　号	投资区域	投资额（万美元）	权重（%）
	亚洲	**633567.6**	**75.8**
1	日本	2630.7	
2	中国香港	400992.3	
3	塔吉克斯坦	656.3	
4	韩国	7180.5	
5	巴基斯坦	336.0	
6	越南	9034.7	
7	印度	1185.6	
8	阿曼	3066.3	
9	孟加拉国	1656.1	
10	阿拉伯联合酋长国	1357.3	
11	哈萨克斯坦	33.0	
12	老挝	26294.2	
13	柬埔寨	4261.9	
14	沙特阿拉伯	1514.2	
15	印度尼西亚	3012.5	
16	乌兹别克斯坦	26.8	
17	巴勒斯坦	20.0	
18	菲律宾	194.9	
19	新加坡	160200.9	
20	蒙古	118.4	
21	中国台湾	259.6	
22	马来西亚	4306.6	
23	缅甸	2580.0	
24	泰国	2326.5	

续表4-57

序　号	投资区域	投资额（万美元）	权重（%）
25	斯里兰卡	322.3	
	非洲	**19994.6**	**2.4**
26	莫桑比克	117.2	
27	纳米比亚	27.8	
28	尼日利亚	20.0	
29	乌干达	50.9	
30	坦桑尼亚	241.0	
31	莱索托	410.2	
32	刚果（金）	30.0	
33	马达加斯加	13.9	
34	吉布提	121.4	
35	加蓬	136.2	
36	加纳	85.6	
37	摩洛哥	210.0	
38	肯尼亚	140.0	
39	毛里求斯	17082.9	
40	塞拉利昂	78.0	
41	多哥	20.0	
42	安哥拉	444.3	
43	埃塞俄比亚	377.4	
44	赞比亚	163.2	
45	科特迪瓦	124.5	
46	毛里塔尼亚	100.0	
47	几内亚	0.1	
	拉丁美洲	**22240.3**	**2.6**
48	秘鲁	301.4	
49	开曼群岛	20222.8	

续表4–57

序　号	投资区域	投资额（万美元）	权重（%）
50	厄瓜多尔	740.0	
51	英属维尔京群岛	948.1	
52	哥伦比亚	13.2	
53	巴西	14.8	
	欧洲	**40762.7**	**4.9**
54	丹麦	333.6	
55	波兰	449.5	
56	比利时	155.0	
57	英国	6.6	
58	俄罗斯联邦	1770.1	
59	罗马尼亚	417.1	
60	希腊	153.1	
61	德国	8335.5	
62	斯洛文尼亚	249.9	
63	意大利	1780.0	
64	法国	365.4	
65	瑞士	17971.5	
66	塞尔维亚	2403.0	
67	西班牙	3770.1	
68	瑞典	679.7	
69	荷兰	1886.6	
70	波黑	36.0	
	大洋洲	**6066.2**	**0.7**
71	新西兰	779.8	
72	澳大利亚	5286.4	
	北美洲	**29427.9**	**3.5**
73	美国	16968.0	
74	加拿大	11630.9	

说明：利润分摊额84240万美元未计入上述国家（地区）

2020年各省区市对外国及中国港澳台地区实际投资
Actual Outbound Investment by Provinces and Municipalities

表 4–58

序 号	地 区	直接投资额（万美元）	增长（%）
1	广东省	1581557	53.9
	其中：深圳市	816819	23.1
2	上海市	1349894	49.0
3	浙江省	1255909	43.8
	其中：宁波市	366470	114.5
4	山东省	835470	36.2
	其中：青岛市	104636	–32.3
5	江苏省	615900	50.8
6	北京市	423524	–41.7
7	福建省	322584	–25.3
	其中：厦门市	100191	–2.7
8	河北省	193769	33.4
9	天津市	170189	–16.8
10	湖南省	148563	54.7
11	安徽省	143793	5.6
12	河南省	123186	–14.6
13	四川省	121344	85.4
14	湖北省	118318	9.9
15	云南省	101708	6.9

续表4-58

序　号	地　区	直接投资额（万美元）	增长（%）
16	江西省	86979	-52.9
17	重庆市	83479	12.7
18	辽宁省	82923	18.6
	其中：大连市	17696	16.2
19	新疆维吾尔自治区	47937	-58.1
20	广西壮族自治区	47458	52.2
21	海南省	40980	-82.9
22	陕西省	33943	-29.9
23	内蒙古自治区	31932	-50.3
24	甘肃省	31128	32.5
25	山西省	20341	-15.8
26	贵州省	15978	91.7
27	宁夏回族自治区	12623	1.8
28	黑龙江省	11520	-74.1
29	吉林省	8957	11.2
30	西藏自治区	6774	52.3
31	青海省	5277	176.0
32	新疆生产建设兵团	954	-59.8
地方合计		8074889	16.4
全国合计（含央企）		11015000	-0.4

2020年山东各市对外承包工程和劳务派遣业务开展情况
Economic Cooperation Business Operation by 16 Cities

表4-59

地 区	承包工程合同额			承包工程营业额			劳务派遣		
	金额（万美元）	增长（%）	权重（%）	金额（万美元）	增长（%）	权重（%）	数量（人次）	增长（%）	权重（%）
山东省	**1010672**	**-20.4**	**100.0**	**942980**	**-17.9**	**100.0**	**31484**	**-49.8**	**100.0**
济南市	439945	-23.2	43.5	427206	4.5	45.3	11966	48.7	38.0
青岛市	348234	3.6	34.5	287779	-31.2	30.5	10047	-47.6	31.9
淄博市	49047	-24.7	4.9	56029	-17.1	5.9	117	-90.8	0.4
枣庄市	851	313.1	0.1	1160	-43.4	0.1	13	-93.2	—
东营市	4262	-92.3	0.4	9654	-50.6	1.0	48	-54.3	0.2
烟台市	46052	16.3	4.6	46126	13.9	4.9	1795	-69.4	5.7
潍坊市	380	-92.4	—	380	-96.5	0.0	1115	-71.5	3.5
济宁市	6182	-70.6	0.6	5779	-59.5	0.6	967	-88.7	3.1
泰安市	13588	-59.8	1.3	16097	-20.7	1.7	672	-67.7	2.1
威海市	81171	-36.0	8.0	58557	-40.1	6.2	3381	-68.8	10.7
日照市	—	—	—	—	—	—	927	-5.8	2.9
临沂市	2129	46.6	0.2	13488	-50.6	1.4	63	-85.5	0.2
德州市	16892	34.3	1.7	19099	0.0	2.0	173	-71.2	0.5
聊城市	—	—	—	30	-98.0	—	147	1.4	0.5
滨州市	700	—	0.1	125	—	—	—	—	—

2020年山东省对外承包工程和劳务派遣月度进展
Monthly Economic Cooperation Business Operation of Shandong Province

表4–60

月份	对外承包工程合同额				对外承包工程营业额				派出各类劳务人员			
	当月		累计		当月		累计		当月		累计	
	金额（万美元）	增长（%）	金额（万美元）	增长（%）	金额（万美元）	增长（%）	金额（万美元）	增长（%）	数量（人次）	增长（%）	数量（人次）	增长（%）
1月	61187	–13.1	61187	–13.1	44741	–58.3	44741	–58.3	2391	–28.4	2391	–28.4
2月	168543	–3.7	229730	–6.4	76873	–21.6	121612	–40.8	1967	–30.1	4358	–29.2
3月	87437	–18.2	317167	–10.0	59237	–37.6	180849	–39.8	947	–79.0	5305	–50.3
4月	55061	–38.8	372228	–15.8	59416	–45.3	240265	–41.3	790	–86.8	6095	–63.4
5月	29399	15.2	401627	–14.1	94223	48.0	334488	–29.2	1693	–57.2	7788	–62.2
6月	55514	–85.5	457141	–46.3	61978	–35.9	396466	–30.4	2237	–56.1	10025	–61.0
7月	10190	–82.0	467331	–48.5	58852	–15.1	455318	–28.7	1384	–64.5	11409	–61.4
8月	24457	–65.0	491788	–49.7	76017	2.3	531335	–25.5	1794	–79.3	13203	–65.4
9月	86647	16.0	578435	–45.1	86739	–8.2	618074	–25.8	1518	–71.8	14721	–66.2
10月	152296	103.0	730731	–35.2	105132	–19.0	723206	–22.8	1972	–62.7	16693	–65.9
11月	156357	101.4	887088	–26.4	100768	3.4	823974	–20.4	2454	–63.1	19147	–65.5
12月	123584	91.6	1010672	–20.4	119006	5.1	942980	–17.9	12337	71.7	31484	–49.8

2020 年山东省对外承包工程和劳务派遣区域分布
Economic Cooperation Business Operation with the Continents

表 4-61

地　区	承包工程合同额			承包工程营业额			劳务派遣		
	金额（万美元）	增长（%）	权重（%）	金额（万美元）	增长（%）	权重（%）	数量（人次）	增长（%）	权重（%）
合　计	**1010672**	**-20.4**	**100.0**	**942980**	**-17.9**	**100.0**	**31484**	**-49.8**	**100.0**
亚　洲	626394	-11.1	62.0	564638	-22.8	59.9	26619	-44.4	84.5
非　洲	223991	-32.9	22.2	308130	-3.2	32.7	2027	-75.6	6.4
拉丁美洲	121561	-30.6	12.0	41776	-31.1	4.4	1662	-59.1	5.3
欧　洲	26145	110.1	2.6	9188	-44.5	1.0	517	-46.9	1.6
大 洋 洲	8995	-77.1	0.9	10673	8.3	1.1	530	-42.3	1.7
北 美 洲	3583	-21.9	0.4	8572	-21.0	0.9	44	-90.7	0.1
一带一路	623875	-9.8	61.7	556507	-24.7	59.0	15763	-32.1	50.1

2020 年山东省对外承包工程和劳务派遣市场
Market of Contracted Engineering and Labour Dispatching

表 4-62

市　场	承包工程				劳务派遣	
	签约额（万美元）	增长（%）	营业额（万美元）	增长（%）	数量（人次）	增长（%）
亚洲	**626394**	**-11.1**	**564638**	**-22.8**	**26619**	**-44.4**
阿富汗	1516	—	75	—	0	—
巴林	59366	—	20445	—	136	—
孟加拉国	4292	—	33189	—	240	—
文莱	3930	—	4	—	19	—
缅甸	4630	—	4668	—	1	—
柬埔寨	37695	—	31901	—	34	—
塞浦路斯	0	—	0	—	2	—
中国香港	1307	—	2219	—	5418	—
印度	10396	—	29501	—	41	—
印度尼西亚	81993	—	63459	—	1711	—
伊朗	0	—	45	—	0	—
伊拉克	24868	—	75764	—	314	—
以色列	0	—	4	—	15	—
日本	0	—	0	—	5386	—
约旦	1833	—	2002	—	2	—
科威特	148	—	11685	—	9	—
老挝	1111	—	4873	—	124	—
中国澳门	10491	—	6202	—	1	—
马来西亚	5354	—	19003	—	30	—
马尔代夫	10000	—	2257	—	0	—
蒙古	267	—	201	—	0	—
尼泊尔	4104	—	822	—	0	—
阿曼	0	—	6181	—	42	—
巴基斯坦	4523	—	19283	—	535	—
菲律宾	4867	—	4457	—	11	—

续表4-62

市　场	承包工程				劳务派遣	
	签约额（万美元）	增长（%）	营业额（万美元）	增长（%）	数量（人次）	增长（%）
卡塔尔	380	—	380	—	0	—
沙特阿拉伯	135826	—	79128	—	8032	—
新加坡	39639	—	45435	—	3224	—
韩国	18731	—	14643	—	205	—
斯里兰卡	5435	—	1567	—	88	—
泰国	23280	—	5880	—	16	—
土耳其	0	—	364	—	0	—
阿拉伯联合酋长国	89664	—	25881	—	266	—
越南	10644	—	25559	—	537	—
中国台湾	540	—	550	—	42	—
东帝汶	1213	—	694	—	24	—
哈萨克斯坦	2223	—	7720	—	3	—
吉尔吉斯斯坦	0	—	143	—	0	—
塔吉克斯坦	26113	—	17316	—	104	—
土库曼斯坦	0	—	606	—	3	—
乌兹别克斯坦	3	—	516	—	4	—
非洲	**223991**	**-32.9**	**308130**	**-3.2**	**2027**	**-75.6**
阿尔及利亚	30343	—	92379	—	171	—
安哥拉	9250	—	4297	—	18	—
贝宁	1877	—	336	—	0	—
博茨瓦纳	1185	—	2533	—	16	—
喀麦隆	6300	—	3691	—	0	—
佛得角	1310	—	686	—	22	—
乍得	0	—	20528	—	9	—
科摩罗	906	—	1315	—	0	—
刚果（布）	3959	—	3771	—	17	—
吉布提	22	—	8	—	3	—
埃及	3161	—	7307	—	13	—
赤道几内亚	4414	—	5866	—	28	—

续表4-62

市　场	承包工程				劳务派遣	
	签约额（万美元）	增长（%）	营业额（万美元）	增长（%）	数量（人次）	增长（%）
埃塞俄比亚	3085	—	7909	—	68	—
加蓬	2052	—	820	—	10	—
加纳	2977	—	3752	—	158	—
几内亚	3138	—	14021	—	142	—
科特迪瓦	13821	—	7786	—	23	—
肯尼亚	28628	—	13507	—	153	—
利比里亚	280	—	211	—	343	—
马达加斯加	2602	—	1463	—	5	—
马拉维	1054	—	326	—	8	—
马里	2436	—	1518	—	12	—
毛里塔尼亚	0	—	197	—	2	—
毛里求斯	0	—	416	—	3	—
摩洛哥	0	—	0	—	16	—
莫桑比克	1720	—	1837	—	162	—
纳米比亚	654	—	2648	—	0	—
尼日尔	1613	—	6494	—	10	—
尼日利亚	57466	—	759	—	70	—
卢旺达	0	—	200	—	19	—
塞内加尔	7637	—	9425	—	35	—
塞舌尔	220	—	188	—	14	—
塞拉利昂	0	—	0	—	15	—
南非	0	—	0	—	3	—
苏丹	171	—	17947	—	7	—
坦桑尼亚	0	—	3206	—	44	—
多哥	4406	—	2770	—	12	—
突尼斯	1200	—	1100	—	4	—
乌干达	4456	—	6430	—	37	—

续表4–62

市　场	承包工程				劳务派遣	
	签约额（万美元）	增长（%）	营业额（万美元）	增长（%）	数量（人次）	增长（%）
布基纳法索	400	—	406	—	18	—
赞比亚	10	—	3706	—	95	—
津巴布韦	1933	—	27425	—	50	—
莱索托	0	—	2722	—	0	—
南苏丹	980	—	11655	—	135	—
刚果（金）	18315	—	14552	—	57	—
欧洲	**26145**	**110.1**	**9188**	**–44.5**	**517**	**–46.9**
英国	0	—	0	—	51	—
德国	690	—	680	—	83	—
法国	0	—	0	—	15	—
爱尔兰	0	—	0	—	51	—
意大利	0	—	0	—	19	—
荷兰	0	—	0	—	14	—
希腊	0	—	0	—	73	—
西班牙	0	—	265	—	16	—
阿尔巴尼亚	0	—	0	—	81	—
保加利亚	0	—	259	—	0	—
芬兰	65	—	65	—	6	—
摩纳哥	0	—	0	—	3	—
瑞典	0	—	0	—	1	—
格鲁吉亚	0	—	6	—	0	—
亚美尼亚	747	—	118	—	0	—
俄罗斯联邦	866	—	1399	—	6	—
捷克	0	—	0	—	2	—
波黑	2826	—	2135	—	10	—
塞尔维亚	19148	—	4130	—	53	—
黑山	1800	—	127	—	33	—

续表4–62

市　场	承包工程				劳务派遣	
	签约额（万美元）	增长（%）	营业额（万美元）	增长（%）	数量（人次）	增长（%）
拉丁美洲	**121561**	**–30.6**	**41776**	**–31.1**	**1662**	**–59.1**
安提瓜和巴布达	0	—	0	—	8	—
伯利兹	0	—	0	—	198	—
玻利维亚	0	—	10	—	0	—
巴西	8871	—	6626	—	39	—
智利	231	—	231	—	0	—
多米尼克	0	—	456	—	0	—
古巴	0	—	165	—	3	—
多米尼加共和国	1748	—	0	—	7	—
厄瓜多尔	330	—	4380	—	5	—
圭亚那	0	—	1381	—	0	—
牙买加	279	—	272	—	0	—
巴拿马	0	—	0	—	1383	—
秘鲁	62762	—	7654	—	8	—
委内瑞拉	47338	—	20598	—	11	—
北美洲	**3583**	**–21.9**	**8572**	**–21.0**	**44**	**–90.7**
加拿大	350	—	350	—	0	—
美国	3233	—	8222	—	44	—
大洋洲	**8995**	**–77.1**	**10673**	**8.3**	**530**	**–42.3**
澳大利亚	1252	—	1252	—	8	—
斐济	6292	—	8232	—	67	—
瓦努阿图	0	—	0	—	1	—
新西兰	0	—	0	—	8	—
巴布亚新几内亚	0	—	475	—	3	—
密克罗尼西亚联邦	1451	—	713	—	4	—
马绍尔群岛共和国	0	—	0	—	439	—
其他国家	**0**	—	**0**	—	**85**	**10.4**

2001—2020 年对外承包工程和劳务派遣情况
Economic Cooperation Business Operation from 2001 to 2020

表 4–63

年　份	承包工程项目数（个）	承包工程签约额（万美元）	承包工程营业额（万美元）	劳务派遣数量（人次）	年末在外数量（人）
2001	1580	104622	55913	20575	36489
2002	1380	134098	83133	21595	43554
2003	1322	124243	99213	22959	52077
2004	1879	146590	151568	31675	62705
2005	2171	164091	174518	37797	71610
2006	2513	392134	232293	41369	83974
2007	2642	540344	301928	45212	93797
2008	2880	754137	358867	45269	90623
2009	2397	932312	509083	46296	96421
2010	3075	1092504	602415	47300	102149
2011	—	948287	819857	48836	108662
2012	—	988209	898864	51425	103736
2013	—	1078349	940828	52591	98988
2014	—	1237694	1021544	59941	115328
2015	—	1198283	1017083	60764	—
2016	—	1266500	1093045	68673	119655
2017	—	1295541	1175577	71570	130384
2018	—	1439085	1219211	57878	125224
2019	—	1269937	1147942	62734	133849
2020	—	1010672	942980	31484	89162

2020年山东省对外承包工程领域
Sectors of Contracted Engineering in 2020

表4-64

行业分类	新签合同额			完成营业额		
	金额（万美元）	增长（%）	权重（%）	金额（万美元）	增长（%）	权重（%）
电力工程建设	233741	-17.0	23.1	318179	-12.0	33.7
一般建筑项目	296348	-8.3	29.3	295747	-33.9	31.4
交通运输建设项目	215290	-40.5	21.3	156951	23.1	16.6
石油化工项目	39020	-56.3	3.9	71256	-9.4	7.6
水利建设项目	103510	367.9	10.2	26439	9.3	2.8
工业建设项目	18975	73.3	1.9	6885	-67.1	0.7
制造加工设施建设项目	7297	-71.4	0.7	6217	-79.0	0.7
废水（物）处理项目	150	-74.2	0.0	369	-69.8	0.0
通信工程建设	4465	731872.1	0.4	187	30495.1	0.0
其他	91874	-40.8	9.1	60750	6.5	6.4

2020 年山东省对外承包工程主要签约对象
Main Contract Entities of Contracted Engineering in 2020

表 4–65

序 号	签约对象	签约额（万美元）	增长（%）	权重（%）
1	沙特阿拉伯	135827	–34.2	13.4
2	阿拉伯联合酋长国	89665	351.9	8.9
3	印度尼西亚	81994	128.9	8.1
4	秘鲁	62762	148.8	6.2
5	巴林	59366	—	5.9
6	尼日利亚	57467	1440.7	5.7
7	委内瑞拉	47338	–52.5	4.7
8	新加坡	39640	–24.6	3.9
9	柬埔寨	37695	95.0	3.7
10	阿尔及利亚	30344	–11.8	3.0

2020 年对外承包工程主要营业区域
Main Operating Destinations of Contracted Engineering in 2020

表 4–66

序 号	营业区域	营业额（万美元）	增长（%）	权重（%）
1	阿尔及利亚	92380	87.6	9.8
2	沙特阿拉伯	79129	–46.6	8.4
3	伊拉克	75765	257.8	8.0
4	印度尼西亚	63459	34.2	6.7
5	新加坡	45435	–65.1	4.8
6	孟加拉国	33190	22.3	3.5
7	柬埔寨	31902	280.9	3.4
8	印度	29502	–9.7	3.1
9	津巴布韦	27425	88.1	2.9
10	阿拉伯联合酋长国	25882	267.5	2.7

2020年山东省对外承包重大签约项目
Main Projects of Contracted Engineering in 2020

表 4-67

序　号	签约企业名称	项目名称	签约额（万美元）	营业额（万美元）	所在国家
1	中国电建集团山东电力建设有限公司	萨拉曼国王国际综合港务设施 A&B，C 及 D 区（3 个包）	100000	20097	沙特阿拉伯
2	山东电力建设第三工程有限公司	承建巴林阿杜二期独立电站及海水淡化项目	59366	20406	巴林
3	山东电力建设第三工程有限公司	承建阿布扎比 Taweelah 独立水厂项目	50754	6427	阿拉伯联合酋长国
4	中铁十四局集团有限公司	尼日利亚古拉拉水电站	48936	0	尼日利亚
5	中启胶建集团有限公司	柬埔寨中启卡威汽车工业园一期工程总承包项目	26332	9992	柬埔寨
6	山东电力建设第三工程有限公司	承建沙特拉比格三期独立海水淡化项目	26067	1410	沙特阿拉伯
7	中铁十局集团有限公司	铁矿石销售合同（巴兰克斯矿山开采项目对应贸易合同）	25000	0	委内瑞拉
8	山东电力建设第三工程有限公司	承建印尼 Kalbar-1 2x100 兆瓦燃煤电站	24994	10698	印度尼西亚
9	中建八局第一建设有限公司	济州梦想大厦赌场综合度假村精装修工程	18591	5280	韩国
10	中国山东对外经济技术合作集团有限公司	塞尔维亚瓦列沃快速路项目	18213	2158	塞尔维亚

2020年山东省对外承包工程主要签约企业
Main Contracting Enterprises of Contracted Engineering in 2020

表4-68

序　号	企业名称	签约额（万美元）	完成营业额（万美元）
1	山东电力建设第三工程有限公司	193354	140548
2	中铁十局集团有限公司	127737	41756
3	中国电建集团山东电力建设有限公司	100000	33630
4	中铁十四局集团有限公司	91876	29677
5	青建集团股份公司	64087	68532
6	威海国际经济技术合作有限公司	50021	50086
7	山东电力建设第一工程有限公司	44225	12016
8	烟建集团有限公司	42013	45000
9	威海建设集团股份有限公司	31150	5507
10	中建八局第一建设有限公司	27994	25095

2020年对外承包工程经营业绩十佳企业
Top Contracted Engineering Operation Enterprises in 2020

表4-69

序　号	企业名称	营业额（万美元）	权重（%）
1	中国电建集团核电工程有限公司	141999	15.1
2	山东电力建设第三工程有限公司	140548	14.9
3	青建集团股份公司	68532	7.3
4	山东路桥集团有限公司	56900	6.0
5	中国山东对外经济技术合作集团有限公司	52376	5.6
6	威海国际经济技术合作有限公司	50086	5.3
7	烟建集团有限公司	45000	4.8
8	中铁十局集团有限公司	41756	4.4
9	中国电建集团山东电力建设有限公司	33630	3.6
10	中铁十四局集团有限公司	29677	3.1

2020年山东省主要劳务派驻地
Major Labor Dispatching Locations of Shandong Province in 2020

表4-70

序　号	派驻地	派出数量（人次）	增长（%）	权重（%）	年末驻留（人）	增长（%）	权重（%）
1	沙特阿拉伯	8032	139.7	25.5	10832	157.5	12.1
2	中国香港	5418	-24.1	17.2	5718	-11.6	6.4
3	日本	5386	-67.9	17.1	31061	-39.8	34.8
4	新加坡	3224	-59.0	10.2	8869	-57.9	9.9
5	印度尼西亚	1711	-64.5	5.4	2791	56.3	3.1
6	巴拿马	1383	-55.8	4.4	1735	-46.2	1.9
7	越南	537	93.2	1.7	396	10.9	0.4
8	巴基斯坦	535	-24.1	1.7	1522	-3.4	1.7
9	马绍尔群岛	439	-13.1	1.4	380	-33.9	0.4
10	利比里亚	343	2.7	1.1	319	-18.4	0.4

2020年山东省主要劳务派遣企业
Major Labor Dispatching Enterprises of Shandong Province in 2020

表4-71

序　号	企业名称	派出数量（人次）	权重（%）	年末在外人数（人）
1	中国电建集团山东电力建设有限公司	7933	25.2	8329
2	山东省海丰船舶管理有限公司	1310	4.2	918
3	山东电力建设第三工程有限公司	1283	4.1	6787
4	青岛韦立国际船舶管理有限公司	1175	3.7	873
5	山东电力建设第一工程有限公司	948	3.0	932
6	青岛远航源丰润国际劳务有限公司	823	2.6	581
7	威海市海润船务有限公司	768	2.4	1165
8	烟台国际经济技术合作集团有限公司	678	2.2	3340
9	山东日升国际经济技术合作有限公司	662	2.1	4049
10	中国电建集团核电工程有限公司	648	2.1	845

经济园区
Economic Zones

山东省经济（技术）开发区一览表
List of Economic and Technological Development Zones

表 4-72

序　号	开发区名称	类　别
1	山东明水经济技术开发区	国家级
2	山东青岛经济技术开发区	
3	山东胶州经济技术开发区	
4	山东东营经济技术开发区	
5	山东烟台经济技术开发区	
6	山东招远经济技术开发区	
7	山东潍坊滨海经济技术开发区	
8	山东威海经济技术开发区	
9	山东威海临港经济技术开发区	
10	山东日照经济技术开发区	
11	山东临沂经济技术开发区	
12	山东德州经济技术开发区	
13	山东聊城经济技术开发区	
14	山东邹平经济技术开发区	
15	山东滨州经济技术开发区	
16	山东济南经济开发区	省级
17	山东济南临港经济开发区	
18	山东济北经济开发区	
19	山东济南槐荫经济开发区	
20	山东济南新材料产业园区	
21	山东商河经济开发区	
22	山东平阴经济开发区	
23	山东济南莱芜经济开发区	

续表4-72

序　号	开发区名称	类　别
24	山东济南钢城经济开发区	省级
25	山东环海经济开发区	
26	山东即墨经济开发区	
27	山东平度经济开发区	
28	山东莱西经济开发区	
29	山东青岛城阳工业园区	
30	山东淄博经济开发区	
31	山东临淄经济开发区	
32	山东淄川经济开发区	
33	山东博山经济开发区	
34	山东周村经济开发区	
35	山东桓台经济开发区	
36	山东张店经济开发区	
37	山东高青经济开发区	
38	山东沂源经济开发区	
39	山东淄博东岳经济开发区	
40	山东枣庄经济开发区	
41	山东滕州经济开发区	
42	山东薛城经济开发区	
43	山东峄城经济开发区	
44	山东山亭经济开发区	
45	山东台儿庄经济开发区	
46	山东垦利经济开发区	
47	山东广饶经济开发区	
48	山东利津经济开发区	
49	山东河口经济开发区	
50	山东大王经济开发区	

续表4-72

序　号	开发区名称	类　别
51	山东莱山经济开发区	省级
52	山东牟平经济开发区	
53	山东龙口经济开发区	
54	山东莱阳经济开发区	
55	山东莱州经济开发区	
56	山东蓬莱经济开发区	
57	山东栖霞经济开发区	
58	山东海阳经济开发区	
59	山东龙口高新技术产业园区	
60	山东潍坊经济开发区	
61	山东青州经济开发区	
62	山东诸城经济开发区	
63	山东安丘经济开发区	
64	山东高密经济开发区	
65	山东昌邑经济开发区	
66	山东昌乐经济开发区	
67	山东临朐经济开发区	
68	山东潍坊奎文经济开发区	
69	山东潍城经济开发区	
70	山东潍坊峡山生态经济开发区	
71	山东济宁经济开发区	
72	山东济宁运河经济开发区	
73	山东曲阜经济开发区	
74	山东邹城经济开发区	
75	山东梁山经济开发区	
76	山东泗水经济开发区	
77	山东鱼台经济开发区	

续表4-72

序　号	开发区名称	类　别
78	山东嘉祥经济开发区	省级
79	山东汶上经济开发区	
80	山东微山经济开发区	
81	山东金乡经济开发区	
82	山东兖州工业园区	
83	山东邹城工业园区	
84	山东济宁新材料产业园区	
85	山东泰安经济开发区	
86	山东新泰经济开发区	
87	山东岱岳经济开发区	
88	山东泰山经济开发区	
89	宁阳经济开发区	
90	山东东平经济开发区	
91	山东肥城经济开发区	
92	山东荣成经济开发区	
93	山东文登经济开发区	
94	山东乳山经济开发区	
95	威海南海经济开发区	
96	山东岚山经济开发区	
97	山东日照工业园区	
98	山东日照市北经济开发区	
99	山东莒县经济开发区	
100	临沂河东经济开发区	

续表4-72

序　号	开发区名称	类　别
101	山东沂水经济开发区	省级
102	山东兰陵经济开发区	
103	山东沂南经济开发区	
104	山东临沭经济开发区	
105	山东费县经济开发区	
106	山东莒南经济开发区	
107	山东郯城经济开发区	
108	山东蒙阴经济开发区	
109	山东平邑经济开发区	
110	山东临沂兰山经济开发区	
111	山东临沂临港经济开发区	
112	山东罗庄经济开发区	
113	山东齐河经济开发区	
114	山东宁津经济开发区	
115	山东夏津经济开发区	
116	山东乐陵经济开发区	
117	山东临邑经济开发区	
118	山东庆云经济开发区	
119	山东武城经济开发区	
120	山东平原经济开发区	
121	山东陵县经济开发区	
122	山东德州运河经济开发区	
123	山东聊城嘉明经济开发区	
124	山东高唐经济开发区	

续表4–72

序　号	开发区名称	类　别
125	山东临清经济开发区	省级
126	山东东阿经济开发区	
127	山东聊城鲁西经济开发区	
128	山东茌平经济开发区	
129	山东阳谷祥光经济开发区	
130	山东冠县经济开发区	
131	山东博兴经济开发区	
132	山东滨州工业园区	
133	山东阳信经济开发区	
134	山东惠民经济开发区	
135	山东无棣经济开发区	
136	山东沾化经济开发区	
137	山东滨州北海经济开发区	
138	山东菏泽经济开发区	
139	山东菏泽牡丹经济开发区	
140	山东成武经济开发区	
141	山东曹县经济开发区	
142	山东鄄城经济开发区	
143	山东巨野经济开发区	
144	山东郓城经济开发区	
145	山东定陶经济开发区	
146	山东单县经济开发区	
147	山东东明经济开发区	

市级商务

Municipal Business

简要说明

一、栏目内容

本栏目记述各市 2020 年商务经济运行情况，含各市商务及其他相关部门所开展的有关工作、业务运行状况等，以文字加图表的形式呈现。

二、资料来源

各市商务主管部门

Brief Introduction

Ⅰ. Content

The column records commerce economic operation conditions of 17 cities in 2020, including relevant work carried out by commerce and other relevant departments in every city, business operation conditions , presented in words and diagrams.

Ⅱ. Data sources

Commercial department in every city

2020 年济南市商务经济运行情况

Business Operation Conditions of Jinan City in 2020

【商贸流通】

社会消费品零售总额　2020 年，济南市实现社会消费品零售总额 4469.1 亿元，比上年的 4420.4 亿元增长 1.1%。按地域分，城镇社会消费品零售额 4013.2 亿元，乡村社会消费品零售额 455.9 亿元。按行业分，批发和零售贸易业零售额 3857.0 亿元，住宿和餐饮业零售额 612.1 亿元。

限额以上单位商品零售额中，粮油、食品零售额 156.4 亿元、增长 7.0%，家用电器和音像器材零售额 85.6 亿元、增长 6.7%，其中智能家用电器和音像器材零售额 29.9 亿元、增长 113.2%，汽车零售额 477.2 亿元、增长 7.4%，新能源汽车零售额 20.1 亿元、增长 47.6%，体育娱乐用品零售额 6.8 亿元、增长 26.4%。限额以上单位通过公共网络实现零售额 136.8 亿元，增长 19.2%。

2020 年济南市社会消费品零售总额
Consumer Good Retail Sales of Jinan City in 2020

表 5-1

分类指标	金额（亿元）	增长（%）
总　　额	**44691334.5**	**1.1**
城　　镇	40132682.5	1.2
乡　　村	4558652.0	0.5
商品零售	38584823.9	2.6
餐饮住宿	6106510.6	−7.2
限额以上	15041540.9	−0.9
限额以下	29649793.6	2.1

市场物价　2020 年，济南市商品零售价格指数为 101.9，居民消费价格指数为 102.4%。食品烟酒价格比上年上涨 9.9%，衣着价格下降 0.1%，居住价格下降 1.5%，生活用品及服务价格下降 0.6%，交通和通信价格下降 4.3%，教育、文化和娱乐价格下降 0.4%，其他用品和服务价格上涨 8.6%。

市场秩序建设　2020 年，济南市商务部门继续开展商品追溯体系建设，肉菜追溯平台和重要产品追溯平台实现数据互联互通，全年接收追溯数据8400多万条。匡山批发市场全面开展追溯模式创新推广工作，肉菜经营业户实现“支付+追溯”追溯模式全覆盖，每日向市追溯平台传送数据超过1.2万条。其他标准化菜市场也开始试点“支付+追溯”追溯模式，并将追溯链条延伸至下游销售环节。市、区县两级商务部门加强单用途商业预付卡监管工作，会同相关部门进行“双随机、一公开”联合检查，及时处理济南德林家庭服务有限公司、五湖家政公司等企业的消费者用卡纠纷。商务部门拟定《商务领域市场主体信用分级管理制度》《济南市家政服务业信用体系建设实施方案及资金管理规定》，加强商务领域诚信经营制度建设，推动40多家企业建立企业信用记录、13000多个家政服务员建立个人信用记录，8个企业获得诚信家政星级企业省级认证。商务、市场监督管理等机构出台《济南市成品油流通监管制度规范》，加强对成品油流通的市场监管，开展三次专项整治行动，查处涉成品油违规违法事项88起，取缔25个黑加油站点、15辆非法流动加油车，查处油罐车14个、加油机6台，收缴非法销售成品油11.3吨，敦促150余家企业完成年检整改。

市场体系建设　2020年，济南市商务部门以商业能级提升、便民利民为目标，强化体量大、品质优、拉动力强的商业综合体招引工作，完善以大型批发市场为龙头，社区菜市场为骨干，超市生鲜部、社区便民肉菜店为补充的流通网络，积极打造统一、开放、竞争、有序的现代市场体系，投资额亿元以上、面积超过1万平方米的60多个批零贸易业重大项目，如迪卡侬商业中心、泰瑞西客站商业广场、银座·和谐购物中心龙泉店、山东国华时代广场、龙湖济南奥体天街项目，相继建成开业。规划占地3600亩、一期占地1460亩的长清公益性农产品批发市场项目建设加快推进，年内完成投资4亿元，一期果品区A地块建成竣工、B地块主体结构封顶，果品区已有意向招商客户280多个。在社区菜市场和便民肉菜店建设方面，商务部门为147个规划新建住宅小区提出社区菜市场配建建议，新建9个社区菜市场和30多个连锁便民肉菜店，培育新零售连锁网点500余个。建成52个15分钟社区便民商圈，历下区老东门万货汇购物广场被认定为全国特色商圈示范工程、天桥区北徐幸福里被认定为全国15分钟便民商圈示范工程、天桥区影山邻里中心被确定为全国15分钟便民商圈试点项目。

步行商业街业态提升　政府有关机构出台《济南市推动商业（步行）街区改造提升工作的实施方案（2020—2022）》《济南市商业街（区）建设规范》，打造济南制造等不同主题的业态专区。商务部门指导区县和重点街区运营主体制定改造提升方案，认定16条市级示范商业（步行）街，并指导泉城路商业街以繁荣夜经济为抓手，进行南北两侧沿街环境整治，提升沿街亮化程度，营造浓厚的商业氛围。8月7日至11月15日双休日、节假日期间，在泉城路步行街试运行限时步行，引入高端业态商家300余个，贯通1.5千米的线性零售步行街区。年内，济南市已培育形成宽厚里美食、融汇老商埠怀旧等一批夜间经济品牌，培育泉城路综合商业街区、芙蓉街网红小吃街区、英雄山红色记忆特色街区、绿地中心转角遇到爱恋爱文化街区、“汽车小镇+泉城美食”主题餐饮街区、环联夜市、海尚坊奥特莱斯购物小镇休闲商业街区等8个特色鲜明的夜间经济主题街区。

首店经济与连锁经营　济南市政府机构

制定支持首店经济和连锁经营发展的若干措施，推动相关领域加快发展，年内引进品牌首店115个。12月18日，总部位于北京的龙湖地产有限公司在山东投资建设的第一个商业综合体龙湖济南奥体天街开业，入驻品牌217个，包括综合商超类首店永辉超市在内的济南首店商业品牌30余个。连锁经营品牌企业家家悦集团股份有限公司在济南设立总部，银座集团股份有限公司、大润发、华联集团有限公司等连锁企业经营业绩再创新高。

电子商务　济南市商务部门出台大力发展电子商务、打造直播经济总部基地的实施方案，于6月6日举办济南制造、天下共享电子商务直播节，邀请国内知名电子商务平台相关负责人、网红主播参与，济南市委书记孙立成等参加直播带货活动。年内，济南市共打造4个电子商务直播基地、8个直播产业集群，新建5个电子商务园区，拥有22万个网络店铺，举办直播活动16.5万次，实现网络零售额852.9亿元。商河县、凤凰山产业园分别被确定为国家级电子商务进农村综合示范县、电子商务示范基地，世纪开元有限公司、开创集团股份有限公司进入商务部数字商务企业名录。淘宝直播村播计划2.0、淘宝直播村播学院、快手济南创新发展中心、快手服饰产业带等项目相继签约落地。

特殊行业发展　2020年，济南市商务部门部署开展拍卖企业核查工作。督促企业自查，并对114家拍卖企业所提交的经营材料进行逐一审核，其中99家拍卖企业年度核查合格，13家企业被责令限期整改，2家企业的经营资格被取消。至2020年年底，全市共有拍卖企业140家，其中2020年新备案企业28家，实有注册拍卖师208人，拍卖企业实现成交额118.20亿元、佣金收入1.26亿元。

根据市政府垃圾分类管理要求，商务部门发布《济南市生活垃圾可回收物指导目录（2019—2020）》《关于推进全市再生资源回收体系建设的指导意见》，进一步明确再生资源种类、代表性物品、再生资源回收站点、分拣中心及集散交易市场相关标准，引导居民规范处理生活垃圾，并引导再生资源回收主体规范化发展。莱芜福泉橡胶有限公司、山东神州再生资源有限公司、山东闽源再生资源有限公司被认定为省级再生资源示范产业园和回收分拣示范中心创建单位。

市场运行和消费促进　2020年，根据新冠肺炎疫情防控要求，济南市商务部门组建15个督导组，分赴相关经营场所开展工作，推出商场超市、批发市场等5项复工规范，为经营单位协调减免租金2亿元、落实贷款4.4亿元。推动成立菜篮子产销联盟，协调华联商厦等经营单位销售滞销蔬菜近2万吨，并倡导开展农超、农企、电子商务经营者对接一级蔬菜定制包、生活用品定制包、无接触配送等新型经营模式。应急商品储备单位冬储大白菜、土豆、萝卜、胡萝卜15000吨，全年储备冻猪肉6500吨，以保障市场供应。为缓解元旦、春节期间肉菜供应紧张局面，商务部门指导储备单位向市场投放大白菜1500余吨、冻猪肉近1500吨。

济南市人民政府出台《关于促进消费扩容提质进一步激发消费潜力的实施意见》，通过发放消费券等方式释放消费需求。商务部门引导企业开展济南春夏购物节、济南金秋消费促进季、千店万品约惠泉城济南暖冬消费季系列促销活动，创新消费场景，增加消费体验。市区两级商务部门面向住宿、餐饮、购物3个领域发放消费券2400万元，直接拉动消费1.4亿元。

【货物贸易】

进出口额　2020年，济南市实现货物进出口1382.7亿元，较上年增长22.9%。

2020年济南市货物贸易额
Foreign Trade Value of Jinan City in 2020

表5-2

分类指标	进出口（万元）	增长（%）	出口（万元）	增长（%）	进口（万元）	增长（%）
总　额	**13826642**	**23.0**	**7550370**	**17.2**	**6276272**	**30.7**
按企业性质划分						
国有企业	2589722	5.3	254502	-34.9	2335220	12.9
外商投资企业	2445449	8.5	1794403	5.0	651046	19.4
其他企业	8791471	34.6	5501465	26.6	3290006	50.4
集体企业	692066	37.6	178430	18.4	513636	45.7
私营企业	8099405	35.3	5323035	27.5	2776370	53.4
按贸易方式划分						
一般贸易	11929795	18.7	6778170	15.8	5151625	22.8
加工贸易	401406	2.8	288485	-5.2	112921	31.1
其他贸易	1495441	85.3	483715	69.3	1011726	94.1
按大类商品划分						
机电产品	6560277	15.8	4059571	11.0	2500706	24.6
纺织服装	724557	108.7	711732	110.7	12825	35.6
农产品	1294510	39.0	676908	28.6	617602	52.5
高新技术产品	4435439	41.6	1452795	59.3	2982644	34.3

进口额　实现进口627.6亿元，较上年增长30.7%。

2020年济南市主要进口商品
Major Import Goods of Jinan City in 2020

表5-3

进口商品名称	进口额（万元）	增长（%）
机械设备	1715590	16.2
电器及电子产品	1282123	56.8
铁矿砂及其精矿	1118492	17.9
仪器仪表	408934	51.9
纸浆	273814	16.0
原油	198559	203.4
水海产品	97188	26.7
煤及褐煤	95966	97.2
初级形状的塑料	79300	11.5
运输工具	79113	2.6
粮食	41450	-7.2
金属制品	38182	12.6
乳品	28081	-17.8
纸及纸板（未切成形的）	20227	29.4
变压、整流、电感器及零件	18575	66.6
未锻轧铜及铜材	18496	29.6
酒类	11466	-22.6
合成橡胶（包括胶乳）	11009	-11.4
纺织纱线、织物及制品	10062	21.4
钢坯及粗锻件	9033	7917.4

进口来源　进口商品来自110个国家（地区）。从10个主要进口来源进口4734043万元，占进口总额的75.4%。

2020年济南市主要进口来源
Major Import Sources of Jinan City in 2020

图 5-1 单位：万元

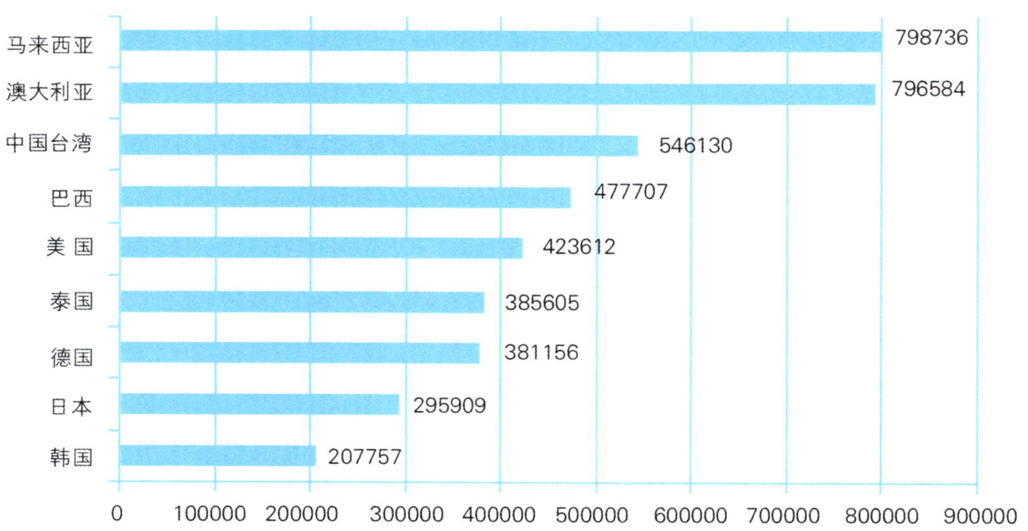

出口额 实现出口755.0亿元，较上年增长17.2%。

2020年济南市主要出口商品
Major Export Goods of Jinan City in 2020

表 5-4

出口商品名称	金额（万元）	增长（%）
机械设备	3333450	25.9
运输工具	1249819	-11.7
电器及电子产品	808462	30.8
金属制品	603682	2.3
纺织纱线、织物及制品	540846	169.4
仪器仪表	495365	46.3
钢材	456454	-10.1
蔬菜及制品	380489	20.0
肉食品及制品	324288	109.0
医药品	318549	35.5
原油	198559	203.4

续表5-4

出口商品名称	金额（万元）	增长（%）
服装及衣着附件	183711	25.4
水果及制品	147874	27.4
塑料制品	101226	32.3
水海产品及制品	98309	28.0
煤及褐煤	95974	97.3
杀虫剂、除草剂及类似品	81029	23.9
玻璃制品	69813	11.9
谷物及粮油制品	56670	24.4
粮食	50820	-7.5

出口市场 出口商品销往217个国家（地区）。对10个主要市场出口3304180万元，占出口总额的43.8%。

2020年济南市主要出口市场
Major Export Markets of Jinan City in 2020

图5-2

单位：万元

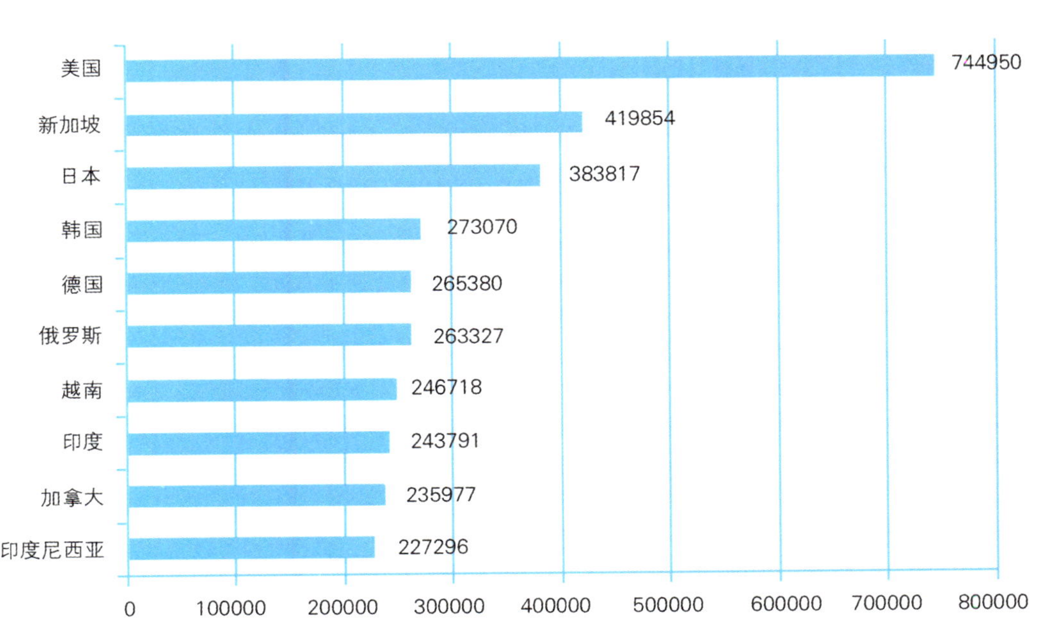

【服务贸易】

进出口额　2020年，济南市实现服务进出口282.8亿元，较上年下降19.6%。

进口额　实现进口167.1亿元，比上年的245.6亿元下降24.8%。

出口额　实现出口115.7亿元，比上年的194.6亿元下降10.7%。

主要业务领域　济南市2020年服务贸易涉及旅行、电信、计算机和信息服务、建设、其他商业服务等领域，旅行等主要业务领域实现出口100.7亿元。

主要出口市场　济南市2020年服务贸易主要出口市场为美国、中国香港、日本、荷兰、印度尼西亚。

【技术贸易】

进出口额　2020年，济南市实现技术进出口23638.91万美元，比上年的32628.82万美元下降27.6%。

技术引进　签订技术引进和设备进口合同26个，签约额13079.25万美元，比上年的10067.50万美元增长29.9%。

技术出口　签订技术出口合同94个，签约额10559.66万美元，比上年的22561.32万美元下降53.2%。

【吸收外国及中国港澳台地区投资】

总体情况　济南市2020年引进外国及中国港澳台地区投资项目203个，签约投资额3964338万元，实际投资额1320308万元。

投资产业　第一产业项目3个，签约投资额899万元，实际投资额210万元。第二产业项目34个，签约投资额1122645万元，实际投资额312413万元。第三产业项目166个，签约投资额2840794万元，实际投资额1007685万元。

投资来源　2020年有36个国家（地区）在济南市投资，投资额居前五位的国家（地区）分别是中国香港、新加坡、德国、英国、韩国，合计投资项目119个，签约投资额3757618万元，实际投资额1285275万元。

2020年济南市主要投资来源
Major Investment Sources of Jinan in 2020

表5-5

投资来源	投资项目（个）	签约投资额（万元）	实际投资额（万元）
中国香港	94	3478873	1192773
新加坡	6	125568	36095
德国	5	58081	24700
英国	7	42584	17280
韩国	7	52512	14427

投资企业生产经营情况　济南市实有外商及中国港澳台商投资企业1439家，投资总额6011217.1万美元，归属于境外方股东的实收资本6492881.47万元，实现营业收入23004831.41万元。盈利企业382家，盈利总额1675327.45万元。亏损企业617家，亏损总额236309.05万元。

【经济技术合作】

对外国及中国港澳台地区投资　2020年，济南市兴办境外企业（机构）77家，总投资额99.55亿元，中方投资额80.44亿元。投资项目分布在中国香港、日本、加拿大、德国、越南、新加坡、韩国等36个国家和地区，主要投资项目包括山东黄金矿业股份有限公司在澳大利亚、开曼群岛及加拿大投资设立的黄金勘探开发项目，玫德集团有限公司在波兰以并购方式设立的管件生产项目，山东历金投资管理有限公司在香港特别行政区设立的贸易项目，济南富能半导体有限公司在韩国以并购方式设立的电子元器件项目。其中，在香港特别行政区投资设立企业16家，总投资额62893万元，济南投资方投资额58256万元。在中国台湾设立经营分支机构1个。

承包工程　济南市2020年签订对外承包工程合同65个，签约额303.45亿元，完成营业额294.67亿元。新签约项目涉及铁路、港口、电站、路桥、房建等基础设施建设行业，主要分布在沙特阿拉伯、阿拉伯联合酋长国、韩国、泰国、委内瑞拉、秘鲁、尼日利亚等国家。

劳务合作　2020年，济南市派出各类劳务人员11966人，较上年增长48.7%，年末在外24388人，主要派遣至沙特阿拉伯、日本、印度尼西亚、越南等40个国家和地区。

【园区建设】

园区运行　2020年，济南市1个国家级经济技术开发区、8个省级经济开发区、2个海关特殊监管区域实现税收收入210.6亿元，较上年增长47.5%；完成一般公共预算收入136.95亿元，增长41.8%；规模以上工业企业实现主营业务收入2440.3亿元，增长23.9%；实现进出口66.6亿美元，增长40.4%；吸收外商及中国港澳台商实际投资7.4亿美元，增长122.9%。在建投资项目498个，增长81%；在谈投资项目93个，增长31%。

园区改革　2020年，按照中共山东省委工作部署，济南市全面推进开发区体制机制改革创新工作。落实17项改革任务，在开发区推出6项改革措施：本着年轻化、专业化、市场化原则，选好配强开发区班子和干部队伍。畅通开发区与机关事业单位之间的人员交流渠道。深化开发区薪酬制度改革。在市级层面成立市园区发展投资控股集团公司。实施以亩产效益、对外开放、创新驱动、产业集聚为导向的财政激励政策。将开发区考核纳入全市经济社会发展综合考核。

济南章锦综合保税区　2020年5月，国务院批准设立济南章锦综合保税区。保税区规划面积1.52平方千米，位于中国（山东）自由贸易试验区济南片区中心位置，东至刘公河，连接济南药谷、唐冶新城、侨梦苑（山东产研院）、超算中心，西至绕城高速公路东环线，连接济南中央商务区、高新区核心区、汉峪金谷、万达文旅城，南至港源七路，北至港源一路。重点培育研发设计中心、检验检测中心和销售服务中心，重点发展产业为软件研发设计及配套、医药研发与制造、检验检测、跨境电子商务、国际贸易、供应链金融等产业。

【重要商务活动】

刘家义、李干杰在济南调研节日市场　2020年9月29日，中共山东省委书记刘家义、山东省省长李干杰在济南甸柳社区吉祥苑菜市场、港华燃气甸柳客户服务中心调研节日市场供应和服务保障工作，详细询问米面油肉蛋奶价格，检查水产品、海产品检验检测工作。刘家义指出，要毫不放松地抓好疫情防控、保供稳价，确保食品安全，让老百姓买得放心、吃得安心。山东省和济南市领导孙立成、刘强、孙述涛一同调研。

【重大商务举措】

成立“走出去”企业联盟　2020年6月28日，济南市商务局组织30家重点外经龙头企业发起成立济南市“走出去”企业联盟，旨在打造企业资源共享、优势互补、抱团开拓国际市场、服务企业海外发展的交流平台，通过发挥龙头企业的引领作用带动更多济南企业走出国门，共享“一带一路”以及国际市场发展新机遇。澳大利亚南澳大利亚州政府驻济南代表处、荷兰贸促会驻济南代表处、香港特别行政区政府驻山东联络处、韩国大韩贸易振兴公社驻青岛代表处、釜山经济振兴院驻青岛代表处代表及相关保险、金融机构代表出席联盟成立仪式。

知识窗

2020年济南市交通和旅游

2020年年末，济南市公路通车里程数18117.2千米，比上年增长2.0%。其中，境内高速公路里程数737.8千米，增长12.9%。公路客运量1209万人，下降62.7%；旅客周转量17.1亿人公里，下降68.4%。公路货运量2.8亿吨，增长0.4%；货运周转量562.4亿吨千米，增长0.2%。拥有民用机动车313.9万辆，其中，民用汽车279.4万辆，增长8.1%。公交线路650条，比上年增加54条，线路总长度13204.7千米，增加2397.5千米，旅客运输量5.3亿人次，减少3.2亿人次。全年累计完成航班起降10.2万架次，下降21.2%；旅客吞吐量1238.5万人次，下降29.5%；货邮吞吐量14.7万吨，增长8.4%。

全年接待国内外游客6048.8万人次，恢复至上年水平的60.3%。其中，接待国内游客6037.9万人次，接待入境游客10.9万人次。实现旅游总收入702.8亿元，恢复至上年水平的54.6%。其中，国内旅游收入700.5亿元，入境旅游收入3322.0万美元。A级景区86个，其中，5A级旅游景区1个，4A级旅游景区16个。省级旅游度假区2个。

2020 年青岛市商务经济运行情况

Business Operation Conditions of Qingdao City in 2020

【商贸流通】

社会消费品零售总额　2020 年，青岛市实现社会消费品零售总额 5203.5 亿元，较上年增长 1.5%。按经营地统计，城镇消费品零售额 4294.4 亿元，增长 1.1%；乡村消费品零售额 909.1 亿元，增长 3.2%。胶州市增长 5%，莱西市增长 2.9%，即墨区增长 2.8%。分行业看，批发和零售业实现零售额 4683.7 亿元，增长 2.4%；住宿和餐饮业实现零售额 519.8 亿元，下降 5.7%。限额以上批发业实现销售额 8884.8 亿元，增长 26.8%，限额以上零售业实现销售额 1563.4 亿元，增长 1.0%，限额以上餐饮业实现营业额 68.7 亿元，下降 5.9%。

限额以上单位商品零售额中，粮油、食品零售额增长 7.4%，饮料零售额增长 33.0%，烟酒零售额增长 13.9%，服装、鞋帽、针纺织品零售额下降 15.5%，化妆品零售额下降 4.0%，金银珠宝零售额下降 24.3%，日用品零售额下降 6.4%，家用电器和音像器材零售额下降 3.4%，中西药品零售额增长 4.9%，文化办公用品零售额增长 50.4%，电子出版物及音像制品零售额下降 41.8%，家具零售额下降 54.2%，通信器材零售额下降 5.0%，智能手机零售额增长 0.7%，建筑及装饰材料零售额增长 18.8%，石油及其制品零售额增长 4.4%，汽车零售额增长 3.6%。

全市电子商务平台实现交易额 1.17 万亿元，增长 4.2%。限额以上批发和零售企业网络销售额 541.6 亿元，增长 22.9%。

2020 年青岛市社会消费品零售总额
Consumer Good Retail Sales of Qingdao City in 2020

表 5-6

分类指标	金额（亿元）	增长（%）
总　　额	**5203.5**	**1.5**
城　　镇	4294.4	1.1
乡　　村	909.1	3.2
商品零售	4683.7	2.4
餐饮住宿	519.8	–5.7

市场物价　2020年，青岛市居民消费价格较上年上涨2.4%，其中非食品价格上涨0.4%，服务价格上涨0.7%，消费品价格上涨3.4%。食品价格上涨9.8%，衣着价格下降0.1%，居住价格上涨0.5%，生活用品及服务价格下降0.6%，交通和通信价格下降5.5%，教育、文化和娱乐价格上涨2.1%，医疗保健价格上涨2.0%。

市场秩序建设　2020年，青岛市商务和市场监管部门加强成品油流通监管工作，依法规范成品油经营企业办事流程，并向社会公开。对全市9家成品油批发经营企业、5家仓储企业和868个零售加油站进行年度检查和规范化经营专项检查，规范经营秩序，敦促企业守法经营。组织开展打击黑加油站点行动，建立健全违法经营线索举报、案件移交、联合检查、周信息报送、月调度通报等工作机制，开展专项治理工作。商务部门推进商务领域诚信体系建设，逐项分解落实商务部商务信用建设各项任务，依托青岛市商务诚信网站对行业诚信企业红名单进行公示，探索推进事前信用审核、信用承诺、信用公示、信用分类监管等制度建设，会同相关部门组织开展诚信兴商宣传月和商贸企业诚信经营签约活动，家政服务行业诚信建设全面展开，成品油、二手车交易市场、电子商务企业、单用途商业预付卡备案企业等经营单位全部签订诚信经营承诺书。进一步规范单用途商业预付卡经营秩序，在春节、中秋节、国庆节等单用途商业预付卡流通高峰时期加强监管工作，编制单用途商业预付卡备案工作指南，规范发卡行为，并通过网络媒体向社会发布单用途商业预付卡风险防范提示，提高消费者风险防范意识。成立商务系统单用途商业预付卡监督检查工作领导小组，关注社会舆情，妥善调处消费纠纷。对出现苗头性问题的重点企业，及时约谈企业负责人，督促其落实预算资金结算、风险管理、日常监督、应急处置等运营制度。

市场体系建设　2020年，青岛市相关政府机构编制完成《青岛市商业网点专项规划（2020—2035年）》，着重培育市场主体，加快商业设施建设，完善商业零售业态，打造高端商贸服务集聚区以及良好的商业载体、业态、环境。全市已基本形成以19个商业中心、59条商业街、164处大中型零售商业设施、众多社区商业网点为依托的较为完整的商业空间载体。19个商业中心包括7个市级商业中心、7个区级商业中心和5个特色商业集聚区。台东步行街被国家有关机构确定为全国第二批步行街改造提升试点街区，即墨古城、鲁邦风情街被山东省有关部门确定为全省步行街改造提升试点街区。全市正在运营的各类交易市场750个，青岛城阳蔬菜批发市场、即墨服装批发市场、青岛鼎信水果批发市场年交易额均突破100亿元。青岛东方鼎信国际农副产品交易中心为全省首个进境水果指定口岸。

特殊行业发展　2020年，青岛市原有的78家拍卖企业，参加年检核查的71家，因不再经营等原因未参加年检的7家，从业拍卖师108人。拍卖企业实现拍卖成交额22.01亿元，较上年下降8.63%，实现佣金收入2186.11万元，下降40.23%。

实有再生资源回收企业200余家，回收站点1600余个，从业人员0.4万余人，年内回收各类再生资源约500万吨。市相关部门根据上级工作部署，先行先试开展医疗机构输液瓶（袋）回收企业确定工作。

实有报废机动车回收拆解企业3家、报废机动车回收网点4个，西海岸新区德鑫资源开发有限公司通过山东省商务厅现场验收，由回收网点升级为回收拆解企业。报废汽车回收拆解企业全年回收拆解机动车 26383 辆。

居民收支　2020 年，青岛市居民人均可支配收入 47156 元，较上年增长 3.7%。城镇居民人均可支配收入 55905 元，增长 2.6%。农村居民人均可支配收入 23656 元，增长 4.8%。居民人均消费支出 30294 元，增长 2.7%，恩格尔系数为 28.1%。城镇居民人均消费支出 35936 元，增长 1.9%。农村居民人均消费支出 15138 元，增长 1.6%。

消费促进　2020 年，青岛市由市财政部门出资开展有奖发票活动，发放奖励 6900 多万元，并通过青岛银联发放惠民券 9700 多万元，拉动消费 12.7 亿元。商务部门开展山东消费年活动青岛市域系列活动，举办各类促消费活动 100 多个，带动商贸企业开展 2000 多个促销活动。制定 18 项扶持政策，支持生活服务业、批发零售业发展，扩大消费供给。

【货物贸易】

进出口额　2020 年，青岛市实现货物进出口 64070068 万元，较上年增长 8.2%。

2020 年青岛市货物贸易额
Foreign Trade Value of Qingdao City in 2020

表 5-7

分类指标	进出口		出　口		进　口	
	金额（万元）	增长（%）	金额（万元）	增长（%）	金额（万元）	增长（%）
总　额	**64070068**	**8.2**	**38767641**	**13.7**	**25302427**	**0.7**
国有企业	6918862	-11.8	2919654	-2.3	3999208	-17.6
外商投资企业	14709358	-7.1	8815756	-5.3	5893602	-9.7
其他企业	42441848	19.4	27032231	24.0	15409617	12.1
集体企业	891001	-3.8	817966	-5.5	73035	19.9
私营企业	41550847	20.2	26214265	25.2	15336582	12.3
按贸易方式划分						
一般贸易	44391561	19.0	28953069	19.9	15438492	17.2
加工贸易	11210049	-4.1	8423317	-2.1	2786732	-9.5
其他贸易	8468458	-17.2	1391255	3.3	7077203	-20.3
按大类商品划分						
纺织服装	5377902	11.0	5162463	12.2	215439	-12.8
农产品	9675784	3.9	3937350	-3.4	5738434	9.5
化工产品	3230027	16.4	2185083	10.7	1044944	30.5
机电产品	22621586	12.7	18139379	18.1	4482207	-4.9
高新技术产品	5431691	4.3	3149601	12.9	2282090	-5.6

进口额 实现进口25302427万元，较上年增长0.7%。

进口商品结构 初级产品进口16710176万元，占进口总额的66.0%。工业制成品进口8592251万元，占进口总额的34.0%。

2020年青岛市主要进口商品
Major Import Goods of Qingdao City in 2020

表5-8

进口商品名称	进口额（亿元）	权重（%）
铁矿砂	343.27	13.6
原油	277.73	11.0
肉类	211.91	8.4
电器及电子产品	179.14	7.1
机械设备	139.88	5.5
粮食	101.88	4.0
仪器仪表	93.11	3.7
水海产品	90.38	3.6
合成橡胶	87.15	3.4
集成电路	80.44	3.2
塑料原料	79.76	3.2
铜矿砂	51.20	2.0
纸浆	42.58	1.7
铝矿砂	42.02	1.7
天然橡胶	39.86	1.6
成品油	36.50	1.4
棉花	30.42	1.2
钢材	26.73	1.1
纺织品	20.08	0.8

进口来源 进口商品来自179个国家（地区）。从10个主要进口来源进口1559.78亿元，占进口总额的61.6%。

2020年青岛市主要进口来源
Major Import Sources of Qingdao City in 2020

表 5-9

进口来源	进口额（亿元）	权重（%）
巴　　西	348.10	13.8
韩　　国	217.85	8.6
澳大利亚	193.31	7.6
马来西亚	166.33	6.6
美　　国	151.91	6.0
日　　本	132.53	5.2
俄 罗 斯	97.95	3.9
德　　国	87.27	3.4
印度尼西亚	84.23	3.3
中国台湾	80.31	3.2

出口额　实现出口38767641万元，增长13.7%，出口额占全市生产总值的31.3%、全省出口总值的29.7%。

出口商品结构　初级产品出口4226453万元，占出口总额的10.9%。工业制成品出口34541188万元，占出口总额的89.1%。

2020年青岛市主要出口商品
Major Export Goods of Qingdao City in 2020

表 5-10

出口商品名称	出口额（亿元）	权重（%）
机械设备	610.98	15.8
电器及电子产品	414.37	10.7
运输工具	312.79	8.1
服装	268.63	6.9

续表 5-10

出口商品名称	出口额（亿元）	权重（%）
纺织品	247.61	6.4
金属制品	232.74	6.0
化工产品	218.51	5.6
汽车零配件	150.79	3.9
塑料制品	137.47	3.5
轮胎	104.13	2.7
家具及其零件	98.69	2.5
钢材	88.81	2.3
水海产品	87.77	2.3
蔬菜	65.56	1.7
鞋类	61.27	1.6
陶瓷产品	51.63	1.3
仪器仪表	43.95	1.1
箱包及类似容器	40.55	1.0
鲜、干水果及坚果	39.17	1.0
床垫、寝具及类似品	35.95	0.9

出口市场　出口商品销往225个国家（地区）。对10个主要市场出口2154.93亿元，占出口总额的55.5%。

【服务贸易】

进出口额　2020年，青岛市实现服务进出口848.9亿元，比上年的998.7亿元下降15%。

进口额　实现进口405.2亿元，比上年的575.6亿元下降29.6%。

出口额　实现出口443.7亿元，比上年的422.6亿元增长5%。

服务外包　承揽服务外包项目9318个，增长4.2%。服务外包签约额70.1亿美元，下降1.9%。服务外包执行额50.5亿美元，增长7.1%。其中离岸服务外包项目8007个，签约额62.6亿美元，执行额44.2亿美元。

主要业务领域　青岛市2020年服务贸易涉及运输、旅游、建筑、电信计算机和信息、金融服务、保险服务、文化和娱乐服务等领域。按外汇收支口径，运输、旅游、建筑、电信计算机和信息领域实现出口 183.6 亿元。

主要出口市场　青岛市 2020 年服务贸易主要出口市场为中国香港、韩国、日本、美国、新加坡。按外汇收支口径，对上述市场出口 179.2 亿元。

【技术贸易】

进出口额　2020 年，青岛市实现技术进出口 70.9 亿元，比上年的 57.2 亿元增长 24%。

技术引进　签订技术引进和设备进口合同 209 个，比上年减少 13 个。签约额 17.6 亿元，比上年的 34.5 亿元下降 49.0%。

技术出口　签订技术出口合同 207 个，比上年增长 18 个。签约额 53.2 亿元，比上年的 22.8 亿元增长 133.3%。

【吸收外国及中国港澳台地区投资】

总体情况　2020 年，青岛市引进外国及中国港澳台地区投资项目 882 个，实际投资额 58.5 亿美元。

投资产业　第一产业项目 2 个，实际投资额 139 万美元。第二产业项目 117 个，实际投资额 6.5 亿美元。第三产业项目 763 个，实际投资额 52.1 亿美元。

投资来源　2020 年有 73 个国家（地区）在青岛市投资，实际投资额居前五位的国家（地区）分别是中国香港、新加坡、韩国、英属维尔京群岛、美国，合计投资项目 586 个，实际投资 55.6 亿美元。

2020 年青岛市主要出口市场
Major Export Markets of Qingdao City in 2020

表 5-11

出口市场	出口额（亿元）	权重（%）
美　　国	624.70	16.1
日　　本	412.27	10.6
韩　　国	318.40	8.2
中国香港	140.84	3.6
德　　国	124.53	3.2
越　　南	121.05	3.1
英　　国	110.99	2.9
墨 西 哥	110.74	2.9
澳大利亚	97.10	2.5
加 拿 大	94.31	2.4

2020年青岛市吸收外国及中国港澳台地区投资
Overboundary Investment of Qingdao City in 2020

表5-12

投资方式	项目数（个）	签约投资（万美元）	增长（%）	实际投资（万美元）	增长（%）
合资企业	190	431250	3.74	230342	6.68
独资企业	664	1321110	66.24	353239	17.9
股权投资	3	9547	-89.77	441	-99.36
合伙企业	25	23446	-23.96	1275	7868.75
合　计	**882**	**1785353**	**33.68**	**585297**	**0.19**

投资企业生产经营情况　2020年青岛市实有外商及中国港澳台商投资企业7433家，实现产值3805亿元。盈利企业4261家，盈利总额327.7亿元。亏损企业3172家，亏损总额89.7亿元。

【经济技术合作】

对外国及中国港澳台地区投资　青岛市2020年兴办境外企业63家，总投资13.22亿美元，中方投资11.89亿美元。主要投资对象为百慕大群岛、泰国、墨西哥、新加坡、俄罗斯、印度尼西亚，主要投资项目包括海尔智家股份有限公司设立的海尔俄罗斯工业有限公司，中方投资额5630万美元，从事家用电器的制造及销售；青岛中资中程集团股份有限公司设立的恒顺新加坡天成工程总承包有限公司，中方投资额6566万美元，从事清洁能源系统工程设计咨询服务；海信（山东）冰箱有限公司设立的海信蒙特雷物业管理有限公司，中方投资额7130万美元，主要业务是建设海信墨西哥蒙特雷家电产业园；海尔电器集团（百慕大群岛）有限公司增资6.12亿美元，森麒麟轮胎（泰国）有限公司增资1.67亿美元。在香港特别行政区投资设立23家企业，投资额1108万美元。

承包工程　青岛市2020年签订对外承包工程合同83个，签约额34.82亿美元，完成营业额28.78亿美元。新签约项目涉及电力工程、房屋建筑、石油化工等行业，主要分布在阿拉伯联合酋长国、巴林、新加坡、沙特阿拉伯、印度尼西亚、伊拉克等国家。

劳务合作　青岛市2020年新签对外劳务人员（含外派海员）合同工资总额5430万美元，劳务人员实际收入总额31171万美元，派出各类劳务人员10047人，年末在外23293人。主要派驻地是日本、新加坡、中国香港、巴拿马。

【园区建设】

经济园区　2020年，青岛市2个国家级经济技术开发区、5个省级经济开发区实现公共财政预算收入446.88亿元，增长6.2%；完成固定资产投资2631.71亿元，下降1.5%；实现规模以上工业增加值2070.63亿元，下降10.5%；吸收外国及中国港澳台地区实际投资25.68亿美元，增长5.7%，引资额占全市的43.9%；实现进出口359.36亿美元，增长5.7%，占全市的38.8%。青岛经济技术开发区在全国218个国家级经济技术开发区综合发展考核评价中连续14年位居前十，在山东省开发区综合发展水平评价中连续7年蝉联第一，并被国家有关部委认定为生态工业示范园区。胶州经济技术开发区在山东省开发区综合发展水平评价中排名第7，再次实现位次晋升。

海关特殊监管区域　2020年，青岛市实有4个海关特殊监管区域，分别为青岛前湾综合保税区、青岛西海岸综合保税区、青岛胶州湾综合保税区、青岛即墨综合保税区。7月24日，青岛胶州湾综合保税区通过由青岛海关等8部门专家组成的联合验收组验收，成为青岛市第2个、山东省第9个综合保税区。12月10—11日，青岛前湾综合保税区通过联合验收组验收，青岛即墨综合保税区通过山东省人民政府组织开展的预验收。

年内，青岛市域海关特殊监管区实现公共财政预算收入11.68亿元，下降12.2%；完成固定资产投资10.53亿元，增长28.4%；实现规模以上工业增加值25.74亿元，增长16.5%；吸收外商及中国港澳台商实际投资16177万美元，增长192.53%；实现货物进出口135.60亿美元，下降6.5%。

【重大商务举措】

对外贸易创新发展　2020年，青岛市被国务院以及商务部等国家部委确定为服务贸易创新发展、进口贸易促进创新示范、市场采购贸易方式出口试点城市，并获准开展企业对企业直接出口、出口海外仓试点业务。年内，市属企业通过海关跨境电子商务管理平台进出口54.2亿元、增长688%，离岸服务外包执行额44.2亿美元、增长11.7%。

【促销推介活动】

中国青岛—东盟经贸合作对接会　青岛市商务局、中国（山东）自由贸易试验区青岛片区管委会、中国—东盟商务理事会主办，2020年5月29日以视频连线方式举办，30多家青岛企业参会，30余位东盟国家商协会及企业代表通过视频连线介绍合作商机。

第二届儒商大会暨青年企业家创新发展国际峰会青岛活动　2020年6月30日，青岛市人民政府组织开展第二届儒商大会暨青年企业家创新发展国际峰会项目签约活动，18个项目集中签约，其中包括重点产业项目11个、新基建项目3个、补短板强弱项项目2个、平台支撑项目2个，签约金额154.8亿元。

博鳌亚洲论坛全球健康论坛大会中以国际创新项目对接会　博鳌亚洲论坛全球健康论坛组委会、青岛市人民政府主办，2020年12月3日在青岛以色列国际客厅举办。以色列、中国北京、青岛三地嘉宾连线，洽商中国青岛与以色列在医疗健康领域的国际合作与交流等事宜。博鳌亚洲论坛全球健康论坛大会与青岛国际投资有限公司，青岛以色列国际客厅和以色列知名创新跨境平台StartupEast China分别签署战略合作协议，拟发挥各自优势资源，搭建资源汇聚和人才交流平台。

2020年淄博市商务经济运行情况

Business Operation Conditions of Zibo City in 2020

【商贸流通】

社会消费品零售总额　2020年，淄博市实现社会消费品零售总额1134.7亿元，较上年下降1.8%。按经营地统计，城镇实现社会消费品零售额1050.6亿元，下降1.9%；乡村实现社会消费品零售额84.1亿元，下降1.4%。按行业分，批发和零售业实现零售额1039.7亿元，下降3.1%；住宿和餐饮业实现零售额95.0亿元，增长15.3%。

限额以上企业商品零售额中，粮油食品、日用品零售额分别增长2.9%和13.6%，其中肉禽蛋、水产品和蔬菜零售额分别增长15.3%、6.6%和28.8%。中西药品零售额增长34.1%，体育娱乐用品和书报杂志零售额分别增长46.7%和12.3%，汽车零售额增长7.5%。

2020年淄博市社会消费品零售总额
Consumer Good Retail Sales of Zibo City in 2020

表5-13

分类指标	金额（亿元）	增长（%）
总　　额	**1134.7**	**-1.8**
城　　镇	1050.6	-1.9
乡　　村	84.1	-1.4
商品零售	1039.7	-3.1
餐饮住宿	95.0	15.3

市场物价　2020年，淄博市居民消费价格较上年上涨2.7%，其中食品烟酒价格上涨9.1%，衣着价格上涨1.7%，居住价格下降0.4%，生活用品及服务价格上涨0.1%，交通和通信价格下降3.7%，教育、文化和娱乐价格下降0.2%，医疗保健价格上涨2.6%，其他用品和服务价格上涨6.2%。

市场秩序建设　2020年，淄博市商务部门加强商务诚信体系建设，编制商务领域公共信用信息三个清单，组织710个市场主体签订信用承诺书，并开展诚信兴商宣传月活动，对96家商务诚信经营典型企业进行公开宣传。商务和市场监管部门强化单用途商业预付卡管理，敦促20家备案规模发卡企业建立业务季报台账，并对相关企业经营情况进行随机抽查。商务部门开展农村假冒伪劣食品流通专项整治行动，为居民食品消费提供安全保障。

市场体系建设　2020年，淄博市商务部门继续推进农商互联示范市建设。2019年开工建设、总投资1.5亿元的农商互联示范项目竣工验收，30个生鲜超市等零售网点实施农商互联一体化改造，6种农产品流通实现全链条标准化，14个农产品产销一体化链条敷设完成，农产品产地商品化设施使用率提高30%、冷藏仓储能力提高30%。年内，淄博市投入资金1419万元，确定5个农商互联试点项目加以重点推动。至2020年年底，全市已建成20个品牌农产品销售专区，总面积2380平方米，品牌农产品上架数量1908个，直采比例超过30%，销售额逾1亿元。年交易额过百亿元的综合交易市场增加到4个、过十亿元的市场超过20个、过亿元的市场超过40个。

特殊行业发展　2020年，淄博市实有23家拍卖企业、16个二手车交易市场和2家报废机动车回收拆解企业。拍卖企业实现拍卖成交金额7.75亿元。二手车交易市场交易二手车10万辆，交易额40亿元。报废汽车拆解企业拆解报废车4293辆。3个再生资源回收单位被认定为省级再生资源示范产业园，7个区县已开展再生资源智能回收业务。

市场运行和消费促进　2020年，淄博市实有各类市场主体56.1万个，较上年增长11.2%。其中企业15.3万家，增长11.8%。新登记市场主体94769个，增长6.0%，其中企业29375家，增长11.4%。

商务部门加强市场运行监测，确保节日期间主要生活必需品市场供应和价格平稳，并指导相关骨干企业优化应急商品投放网络，有序开展冻猪肉储备和投放工作。组织开展为期一个月的千品万店美食荟消费促进活动，近850家餐饮企业和商户参与，举办各类活动1000余次，参与人数约45万人次，销售额累计超过7000万元，增长2.1%。淄博商厦、万象汇、银座商城、新星集团有限公司等商贸企业在国庆、中秋节日期间通过满减返券、消费抽奖、充值返现、开学季折扣等方式开展促销活动，销售额增长1.3%。市商务局、财政局开展百日餐饮消费惠民活动，发放2200万元餐饮消费券，推动居民餐饮消费，直接拉动餐饮企业营业额约5500万元。

11月6—11日，淄博市商务局、山东互联网传媒集团淄博站举办山东消费年乐购促消周嗨购淄博活动，采取市区联手、内外贸融合、线上线下结合的方式，激发居民消费热潮。实现促消额1.96亿元，其中线上促消额3030万元，线下促消额1.66亿元。

【货物贸易】

进出口额　2020年，淄博市实现货物进出口8876699万元，比上年的8868306万元增长0.1%。

进口额　实现进口3984906万元，比上年的4699077万元下降15.2%。

进口商品结构　初级产品进口3546566万元，占进口总额的89%。工业制成品进口438340万元，占进口总额的11%。

2020年淄博市货物贸易额
Foreign Trade Value of Zibo City in 2020

表5-14

分类指标	进出口		出　口		进　口	
	金额（万元）	增长（%）	金额（万元）	增长（%）	金额（万元）	增长（%）
总　额	**8876699**	**0.1**	**4891793**	**17.3**	**3984906**	**-15.2**
国有企业	387359	81.1	199336	2.5	188023	861.2
外商投资企业	1565680	-7.5	1312236	-1.3	253444	-30.0
其他企业	6923660	-0.6	3380221	27.8	3543439	-17.9
集体企业	459792	2.4	313027	-10.5	146765	47.8
私营企业	6463868	-0.8	3067194	33.6	3396674	-19.5
一般贸易	6876385	-0.3	4226464	20.2	2649921	-21.6
加工贸易	764091	-1.3	639090	2.1	125001	-15.9
其他贸易	1236223	3.1	26239	-2.3	1209984	3.2
纺织服装	1045879	19.4	1008226	19.6	37653	12.6
农产品	334640	89.6	85391	32.8	249249	122.2
化工产品	1830686	-1.2	1517876	-1.6	312810	0.9
机电产品	965129	26.5	815207	41.3	149922	-19.3
高新技术产品	259561	13.8	206604	24.3	52957	-14.4

2020 年淄博市主要进口商品
Major Import Goods of Zibo City in 2020

表 5-15

进口商品名称	进口额（万元）	权重（%）
原油	2631069	66.0
铝矿砂及其精矿	251687	6.3
初级形状的塑料	124025	3.1
有机化学品	98718	2.5
纸浆	88965	2.2
机械设备	86504	2.2
生皮及皮革	35580	0.9
纺织纱线、织物及制品	31245	0.8
棉花	21883	0.5
成品油	2872	0.1
天然橡胶（包括胶乳）	590	—

进口来源　进口商品来自 96 个国家（地区）。从 10 个主要进口来源进口 3171695 万元，占进口总额的 79.6%。

2020 年淄博市主要进口来源
Major Import Sources of Zibo City in 2020

表 5-16

进口来源	进口额（万元）	权重（%）
巴　　西	455004	11.4
俄 罗 斯	442708	11.1
挪　　威	426371	10.7
中　　东	331304	8.3
东　　盟	329523	8.3
安 哥 拉	305568	7.7
加　　蓬	293564	7.4
澳大利亚	252986	6.3
美　　国	181137	4.5
欧　　盟	153530	3.9

出口额 实现出口4891793万元，比上年的4169229万元增长17.3%，出口额占全市生产总值的13.3%、全省出口总值的3.7%。

出口商品结构 初级产品出口528314万元，占出口总额的10.8 %。工业制成品出口4363479万元，占出口总额89.2%。

2020年淄博市主要出口商品
Major Export Goods of Zibo City in 2020

表5–17

出口商品名称	出口额（万元）	权重（%）
玻璃制品	302615	6.2
聚氯乙烯手套	282471	5.8
维生素C	106622	2.2
绿色环保制冷剂	105996	2.2
色织布	98039	2.0
纸及纸板	90113	1.8
钛白粉	77129	1.6
家用陶瓷	76273	1.6
化学纤维	70559	1.4
普通棉布	66258	1.4
耐火陶瓷制品	41319	0.8
棉制裤	41126	0.8
核酸	37835	0.8
聚四氟乙烯	28557	0.6
衬衫	27574	0.6
蔬菜及其制品	21089	0.4
铝箔	17898	0.4
己二酸	14027	0.3
黄原胶	8692	0.2

出口市场 出口商品销往200个国家（地区）。对10个主要市场出口4204064元，占出口总额的85.9%。

2020年淄博市主要出口市场
Major Export Markets of Zibo City in 2020

表5-18

出口市场	出口额（万元）	权重（%）
美　国	1038724	21.2
欧　盟	807129	16.5
东　盟	727030	14.9
南　亚	420233	8.6
韩　国	301061	6.2
中　东	290049	5.9
日　本	289725	5.9
巴　西	114192	2.3
加拿大	113899	2.3
俄罗斯	102022	2.1

【服务贸易】

进出口额　2020年，淄博市实现服务进出口684368万元，比上年下降5.0%。

进口额　实现进口478415万元，比上年下降8.6%。

出口额　实现出口205923万元，比上年增长4.9%。

主要业务领域　淄博市2020年服务贸易涉及旅游服务、运输服务、建筑服务、电信计算机和信息服务、保险服务以及其他商业服务等领域，运输服务、建筑服务、电信计算机和信息服务、其他商业服务（含技术、专业和管理咨询服务、研发成果转让费及委托研发等）领域实现出口145183万元。

主要出口市场　淄博市2020年服务贸易主要出口市场为欧盟、美国、日本、韩国及“一带一路”沿线国家，出口额185358万元。

【技术贸易】

进出口额　2020年，淄博市实现技术进出口101258万元，比上年增长99.4%。

技术引进　签订技术引进合同15个，比上年增加8个。签约额100376万元，增长140.5%。

技术出口　签订技术出口合同3个，比上年减少8个。签约额883万元，下降90.2%。

【吸收外国及中国港澳台地区投资】

总体情况　淄博市2020年引进外国及中国港澳台地区投资项目91个，签约额194251万美元，实际投资额37812万美元。

投资产业　第一产业项目1个，签约额171万美元，实际投资额212万美元。第二产业项目30个，签约额125790万美元，实际投资额19747万美元。第三产业项目60个，签约额68290万美元，实际投资额17853万美元。

投资来源　2020年有27个国家（地区）在淄博市投资，投资额居前五位的国家（地区）分别是中国香港、美国、加拿大、韩国、泰国，合计投资项目59个，签约额184846万美元，实际投资额32978万美元。

2020年淄博市主要投资来源
Major Investment Sources of Zibo in 2020

表5–19

投资来源	投资项目（个）	签约投资额（万美元）	实际投资额（万美元）
中国香港	35	173574	31945
美　国	2	4183	700
加拿大	6	3375	130
韩　国	14	1880	173
泰　国	1	1834	30

投资企业生产经营情况　2020年淄博市实有外商及中国港澳台商投资企业501家，投资总额114亿美元，境外方投资59亿美元，实现产值546亿元。盈利企业169家，盈利总额64亿元。亏损企业184家，亏损总额12亿元。

【经济技术合作】

对外国及中国港澳台地区投资　淄博市2020年兴办境外企业18家，总投资13.7亿元，中方投资12.8亿元。主要投资领域为制造业、采矿业、批发和零售业，主要投资项目包括蓝帆医疗股份有限公司在香港独资设立的NVT亚洲运营中心，协议投资额8000万美元；山东创科矿业有限公司在蒙古合资设立的蒙古山金矿业有限责任公司，中方协议投资额6067万美元；淄博尚润圣运股权投资合伙企业（有限合伙）在开曼合资设立的清科控股股份有限公司，中方协议投资额1000万美元。

承包工程　淄博市2020年签订对外承包工程合同215个，签约额34.3亿元，完成营业额39.2亿元。新签约项目涉及石化、房建、电力等行业，主要分布在越南、印度、马来西亚、阿尔及利亚、埃塞俄比亚等国家。

劳务合作　淄博市2020年派出各类劳务人员117人，年末在外1181人。主要派驻地是越南、印度尼西亚、斯里兰卡、阿尔及利亚、埃塞俄比亚。

【园区建设】

经济开发区　2020年，淄博市在市域经济开发区全面推行体制机制改革，10个省级经济开发区将685项社会事务剥离给市、区县直部门和所属乡镇，剥离开发运营职能185项。整合归并事业单位84个，内设机构、员额数量和管辖面积分别比改革前减少7.7%、58.7%和30.1%。实现亩均税收4.85万元，较上年提高14.5%，吸收外国及中国港澳台地区实际投资3.23亿美元，实现进出口616亿元。在全省开发区绩效考核中居第7位。桓台经济开发区、临淄经济开发区、沂源经济开发区获得省新旧动能转换亩均税收领跑计划专项奖励。

市政府在周村经济开发区规划建设中日创新合作示范基地，与商务部投资促进局、国槐投资顾问有限公司等机构深度合作，依托已建成的日资企业西铁城（中国）精密机械有限公司开展对日本及其他国家优质资本、企业的定向招商，重点面向日本世界500强及隐形冠军企业引进精密制造、智能装备等重点产业项目，以及处于产业链高附加值环节、集群配套、能够强链补链的重点企业和重大项目。

市政府启动淄博保税物流中心（B型）迁址工作。新址位于淄博经济开发区内，占地面积约571亩，计划总投资11.6亿元，围网内总建筑面积约32万平方米。

综合保税区　2020年8月30日，国务院批准设立淄博综合保税区，规划面积1.84平方千米，分两个区块。区块一规划面积1.11平方千米，东至玉皇山路、南至北岭路、西至宝山东一路、北至傅山路。区块二规划面积0.73平方千米，东至花山路、南至南岭路、西至宝山东一路、北至北岭路。12月30日，淄博综合保税区通过济南海关牵头组织的预验收。

2020 年枣庄市商务经济运行情况

Business Operation Conditions of Zaozhuang City in 2020

【商贸流通】

社会消费品零售总额　2020 年，枣庄市实现社会消费品零售总额 897.80 亿元，比上年的 921.45 亿元下降 2.6%。其中，城镇实现社会消费品零售额 628.22 亿元，下降 2.5%，乡村实现社会消费品零售额 269.58 亿元，下降 2.8%，城镇消费品市场回暖步伐快于乡村市场。实现餐饮收入 151.18 亿元，增长 1.4%。商品零售额 746.62 亿元，下降 3.3%。

通过公共网络实现的商品销售增长 92.3%。新能源汽车销售增长 63.3%。受新冠肺炎疫情防控常态化影响，中西医药品零售全年保持较快增长，限额以上中西医药品零售额 9.9 亿元，增长 29.6%，占限额以上单位零售额的 7.3%。

2020 年枣庄市社会消费品零售总额
Consumer Good Retail Sales of Zaozhuang City in 2020

表 5-20

分类指标	金额（亿元）	增长（%）
总　额	**897.80**	**–2.6**
城　镇	628.22	–2.5
乡　村	269.58	–2.8
餐饮收入	151.18	1.4
商品零售	746.62	–3.3

市场物价　2020 年，枣庄市居民消费价格比上年上涨 2.2%，其中消费品价格上涨 4.8%，服务价格下降 1.7%。烟酒食品价格上涨 9.5%，衣着价格上涨 0.3%，居住价格下降 4.4%，生活用品及服务价格上涨 0.3%，交通和通信价格下降 2.1%，教育、文化和娱乐价格上涨 1.2%，医疗保健价格上涨 2.5%，其他用品和服务价格上涨 4.5%。

市场秩序建设　2020 年，枣庄市商务部门以多种方式开展商贸流通诚信体系建设，开展诚信兴商宣传月活动，普及诚信经营和防范欺诈等知识，提高消费者识骗防骗能力，并在相关活动中设立诚信兴商专区、商务普法宣传区，引导企业依法开展诚信经营，保护消费者合法权益。商务、市场监管等部门开展农村假冒伪劣食品专项整治攻坚行动、保健食品欺诈和虚假宣传专项整治攻坚行动，严厉打击制售三无产品、劣质商品、过期食品、四非保健品等违法行为，坚决取缔黑工厂、黑窝点、黑作坊，从源头上铲除消费隐患。商务部门加强对单用途商业预付卡规模发卡企业、二手车交易市场及其交易行为的监督管理，以“双随机、一公开”方式进行现场检查，规范相关经营行为，确保相关制度落实到位。

农产品销售体系建设 商务部门以农商互联体系建设为抓手，着手构建长期、稳定的农产品产销衔接机制，加强农产品流通基础设施建设，拓展农产品流通渠道，增加农产品商品化处理设施建设投入，已形成农产品流通全程冷链传输体系。建立农产品产销对接、团购群等在线销售平台，形成从种植基地到龙头农产品批发市场、超市、菜市场、电子商务平台、社区中心的多渠道并行传输模式，市内重点农产品供应链企业、100多家蔬菜种植基地与50多个商超、大型农产品批发市场建立了稳定直供直销关系。

重要产品追溯体系建设 2020年，枣庄市按照政府引导、市场化运作、分步实施的总体思路，打造以落实企业追溯管理责任为基础，覆盖全程全域，互联互通、运行高效、响应迅速的食品安全智能感知和反应系统，建立健全来源可查、去向可追、责任可究的重要产品全链条追溯体系。已纳入采购单位518个、生产和配送企业48家，涉及食品1500多种。

闲置品再利用试验区建设 从2018年开始，枣庄市政府部门与北京京东世纪贸易有限公司合作，在薛城区实施闲置品再利用试验区建设。市、区两级政府分别成立工作推进领导小组，整合优势资源，着力打造国内一流水准、最大规模的闲置品循环利用示范区。至2020年年底，示范区已入驻企业118家，年交易额6.3亿元，实现进出口逾1200万美元，实现税收近1000万元，带动就业近1000人。

特殊行业发展 2020年，枣庄市实有拍卖企业12家，其中A级企业3家、AA级企业5家、重合同守信用企业7家，当年新增企业1家，注册拍卖师25人。拍卖企业实现拍卖成交额95193万元，收取佣金764万元。

居民收支 居民人均可支配收入27379元，比上年增长4.1%；人均消费支出16312元，增长3.1%。其中，城镇居民人均可支配收入35098元，增长3.1%；人均消费支出20371元，增长2.9%。农村居民人均可支配收入17690元，增长5.6%；人均消费支出11218元，增长2.6%。

2020年枣庄市居民人均可支配收入
Per Capita Disposable Income of Residents in 2020

表5-21

指　标	单　位	全体居民	城镇居民	农村居民
人均可支配收入	元	27379	35098	17690
工资性收入	元	18312	25191	9677
经营净收入	元	5391	4683	6280
财产净收入	元	1166	1992	129
转移净收入	元	2510	3232	1604

市场运行和消费促进　2020年，枣庄市新登记市场主体6.43万个，其中新登记企业2.42万家。市场运行监测体系样本企业增加到70家，各样本企业每周报送监测数据。投入应急物资储备直达资金3905万元，充实市、区两级药品等应急物资储备库，枣庄海王药业有限公司等5家药品流通企业加入物资储备行列。

市商务部门组织或引导区县、商贸流通企业举办二手车惠享山东、古城连线、品质消费进农村走进薛城、山东消费年星夜购枣庄站、绿色家装进万家5个大型促消费活动，通过线下展销、线上直播带货等方式宣传推介当地特色产品、品牌产品以及扶贫产品。滕州市发放150万元消费券，拉动居民消费。

【货物贸易】

进出口额　2020年，枣庄市实现货物进出口2638037万元，比上年的1464208万元增长80.2%。

2020年枣庄市货物贸易额
Foreign Trade Value of Zaozhuang City in 2020

表5-22

分类指标	进出口		出　口		进　口	
	金额（万元）	增长（%）	金额（万元）	增长（%）	金额（万元）	增长（%）
总　额	**2638037**	**80.2**	**2498231**	**79.6**	**139806**	**91.7**
国有企业	176047	-10.3	154649	-5.9	21398	-32.7
外商投资企业	266769	17.0	222103	7.0	44666	118.6
集体企业	2197	-60.2	2179	-59.7	18	-83.0
私营企业	2193024	112.0	2119299	109.0	73725	257.5
一般贸易	2348405	95.1	2289714	98.1	58691	22.4
加工贸易	209653	-19.4	183449	-22.1	26204	5.6
其他贸易	79979	37050.7	25068	80554.9	54911	29710.1
纺织服装	420934	27.3	415727	26.1	5207	471.8
农产品	69560	26.4	45891	2.8	23669	127.1
化工产品	281228	28.6	250705	26.7	30523	47.0
机电产品	847449	171.3	798169	169.7	49280	199.8
高新技术产品	198092	120.2	161817	83.0	36275	2272.0

进口额　实现进口139806万元，比上年的72945万元增长91.7%。

2020 年枣庄市主要进口商品
Major Import Goods of Zaozhuang City in 2020

表 5-23

进口商品名称	进口额（万元）	权重（%）	增长（%）
集成电路	21964	15.7	3441.4
天然橡胶	18994	13.6	34.9
原油	11945	8.5	—
枯茗子	9923	7.1	329.5
辣椒干	7511	5.4	50.5
锁的零件	7179	5.1	—
载体催化剂	7015	5.0	—
印刷电路	3875	2.8	627005.5
废纸	3113	2.2	–43.8
不锈钢热轧条、杆	3063	2.2	–35.7

进口来源　进口商品来自 75 个国家（地区）。从 10 个主要进口来源进口 105866 万元，占进口总额的 75.7%。

2020 年枣庄市主要进口来源
Major Import Sources of Zaozhuang City in 2020

表 5-24

进口来源	进口额（万元）	增长 %）
马来西亚	32836	784.5
印　　度	18138	121.5
美　　国	15372	78.2
韩　　国	12009	–49.2
泰　　国	11034	0.4
日　　本	5841	71.6
科特迪瓦	4410	—
德　　国	2354	299.6
越　　南	2177	11.9
印度尼西亚	1695	–52.3

出口额 实现出口 2498231 万元，比上年的 1391263 万元增长 79.6%，出口额占全市生产总值的 14.4%、全省出口总值的 1.9%。

2020 年枣庄市主要出口商品
Major Export Goods of Zaozhuang City in 2020

表 5-25

出口商品名称	出口额（万元）	权重（%）	增长（%）
充气橡胶轮胎	140028	5.6	-3.0
有机磷衍生物	61729	2.5	2.4
玩具及模型	58328	2.3	26.7
瓷制卫生设备	50331	2.0	164.5
螺钉及螺栓	44661	1.8	44.5
棉制针织品	40976	1.6	-16.2
锂离子蓄电池	40146	1.6	65.9
其他化学品	40091	1.6	30.2
硅及其制品	33428	1.3	167.3
沥青	30065	1.2	-33.6

出口市场 出口商品销往 196 个国家（地区）。对 10 个主要市场出口 1190392 元，占出口总额的 47.6%。

2020 年枣庄市主要出口市场
Major Export Markets of Zaozhuang City in 2020

表 5-26

出口市场	出口额（万元）	增长（%）
美　　国	290253	97.9
越　　南	146420	135.5
中国香港	138917	380.3

续表 5-26

出口市场	出口额（万元）	增长（%）
沙特阿拉伯	114922	70.1
韩　　国	104199	5.2
菲 律 宾	99238	134.5
日　　本	90149	7.5
英　　国	76152	192.8
俄 罗 斯	66737	28.1
马来西亚	63405	275.4

港口外贸运输　2020年，枣庄市建设以陆海联动、海铁直运为目标，施行港站一体化通关模式的内陆港，经青岛港海运进出口的货物在枣庄完成全部通关程序，做到一次申报、一次查验、一次通关、一次放行，进出口整体通关时间分别压缩至12.38小时和2.85小时。年内，内陆港完成海铁联运专列发运量12400个专列、24800个标准集装箱，为进出口企业节省物流成本3000余万元。

【服务贸易】

进出口额　2020年，枣庄市实现服务进出口174413万元，较上年增长21.9%。

进口额　实现进口51180万元，下降53.3%。

出口额　实现出口123233万元，增长266.8%。

主要业务领域　枣庄市2020年服务贸易涉及其他商业服务、加工服务、运输服务等领域。

主要出口市场　枣庄市2020年服务贸易主要出口市场为美国、中国香港、韩国、中国澳门、英国。

【技术贸易】

技术引进　签订技术引进和设备进口合同1个，签约额163万元，比上年的19923万元下降99.2%。

【吸收外国及中国港澳台地区投资】

总体情况　枣庄市2020年新设立外国及中国港澳台地区投资企业117个，签约额226374万美元，实际投资额30495万美元。

投资产业　第一产业项目1个，签约额510万美元，实际投资额308万美元。第二产业项目39个，签约额42887万美元，实际投资额15823万美元。第三产业项目77个，签约额182977万美元,实际投资额14364万美元。

投资来源　2020年有25个国家（地区）在枣庄市投资，投资额居前五位的国家（地区）分别是中国香港、塞舌尔、日本、中国澳门、中国台湾，合计投资项目89个，签约额172146万美元，实际投资额29777万美元。

2020年枣庄市投资来源
Investment Sources of Zaozhuang in 2020

表5-27

投资来源	投资项目（个）	签约投资额（万元）	实际投资额（万元）
中国香港	69	155554	27354
塞舌尔	2	8838	1358
日本	6	2137	389
中国澳门	3	3500	368
中国台湾	9	2117	308
马来西亚	1	500	304
阿联酋	0	100	106
柬埔寨	2	3525	100
韩国	12	6825	99
澳大利亚	1	286	54
乌兹别克斯坦	0	575	20
美国	2	6980	20
萨摩亚	0	0	10
新加坡	3	31062	5

投资企业经营情况　2020年枣庄市实有外商及中国港澳台商投资企业217家，实现营业收入162.6亿元。盈利企业71家，盈利总额7.7亿元。亏损企业64家，亏损总额5.6亿元。

【经济技术合作】

对外国及中国港澳台地区投资　枣庄市2020年兴办境外企业2家，总投资590万美元，中方投资590万美元。主要投资对象为俄罗斯、韩国，主要投资项目包括在俄罗斯设立的后贝加尔北有限责任公司、在韩国设立的钢铁与化学公司。经营范围分别为矿山贵金属和沙子的提取、精密不锈钢无缝钢管的生产与销售。

承包工程　枣庄市2020年签订对外承包

工程合同1个，签约额851万美元，较上年增长313.1%，完成营业额1160万美元。新签约项目涉及建筑行业，施工地点在埃及。

劳务合作　枣庄市2020年派出劳务人员13人，年末在外13人，主要派驻地为埃及。

【园区建设】

改革创新　2020年，根据中共山东省委工作部署，枣庄市在市域6个经济开发区（滕州经济开发区、枣庄经济开发区、山亭经济开发区、薛城经济开发区、峄城经济开发区、台儿庄经济开发区）和枣庄高新技术产业开发区全面推开体制机制改革创新、促进高质量发展相关工作，继续优化提升枣庄高新技术产业开发区、滕州经济开发区、枣庄经济开发区发展质量，启动山亭经济开发区、薛城经济开发区、峄城经济开发区、台儿庄经济开发区体制机制改革创新工作。

根据市委工作要求，各改革区域坚持市场化改革取向和去行政化改革方向，全面实施17项改革任务，推行“党工委（管委会）+”体制，推行全员聘任制，健全绩效薪酬制度，积极创新财税政策，培育开发运营市场主体，进一步优化开发区布局，注重回归主责主业、聚焦经济发展，发展的外向度进一步提升，科技创新能力进一步增强，产业集聚发展态势明显向好，发展动力和活力进一步增强。至2020年年底，枣庄高新技术产业开发区、滕州经济开发区、枣庄经济开发区已全面完成改革试点任务，枣庄市在全省开发区综合发展水平年度考核中位居各市第二。

经济运行　2020年，枣庄市7个经济园区实现税收收入64.09亿元，综合亩均税收9.68万元。完成固定资产投资238.08亿元，其中十强产业完成固定资产投资218.43亿元，亩均投资强度35.98万元。吸收外国及中国港澳台地区实际投资2.82亿美元，占全市吸收投资的92.57%。实现货物进出口191.1亿元，占全市进出口总额的72.4%。实有高新技术企业181家，较上年实现倍增。新增硕士以上学历高端人才479人，拥有有效发明专利1623件。产业集聚度67.63%，十强产业投资占固定资产投资比重的91.76%。清理僵尸企业47家，盘活土地3811亩。薛城经济开发区医疗智谷大健康产业园全生物降解日化水溶性常温膜生产线实现国内自主试产，打破国际技术垄断，突破卡脖子技术。山东鼎盛电气设备有限公司等7家企业被省直有关部门确定为瞪羚企业。滕州经济开发区联泓新材料科技股份有限公司在深交所A股上市。

2020 年枣庄市各经济开发区主要运行指标一览表

Main Operating Indicators of the Economic Development Zones in Zaozhuang

表 5-28

开发区名称	设立时间（年月）	核准面积（平方千米）	实际管辖面积（平方千米）	批准入区项目（个）	增长（%）	批准入区项目合同总额（万元）	增长（%）	公共财政预算收入（万元）	增长（%）	固定资产投资（万元）	增长（%）	规模以上工业总产值（万元）	增长（%）	实际外商直接投资（万美元）	增长（%）	进出口额（万元）
枣庄经济开发区	2002.06	8	14.4	9	50.00	128120	26.85	60337	2.28	271686	—	877665	-9.64	2076.9	50.49	257147
滕州经济开发区	2002.02	6	32.62	28	64.71	837001	-34.40	286864	-3.87	549366	—	4022074	-21.41	5678.44	47.11	300000
薛城经济开发区	2006.03	4	14.72	14	40.00	368600	16.28	59875	8.34	315458	—	1362434	-10.56	5081	88.20	257965
峄城经济开发区	2006.03	4	6.52	49	48.48	1662160	325.62	50346.86	40.00	253681	—	561564	-17.00	3391.62	205.55	316151
山亭经济开发区	2006.03	3	7.8	11	57.14	324620	86.56	34258	7.53	371976	—	497918	-6.28	2914.17	127.14	150894
台儿庄经济开发区	2006.03	4	8.1	71	688.89	1249600	634.63	21575.3	196.43	189542	—	719961	80.47	2477.09	247709	211341
合　计		**29**	**84.16**	**182**	**121.95**	**4570101**	**88.17**	**513256.2**	**5.23**	**1951709**	—	**8041616**	**-12.78**	**21619.22**	**109.20**	**1493498**

2020 年东营市商务经济运行情况
Business Operation Conditions of Dongying City in 2020

【商贸流通】

社会消费品零售总额　2020 年，东营市实现社会消费品零售总额 653.40 亿元，比上年的 665.10 亿元下降 1.8%。按地域分，城镇社会消费品零售额 603.26 亿元，乡村社会消费品零售额 50.14 亿元。按行业分，批发和零售贸易业零售额 568.68 亿元，住宿和餐饮业零售额 84.72 亿元，其中批发业零售额 70.88 亿元，零售业零售额 497.80 亿元，住宿业零售额 17.50 亿元，餐饮业零售额 67.21 亿元。限额以上商品零售额 186.87 亿元，下降 1.7%。限额以下商品零售额 466.53 亿元，下降 1.8%。

限额以上商品中，汽车零售额 70.08 亿元，增长 4.2%。烟酒、金银珠宝、电子出版物及音像制品类、文化办公用品零售额分别增长 36.5%、27.6%、57.6% 和 16.0%。

2020 年东营市社会消费品零售总额
Consumer Good Retail Sales of Dongying City in 2020

表 5–29

分类指标	金额（万元）	增长（%）
总　　额	**6533971.7**	**–1.8**
城　　镇	6032642.7	–1.8
乡　　村	501329.0	–1.8
批 发 业	708827.8	–1.3
零 售 业	4978005.2	–2.8
住 宿 业	175013.9	3.1
餐 饮 业	672124.8	5.0
限额以上	1868688.4	–1.7
限额以下	4665283.3	–1.8

市场物价　2020年，东营市居民消费价格较上年上涨2.6%，其中食品烟酒价格上涨9.1%，衣着价格下降1.9%，居住价格下降0.1%，生活用品及服务价格上涨0.1%，交通和通信价格下降6.3%，教育、文化和娱乐价格上涨1.4%，医疗保健价格上涨6.8%，其他用品和服务价格上涨5.7%。

电子商务　2020年，东营市人民政府出台《关于加快电子商务产业发展的实施意见》，推动电子商务基础设施建设，进一步完善电子商务发展的体制机制，电子商务经营主体和交易额与上年相比均有较大提升。全市实有电子商务企业1613家，网络店铺37192个，其中实物店铺4509个。实现网络零售额57.65亿元，增长8.3%。实物商品网络零售额30.64亿元，增长49.9%。B2C网络零售额47.75亿元，增长32.6%。农村网络零售额6.26亿元，增长29.5%，其中农产品网络零售额2.77亿元，下降9.3%。

特殊行业发展　2020年，东营市19家拍卖企业举办241次拍卖活动，实现佣金总额969.8591万元，增长36.78%。成交额226104.3757万元，增长462.75%，其中机动车成交额1258.043万元，其他类成交额68347.0083万元，房地产成交额136710.0711万元，土地使用权成交额18502.233万元，股权、债权成交额1246.52万元，文物艺术品成交额3.2万元，农副产品成交额37.3万元。

居民收支　2020年，东营市居民人均可支配收入42204元，比上年增长3.9%。其中，城镇居民人均可支配收入52684元，增长3.0%；农村居民人均可支配收入20003元，增长5.2%。居民人均消费支出26005元，比上年增长2.5%。其中，城镇居民人均消费支出31286元，增长1.8%；农村居民人均消费支出14819元，增长3.3%。

2020年东营市居民人均可支配收入
Per Capita Disposable Income of Residents in Dongying City

表5-30

收入指标	全体居民		城镇居民		农村居民	
	金额（元）	增长（%）	金额（元）	增长（%）	金额（元）	增长（%）
可支配收入	42204	3.9	52684	3.0	20003	5.2
工资性收入	28222	5.1	37040	4.2	9543	5.9
经营净收入	5183	1.8	3925	0.4	7848	4.5
财产净收入	3535	–4.3	4307	–6.3	1899	3.0
转移净收入	5264	5.9	7413	4.7	712	9.8

2020 年东营市居民人均消费支出
Per Capita Annual Expenditure of Inhabitants in 2020

表 5–31

消费支出	全体居民		城镇居民		农村居民	
	金额（元）	增长（%）	金额（元）	增长（%）	金额（元）	增长（%）
总　额	**26005**	**2.5**	**31286**	**1.8**	**14819**	**3.3**
食品烟酒	6225	4.9	7506	4.4	3512	4.8
衣着	2405	–1.6	3177	–2.8	771	1.5
居住	5723	2.9	7019	2.3	2980	2.9
生活用品及服务	1562	1.6	1976	0.8	687	2.2
交通通信	5151	4.7	5604	4.4	4193	4.8
教育文化娱乐	2809	–2.2	3314	–2.8	1739	–1.6
医疗保健	1636	3.8	2038	3.0	785	5.0
其他用品和服务	493	–4.1	653	–5.6	154	2.2

市场运行和消费促进　2020 年，东营市商务部门建立保供动态信息平台，绘制全市重点果蔬保供网点体系图，对 6 个果蔬批发市场及 34 家较大商超企业蔬菜采购销售情况进行统一调度，并建立完备的动态信息数据台账，适时调节市场供应。调度全市 13 家重点零售企业米、面、粮、油、肉、菜、蛋、奶储备供应情况，保障疫情期间重要生活必需品不断档、不脱销。

市级市场运行监测体系具有监测样本 147 个，其中生活必需品监测企业样本 9 个、重要生产资料监测企业样本 4 个、重点商贸流通业监测企业样本 87 个、信息泵系统企业样本 5 个、酒类流通监测企业样本 3 个、重点调度企业样本 39 个，涵盖大型商超、农副产品批发、餐饮、生产资料等多种业态，监测商品包括 64 大类 150 多个品种。

4 月 30 日至 5 月 30 日，政府部门发放消费券 2600 万元，分两期投放电子通用券 2200 万元，投放困难群体专项消费券 400 万元，向 39454 个特定困难人员发放专项消费券，拉动社会消费额 1.25 亿元。

【货物贸易】

进出口额　2020 年，东营市实现货物进出口 13443364 万元，比上年的 16598059 万元下降 19.0%。

2020年东营市货物贸易额
Foreign Trade Value of Dongying City in 2020

表 5-32

分类指标	进出口		出口		进口	
	金额（万元）	增长（%）	金额（万元）	增长（%）	金额（万元）	增长（%）
总　额	**13443364**	**-19.0**	**4553374**	**33.0**	**8889990**	**-32.5**
国有企业	511546	5.2	156791	44.7	354755	-6.1
外商投资企业	500785	-38.9	243720	24.4	257065	-58.8
其他企业	12431033	-18.7	4152863	33.2	8278170	-32.0
集体企业	1173911	-34.7	134740	-27.2	1039171	-35.6
私营企业	11257122	-16.6	4018123	37.0	7238999	-31.5
一般贸易	9205463	-24.8	3282589	55.4	5922874	-41.5
加工贸易	1149020	-15.5	991800	-7.3	157220	-45.7
其他贸易	3088881	2.9	278985	16.4	2809896	1.7
纺织服装	208638	81.4	190295	98.7	18343	-4.8
农 产 品	212610	117.9	55088	75.3	157522	138.2
化工产品	2645224	-1.5	2323854	-5.0	321370	34.3
机电产品	1242054	119.1	1141868	123.9	100186	75.4
高新技术产品	275868	80.3	233543	70.9	42325	158.9

进口额　实现进口8889990万元，比上年的13175240万元下降32.5%。

2020年东营市主要进口商品
Major Import Goods of Dongying City in 2020

表 5-33

进口商品名称	进口额（万元）	增长（%）	权重（%）
矿物燃料	7689599	-32.8	86.5
原油	7587767	-33.3	85.4
原料油	99257	44.3	1.1
天然橡胶（包括胶乳）	126087	58.3	1.4
合成橡胶（包括胶乳）	115622	38.2	1.3

续表 5-33

进口商品名称	进口额（万元）	增长（%）	权重（%）
铜及其制品	71974	-90.7	0.8
纸浆	71226	20.2	0.8
铜矿砂及其精矿	60515	-84.0	0.7
电器及电子产品	42691	721.5	0.5
机械设备	34629	-7.2	0.4
废纸	28782	-58.4	0.3
棉花	26720	-6.7	0.3
仪器仪表	19157	95.2	0.2
纺织品	14116	-26.7	0.2
粮食	8875	-22.3	0.1
钢材	1419	-74.9	—

进口来源　进口商品来自 118 个国家（地区）。从 10 个主要进口来源进口 8001879 万元，占进口总额的 90.0 %。

2020 年东营市主要进口来源
Major Import Sources of Dongying City in 2020

表 5-34

进口来源	进口额（万元）	增长（%）	权重（%）
俄 罗 斯	2122378	-39.1	23.9
巴　　西	1423588	-25.2	16.0
中　　东	1362335	-6.2	15.3
安 哥 拉	846842	-70.7	9.5
挪　　威	755134	49088.8	8.5
东　　盟	647796	91.3	7.3
澳大利亚	363685	320.4	4.1
美　　国	172477	-7.1	1.9
刚果（布）	169567	-73.9	1.9
欧　　盟	138077	-45.7	1.6

出口额 实现出口4553374万元，比上年的3422819万元增长33.0%，出口额占全省出口总值的33%。

2020年东营市主要出口商品
Major Export Goods of Dongying City in 2020

表5-35

出口商品名称	出口额（万元）	增长（%）	权重（%）
橡胶轮胎	1762138	-9.8	38.7
化工产品	449684	14.4	9.9
石油装备	341416	10.8	7.5
电器及电子产品	306229	420.5	6.7
金属制品	210229	209.9	4.6
塑料及其制品	192555	112.5	4.2
汽车零部件	154712	13.8	3.4
纺织品	136286	62.2	3.0
家具及其零件	82151	4251.5	1.8
服装及衣着附件	54008	361.3	1.2
太阳能硅片	27738	-24.4	0.6
鞋类	23456	376.3	0.5
仪器仪表	18241	228.1	0.4
纸及纸板（未切成形的）	17437	100.7	0.4
蔬菜及制品	17423	55.8	0.4
合成有机染料	3429	-19.3	0.1
肉食品及制品	2524	-45.1	0.1

重点出口商品 橡胶轮胎出口176.21亿元，下降9.8%；化工产品出口44.97亿元，增长14.4%；石油装备出口34.14亿元，增长10.8%；电器及电子产品出口30.62亿元，增长420.5%；金属制品出口21.02亿元，增长209.9%。

出口市场 出口商品销往323个国家（地区）。对10个主要市场出口3384678元，占出口总额的74.3%。

2020 年东营市主要出口市场
Major Export Markets of Dongying City in 2020

表 5-36

出口市场	出口额（万元）	增长（%）	权重（%）
中　　东	682231	-1.2	15.0
欧　　盟	643464	49.7	14.1
东　　盟	613900	113.3	13.5
美　　国	558991	92.3	12.3
南　　亚	235253	-5.5	5.2
韩　　国	163284	63.3	3.6
中国香港	155488	4145.5	3.4
俄 罗 斯	116400	7.0	2.6
澳大利亚	113876	40.3	2.5
加 拿 大	101791	44.0	2.2

【服务贸易】

进出口额　2020 年，东营市实现服务进出口 881284 万元，比上年下降 7.7%。

进口额　实现进口 600900 万元，下降 30.4%。

出口额　实现出口 280384 万元，增长 205.1%。

主要业务领域　东营市 2020 年服务贸易涉及运输服务、建设、旅行、金融保险服务、技术服务等领域。

主要出口市场　东营市 2020 年服务贸易主要出口市场为欧盟、阿联酋、中国香港。

【技术贸易】

技术引进　签订技术引进和设备进口合同 6 个，与上年持平。签约额 5337.07 万美元，比上年的 2141.84 万美元增长 149.2%。

【吸收外国及中国港澳台地区投资】

总体情况　东营市 2020 年引进外国及中国港澳台地区投资项目 64 个，签约投资额 165828 万美元，实际投资额 44494 万美元。

投资产业　第一产业项目 1 个，签约投资额 502 万美元。第二产业项目 13 个，签约投资额 44015 万美元，实际投资额 11882 万美元。第三产业项目 50 个，签约投资额 121311 万美元，实际投资额 32612 万美元。

投资来源　2020 年有 16 个国家（地区）在东营市投资，投资额居前五位的国家（地区）分别是中国香港、新加坡、阿联酋、韩国、英属维尔京群岛。

2020 年东营市投资来源
Major Investment Sources of Dongying in 2020

表 5-37

投资来源	投资项目（个）	签约投资额（万美元）	实际投资额（万美元）
中国香港	37	120762	18549
新 加 坡	9	36859	17714
阿 联 酋	0	1991	2000
韩　国	6	3141	1731
英属维尔京群岛	2	678	1527
加 拿 大	1	30	966
日　本	3	1990	627
德　国	1	131	128
土 耳 其	0	0	42
美　国	2	40	10
沙特阿拉伯	0	744	0
毛里求斯	0	558	0
萨 摩 亚	0	162	0
中国台湾	1	72	0
新 西 兰	1	15	0
澳大利亚	1	11	0

投资企业生产经营情况　2020 年东营市实有外商及中国港澳台商投资企业 213 家，实现产值 5840106 万元。盈利企业 68 家，盈利总额 135164 万元。亏损企业 88 家，亏损总额 90703 万元。

【经济技术合作】

对外国及中国港澳台地区投资　东营市 2020 年兴办境外企业 14 家，实际对外投资 125145.37 万元。主要投资对象为塔吉克斯坦、越南，主要投资项目包括中塔石油丹加拉 120

万吨石化项目、山东金宇轮胎有限公司在越南设立的年产200万条全钢子午轮胎项目。

承包工程　东营市2020年对外承包工程签约额4262万美元，较上年下降92.3%。完成营业额9654万美元，下降50.6%。新签约项目涉及油气设计、咨询、服务等行业，主要分布在巴西、肯尼亚、埃塞俄比亚、蒙古等国家。

劳务合作　东营市2020年派出劳务人员23人，派驻地为蒙古。

【园区建设】

东营经济技术开发区　实现进出口953319万元，下降40.8%，其中出口764729万元，增长232.8%，进口188590万元，下降86.4%。吸收外国及中国港澳台地区实际投资7574万美元，增长68.8%。设立跨境电子商务产业发展专项资金，建成跨境电子商务产业园、跨境贸易产业园，引进阿里巴巴国际站等外贸综合服务平台。管委会为区内148家外贸企业配备服务秘书，强化指导服务。制定双招双引20条政策，完善外资企业服务大使制度，完成74家外资企业年报审核。

东营港经济开发区　实现进出口2446995万元，下降31.2%，其中出口64492万元，下降1.5%，进口2382504万元，下降31.8%。吸收外国及中国港澳台地区实际投资5589万美元，增长63.56%。

东营综合保税区　实现进出口1228545万元，增长256.6%，其中出口549555万元，增长133.7%，进口678990万元，增长520.6%。吸收外国及中国港澳台地区实际投资2110万美元，增长41.1%。建成跨境电子商务监管中心及保税仓库。光谷跨境电子商务产业园开园运营，入驻企业21家，实现进出口9775万元。开展船用电动机、修井机（石油装备）等保税维修业务,实现进出口1.03亿元。保税研发方面，利阳纺织有限公司保税研发料件已入区生产。

【促销推介活动】

2020年东营出口商品线上云展会（轮胎及汽车零部件专场）　东营市商务局2020年7月30日举办，24家市内企业与23家国际采购商参加，展品包括橡胶轮胎、车轮、刹车片、刹车盘、消声器、排气管、发动机零部件、润滑脂等。

2020年东营出口商品线上云展会（综合展）　东营市商务局2020年11月3日举办，21家市内企业和19家国际采购商参加，展品包括轮胎、精密铸造件、石油装备、食品、农产品及日用消费品等。

2020 年烟台市商务经济运行情况

Business Operation Conditions of Yantai City in 2020

【商贸流通】

社会消费品零售总额　2020 年，烟台市实现社会消费品零售总额 2799.95 亿元，比上年的 2805 亿元下降 0.2%。按经营地统计，城镇消费品零售额 2184.64 亿元，下降 0.4%，乡村消费品零售额 615.31 亿元，增长 0.6%。按消费类型统计，商品零售额 2555.93 亿元，增长 0.3%，餐饮收入额 244.02 亿元，下降 5.2%

限额以上企业商品零售额中，粮油食品零售额增长 2.2%，饮料零售额下降 12.2%，烟酒零售额下降 21.2%，服装、鞋帽、针纺织品零售额下降 12.8%，化妆品零售额下降 5.3%，金银珠宝零售额增长 20.5%，日用品零售额下降 1.1%，家用电器和音像器材零售额下降 13.4%，中西药品零售额增长 30.0%，通信器材零售额增长 26.5%，石油及制品零售额增长 6.0%，建筑及装潢材料零售额增长 117.3%，汽车零售额增长 5.2%。

2020 年烟台市社会消费品零售总额

Consumer Good Retail Sales of Yantai City in 2020

表 5–38

分类指标	金额（万元）	增长（%）
总　　额	**2799.95**	**–0.2**
城　　镇	2184.64	–0.4
乡　　村	615.31	0.6
商品零售	2555.93	0.3
餐饮收入	244.02	–5.2
限额以上	605.48	–1.8
限额以下	2194.47	0.3

市场物价　2020年，烟台市居民消费价格较上年上涨2.5%，其中消费品价格上涨3.5%，服务价格上涨0.7%。烟酒食品价格上涨8.2%，其中粮食价格上涨0.8%，畜肉价格上涨36.6%，禽肉价格上涨6.1%，食用油价格上涨2.4%，蔬菜价格上涨5.4%。衣着价格上涨2.5%，居住价格上涨0.6%，生活用品及服务价格下降1.5%，交通和通信价格下降4.3%，教育、文化和娱乐价格下降0.1%，医疗保健价格上涨1.6%，其他用品和服务价格上涨3.2%。

市场秩序建设　2020年，烟台市商务部门依法开展市场秩序监管工作，在单用途商业预付卡流通、产品直销领域开展4次专项行动，整治违规经营行为。约谈单用途商业预付卡备案发卡企业负责人，赴65家企业现场讲解相关法律法规，宣传相关政策，面询经营状况和三项制度落实情况，敦促其守法经营。对检查发现的10多起违规经营行为坚决予以纠正，敦促并指导经营单位尽快整改。市相关职能部门联合成立报废机动车回收拆解行业专项整治工作领导小组，指导执法人员对行业乱象进行治理。对全市拍卖企业进行年度核查，27家企业合格，责令7家企业限期整改，2家企业被取消拍卖经营资格。

市场体系建设　2020年，烟台市商务部门继续推进农商互联示范城市和农产品供应链建设，投入资金1350万元，确定蓬莱市民信食品有限公司、山东开源牧业股份有限公司、山东吉龙集团有限公司、烟台海裕食品有限公司、山东博商股份有限公司为农商互联试点单位，加以重点扶持。年内，已建成红薯、海参两个特色农产品产销一体化供应链，新建、改造社区生鲜超市12个，开辟广仁路十字街、上市里夜市等10余个特色街区，引进7-ELEVEN等24小时便利店。制定《烟台市直播电子商务发展行动方案（2020—2022）》，推动全市电子商务多元化发展。海阳市、招远市被商务部确定为电子商务进农村综合示范县。全市各类电子商务企业超过1万家，网络店铺增加到12.9个。市内各会展机构举办大型会展活动107个。

特殊行业发展　2020年，烟台市新设拍卖企业2家，拍卖企业总数增加到36家，其中AA级企业12家、A级企业8家。拍卖企业举办拍卖活动469次，实现拍卖成交额1721亿元，较上年下降22.6%，实现佣金收入2057.16万元，下降9.5%。房地产、股权债权拍卖成交额分别占成交总额的47.1%和28.6%。拍卖委托对象以金融机构、政府部门和破产清算组为主，成交额分别占成交总额的28.5%、21.1%和12.2%。

报废汽车回收拆解企业回收拆解报废机动车18324辆。

市场运行和消费促进　2020年，烟台市相关政府部门制定促消费工作方案，出台夜间电价优惠、公交车延时运营等15项政策措施，进一步拓展居民消费。商务部门指导各储备单位储备冻猪肉2500吨，春节前向市场投放1000吨，保障节日市场供应。市政府发放3000万元消费券，带动消费总额1.8亿元，惠及100多万消费者。商务部门组织开展E口吃遍烟台消夏节、烟台优品线上云购节、外贸优品进商场和步行街等50余个促销活动，活跃居民消费。

【货物贸易】

进出口额　2020年，烟台市实现货物进出口32431390万元，比上年的29063806万元增长11.6%。

2020 年烟台市货物贸易额
Foreign Trade Value of Yantai City in 2020

表 5-39

分类指标	进出口		出　口		进　口	
	金额（万元）	增长（%）	金额（万元）	增长（%）	金额（万元）	增长（%）
总　额	**32431390**	**11.6**	**19798496**	**14.2**	**12632894**	**7.7**
国有企业	2385466	-5.8	1016264	5.5	1369202	-12.8
外商投资企业	14482968	0.2	9099380	-3.9	5383588	8.1
其他企业	15562956	26.8	9682852	38.4	5880104	11.3
集体企业	1289371	-2.4	910399	2.4	378972	-12.3
私营企业	14273585	30.4	8772453	43.8	5501132	13.5
一般贸易	13097003	3.8	11228088	26.8	1868915	3.1
加工贸易	10930476	-22.9	7244048	-1.0	3686428	8.5
其他贸易	8403911	35.5	1326360	2.0	7077551	9.0
纺织服装	1237081	3.8	1154463	4.9	82618	-9.3
农产品	3701351	1.8	2421755	5.4	1279596	-4.6
化工产品	2443460	-4.6	1547140	-5.5	896320	-2.9
机电产品	13719268	6.1	11007233	13.3	2712035	-15.6
高新技术产品	2620986	-18.8	1796011	-15.6	824975	-25

进口额　实现进口 12632894 万元，比上年的 11731087 万元增长 7.7%。

2020 年烟台市主要进口商品
Major Import Goods of Yantai City in 2020

表 5-40

进口商品名称	进口额（万元）
原油	1138926
机械设备	1007140
电器及电子产品	949639
粮食	811498
液化石油气及其他烃类气	566763
铜矿砂及其精矿	517594
仪器仪表	513418
铁矿砂及其精矿	489487
水海产品	240908
初级形状的塑料	230669
钢材	178185
合成橡胶（包括胶乳）	155854
未锻轧铜及铜材	148695
铝矿砂及其精矿	138409
金属制品	116947
肥料	80256
纺织纱线、织物及制品	78215
运输工具	64096
美容化妆品及护肤品	59935
酒类	49723

进口来源　进口商品来自 135 个国家（地区）。从 10 个主要进口来源进口 9051732 万元，占进口总额的 71.7%。

2020 年烟台市主要进口来源
Major Import Sources of Yantai City in 2020

表 5-41

序号	进口来源	进口额（万元）
1	韩　　国	2142147
2	中国台湾	1427102
3	巴　　西	1178103
4	俄 罗 斯	899909
5	马来西亚	884422
6	美　　国	749117
7	日　　本	688881
8	澳大利亚	478713
9	加 拿 大	310023
10	秘　　鲁	293315

出口额　实现出口 19798496 万元，比上年的 17332719 万元增长 14.2%，出口额占全省出口总值的 15.2%。

2020 年烟台市主要出口商品
Major Export Goods of Yantai City in 2020

表 5-42

出口商品名称	出口额（万元）
电器及电子产品	2513305
运输工具	1973505
机械设备	1926236
金属制品	743734
未锻轧铝及铝材	727638
水果及制品	722973
水海产品及制品	716171
服装及衣着附件	711321
纺织纱线、织物及制品	443142

续表 5-42

出口商品名称	出口额（万元）
塑料制品	318706
蔬菜及制品	307153
新的充气橡胶轮胎	305271
仪器仪表	299143
家具及其零件	285705
灯具、照明装置及零件	178593
医药品	175821
稀土及其制品	147389
钢材	125179
陶瓷产品	123931
玩具	102056

出口市场 出口商品销往 208 个国家（地区）。对 10 个主要市场出口 13232265 万元，占出口总额的 66.8%。

2020 年烟台市主要出口市场
Major Export Markets of Yantai City in 2020

表 5-43

出口市场	出口额（万元）	增长（%）
美　　国	3976266	26.8
日　　本	2941824	-7.9
韩　　国	1681328	-6.0
荷　　兰	1044787	55.0
英　　国	873710	156.3
新 加 坡	693426	472.5
墨 西 哥	577372	-49.4
德　　国	526028	22.7
中国香港	514365	5.7
加 拿 大	403159	39.7

市场采购贸易方式试点 2020年9月15日，商务部、国家发展和改革委员会、财政部、海关总署、国家税务总局、国家市场监管总局、国家外汇管理局联合发文，确定烟台三站批发交易市场为市场采购贸易方式试点单位。

【服务贸易】

进出口额 2020年，烟台市实现服务进出口431.6亿元，比上年的409.5亿元增长5.4%。

进口额 实现进口122.7亿元，比上年的129.8亿元下降5.5%。

出口额 实现出口308.9亿元，比上年的279.3亿元增长10.6%。

主要业务领域 烟台市2020年服务贸易涉及运输服务、知识产权使用费、维护和维修服务、其他商业服务、加工服务等领域。

主要出口市场 烟台市2020年服务贸易主要出口市场为美国、日本、韩国。

【技术贸易】

进出口额 2020年，烟台市实现技术进出口48372.84万美元，比上年的41169.69万美元增长17.5%。

技术引进 签订技术引进合同63个，比上年增加10个。签约额24123.73万美元，比上年的20052.71万美元增长20.8%。

技术出口 签订技术出口合同50个，比上年增加31个。签约额24249.11万美元，比上年的21116.98万美元增长14.8%。

【吸收外国及中国港澳台地区投资】

总体情况 烟台市2020年引进外国及中国港澳台地区投资项目482个，签约投资额99.0亿美元，实际投资额22.8亿美元。

投资产业 第一产业项目24个，签约投资额3.9亿美元，实际投资额5419万美元。第二产业项目131个，签约投资额29.5亿美元，实际投资额8.5亿美元。第三产业项目327个，签约投资额65.6亿美元，实际投资额13.8亿美元。

投资来源 2020年有40个国家（地区）在烟台市投资，投资额居前五位的国家（地区）分别是中国香港、新加坡、韩国、日本、美国，合计投资项目332个，签约投资额74.7亿美元，实际投资额19.0亿美元。

2020年烟台市主要投资来源
Major Investment Sources of Yantai in 2020

表5-44

投资来源	投资项目（个）	签约投资额（万美元）	实际投资额（万美元）
中国香港	146	471736	137422
新加坡	6	38847	24044
韩国	135	131080	12056
日本	32	61287	10232
美国	13	44019	6529

【经济技术合作】

对外国及中国港澳台地区投资 烟台市2020年投资设立境外企业（机构）27家，总投资118720万美元，中方协议投资102875万美元。主要投资对象为新加坡、俄罗斯、印度尼西亚、美国、中国香港等国家和地区，主要投资项目包括南山集团有限公司投资18388万美元，在印度尼西亚设立南山集团印尼有限公司，与印尼卡朗巴唐经济特区政府合作，开展特区开发与管理等业务。

承包工程 烟台市2020年签订对外承包工程合同18个，签约额46052万美元，完成营业额46126万美元。新签约项目涉及一般建筑、石油化工、电力工程等行业，主要分布在塔吉克斯坦、斐济、斯里兰卡、乌干达等国家。

劳务合作 烟台市2020年派出劳务人员1795人，年末在外7310人，主要派驻地是日本、新加坡。

【园区建设】

经济园区 烟台市实有经国务院和山东省人民政府批准的省级以上经济园区12个，其中国家级经济园区3个，分别是烟台经济技术开发区、招远经济技术开发区和烟台高新技术产业开发区。省级经济开发区8个，分别是龙口经济开发区、莱州经济开发区、海阳经济开发区、莱阳经济开发区、莱山经济开发区、蓬莱经济开发区、牟平经济开发区、福山经济开发区。另有海关特殊监管区域1个，即烟台综合保税区。在2020年全省开发区综合发展水平考核中，烟台市位列各市第3，烟台经济技术开发区位列各经济开发区第3。

2020年，烟台市全面完成开发区体制机制改革任务，在各开发区推行“党工委（管委会）+公司”运营体制。各开发区成立21家公司，承担产业培育、双招双引等职能。12个开发区内设机构由114个精简至67个，人员由7021人精简至1803人，分别压缩40%和70%以上。

各开发区年内吸收外商及中国港澳台商实际投资17.7亿美元，实现进出口2668.4亿元，分别占全市的77.6%和83.0%。

海关特殊监管区域 2020年7月22日，烟台综合保税区通过验收，9月24日正式开关运行。规划面积6.18平方千米，分为两个区块，其中区块一（东区）坐落于芝罘区，面积3.92平方千米，区块二（西区）坐落于烟台经济技术开发区，面积2.26平方千米。年内，烟台综合保税区实现货物进出口895.4亿元，其中跨境电子商务零售进口3.4亿元，吸收外资2093万美元。

2020 年潍坊市商务经济运行情况

Business Operation Conditions of Weifang City in 2020

【商贸流通】

社会消费品零售总额　2020 年，潍坊市实现社会消费品零售总额 2389.8 亿元，比上年的 2388.0 亿元增长 0.1%。按地域分，城镇社会消费品零售额 1556.7 亿元，乡村社会消费品零售额 833.0 亿元。按行业分，批发和零售贸易业零售额 2191.7 亿元，住宿和餐饮业零售额 198.1 亿元。

2020 年潍坊市社会消费品零售总额
Consumer Good Retail Sales of Weifang City in 2020

表 5-45

分类指标	金额（万元）	增长（%）
总　　额	**23898000**	**0.1**
城　　镇	15567000	0.2
乡　　村	8330000	-0.1
商品零售	21917000	1.0
餐饮住宿	1981000	-9.2
限额以上	5398000	-3.1
限额以下	18500000	1.4

市场物价　2020 年，潍坊市居民消费价格较上年上涨 2.6%，其中食品烟酒价格上涨 10.4%，其他用品和服务价格上涨 3.5%，医疗保健价格上涨 0.4%，居住价格上涨 0.2%，教育、文化和娱乐价格上涨 0.2%，生活用品和服务价格下降 0.1%，衣着价格下降 1.5%，交通和通信价格下降 4.2%。工业生产者出厂价格下降 1.9%，工业生产者购进价格下降 2.5%。

市场秩序建设　2020年，潍坊市相关职能部门梳理执法清单、规范执法流程、完善执法标准，扎实推进执法三项制度落实。商务部门制定“双随机、一公开”监管工作细则与监督检查事项清单，加强市场监管工作，单独或与市场监管、应急管理部门联合，出动300多人次，对145家商贸流通企业进行51次监督检查，敦促企业守法经营，及时发现并纠正汽车销售、成品油零售和二手车交易领域7家企业的不规范或违规经营行为。商务部门以弘扬诚信理念、促进高质量发展为主题开展诚信经营宣传和商贸流通领域信用建设工作，为消费者营造放心安全的消费环境。

市场体系建设　2020年，潍坊市被山东省商务厅确定为农商互联示范市，市商务部门在支持农产品产后商品化处理设施建设、农产品全程冷链体系建设、供应链末端惠民网络建设和提升农产品标准化、品牌化水平四个方面开展工作，进一步提升全市农商互联水平，并以11月10—11日在潍坊召开的2020全国农商互联暨农产品供应链创新发展大会以及2020中国大宗商品现代供应链创新发展高峰论坛为契机，推动农产品流通体系融合创新、农产品供应链实现双循环。

商务部门推动商贸流通企业、大型批发市场设立消费扶贫专店、专区、专柜，集中展示销售扶贫产品。潍百集团有限公司设立4个专柜销售开州青脆李。潍开森情（潍坊）商贸有限公司在奎文区、高新技术产业开发区、寒亭区布设2个专馆、3个专区、3个专柜，总面积500余平方米，用于销售扶贫产品。

农村电子商务　2020年，潍坊市实有农产品电子商务企业2000多家、农产品网络商铺2万多个，农村网络零售额超过123亿元。具有临朐县、安丘市、青州市、寿光市4个国家级电子商务进农村综合示范县，数量列各市第二位。其中，寿光市晋身全国10个农村电子商务发展典型县市，受到国务院表彰激励。

特殊行业发展　2020年，潍坊市实有拍卖企业43家，注册资本33526.4万元，从业人员2485人，其中拍卖师73人。拍卖企业举办511次拍卖活动，实现拍卖成交额184742.8万元，其中房地产拍卖成交额40110.1万元，机动车拍卖成交额1182.7万元，文化艺术品拍卖成交额1172.2万元。收取佣金1806万元，较上年下降11%。

12个县区市新增再生资源回收备案企业123家，在商务部业务系统统一平台备案的再生资源回收企业增加到1500余家。5家企业参与山东省再生资源示范产业园和回收分拣示范中心创建工作，其中山东银丽金属利用有限公司和山东德隆再生资源科技集团有限公司参与示范产业园创建工作，潍坊大环再生资源有限公司、山东天保再生资源开发有限公司、山东鹏洲塑业有限公司参与回收分拣示范中心创建工作。

市场运行和消费促进　2020年，潍坊市新登记各类市场主体19.6万个，比上年增长3.2%。其中，新登记各类企业7.5万家，增长6.7%；新登记个体工商户11.7万个，下降1.2%；新登记农民专业合作社0.4万个，增长187.3%。实有各类市场主体116.9万个，增长11.9%。其中，实有各类企业33.6万家，增长18.6%；实有个体工商户80.6万个，增长9.7%；实有农民专业合作社2.8万个，增长1.9%。

商务部门调节生活必需品储备，保障市场供应，春节、中秋节期间向市场投放储备冻猪肉700吨，并制定新冠肺炎疫情缓解以后的消费回补政策，发放4950万元的惠民消费券，在中心城区分3期发放购物、餐饮消费券

142.2 万张，8000 多家门店、商铺参与，受益市民 88.7 万人次。建立区域网上直购服务平台，覆盖全市 1700 多个社区、1000 多个行政村，高峰期每天完成订单约 3.5 万个。

【货物贸易】

进出口额　2020 年，潍坊市实现货物进出口 19039182 万元，比上年的 17893968 万元增长 6.4%。

2020 年潍坊市货物贸易额
Foreign Trade Value of Weifang City in 2020

表 5-46

分类指标	进出口		出　口		进　口	
	金额（万元）	增长（%）	金额（万元）	增长（%）	金额（万元）	增长（%）
总　额	**19039182**	**6.4**	**12156153**	**7.8**	**6883029**	**3.9**
国有企业	347205	-3.9	303707	-6.3	43498	16.8
外商投资企业	2853923	-3.7	2171747	-4.0	682176	-2.8
其他企业	15838054	8.7	9680699	11.4	6157355	4.6
集体企业	630384	-10.6	492652	-11.8	137732	-6.0
私营企业	15207670	9.7	9188047	13.1	6019623	4.9
一般贸易	11314862	-2.7	8495350	11.6	2819512	-29.7
加工贸易	4335795	1.9	3490037	1.3	845758	4.6
其他贸易	3388525	67.7	170766	-22.3	3217759	78.7
纺织服装	2433431	10.3	2376628	11.0	56803	-14.0
农 产 品	1534013	9.7	1092328	4.3	441685	25.8
化工产品	3645854	6.8	2905238	3.7	740616	21.3
机电产品	6197246	18.4	4645347	13.7	1551899	35.2
高新技术产品	2763813	29.4	1644611	22.0	1119202	42.1

进口额　实现进口 6883028 万元，比上年的 6624666 万元增长 3.9%。

2020年潍坊市主要进口商品
Major Import Goods of Weifang City in 2020

表 5-47

进口商品名称	进口额（万元）	增长（%）	权重（%）
原油	3149224	-7.7	45.8
电器及电子产品	371590	5.1	5.4
纸浆	283492	-20.3	4.1
机械设备	251330	2.5	3.7
初级形状的塑料	199761	-10.2	2.9
合成橡胶（包括胶乳）	192688	789.1	2.8
粮食	167647	31.7	2.4
铁矿砂及其精矿	165158	-7.9	2.4
仪器仪表	150749	4.7	2.2
棉花	92935	5.1	1.4
天然橡胶（包括胶乳）	91806	31.8	1.3
水海产品	60143	133.1	0.9
纺织纱线、织物及制品	51339	-21.7	0.8
煤及褐煤	33643	-62.5	0.5
废纸	21096	-33.8	0.3
纸及纸板（未切成形的）	20183	306.1	0.3
金属制品	18794	2.0	0.3
成品油	14481	-58.4	0.2
乙二醇	14180	-78.2	0.2
非泡沫塑料的板、片、膜、箔	10555	23.8	0.2

进口来源 进口商品来自122个国家（地区）。从10个主要进口来源进口5429016万元，占进口总额的78.9%。

2020 年潍坊市主要进口来源
Major Import Sources of Weifang City in 2020

表 5-48

进口来源	进口额（万元）
中　　东	1102092
东　　盟	926697
俄 罗 斯	792447
巴　　西	459249
安 哥 拉	433825
欧　　盟	418921
韩　　国	402873
中国台湾	340820
日　　本	300126
挪　　威	251966

出口额　实现出口 12156153 万元，比上年的 11276580 万元增长 7.8%，出口额占全市生产总值的 20.7%、全省出口总值的 9.3%。

2020 年潍坊市主要出口商品
Major Export Goods of Weifang City in 2020

表 5-49

出口商品名称	出口额（万元）	增长（%）	权重（%）
电器及电子产品	2149670	41.8	17.7
服装及衣着附件	1290659	23.7	10.6
纺织纱线、织物及制品	1085969	-1.1	8.9
机械设备	1022226	-0.2	8.4
橡胶轮胎	712772	-12.1	5.9
蔬菜及制品	437863	5.4	3.6

续表 5-49

出口商品名称	出口额（万元）	增长（%）	权重（%）
杀虫剂、除草剂及类似品	394925	35.9	3.3
金属制品	268765	19.6	2.2
家具及其零件	230911	-11.3	1.9
纸及纸板（未切成形的）	201447	-27.1	1.7
运输工具	201498	-9.1	1.7
钢材	174924	-19.8	1.4
柠檬酸	163588	-5.4	1.4
塑料制品	161089	-4.3	1.3
鞋类	151839	-8.9	1.3
鸡制品	90262	-14.0	0.7
碳酸钠（纯碱）	51990	-22.5	0.4
鸭制品	40776	1.5	0.3
洗衣粉	32850	-10.0	0.3
胶合板及类似多层板	14484	-2.0	0.1

出口市场　出口商品销往 214 个国家（地区）。对 10 个主要市场出口 9434695 万元，占出口总额的 77.6%。

2020 年潍坊市主要出口市场
Major Export Markets of Weifang City in 2020

表 5-50

出口市场	出口额（万元）
美　　国	2165601
欧　　盟	1788386
东　　盟	1522358

续表 5-50

出口市场	出口额（万元）
日　　本	1376758
中　　东	684827
韩　　国	510138
南　　亚	439754
澳大利亚	386272
尼日利亚	285411
俄 罗 斯	275190

【服务贸易】

进出口额　2020年，潍坊市实现服务进出口1400530万元，比上年的1448325万元下降3.3%。

进口额　实现进口777832万元，比上年的1023463万元下降24.0%。

出口额　实现出口622698万元，比上年的423892万元增长46.9%。

主要业务领域　潍坊市2020年服务贸易涉及加工服务、运输服务、旅行服务、其他商业服务等领域，上述领域实现出口583812万元。

主要出口市场　潍坊市2020年服务贸易主要出口市场为中国香港、美国、新加坡、澳大利亚、日本。

【技术贸易】

技术贸易　2020年，潍坊市实现技术进出口48827.2万元，比上年的69437.8万元下降29.7%。

技术引进　签订技术引进和设备进口合同48个，比上年减少28个。签约额47211.8万元，比上年的67117.2万元下降29.7%。

技术出口　签订技术出口合同13个，比上年减少2个。签约额1615.4万元，比上年的2320.6万元下降30.4%。

【吸收外国及中国港澳台地区投资】

总体情况　潍坊市2020年引进外国及中国港澳台商投资项目292个，签约投资额483092万美元，实际投资额108326万美元。

投资产业　第一产业项目10个，签约投资额4690万美元，实际投资额2569万美元。第二产业项目90个，签约投资额132014万美元，实际投资额53682万美元。第三产业项目192个，签约投资额346388万美元，实际投资额52075万美元。

投资来源　2020年有15个国家（地区）在潍坊市投资，投资额居前五位的国家（地区）分别是中国香港、韩国、日本、新加坡、英属维尔京群岛。合计投资项目183个，签约投资额405462万美元，实际投资额104779万美元。

2020年潍坊市主要投资来源
Major Investment Sources of Weifang in 2020

表 5-51

投资来源	投资项目（个）	签约投资额（万美元）	实际投资额（万美元）
中国香港	105	276215	78282
韩　　国	39	62872	13429
日　　本	21	17488	7379
新 加 坡	16	46279	3086
英属维尔京群岛	2	2608	2603

投资企业生产经营情况　2020年，潍坊市实有外商及中国港澳台商投资企业995家，投资总额59636138万美元。盈利企业375家，盈利总额1540011万元。亏损企业349家，亏损总额263431万元。

【经济技术合作】

对外国及中国港澳台地区投资　潍坊市2020年兴办境外企业24家，总投资4.58亿美元，中方投资4.36亿美元，主要投资对象为新加坡、斯里兰卡、奥地利、英国、瑞典、美国、德国、日本、印度、中国香港、尼日利亚等国家和地区，主要投资项目包括山东昊华轮胎斯里兰卡项目2.9亿美元、俊富非织造材料有限公司新加坡项目6000多万美元、山东阳光纸业有限公司美国项目4000多万美元。

承包工程　潍坊市2020年签订对外承包工程合同3个，签约额380万美元，主要分布在卡塔尔等国家。

劳务合作　潍坊市2020年派出劳务人员1115人次，年末在外1732人，主要派驻地是日本、新加坡。

【园区建设】

经济园区　2020年，潍坊市13个省级以上经济开发区全面完成体制机制改革，剥离社会事务管理职能，加速回归主责主业。整合优化工作机构，开放活力进一步增强，吸收外商及中国港澳台商实际投资70443万美元，较上年增长58.2%，实现货物进出口914.04亿元，增长29.5%。潍坊滨海经济技术开发区、高密经济开发区在全省开发区综合发展水平评价中进入前十位。

潍坊综合保税区　2020年，潍坊综合保税区开展园区提升行动，保税生活广场全面运营，人力资源产业园、企业商务中心正式投入使用。引进外贸企业235家，较上年增长279%，实现进出口193.4亿元，增长115.3%。在海关总署发展绩效评估中，潍坊综合保税区居全省海关特殊监管区域第一位。

2020 年济宁市商务经济运行情况
Business Operation Conditions of Jining City in 2020

【商贸流通】

社会消费品零售总额　2020 年，济宁市实现社会消费品零售总额 2127.31 亿元，比上年下降 1.2%。按地域分，城镇社会消费品零售额 1836.19 亿元，下降 1.3%，乡村社会消费品零售额 291.12 亿元，下降 0.8%；按行业分，批发和零售业实现商品零售额 1924.09 亿元，下降 0.2%，住宿和餐饮业实现零售额 203.21 亿元，下降 10.0%。中西药品零售额增长 8.6%，通信器材零售额增长 30.2%，汽车零售额增长 12.3%。

2020 年济宁市社会消费品零售总额
Consumer Good Retail Sales of Jining City in 2020

表 5–52

分类指标	金额（亿元）	增长（%）
总　　额	**2127.31**	**–1.2**
城　　镇	1836.19	–1.3
乡　　村	291.12	–0.8
商品零售	1924.09	–0.2
餐饮收入	203.21	–10.1
限额以上	382.42	–4.9

市场物价　2020 年，济宁市居民消费价格上涨 2.9%，其中烟酒食品价格上涨 7.3%（畜肉价格上涨 38.4%），衣着价格上涨 0.8%，居住价格下降 0.1%，生活用品及服务价格上涨 0.6%，交通和通信价格下降 3.0%，教育、文化和娱乐价格上涨 5.5%，医疗保健价格上涨

1.0%，其他用品和服务价格上涨 5.6%。

市场秩序建设　2020 年，济宁市商务部门会同市行政审批局及时承接省级审批权限下放工作，完成成品油零售经营资格审批体制改革，成品油零售网点规划确认事项由市商务局承办、成品油零售经营资格审批事项由市行政审批局承办，加油站审批流程趋于合理。相关职能部门办理成品油零售网点规划确认事项 45 件，其中新建加油站（船）21 个、迁建 8 个、延期 16 个。与此同时，市级与区县级商务部门加强对成品油流通的监管，组成 7 个督导检查组，对全市 14 个县市区分组包保、巡回检查、定期督导，对成品油市场进行现场检查 2600 余次，查处无证无照经营、非法存储成品油等违法行为 253 起。

市场体系建设　2020 年，济宁市投入 1371.22 万元进行农产品供应链体系建设，完善农商互联体制机制，进一步提高农产品直接采购比率。市政府出台推动步行街和特色商业街区改造提升工作实施方案，拟利用 3 年时间在曲阜市打造一条国家标准示范步行街，在任城区、太白湖新区、邹城市、高新技术产业开发区各自打造一条省级标准示范步行街，在其他县（市、区）各自打造一条市级示范步行街。

电子商务　2020 年，济宁市电子商务基础设施建设取得很大进展，泗水县国家级电子商务进农村工程综合示范项目通过验收，鱼台县国家级电子商务进农村示范项目稳步推进，曲阜市被确定为 2021 年国家电子商务进农村综合示范县。曲阜市陵城镇、微山县欢城镇、汶上县南站镇、嘉祥县黄垓镇、梁山县拳铺镇成为淘宝镇，曲阜市鲁城街道林前社区等 5 个村成为淘宝村。山东商动力电子商务创业产业园、济宁海能电子商务产业园、济宁交运海天国际物流园区、曲阜华能电子商务园区、邹城鲁能电子商务产业园、金乡智慧产业园、汶上华儒电子商务产业园入驻电子商务企业 1400 余家，创业孵化、物流仓储、人才培训、金融服务等服务功能进一步完善。

特殊行业发展　2020 年，济宁市通过年审的拍卖企业 30 家，举办拍卖活动 1008 次、增长 14.3%，成交金额 35.2 亿元、下降 5.9%，拍卖佣金 338.7 万元、下降 22.4%。

市场运行和消费促进　2020 年，济宁市新增市场主体 14.35 万个，增长 6.6%，注册资本金 5755.84 亿元，增长 121.7%。年末市场主体 82.32 万个，增长 14.6%，注册资本金 19863.22 亿元，增长 43.6%，其中外商投资企业 1198 家、私营企业 23.13 万家、个体工商户 56.32 万个。

商务部门制定《保障生活必需品供应应急预案》，对粮、油、肉、蛋、菜等重要生活必需品实施周监测制度，在疫情等应急状态下启动日监测制度。春节期间投放冻猪肉 138 吨，平抑市场物价，保障市场供应。市政府发放 23 个轮次的 1500 万元餐饮零售消费券，拉动居民消费，175 家企业、343 个门店参与。商务部门组织举办乐享生活、品味济宁 2020 购物季主题活动等促销活动，释放居民消费潜力。

【货物贸易】

进出口额　2020 年，济宁市实现货物进出口 5451380 万元，比上年的 4617907 万元增长 18.3%。

2020 年济宁市货物贸易额
Foreign Trade Value of Jining City in 2020

表 5-53

分类指标	进出口		出　口		进　口	
	金额（万元）	增长（%）	金额（万元）	增长（%）	金额（万元）	增长（%）
总　额	**5451380**	**18.3**	**3861094**	**35.9**	**1590286**	**-9.9**
按企业性质分						
国有企业	285142	-12.3	262500	-8.6	22642	-40.6
外商投资企业	923579	-18.9	463446	-8.1	460133	-27.5
民营企业	4242659	34.5	3135148	52.1	1107511	1.4
按贸易方式分						
一般贸易	4863384	26.1	3533023	45.7	1330361	-7.1
加工贸易	536987	-18.2	321806	-20.9	215181	-13.6
其他贸易	51009	-51.9	6265	-70.1	44744	-47.4
按大类商品分						
纺织服装	355144	-19.5	307097	-3.3	48047	-61.2
农产品	797716	5.9	754512	20.2	43204	-65.5
化工产品	508942	-12.2	349698	-5.3	159244	-24.4
机电产品	1641124	37.5	1299091	48.7	342033	6.7
高新技术产品	162357	71.7	97221	77.8	65136	63.3

进口额　实现进口 1590286 万元，比上年的 1765665 万元下降 9.9%。

进口商品结构　初级产品进口 65568 万元，占进口总额的 4.1%。工业制成品进口 1524718 万元，占进口总额的 95.9%。

2020年济宁市主要进口商品
Major Import Goods of Jining City in 2020

表 5-54

进口商品名称	进口额（万元）	权重（%）
木浆	826181	52.0
机械设备及配件	222694	14.0
橡胶及制品	113119	7.1
木及木制品	91312	5.7
电气设备及配件	84410	5.3
塑料及制品	23175	1.5
棉花（棉纱棉布）	21907	1.4
化学纤维短纤	15655	1.0
光学医疗设备	14606	0.9
钢铁制品	13579	0.9
杂项化学品	13355	0.8
石油及制品	8432	0.5
煤	7765	0.5
有机化学品	5348	0.3
无机化学品	5263	0.3

进口来源　进口商品来自93个国家（地区）。从10个主要进口来源进口1102217万元，占进口总额的69.4%。

2020年济宁市主要进口来源
Major Import Sources of Jining City in 2020

表5-55

进口来源	进口额（万元）	增长（%）	权重（%）
巴　西	263405	28.0	16.6
日　本	181140	-4.7	11.4
芬　兰	147417	-5.9	9.3
老　挝	117212	-28.8	7.4
智　利	96590	21.7	6.1
韩　国	84141	9.8	5.3
俄罗斯	57992	73.4	3.6
德　国	57194	-27.9	3.6
澳大利亚	50611	-66.2	3.2
乌拉圭	46515	-20.5	2.9

出口额　实现出口3861094万元，比上年的2852242万元增长35.9%，出口额占全市生产总值的8.6%、全省出口总值的3.0%。

出口商品结构　初级产品出口768056万元，占出口总额的19.9%。工业制成品出口3093038万元，占出口总额的80.1%。

2020年济宁市主要出口商品
Major Export Goods of Jining City in 2020

表5-56

出口商品名称	出口额（万元）	权重（%）
蔬菜	573945	14.9
机械设备及配件	456138	11.8
电气设备及配件	337638	8.7
钢铁制品	211790	5.5
各种服装	187798	4.9
塑料及制品	170177	4.4
纸及纸板	149506	3.9

续表5-56

出口商品名称	出口额（万元）	权重（%）
纺织品	133139	3.4
有机化学品	120859	3.1
运输工具及配件	109689	2.8
橡胶及制品	109248	2.8
抗菌素	97425	2.5
杂项化学品	53705	1.4
食品	49194	1.3
调味香料	46815	1.2
水果	45749	1.2
无机化学品	23512	0.6
木及木制品	20844	0.5
水产品	17980	0.5

出口市场 出口商品销往209个国家（地区）。对10个主要市场出口1905422元，占出口总额的49.3%。

2020年济宁市主要出口市场
Major Export Markets of Jining City in 2020

表5-57

出口市场	出口额（万元）	增长（%）	权重（%）
美　　国	502185	54.1	13.0
韩　　国	272126	5.2	7.0
日　　本	184203	18.7	4.8
印度尼西亚	165413	29.4	4.3
菲 律 宾	150916	63.9	3.9
俄 罗 斯	137899	6.0	3.6
加 拿 大	132472	79.3	3.4
越　　南	128606	45.8	3.3
英　　国	123293	54.3	3.2
巴　　西	108309	46.9	2.8

【服务贸易】

进出口额　2020年，济宁市实现服务进出口386287万元，比上年的411920万元下降6.2%。

进口额　实现进口184687万元，比上年的221552万元下降16.6%。

出口额　实现出口201600万元，比上年的190368万元增长5.9%。

主要业务领域　2020年济宁市服务贸易涉及加工贸易、金融服务、建设、管理咨询、运输、旅行等领域。

主要出口市场　2020年济宁市服务贸易主要出口市场为中国香港、澳大利亚、老挝、韩国、日本、印度尼西亚、美国。

【技术贸易】

技术引进　签订技术引进和设备进口合同13个，比上年增加9个。签约额5747.5万美元，比上年的27352.76万美元下降79.0%。

【吸收外国及中国港澳台地区投资】

总体情况　济宁市2020年引进外国及中国港澳台地区投资项目133个，签约投资额231492万美元，实际投资额81239万美元。

投资产业　第一产业项目2个，实际投资额166万美元。第二产业项目49个，实际投资额13549万美元。第三产业项目82个，实际投资额67524万美元。

投资来源　2020年有23个国家（地区）在济宁市投资，投资额居前五位的国家（地区）分别是中国香港、日本、新加坡、中国台湾、德国，合计投资项目103个，实际投资额78571万美元。

2020年济宁市投资来源
Major Investment Sources of Jining in 2020

表5-58

投资来源	项目数（个）	增长（%）	实际投资额（万美元）	增长（%）
亚　洲	115	125.5	77515	103.4
中国香港	84	211.1	71495	113.3
日　本	6	—	1666	267.0
新加坡	5	66.7	1791	26.7
中国台湾	6	-50.0	1723	-16.1
欧　洲	6	50.0	2082	-61.7
德　国	2	—	1896	3617.7

投资企业生产经营情况　2020年，济宁市实有外商及中国港澳台商投资企业395家，投资总额125.69亿美元，境外方投资额50.69亿美元。盈利企业252家，盈利总额130.42亿美元。亏损企业143家，亏损总额9.51亿美元。

【经济技术合作】

对外国及中国港澳台地区投资　济宁市2020年兴办境外企业17家，总投资32.7亿元，中方投资66亿元，主要投资区域为老挝、意大利、蒙古、巴基斯坦，主要投资项目包括太阳纸业股份有限公司在老挝投资设立的80万吨高档纸板项目、山东华勤集团有限公司出资20亿元收购意大利倍耐力集团公司7.68%股权项目、济宁城投控股集团有限公司并购巴基斯坦华能福运港口与海运（私人）有限公司51%股权项目。

承包工程　济宁市2020年签订对外承包工程合同3个，签约额4.26亿元，完成营业额4亿元。新签约项目涉及煤电、基建等行业，主要分布在越南、印度尼西亚、埃塞俄比亚等国家。

劳务合作　济宁市2020年派出劳务人员967人，年末在外3167人。主要派驻地是日本、印度尼西亚、埃塞俄比亚。

【园区建设】

经济园区　2020年，济宁市实有12个经济园区，包括济宁高新技术产业开发区和11个省级经济开发区，即济宁经济开发区、济宁运河经济开发区、兖州工业园区、曲阜经济开发区、泗水经济开发区、邹城经济开发区、微山经济开发区、鱼台经济开发区、金乡经济开发区、汶上经济开发区、梁山经济开发区。上述经济园区完成固定资产投资1347.6亿元、增长3.5%；实现规模以上工业增加值830.4亿元，增长6.2%；实现公共财政预算收入181.6亿元，增长2.1%；吸收外国及中国港澳台地区实际投资7.3亿美元，增长87.1%；实现进出口424.4亿元，增长19.1%。

【促销推介活动】

第二届儒商大会暨青年企业家创新发展国际峰会济宁分会场活动　2020年6月30日，中共济宁市委书记傅明先在第二届儒商大会暨青年企业家创新发展国际峰会济宁分会场与韩国希杰集团公司中国总部副总裁高熙锡、意大利倍耐力集团公司亚太区首席执行官朱莉安诺·梅纳西视频连线，洽商经贸合作事宜。美国、丹麦、德国、英国、澳大利亚、匈牙利等国企业及商协会负责人参加活动。

2020年泰安市商务经济运行情况

Business Operation Conditions of Taian City in 2020

【商贸流通】

社会消费品零售总额　2020年，泰安市实现社会消费品零售总额1022.3亿元，比上年的1054.1亿元下降3%。按地域分，城镇社会消费品零售额848.2亿元，乡村社会消费品零售额174.1亿元。按行业分，批发和零售贸易业零售额922.7亿元，住宿和餐饮业零售额99.6亿元。

从限额以上批发和零售企业看，金属材料销售额增长22.4%，烟酒销售额增长7.5%，汽车销售额增长2.4%。受疫情影响，在线教育、远程办公、电子商务等新兴服务业逆势增长，新一代信息技术服务业营业收入增长5.9%，限额以上单位中通过公共网络实现的商品零售额增长46.4%。

2020年泰安市社会消费品零售总额

Consumer Good Retail Sales of Taian City in 2020

表5-59

分类指标	金额（亿元）	增长（%）
总　　额	**1022.3**	**-3.0**
城　　镇	848.2	-3.0
乡　　村	174.1	-2.9
商品零售	922.7	-2.6
餐饮住宿	99.6	-6.6

市场物价　2020年，泰安市商品零售价格较上年上涨2.3%，居民消费价格上涨2.6%。食品烟酒价格上涨9.9%，其中粮食价格上涨12.2%，鲜菜价格上涨17.5%，畜肉价格上涨41.9%。衣着价格上涨2.3%，生活用品及服务价格上涨0.7%，教育、文化和娱乐价格上涨2.4%，医疗保健价格上涨0.1%，居住价格下降2.8%，交通和通信价格下降2.6%。

市场秩序建设　2020年，泰安市商务、市场监管等职能部门加强对成品油流通的监督管理，按照市成品油监管领导小组确定的成品油市场监管重点整治任务分工开展专项整治行动，严厉打击自流黑等违规经营行为，查封、取缔黑加油站性质站点27个，拆除自备罐装置设施109个，查处流动加油车23辆，相关经验做法被中央环保督查第七督战队予以肯定。商务部门成立商务系统安全生产工作领导小组，开展安全生产月、商贸流通领域安全隐患拉网式大排查、安全生产专项整治三年行动等活动，重点检查26家大型商贸流通企业的消防安全情况，发现各类安全隐患28个，现场下达整改通知书，及时堵塞安全隐患。商务部门制定《泰安市报废机动车回收拆解行业专项整治工作实施方案》，整治行业乱象，张贴通告200余份，出动执法车辆30余辆次、机械设备24台次、人员110余人次，扣押废旧轮胎、轮毂、零部件8车，清理违规拆车业户60余个。

市场体系建设　2020年，泰安市商务部门制定《泰安市家政服务业信用体系建设实施方案》，投入一定资金，支持全市家政服务企业在相关平台为家政服务员建立信用档案，进一步完善家政服务业信用体系，已录入家政服务员5874人。市商务局、财政局推动茧丝绸企业转型，重点扶持泰银制丝有限责任公司、山东天硕丝绸有限公司、泰安正通丝绸有限公司3家企业建设桑蚕基地。商务部门引导老字号企业创新经营模式、挖掘经营潜力，借助直播平台开展品牌直播活动，扩大产品销售规模，并对老字号企业实行动态管理，建立诚信黑名单制度，敦促企业守法经营。

电子商务　2020年，泰安市实有电子商务企业3264家，网络店铺62443个，实现网络零售额89.82亿元，较上年增长9.6%，其中农村网络零售额31.81亿元，增长12.1%。4个乡镇成为淘宝镇，11个村成为淘宝村。肥城市被商务部确定为全国电子商务进农村综合示范县。市商务局、邮政管理局出台《关于开展电子商务与快递物流协同发展进农村试点工作的意见》，推出“互联网＋流通”行动计划，健全县、乡、村快递物流体系，推动电子商务与快递物流深度融合、协同发展，形成“电子商务＋仓配一体化＋共同配送”的新型物流模式，并拟在肥城市开展试点工作。计划到2022年年底，建设完成1个市级快递共同配送园区、14个镇级电子商务快递服务中心、打造69个中心村居电子商务快递服务站，使快递服务覆盖70%以上的行政村。

特殊行业发展　2020年，泰安市实有拍卖企业23家，从业人员151人，其中拍卖师38人。拍卖企业举办拍卖活动251个，实现拍卖成交额85929.6万元，获取佣金1023.0万元。6家散装水泥生产企业被国家有关部门认定为全国预拌砂浆绿色产业先进企业。全年完成散装水泥推广量621万吨，比上年增加近80万吨，水泥散装率提高到71%，高于全省平均水平。

居民收支　2020年，泰安市居民人均可支配收入30937元，比上年增长4.2%，其中城镇居民可支配收入38901元，增长3.2%，农村居民可支配收入19682元，增长5.7%。城乡居民收入比（以农村居民为1）由上年的2.02缩小至1.98。居民人均消费支出18601元，比上年增长2.8%，其中城镇居民消费支出22995元，增长2.2%，农村居民消费支出12393元，增长3.1%。恩格尔系数为25.6，比上年下降0.4。

市场运行和消费促进　2020年，泰安市新登记各类市场主体7.6万个，比上年增长4.1%，其中新登记个体工商户4.7万个，增长3.2%，新登记企业2.7万家，增长2.8%。年末市场主体增加到49.3万个，比上年增长13.4%，其中个体工商户35.6万个，增长11.7%，各类企业12.8万家，增长18.7%。

商务部门加强新冠肺炎疫情防控期间市场供应与生活必需品保障工作，制定《市场消费与生活物资保障工作方案》，建立周汇总、问题会商和应急处置、政策措施落实督导三项制度，确保各项工作措施落实到位。建立24家重点商贸流通企业应急物资储备日调度制度，确保生活物资供应不断档。制定《关于应对新冠肺炎疫情支持消费品批发零售业住宿餐饮业健康发展的实施意见》，倡导无接触配送、无接触消费，对48.9万单配送业务予以政策补贴。政府部门发放消费券900万元，拉动消费近8000万元。

【货物贸易】

进出口额　2020年，泰安市实现货物进出口2119044万元，比上年的1697952万元增长24.8%。

2020年泰安市货物贸易额
Foreign Trade Value of Taian City in 2020

表5-60

分类指标	进出口		出　口		进　口	
	金额（万元）	增长（%）	金额（万元）	增长（%）	金额（万元）	增长（%）
总　额	**2119044**	**24.8**	**1458914**	**10.4**	**660130**	**75.5**
按企业性质划分						
国有企业	286219	-9.8	151338	-18.1	134881	1.9
外商投资企业	132332	-19.9	78241	-28.4	54091	-3.4
其他企业	1700493	39.9	1229335	19.7	471158	150.9
集体企业	770854	113.5	398279	80.3	372575	166.8
私营企业	929639	8.8	831056	3.1	98583	104.8
按贸易方式划分						
一般贸易	1848385	17.7	1314725	7.5	533660	53.8
加工贸易	58658	-32.9	46077	-34.3	12581	-27.3
其他贸易	212001	421.2	98112	240.2	113889	862.4
按大类商品划分						
高新技术产品	249641	149.0	146381	77.8	103260	476.4
化工产品	210940	7.3	171565	4.1	39375	24.2
机电产品	679119	45.9	499458	22.2	179661	216.3
纺织服装	515750	-5.9	454290	-3.1	61460	-22.6
农产品	144006	10.1	119253	5.7	24753	37.6

进口额　实现进口660130万元，比上年的376142万元增长75.5%。

2020年泰安市主要进口商品
Major Import Goods of Taian City in 2020

表5-61

进口商品名称	进口额（万元）	增长（%）	权重（%）
未锻轧铜及铜材	157219	648.4	23.8
铁矿砂及其精矿	122782	10.8	18.6
纺织纱线、织物及制品	60175	-23.2	9.1
电器及电子产品	34693	559.2	5.3
仪器仪表	33701	214.9	5.1
初级形状的塑料	32019	15.5	4.9
机械设备	30696	-20.7	4.7
铜矿砂及其精矿	13350	—	2.0
锰矿砂及其精矿	11459	82.4	1.7
棉花	6924	-20.6	1.0

进口来源　进口商品来自84个国家（地区）。从10个主要进口来源进口509193万元，占进口总额的77.1%。

2020年泰安市主要进口来源
Major Import Sources of Taian City in 2020

表5-62

进口来源	进口额（万元）	权重（%）
澳大利亚	100036	15.2
智　　利	89913	13.6
中国台湾	83594	12.7
马来西亚	56932	8.6
日　　本	52204	7.9
哈萨克斯坦	42591	6.5
韩　　国	26770	4.1
美　　国	23629	3.6
德　　国	17198	2.6
俄 罗 斯	16327	2.5

出口额 实现出口 1458914 万元，比上年的 1321480 万元增长 10.4%，出口额占全市生产总值的 4.9%、全省出口总值的 0.7%。

2020 年泰安市主要出口商品
Major Export Goods of Taian City in 2020

表 5-63

出口商品名称	出口额（万元）	增长（%）	权重（%）
纺织纱线、织物及制品	265744	-1.8	18.2
服装及衣着附件	188083	-4.9	12.9
运输工具	138954	11.1	9.5
机械设备	106506	-14.7	7.3
蔬菜及制品	80736	4.0	5.5
电器及电子产品	73699	-10.9	5.1
金属制品	69767	34.5	4.8
钢材	46677	3.6	3.2
医药品	24042	19.0	1.6
塑料制品	22669	26.1	1.6

出口市场 出口商品销往 185 个国家（地区）。对 10 个主要市场出口 842111 万元，占出口总额的 57.7%。

2020 年泰安市主要出口市场
Major Export Markets of Taian City in 2020

表 5-64

出口市场	出口额（万元）	权重（%）
美　　国	281842	19.3
日　　本	141193	9.7
韩　　国	83494	5.7
马来西亚	69785	4.8
德　　国	62466	4.3
澳大利亚	46648	3.2
英　　国	41028	2.8
加 拿 大	39768	2.7
印　　度	38941	2.7
越　　南	36946	2.5

【服务贸易】

进出口额 2020年，泰安市实现服务进出口234085万元，比上年的319606万元下降19.4%。

进口额 实现进口155672万元，比上年的183169万元增长3.3%。

出口额 实现出口78413万元，比上年的136437万元下降43.9%。

主要业务领域 泰安市2020年服务贸易涉及旅游、建设、其他商业服务、加工服务、文化和娱乐服务等领域。

主要出口市场 泰安市2020年服务贸易主要出口市场为阿尔及利亚、印度尼西亚、老挝、科威特。

【技术贸易】

进出口额 2020年，泰安市实现技术进出口4477.79万元。

技术引进 签订技术引进合同2个，比上年增加1个。签约额542.45万元，比上年的276.67万元增长109.7%。

技术出口 签订技术出口合同4个，比上年增加4个，签约额3935.34万元。

【吸收外国及中国港澳台地区投资】

总体情况 泰安市2020年引进外国及中国港澳台地区投资项目80个，签约投资额278825万美元，实际投资额68251万美元。

投资产业 第一产业项目1个，签约投资额797万美元。第二产业项目9个，签约投资额54917万美元，实际投资额14670万美元。第三产业项目70个，签约投资额223111万美元，实际投资额53581万美元。

投资来源 2020年有23个国家（地区）在泰安市投资，投资额居前五位的国家（地区）分别是中国香港、加拿大、新加坡、中国澳门、英国，合计投资项目62个，签约投资额257264万美元，实际投资额67462万美元。

2020年泰安市主要投资来源
Major Investment Sources of Taian in 2020

表5-65

投资来源	投资项目（个）	签约投资额（万美元）	实际投资额（万美元）
中国香港	51	234773	55445
加 拿 大	2	5029	5000
新 加 坡	5	9617	4464
中国澳门	4	7845	1986
英　　国	—	—	564
英属维尔京群岛	—	—	474
萨 摩 亚	—	—	165

投资企业生产经营情况　2020年，泰安市实有外商及中国港澳台商投资企业339家，其中盈利企业101家，盈利总额563094万元，亏损企业108家，亏损总额35319万元。

【经济技术合作】

对外国及中国港澳台地区投资　泰安市2020年兴办境外企业7家，总投资12151.32万元，中方投资11401.32万元。主要投资领域为纺织、进出口贸易，主要投资项目包括在中国香港设立的泰山财经国际投资有限公司、在新加坡设立的新巨丰科技包装有限公司、在墨西哥新设的常铝墨西哥实业有限公司、在沙特阿拉伯设立的国际锻件公司。

承包工程　泰安市2020年签订对外承包工程合同13个，签约额13588万美元，完成营业额16097万美元。新签约项目涉及建筑、安装、电力建设等行业，主要分布在印度、沙特阿拉伯、阿拉伯联合酋长国、阿尔及利亚等国家。

劳务合作　泰安市2020年签订对外劳务合作合同39个，签约额470.45万美元，累计派出各类劳务人员224人，年末在外592人。主要派驻地是日本、新加坡。

【园区建设】

经济开发区　2020年，泰安市7个省级以上经济开发区完成固定资产投资628.58亿元，较上年下降5%，其中基础设施投资76.15亿元；吸收外国及中国港澳台地区投资5.72亿美元，增长145%；实现进出口23.8亿美元，其中进口7.9亿美元，出口15.9亿美元，分别增长47%、155%，21%；入区项目签约投资总额1237亿元，下降20%。年内，各经济开发区均已完成体制机制改革。

【促销推介活动】

泰安市首届纺织服装行业（德国）云展会　泰安市商务局主办，2020年12月1日以在线方式举办，泰安市及德国参展商50余人参加。组委会组织涉及纺织服装、医疗物资等行业贸易的40余场一对一展示洽谈会，为双方进行贸易洽谈提供机会。

2020 年威海市商务经济运行情况
Business Operation Conditions of Weihai City in 2020

【商贸流通】

社会消费品零售总额　2020 年，威海市社会消费品零售总额较上年增长 0.3%。从地域看，城镇消费品零售额增长 0.1%，乡村消费品零售额增长 1.2%。从行业分类看，批发和零售业零售额增长 0.8%，住宿和餐饮业零售额下降 4.8%。从经济成分看，非公有经济零售额增长 0.6%，公有经济零售额下降 1.0%。从商品类别看，粮油、中西药品零售额仍保持两位数增长，增速分别为 14.4% 和 19.3%。

2020 年威海市社会消费品零售总额增速
Consumer Good Retail Sales Increase Rate of Weihai in 2020

表 5-66

分类指标	增长（%）
总　　额	**0.3**
城　　镇	0.1
乡　　村	1.2
商品零售	1.6
餐饮收入	-4.3

市场物价　2020 年，威海市居民消费价格较上年上涨 2.5%，其中食品烟酒价格上涨 9.0%，衣着价格上涨 2.1%，居住价格下降 2.1%，生活用品及服务价格下降 0.1%，交通和通信价格下降 4.4%，教育、文化和娱乐价格上涨 4.6%，医疗保健价格下降 0.2%，其他用品和服务价格上涨 2.9%。

市场秩序建设　2020 年，威海市商务局制定《威海市商务领域信用管理暂行办法》，设立家政、成品油流通、对外劳务合作三个行业分级分类标准。归集推送商务领域行政许可信息 163 条、信用承诺书 62 份，核实评选选优、资金扶持对象687家次，产生联合奖惩案例37个，发布商务领域红名单17个。组织开展汽车销售领域经营秩序专项整治行动，营造汽车销售领域良好营商环境。印制《汽车销售行业行为规范》，在汽车销售企业经营场所张贴，提升消费者自我保护合法权益意识。开展二手车交易市场专项整治，对全市21个二手车交易市场进行现场检查，整治不符合登记备案条件、交易档案不健全、未按规定报送交易信息等行为。发挥成品油监管领导小组办公室的职能作用，组织开展成品油市场自流黑专项整治，联合相关部门严厉查处成品油流通市场违法违规经营行为。多部门联合开展“双随机、一公开”监管抽查，对成品油、二手车、单用途商业预付卡、外商投资、报废机动车等领域的116家企业进行执法检查。严厉查纠违法违规经营行为，对10家对外劳务合作企业、1家单用途商业预付卡备案企业下达《责令限期改正通知书》。对8家外商投资企业年度报告信息存在的问题下达行政指导通知。对2家未依法缴存备用金的对外劳务合作企业作出吊销对外劳务合作经营资格证书的行政处罚。

市场体系建设　2020年，威海市政府部门推动以大型农产品流通企业为龙头的产供销一体化、以连锁超市为主体的农超对接和以农产品批发市场为基础的市场带动型发展模式，商贸流通企业连接农民专业合作社546个、生产基地3.5万公顷，农产品直接采购规模32亿元。在全省率先开展区超对接工作，开设农产品销售专区、专柜150个，年销售额7亿元。改造老旧农产品流通设施面积29.1万平方米，家家悦集团有限公司、泰祥集团有限公司等大型商贸流通企业新建或改造乡镇商贸中心59个，新建、改造经销鲜活农产品的超市、便利店、专卖店483个。

特殊行业发展　2020年，威海市实有拍卖企业18家，举办拍卖活动164次，实现拍卖成交额2.1亿元，拍卖企业获取佣金额496万元。

居民收支　2020年，威海市居民人均可支配收入41137元，较上年增长3.9%，其中城镇居民人均可支配收入50424元，增长2.8%，农村居民人均可支配收入23351元，增长5.3%。居民人均消费支出25267元，下降0.6%，其中城镇居民人均消费支出31252元，下降1.6%，农村居民人均消费支出13807元，增长0.6%。居民食品烟酒消费支出占消费总支出的比重为25.8%，其中城镇居民食品烟酒消费支出占消费总支出的比重为25.4%，农村居民食品烟酒消费支出占消费总支出的比重为27.8%。

市场运行和消费促进　2020年，威海市实有各类市场主体（不含外资企业，下同）39.15万个，较上年增长12.3%，其中新登记各类市场主体7.06万个，增长0.5%。注册资本7139.67亿元，增长10.0%，其中 新登记注册资本840.09亿元，下降0.1%。

商务部门加强市场运行统计监测，通过威海商务预报网站发布343条生活必需品价格及价格分析类信息，发布重点批发市场菜篮子商品价格快报69期、商务天气预报46期，落实生活必需品应急物资储备工作，完成1000吨冻猪肉和3500吨冬春蔬菜储备任务。同时，积极开展新冠肺炎疫情防控期间、极端天气等特殊时期生活必需品的保供稳价工作，确保不脱销、不断档。

组织举办一系列消费促进活动，开展惠民消费季十大主题行动以及2020北山之夜威海市夜间经济启动仪式、首届夜游威海·畅饮精酿德国啤酒嘉年华、山东消费年韩乐坊街区现场连线活动、威高广场室外展销活动暨出口产品进步行街活动、山东消费年·暖冬消费季系列精品活动，调动居民消费热情。政府部门发放1000万元电子消费券，引导居民扩大餐饮等日常消费。

【货物贸易】

进出口额 2020年，威海市实现货物进出口16145724万元，比上年的14021251万元增长15.2%。

2020年威海市货物贸易额
Foreign Trade Value of Weihai City in 2020

表5-67

分类指标	进出口			出　口			进　口		
	金额（万元）	增长（%）	权重（%）	金额（万元）	增长（%）	权重（%）	金额（万元）	增长（%）	权重（%）
总　额	**16145724**	**15.2**	**100.0**	**11658218**	**26.5**	**100.0**	**4487506**	**-6.4**	**100.0**
按企业性质划分									
内资企业	11692190	27.1	72.4	8839502	45.3	75.8	2852688	-8.5	63.6
其中：民营企业	9950037	34.8	61.6	7389805	51.8	63.4	2560232	1.9	57.1
外商投资企业	4453534	-7.8	27.6	2818716	-9.8	24.2	1634818	-4.3	36.4
按贸易方式划分									
一般贸易	11252200	32.1	69.7	8498379	46.8	72.9	2753821	1.0	61.4
加工贸易	4580762	-5.8	28.4	3056754	-7.7	26.2	1524007	-1.6	34.0
其他贸易	312762	-52.2	1.9	103084	-2.4	0.9	209678	-61.8	4.7
按商品构成划分									
初级产品	1524401	-14.6	9.4	1147891	-12.6	9.8	376510	-20.2	8.4
工业品	14621322	19.4	90.6	10510326	33.1	90.2	4110996	-5.6	91.6

进口额 实现进口4487506万元，比上年的4807140万元下降6.4%。

进口商品结构 初级产品进口376510万元，占进口总额的8.4%。工业制成品进口4110996万元，占进口总额的91.6%。

2020 年威海市主要进口商品
Major Import Goods of Weihai City in 2020

表 5-68

进口商品名称	进口额（万元）	增长（%）	权重（%）
铜及制品	1181727	84.9	26.3
电子电器	691405	2.3	15.4
原　　油	429491	-50.6	9.6
机械设备	377274	26.3	8.4
水海产品	255097	-27.0	5.7
橡　　胶	251965	40.3	5.6
塑料原料	128827	-25.8	2.9
钢　　材	91116	-30.5	2.0
化 妆 品	89371	18.5	2.0
纺织纱线	52167	-9.2	1.2

进口来源　进口商品来自 105 个国家（地区）。从 10 个主要进口来源进口 3291397 万元，占进口总额的 73.2%。

2020 年威海市主要进口来源
Major Import Sources of Weihai City in 2020

表 5-69

进口来源	进口额（万元）	增长（%）	权重（%）
韩　　国	1207164	-15.2	26.9
智　　利	423250	84.9	9.4
俄 罗 斯	396962	-6.8	8.8
日　　本	368840	18.6	8.2
澳大利亚	214075	427.8	4.8
德　　国	154630	21.7	3.4

续表 5-69

进口来源	进口额（万元）	增长（%）	权重（%）
巴　　西	147331	-69.0	3.3
马来西亚	138204	-6.2	3.1
美　　国	126597	20.6	2.8
伊 拉 克	114344	—	2.5

出口额　实现出口 11658218 万元，比上年的 9214111 万元增长 26.5%，出口额占全省出口总值的 8.9%。

出口商品结构　初级产品出口 1147891 万元，占出口总额的 9.8%。工业制成品出口 10510326 万元，占出口总额的 90.2%。

2020 年威海市主要出口商品
Major Export Goods of Weihai City in 2020

表 5-70

出口商品名称	出口额（万元）	增长（%）	权重（%）
服装及衣着附件	2156198	6.5	18.5
电器及电子产品	1507748	16.0	12.9
机械设备	1195897	17.4	10.3
水海产品	847673	-15.4	7.3
纺织纱线、织物及制品	783490	129.2	6.7
轮胎	725090	2.5	6.2
渔具	339852	9.3	2.9
船舶及船段	339450	-16.4	2.9
医疗仪器及器械	73809	25.1	0.6
汽车及零部件	70440	9.5	0.6

出口市场　出口商品销往 217 个国家和地区。对 10 个主要市场出口 8230887 万元，占出口总额的 70.7%。

2020年威海市主要出口市场
Major Export Markets of Weihai City in 2020

表5-71

出口市场	出口额（万元）	增长（%）	权重（%）
韩　　国	3167749	8.0	27.2
美　　国	1601674	38.9	13.7
日　　本	1328129	4.4	11.4
英　　国	545518	148.7	4.7
荷　　兰	362303	3.0	3.1
德　　国	362008	75.0	3.1
澳大利亚	263587	30.3	2.3
越　　南	232869	44.1	2.0
加 拿 大	195808	52.5	1.7
新 加 坡	171242	84.3	1.5

【服务贸易】

进出口额　2020年，威海市实现服务进出口125.5亿元，较上年下降5.7%。

进口额　实现进口45.2亿元，较上年下降2.5%。

出口额　实现出口80.3亿元，较上年下降7.4%。

【技术贸易】

进出口额　2020年，威海市实现技术进出口61018万元，比上年的23443万元增长160.3%。

技术引进　签订技术引进和设备进口合同19个，比上年增加7个。签约额56956万元，比上年的21832万元增长160.9%。

技术出口　签订技术出口合同6个，比上年增加2个。签约额4062万元，比上年的1611万元增长152.1%。

【吸收外国及中国港澳台地区投资】

总体情况　2020年，威海市引进外国及中国港澳台地区投资项目329个，签约投资额

490841 万美元，实际投资额 135822 万美元。

投资产业　第一产业项目 6 个，签约投资额 1799 万美元，实际投资额 273 万美元。第二产业项目 45 个，签约投资额 165170 万美元，实际投资额 32413 万美元。第三产业项目 278 个，签约投资额 323872 万美元，实际投资额 103136 万美元。

投资来源　2020 年，有 23 个国家（地区）在威海市投资，实际投资额居前 5 位的国家（地区）分别是中国香港、韩国、中国台湾、新加坡、博茨瓦纳，合计投资项目 289 个，签约投资额 463793 万美元，实际投资额 129907 万美元。

2020 年威海市主要投资来源
Major Investment Sources of Weihai in 2020

表 5-72

投资来源	投资项目（个）	签约投资额（万美元）	实际投资额（万美元）
中国香港	75	408365	102828
韩　　国	203	44478	19443
中国台湾	7	4177	2995
新 加 坡	3	4830	2714
博茨瓦纳	1	1941	1927

投资企业生产经营情况　威海市 2020 年实有外国及中国港澳台地区投资企业 1673 家，投资总额 224 亿美元，实现营业收入 720.2 亿元。盈利企业 531 家，净利润 62.3 亿元。亏损企业 612 家，亏损额 9.2 亿元。

【经济技术合作】

对外国及中国港澳台地区投资　威海市 2020 年兴办境外企业 21 家，协议投资额 53.0 亿元、实际投资额 33.6 亿元，主要投资对象为美国、缅甸、泰国、中国香港等国家和地区，主要投资项目有山东威高集团医用高分子制品股份有限公司并购美国爱琅医疗器械控股有限公司、威海纺织集团进出口有限责任公司在缅甸设立迪尚集团（缅甸）服装产业园、威海泓淋电力技术股份有限公司在泰国设立泓淋电力技术（泰国）有限公司。

承包工程　威海市 2020 年签订对外承包工程合同 52 个，签约额 56.0 亿元，完成营业额 40.4 亿元。新签约项目涉及建筑、交通运输、水利等行业，主要分布在刚果（布）、刚果（金）、秘鲁等国家。

劳务合作　威海市 2020 年派出劳务人员 3381 人，签约额 8.5 亿元，年末在外 15921 人，主要派驻地是日本、中国香港、巴拿马。

【园区建设】

经济园区　2020年，威海各省级以上经济开发区全面推进体制机制改革创新，经济发展、双招双引、科技创新等主责主业更加聚焦，高质量发展的动力、活力进一步增强，吸收外国及中国港澳台地区实际投资7.8亿美元、较上年增长1.3%，实现货物进出口874.9亿元、增长25.1%。威海经济技术开发区被确定为山东省首批先进制造业和先进服务业融合发展试点单位，威海南海经济开发区蓝色创业谷被认定为国家石油和化工中小企业公共服务示范平台。

威海综合保税区　2020年，威海综合保税区被确定为第五批全国增量配套改革试点单位之一，跨境电子商务公共服务创新中心被认定为省级服务业创新中心。实现货物进出口146亿元，较上年增长93.4%。

建设全模式跨境电子商务创新产业园，跨境电子商务多模式监管中心通过验收。在全省率先开通9710、9810跨境电子商务B2B出口业务，引导符合条件的传统企业从一般贸易向跨境电子商务B2B出口转移。年内，保税区跨境电子商务进出口16.7亿元，增长129.0%，其中跨境电子商务B2B出口6.1亿元。

【重大商务举措】

全面深化服务贸易创新发展试点城市建设　2020年3月和7月，国务院先后两次发布深化服务贸易创新发展试点最佳实践案例，威海市中韩四港联动海空港多式联运、打造特色服务贸易集聚区两个典型案例在全国推广。8月，国务院批准威海市为国家全面深化服务贸易创新发展试点城市。10月，经山东省人民政府批准，威海市人民政府印发《威海市全面深化服务贸易创新发展试点方案》和三年行动计划，推出全面探索扩大对外开放、全面探索提升便利水平、全面探索创新发展模式等八项举措，着重突出对韩、日的合作优势和威海的产业优势，把全面深化试点与中韩自由贸易区地方经济合作示范区、国家跨境电子商务综合试验区等国家试点任务有机结合，以新旧动能转换重大工程为引领，加快推动威海城市国际化和开放型经济建设，进一步提升威海服务品牌的国际影响力。

中国（威海）跨境电子商务综合试验区建设　国务院2018年批准设立的中国（威海）跨境电子商务综合试验区，2020年取得新的进展。试验区走传统贸易与跨境电子商务相结合之路，鼓励传统外贸企业通过电子商务平台开拓国际市场，2020年新增入驻电子商务平台的外贸企业73家，总数增加到378家，拉动线下出口约15亿元。

2020年日照市商务经济运行情况
Business Operation Conditions of Rizhao City in 2020

【商贸流通】

社会消费品零售总额　2020年，日照市实现社会消费品零售总额584.78亿元，较上年下降3.3%。按销售区域分，城镇社会消费品零售额471.76亿元，下降2.9%，乡村社会消费品零售额113.02亿元，下降4.7%。按消费形态分，餐饮收入零售额98.90亿元，下降1.9%，商品零售额485.88亿元，下降3.5%。

限额以上单位通过公共网络实现商品零售额1.99亿元，增长156.1%，占限额以上消费品零售额比重比上年提高1个百分点。汽车零售额53.94亿元，下降0.4%，其中新能源汽车零售额增长8.5倍。智能家用电器和音像器材零售额4.24亿元，增长40.2%。电子出版物及音像制品零售额增长66.7%。互联网销售、社区团购、直播带货、外卖送餐等无接触服务成为消费热点。

2020年日照市社会消费品零售总额
Consumer Good Retail Sales of Rizhao City in 2020

表5-73

分类指标	金额（亿元）	增长（%）
总　额	**584.78**	**-3.3**
城　镇	471.76	-2.9
乡　村	113.02	-4.7
商品零售	485.88	-3.5
餐饮收入	98.90	-1.9
限额以上	128.40	-10.2

市场物价　2020年，日照市居民消费价格较上年上涨2.1%，其中食品烟酒价格上涨8.6%，畜肉价格上涨37.8%，衣着价格上涨1.0%，居住价格下降3.4%，生活用品及服务价格上涨1.1%，交通和通信价格下降2.5%，教育、文化和娱乐价格上涨0.8%，医疗保健价格上涨

2.6%，其他用品和服务价格上涨3.9%。工业生产者出厂价格下降1.9%，购进价格下降2.5%。

市场秩序建设　2020年，日照市商务等相关职能部门以成品油市场整治为重点，着力整顿规范市场经营秩序。市成品油市场监督管理工作领导小组各成员单位开展成品油市场整治百日攻坚行动和成品油监管专项治理工作，商务、公安、应急管理、市场监管等部门通过“双随机、一公开”等方式进行督导检查，严厉打击自流黑等涉成品油违法犯罪行为，完成省环保驻区督察挂牌督办事项摘牌销号工作，成品油市场秩序得到有效规范。商务部门加强对单用途商业预付卡流通的监督管理，对3家单用途商业预付卡规模发卡企业进行督导检查，退回1家存在严重兑付风险企业的发卡申请。以商贸流通企业诚信经营体系建设为重点，加强商务诚信制度建设。加强信息归集，建立奖惩机制，开展诚信兴商宣传月等宣传活动，提升企业知信、用信、守信水平。

市场体系建设　2020年，日照市商务部门继续推动建设由农村集贸市场、便利店、商超、农贸市场、批发市场等组成的统一、开放、有序的市场体系，22个农贸市场和48个便利店完成改扩建。已建成重点商超32个，其中东港区14个、岚山区5个、莒县8个、五莲县4个、山海天旅游度假区1个。东港区重点商超包括凌云大厦、大润发商业有限公司、新玛特购物广场、银座商城、海纳商城、日照利群、石臼利群瑞泰、日照百货大楼、华润万象汇、苏宁购物广场、银座日照购物中心、万达广场、日照开泰购物广场、凌云购物广场（望海路店），岚山区重点商超包括日照日百商业有限公司万德福岚山店、岚山银座商城、日照日百商业有限公司新玛特购物中心岚山店、日照凌云工贸有限公司汾水购物中心、千汇购物广场（弘达商贸服务公司），五莲县重点商超包括五莲新玛特、福都购物超市、佳乐家（山东潍坊百货集团五莲购物中心）、五莲百货大楼，莒县重点商超包括新世纪蓝湾购物中心、新玛特购物中心（莒县店）、正基时代广场、莒县人民商场、莒县祥云百家乐购物广场、莒县惠万家购物中心、莒县新世纪购物广场（城阳北路店）、日百万德福莒县店。全市重点商贸流通企业开设经营网点120个，其中日照凌云工贸有限公司开设83个、农夫田歌生鲜超市开设14个、兴业友谊商店开设5个、莒县正基时代广场开设8个、日照城投建设发展有限公司开设10个。日照凌云工贸有限公司、兴业友谊商店所开设的商业网点以中型、小型商超为主，农夫田歌生鲜超市所开设的商业网点以便利店和生鲜店为主，两者之间具有较强的业态互补性。全市共有农贸市场38个、大型农贸批发市场4个。

特殊行业发展　2020年，日照市实有拍卖企业11家，从业人员82人（较上年增加2人），其中注册拍卖师18人、房地产评估师2人、旧机动车评估师4人、其他专业技术人员18人。拍卖企业举办拍卖活动257个，实现拍卖成交额4.12亿元。6家企业通过全国拍卖企业等级评估，其中3家被评为AA级企业，3家被评为A级企业。

居民收支　2020年，日照市居民人均可支配收入28695元，较上年增长4.1%，扣除价格因素，实际增长2.0%。城乡居民人均可支配收入倍差为2.01，比上年缩小0.05。全市居民人均消费支出16471元，增长0.7%。

市场运行和消费促进　2020年，日照市实有市场主体33.97万个，注册资本（金）9864.92亿元，分别增长14.9%、28.8%。实有民营市场主体33.57万个，增长15.1%，占市场主体总量的 98.8%。

商务部门加强市场运行监测分析，实时监测市场供求态势和商品价格变化，及时发布相关信息，为企业经营和市民消费提供参考。建立肉菜储备机制，向市场投放政府储备冻猪肉 245 吨、平价口罩 136 万只。

政府部门分 6 次发放消费券 2101.65 万元，拉动消费 7502.94 万元。老字号品牌企业、名优特新产品经营企业开展假日促销等消费促进活动以及港城百日消费惠民活动，引导居民消费。商务部门组织开展的网红带货擂台赛，带动直播销售额 3.2 亿元。30 余场电子商务促销活动，实现网络销售额 40.4 亿元。

【货物贸易】

进出口额 2020 年，日照市实现货物进出口 10238298 万元，比上年的 10525560 万元下降 2.7%。

2020 年日照市货物贸易额
Foreign Trade Value of Rizhao City in 2020

表 5-74

分类指标	进出口		出　口		进　口	
	金额（万元）	增长（%）	金额（万元）	增长（%）	金额(万元)	增长（%）
总　额	**10238298**	**-2.7**	**3434606**	**-15.5**	**6803692**	**5.3**
国有企业	1058055	-5.1	198082	-36.6	859973	7.2
外商投资企业	2186047	-21.0	1046652	-14.5	1139395	-26.1
民营企业	6994196	-0.5	2189872	-14.9	4804324	8.4
集体企业	2890452	-2.2	777321	-37.6	2113131	23.6
私营企业	4103744	0.9	1412551	7.1	2691193	-2.4
一般贸易	7375786	-7.7	2533727	-14.8	4842059	-3.5
加工贸易	1223590	-16.2	839740	-18.0	383850	-12.0
其他贸易	1638922	51.3	61139	-6.2	1577783	55.0
纺织服装	234458	67.1	229996	68.6	4462	12.8
农 产 品	1348658	6.4	578338	-1.4	770320	13.0
化工产品	353524	-18.4	233408	-12.7	120116	-27.6
机电产品	1387445	-21.8	910763	-6.6	476682	-40.5
高新技术产品	139651	57.8	62174	129.8	77477	26.1

进口额 实现进口 6803692 万元，比上年的 6459245 万元增长 5.3%。

2020年日照市主要进口商品
Major Import Goods of Rizhao City in 2020

表5-75

进口商品名称	进口额（万元）	权重（%）
铁矿砂及其精矿	2891282.3	42.5
原油	1099936.9	16.2
粮食	412283.6	6.1
煤及褐煤	231911.2	3.4
机械设备	221579	3.3
水海产品	174364.2	2.6
运输工具	165587.6	2.4
纸浆	119717.1	1.8
食糖	88658.4	1.3
初级形状的塑料	84638.6	1.2

进口来源　进口商品来自120个国家（地区）。从10个主要进口来源进口5369473万元，占进口总额的78.9%。

2020年日照市主要进口来源
Major Import Sources of Rizhao City in 2020

表5-76

进口来源	进口额（万元）	权重（%）
澳大利亚	1565172	23.0
巴　西	1447681	21.3
韩　国	520353	7.6

续表5-76

进口来源	进口额（万元）	权重（%）
马来西亚	395739	5.8
越　南	306218	4.5
阿联酋	301857	4.4
加拿大	291555	4.3
俄罗斯	220493	3.2
印　度	163711	2.4
智　利	156694	2.3

出口额　实现出口3434606万元，比上年的4066315万元下降15.5%，出口额占全市生产总值的17.1%、全省出口总值的2.6%。

2020年日照市主要出口商品
Major Export Goods of Rizhao City in 2020

表5-77

出口商品名称	出口额（万元）	权重（%）
钢材	1191126.8	34.7
水海产品及制品	382225.4	11.1
机械设备	379304.0	11.0
金属制品	206811.6	6.0
运输工具	159853.9	4.7
纺织纱线、织物及制品	133135.5	3.9
手用或机用工具	127507.6	3.7
体育用品及设备	100411.5	2.9
服装及衣着附件	96860.1	2.8
柠檬酸	92217.7	2.7

出口市场 出口商品销往192个国家（地区）。对10个主要出口市场出口1923088万元，占出口总额的56.0%。

2020年日照市主要出口市场
Major Export Markets of Rizhao City in 2020

表5-78

出口市场	出口额（万美元）	权重（%）
日　本	407486	11.9
韩　国	354885	10.3
美　国	327690	9.5
俄罗斯	265203	7.7
泰　国	120733	3.5
沙特阿拉伯	108441	3.2
越　南	106778	3.1
英　国	95981	2.8
肯尼亚	68484	2.0
印　度	67407	2.0

与“一带一路”沿线国家贸易 2020年，日照市与“一带一路”沿线国家贸易额325.94亿元，较上年下降4.6%，其中出口130.97亿元，下降24.9%。

【服务贸易】

进出口额 2020年，日照市实现服务进出口492033万元，较上年的528578万元下降6.9%。

进口额 实现进口247191万元，比上年的293358万元下降15.7%。

出口额 实现出口244842万元，比上年的235220万元增长4.1%。

【吸收外国及中国港澳台地区投资】

总体情况 日照市2020年引进外国及中国港澳台地区投资项目42个，签约投资额39231万美元，实际投资额46664万美元。

投资产业 2020年，日照市23个外国及中国港澳台地区投资项目有实际投资，其中第二产业项目13个，投资额38305万美元，第三产业项目10个，实际投资额8359万美元。

投资来源 2020年有9个国家（地区）在日照市投资，投资额居前三位的国家（地区）分别是韩国、荷兰、中国香港，实际投资额分别为20980万美元、14879万美元和4381万美元。

2020年日照市吸收外国及中国港澳台地区投资
Overboundary Investment of Rizhao City in 2020

表5-79

投资方式	签约投资			实际投资	
	项目数（个）	投资额（万美元）	增长（%）	投资额（万美元）	增长（%）
合资企业	23	19068.21	-61.4	28177	333
独资企业	18	20161.53	-43.5	18487	52
合伙企业	1	0.95	—	—	—
合　计	**42**	**39230.69**	**-53.8**	**46664**	**149.7**

【经济技术合作】

对外国及中国港澳台地区投资　日照市2020年兴办境外企业7家，实际投资72075.8万元。主要投资对象为欧洲、东南亚、澳大利亚、美国、柬埔寨、马来西亚等国家和地区，主要投资领域为汽车、水产品、健身器材、酒类商品生产。

劳务合作　日照市2020年签订对外劳务合作合同11个，签约额238万元，派出劳务人员927人，年末在外1468人。主要派驻地是日本、韩国。

【园区建设】

日照经济技术开发区　实现一般公共预算收入24.86万元，规模以上工业增加值增长2%，固定资产投资增长5%，基础设施投资增长3%。实现货物进出口318.5亿元，增长6.2%。

日照高新技术产业开发区　实现一般公共预算收入96334万元，增长3.1%。规模以上工业增加值增长27.2%，固定资产投资下降31.3%。实现货物进出口386297万元，增长29.8%。

岚山经济开发区　实现一般公共预算收入418285万元，增长8.8%。固定资产投资增长9.63%。实现货物进出口3840062.52万元，下降1.7%。

莒县经济开发区　实现一般公共预算收入107843万元，增长4.00%。固定资产投资下降2.87%。实现货物进出口936096.79万元，增长34.6%。

市北经济开发区　规模以上工业增加值增长5.1%，固定资产投资增长29.9%。实现货物进出口3.85亿元，增长20.4%。

日照综合保税区　完成面积为2.5万平方米的创新中心一期工程建设，二期工程建设正在推进。跨境进口商品展示中心建成并投入运营。

2020 年临沂市商务经济运行情况

Business Operation Conditions of Linyi City in 2020

【商贸流通】

社会消费品零售总额　2020 年，临沂市实现社会消费品零售总额 2528.2 亿元，较上年增长 0.2%，其中城镇社会消费品零售额增长 0.1%，乡村社会消费品零售额增长 0.4%。按行业分，批发和零售业实现零售额 2282.3 亿元，增长 0.8%，住宿和餐饮业实现零售额 245.9 亿元，下降 5.2%。

基本生活类商品零售额呈现两位数增长，限额以上粮油食品和烟酒零售额分别增长 18.7% 和 10.8%，高于限额以上零售额增幅 20.3 个和 12.4 个百分点。限额以上饮料、日用品、中西药品和服装鞋帽针纺织品零售额分别下降 0.7%、9.6%、9.9% 和 24.1%。消费升级类商品中，体育娱乐用品和化妆品零售额分别增长 75.3% 和 4.9%，高于限上零售额增幅 76.9 个和 6.5 个百分点。智能家电和音像器材、金银珠宝、书报杂志以及能效等级为 1 级和 2 级的商品零售额分别下降 3.5%、6.6%、12% 和 26.3%。汽车零售额 280.5 亿元，增长 6.7%，拉动全市限额以上单位消费品零售额增长 3.7 个百分点。

2020 年临沂市社会消费品零售总额
Consumer Good Retail Sales of Linyi City in 2020

表 5-80

分类指标	金额（亿元）	增长（%）
总　　额	**2528.2**	**0.2**
城　　镇	—	0.1
乡　　村	—	0.2
批发零售	2282.3	0.8
住宿餐饮	245.9	-5.2

市场物价　居民消费价格指数 102.8（以上年价格为 100）。

市场秩序建设　2020 年，临沂市各相关职能部门联合开展工作，对商贸流通企业进行监督检查，维护市场经营秩序。以“双随机、一公开”方式开展四项联合检查活动，对 126 家商贸流通企业进行随机检查，敦促企业合法经营，并及时纠正各种违规经营行为。商务部门开展重要产品追溯体系建设提升和运维工作，推动肉菜流通追溯体系二期工程建设，向追溯平台上传数据16000余万条，扫码查询3万次。对25家单用途商业预付卡备案规模发卡企业和13家其他发卡企业进行实时跟踪，针对企业未合规变更备案信息、单用途卡多用途化等问题开展专项督导检查，严厉打击违规行为。对直销企业经营资质进行严格复核，监督相关企业履行信息备案等法定义务，严防直销变传销等违法经营行为。商务、公安、市场监管、生态环境、应急管理、税务等部门建立信息共享机制，并对全市近1200家成品油经营企业进行联合检查，重点检查相关企业在质量、计量、消防、安全、环保、税收等方面是否存在违法违规行为。

市场体系建设　2020年，临沂市商务部门继续推进智慧便利店进社区和城区农贸市场建设工作，支持山东品记、阿里巴巴天猫小店等智慧便利店在临沂发展，推动邻里中心等新型农贸示范项目建设。投入引导资金220万元，辅以其他建设资金，完善农村商业流通体系。

电子商务　2020年，临沂市实现网络零售352.75亿元，较上年增长14.63%，其中农产品网络零售额29.58亿元，增长16.8%。全市实有网络零售店铺约17.5万个，电子商务从业人员18万人。沂南县、平邑县、蒙阴县、沂水县、费县、郯城县先后成为国家电子商务进农村综合示范县，总量居全省第一。齐鲁E谷电子商务产业园、临沂商城国际电子商务产业园成为国家级电子商务示范基地。直播电子商务取得新进展，顺和直播电子商务科技产业园、临谷电子商务科技创新孵化园等20多个短视频直播电子商务基地相继建成。

会展经济　2020年，临沂市举办临沂首届进口商品博览会、临沂国际商贸物流博览会、兰陵（苍山）蔬菜产业博览会、秋季全国五金商品交易会等各类展会149个、论坛节庆活动70个，参展企业2.56万家，展览面积143.6万平方米，展位7.37万个，交易额286.3亿元。全国五金商品交易会通过国际展览联盟认证。

特殊行业发展　2020年，临沂市实有拍卖企业50家，注册资本22891万元，从业人员382人，其中具有从业资格证书人员166人。拍卖企业举办1049个拍卖活动，成交额242435万元。临沂市广发联合拆车有限公司、临沂奥凯再生资源利用有限公司两家报废汽车回收拆解企业回收报废机动车21896辆，增长51.2%，拆解20316辆，增长33.3%。

居民收支　2020年，临沂市居民人均可支配收入28887元、增长4.6%，其中城镇居民人均可支配收入39466元、增长4.1%，农村居民人均可支配收入15918元、增长6.3%。居民人均消费支出14886元、增长2.8%，其中城镇居民人均消费支出18888元、增长2.1%，农村居民人均消费支出9981元、增长4.4%。

市场运行　2020年，临沂市实有市场主体106.1万个，注册资本（金）17946.1亿元，分别增长26%和32.4%。其中新增市场主体26万个，注册资本（金）5035亿元，分别增长27.3%和51.6%。

商务部门完善城乡市场运行监测网络，样本企业增加到233家，4家企业安装信息泵并承担日报表任务。各样本企业报送运营信息五千余次，报送率100%，及时率98%。在新冠肺炎疫情防控的重要节点，监测机构对重要生活消费品价格实行日报制度，并对汽车消费、葱姜蒜价格、水果价格等市场运行信息进行专题分析，形成21篇分析报告。发布有关原创信息173条，被商务部主网站采用69条。落实应急保供制度，各储备单位储备冻猪肉1500吨，保障市场供应。

【货物贸易】

进出口额　2020年，临沂市实现货物进出口11671997万元，比上年的8366780万元增长39.5%。

2020年临沂市货物贸易额
Foreign Trade Value of Linyi City in 2020

表5-81

分类指标	进出口		出　口		进　口	
	金额（万元）	增长（%）	金额（万元）	增长（%）	金额（万元）	增长（%）
总　额	**11671997**	**39.5**	**9922289**	**45.6**	**1749708**	**12.6**
国有企业	134886	–38.6	104830	–47.7	30056	57.4
外商投资企业	1214874	29.1	830036	15.7	384838	71.9
民营企业	10322237	43.8	8987423	53.2	1334814	1.7
集体企业	23650	–15.8	23187	–14.7	463	–49.3
私营企业	10298587	44.0	8964236	53.5	1334351	1.8
一般贸易	6797768	32.8	5720767	34.6	1077001	24.3
加工贸易	744571	5.7	606320	5.4	138251	7.1
其他贸易	4129658	63.9	3595202	83.5	534456	–4.6
机电产品	2638607	70.7	2300517	72.7	338090	57.9
化工产品	1589874	19.5	1258762	16.6	331112	31.7
纺织服装	1769597	74.3	1757902	75.3	11695	–8.1
农产品	1026932	37.2	550829	4.7	476103	114.2
轻工工艺品	1718654	77.0	1686078	79.3	32576	5.8
高新技术产品	173155	79.7	137476	119.7	35679	5.6

进口额　实现进口1749708万元，比上年的1554026万元增长12.6%。

进口商品结构　初级产品进口1153497万元，占进口总额的65.9%。工业制成品进口596211万元，占进口总额的34.1%。

2020年临沂市主要进口商品
Major Import Goods of Linyi City in 2020

表 5-82

进口商品名称	进口额（万元）	增长（%）	权重（%）
塑料原料	242543	44.8	13.9
机械设备及零配件	222882	24.1	12.7
花生及制品	150364	179.4	8.6
木薯干	141650	44.5	8.1
矿物燃料	127936	-42.1	7.3
镍矿砂及镍金属	124223	19.8	7.1
原木及木材	108160	-27.1	6.2
铁矿砂及其精矿	90822	-54.2	5.2
橡胶及制品	73977	39.7	4.2
电器及电子产品	61071	409.3	3.5
醇类化工品	28354	20.6	1.6
纸浆及纸制品	20153	12.0	1.2
水果及制品	18251	17.7	1.0
钻石	18105	-42.0	1.0
肉制品	17516	148.9	1.0
纯铜及铜废料	14964	-74.7	0.9
纺织纱线、织物及制品	10809	-15.6	0.6
红酒	2212	-11.0	0.1
棉花	1437	—	0.1

进口来源　进口商品来自95个国家（地区）。从10个主要进口来源进口1056937万元，占进口总额的60.4%。

2020年临沂市主要进口来源
Major Import Sources of Linyi City in 2020

表5-83

进口来源	进口额（万元）	增长（%）	权重（%）
泰　国	206013	41.2	11.8
韩　国	154336	31.3	8.8
伊　朗	129393	48.2	7.4
菲律宾	100003	298.4	5.7
美　国	87749	65.7	5.0
日　本	86846	135.7	5.0
俄罗斯	81544	172.8	4.7
印　度	77579	414.0	4.4
乌克兰	68473	317.3	3.9
新西兰	65001	-36.7	3.7

出口额　实现出口9922289万元，比上年的6812753万元增长45.6%，出口额占全市生产总值的20.6%、全省出口总值的7.6%。

出口商品结构　初级产品出口1566180万元，占出口总额的15.7%。工业制成品出口8356109万元，占出口总额的84.3%。

2020年临沂市主要出口商品
Major Export Goods of Linyi City in 2020

表5-84

出口商品名称	出口额（万元）	增长（%）	权重（%）
服装鞋帽	1421699	102.1	14.3
木质板材	855895	4.5	8.6
金属制品	835577	25.6	8.4
塑料制品	689334	104.9	7.0
纺织纱线、织物及制品	649291	34.2	6.5
轮胎	568211	1.1	5.7
家具及其零件	459399	60.4	4.6
电子产品	409816	199.9	4.1
柳编制品	295584	10.4	3.0

续表 5-84

出口商品名称	出口额（万元）	增长（%）	权重（%）
化工产品	291775	24.0	2.9
建材产品	267591	76.1	2.7
果蔬及制品	214194	4.4	2.2
工程机械	188378	-6.6	1.9
园林机械	170369	33.6	1.7
钢材	150919	39.3	1.5
医药及卫生用品	136112	23.0	1.4
花生及制品	128710	-5.1	1.3
日用陶瓷	87861	-15.3	0.9
罐头食品	63650	9.3	0.6
钻石	17414	-46.3	0.2

出口市场 出口商品销往 218 个国家（地区）。对 10 个主要市场出口 5798736 万元，占出口总额的 58.4%。

2020 年临沂市主要出口市场
Major Export Markets of Linyi City in 2020

表 5-85

出口市场	出口额（万元）	增长（%）	权重（%）
韩　　国	2664332	133.0	26.9
美　　国	1005126	34.4	10.1
越　　南	358452	38.6	3.6
菲 律 宾	348354	34.7	3.5
日　　本	299773	10.2	3.0
英　　国	259475	68.6	2.6
马来西亚	251012	99.7	2.5
印　　度	240334	-1.7	2.4
泰　　国	186149	45.5	1.9
印度尼西亚	185729	16.5	1.9

外贸新业态　2020年，临沂市市场采购贸易出口343.3亿元，增长84.4%，占出口总额的34.6%，较上年同期提高7.2个百分点，拉动出口23.2个百分点。开展国家级跨境电子商务综合试验区建设，开辟跨境电子商务9710、9810试点业务以及网购保税进口1210业务，实现跨境电子商务进出口9.2亿元。

【服务贸易】

进出口额　2020年，临沂市实现服务进出口69.5亿元，比上年的39.4亿元增长76.4%。

进口额　实现进口27.8亿元，增长2.6%。

出口额　实现出口41.7亿元，增长239.0%。

主要业务领域　临沂市2020年服务贸易涉及加工、运输、建筑等领域。

主要出口市场　临沂市2020年服务贸易主要出口市场为日本、美国、法国、荷兰、匈牙利。

【技术贸易】

进出口额　2020年，临沂市实现技术进出口271.8万美元，比上年的1218.8万美元下降77.7%。

技术引进　签订技术引进和设备进口合同4个，比上年减少1个。签约额241万美元，比上年的1218.8万美元下降80.2%。

技术出口　签订技术出口合同1个，签约额30.8万美元。

【吸收外国及中国港澳台地区投资】

总体情况　临沂市2020年引进外商及中国港澳台商投资项目173个，签约投资额308915万美元，实际投资额93156万美元。

投资产业　第一产业项目10个，实际投资额222万美元。第二产业项目45个，实际投资额34424万美元。第三产业项目118个，实际投资额58510万美元。

投资来源　2020年有19个国家（地区）在临沂市投资，投资项目数居前五位的国家（地区）分别是中国香港、韩国、中国台湾、澳大利亚、日本，合计投资项目148个，实际投资额76843万美元。实际投资额居前五位的国家（地区）分别是中国香港（含在中国香港设立的投资性公司）、英属维尔京群岛、韩国、澳大利亚、菲律宾，实际投资额89085万美元。

2020年临沂市吸收外国及中国港澳台地区投资
Overboundary Investment of Linyi City in 2020

表5-86

投资方式	签约情况			实际投资	
	项目数（个）	投资额（万美元）	增长（%）	金额（万美元）	增长（%）
合资企业	69	81570	153.1	36248	80.3
独资企业	103	224316	-3.3	53857	205.5
股权投资	1	3029	280.1	3051	205.7
合　计	**173**	**308915**	**16.5**	**93156**	**140.5**

【经济技术合作】

对外国及中国港澳台地区投资　2020年，临沂市新备案境外投资项目11个，签约投资额96613万元。16家企业有对外实际投资，投资额13697.3万元。其中，在“一带一路”沿线国家投资项目11个，实际投资额12031.5万元。重点投资项目是：奥德集团有限公司收购澳大利亚丹尼森油气田股权，经过前期的钻井、勘测、修复，已进入正常售气状态，日产天然气43万立方米，年产天然气约1.6亿立方米；大众木业有限公司投资建设尼日利亚大众工业园，拥有工业园区规划建设用地5000亩、种植林33万亩。一期工程规划建设面积3000亩，已建成胶合板、密度板、造纸、酒精、甲醛、纸箱、汽车组装、物流等项目，提供就业岗位3000多个。

承包工程　临沂市2020年承揽对外承包工程项目3个，签约额13902万元，完成营业额93034.8万元。新签约项目涉及建筑、交通运输、电力工程等行业，主要分布在孟加拉、柬埔寨、喀麦隆。

劳务合作　临沂市2020年签订对外劳务合作合同2个，签约额46万元，派出劳务人员63人，年末在外人员1248人。主要派驻地是日本、柬埔寨。

【园区建设】

经济开发区　2020年，临沂兰山经济开发区、临沂临港经济开发区、罗庄经济开发区等经济园区全面完成体制机制改革，管辖面积缩减到880.67平方千米，压减45.23%。管理机构压减65个，减少40.12%。代管乡镇压减7个，减少77.78%。

各经济开发区拥有省级以上技术创新平台304个，省级以上孵化器、众创空间34个，申请专利5528件，引进国内外高端人才2901个。批准入区项目818个，其中列入省重点项目34个。实有注册企业35173个，其中独角兽、瞪羚、单项冠军、隐形冠军企业51个。规模以上企业实现税收收入113.7亿元，实现进出口986.8亿元、增长46.5%，吸收外国及中国港澳台地区实际投资9.3亿美元、增长200%。

临沂综合保税区　2020年，临沂综合保税区有进出口业绩的企业602家，较上年增加76家，其中进出口业绩过亿美元的企业3家、过千万美元的企业62家、过百万美元的企业180家。实现进出口33.2亿美元，其中一线进出口15.2亿美元、增长40.37%。完成固定资产投资14.8亿元，增长37.8%。吸收外商投资3425万美元。

2020 年德州市商务经济运行情况

Business Operation Conditions of Dezhou City in 2020

【商贸流通】

社会消费品零售总额　2020 年，德州市实现社会消费品零售总额 1114.4 亿元，较上年增长 0.01%，其中城镇社会消费品零售额 873.3 亿元，下降 0.4%，乡村社会消费品零售额 241.1 亿元，增长 1.5%。按消费类型统计，商品零售额 1021.9 亿元，增长 0.2%，餐饮收入额 92.5 亿元，下降 2.2%。按行业类别统计，批发业零售额 87.1 亿元，增长 4.0%，零售业零售额 934.2 亿元，下降 0.2%，住宿业零售额 11.2 亿元，下降 8.2%，餐饮业零售额 81.9 亿元，下降 0.7%。

限额以上单位主要商品中，粮油食品零售额增长 21.3%，服装、鞋帽、针纺织品零售额下降 4.9%，五金、电料零售额增长 13.3%，体育、娱乐用品零售额增长 52.9%，化妆品零售额增长 120.3%，汽车零售额下降 1.8%。限额以上单位网上零售额增长 35.2%。

2020 年德州市社会消费品零售总额

Consumer Good Retail Sales of Dezhou City in 2020

表 5-87

分类指标	金额（亿元）	增长（%）
总　　额	**1114.4**	—
城　　镇	873.3	-0.4
乡　　村	241.1	1.5
商品零售	1021.9	0.2
餐饮收入	92.5	-2.2

市场物价　2020 年，德州市居民消费价格比上年上涨 3.0%。其中，消费品价格上涨 4.1%，服务项目价格上涨 1.2%。烟酒食品价格上涨 9.4%，粮食价格上涨 3.0%，鲜菜价格上涨 10.5%，畜肉价格上涨 43.3%，水产品价格上涨 3.6%，鸡蛋价格下降 9.0%，衣着价格下

降2.4%，居住价格上涨0.3%，生活用品及服务价格上涨0.9%，交通和通信价格下降4.3%，教育、文化和娱乐价格上涨4.3%，医疗保健价格上涨1.1%，其他用品和服务价格上涨3.5%。

市场秩序建设　2020年，德州市商务局完成市级重要产品追溯管理平台升级改造，加强对追溯示范企业的日常监督管理，定期进行数据公示和运行情况通报，全年接收18家企业上传数据3000余万条，消费者扫码近150万条。开展防范和处置单用途商业预付卡领域非法集资专项整治行动，加强风险防控，分别于6月、8月、11月对德州百货大楼（集团）有限责任公司、乐陵市恒发购物中心有限公司等单用途商业预付卡备案企业进行“双随机、一公开”检查。组织商贸流通企业参加诚信单位、诚信示范街区、诚信示范店评选，组织单用途商业预付卡备案企业、追溯企业开展诚信经营、做文明企业签字承诺活动，开展诚信兴商宣传月活动，营造诚信经营的良好环境。开展妨碍统一市场和公平竞争政策措施清理工作，审核各类文件2420个，建立健全原市属内贸流通企业实行属地管理之后的的公平竞争审查机制。

市场体系建设　2020年，德州市商务局制定《德州市中心城区农贸便民市场改造提升三年行动计划》和《德州市农贸便民市场改造提升标准》，对农贸市场进行升级改造，并根据京津冀协同发展等国家战略部署加大农村商业流通体系建设，支持农产品流通企业改造建设各类市场、配送中心、便利店和乡镇商贸中心约500余个。全市已建成年交易额过5亿元的农产品交易中心30个，年交易总额490亿元。以蔬菜、果品销售为主营业务、拥有四大专业物流园区的山东黑马集团有限公司，年内进行了大棚整修、供电改造、美化装饰、下水道清淤等系列化改造，总投资约700万元。德州飞马冷链物流有限公司拥有冷库10座、冷藏能力12万吨，是鲁西北、冀东南最大的冷冻、冷藏农畜水产品交易中心。德州华耀城是集综合性专业批发市场、仓储物流配送、综合商业配套、电子商务平台、生活配套及综合物业管理等功能于一体的大型综合商贸物流市场集群，建筑面积约75000平方米，拥有商铺651个。

特殊行业发展　2020年，德州市实有拍卖企业12家，其中德城区8家、陵城区1家、德州经济技术开发区3家，注册拍卖师14人。拍卖企业举办拍卖活动160个，实现拍卖成交额2.03亿元，下降11.7%，实现佣金收入226.16万元，增长22.9%。

居民收支　2020年，德州市居民人均可支配收入23626元，比上年增长4.5%，人均消费支出15610元，增长2.2%。城镇居民人均可支配收入29594元，增长3.7%，人均消费支出17861元，增长1.9%。农村居民人均可支配收入16996元，增长6.0%，人均消费支出13109元，增长2.5%。

市场运行和消费促进　2020年，德州市新登记市场主体8.81万个，比上年增长32.0%。其中，各类企业3.03万个，增长19.8%；个体工商户5.41万个，增长32.6%；农民专业合作社3756个，增长433.5%。年末实有各类市场主体47.62万个，增长11.5%。

市商务局通过商务部业务平台市场运行监测系统对全市重要消费品市场运行情况、商品供求状况进行监测调控，调查分析商品价格信息，确保全市重要消费品市场正常运行。组织开展为期6个月（5至10月）的2020德州市惠民消费节，涉及商超消费、电商消费、夜生活消费、汽车销售、家装销售、文化消费6大板块，以及为期4个月（11月至次年2月）的秋冬消费季，涉及商超消费、餐饮消费、电商消费、汽车消费和油品消费 5 大板块，拉动消费额 106325.8 万元。举办 2020 网红直播德州峰会，带货 120 个产品品类，成交额 326.4 万元。9 月 28 日举办的格力·中国造全国巡回直播德州站活动，实现销售额 22.17 亿元。

【货物贸易】

进出口额 2020 年，德州市实现货物进出口 3868622 万元，比上年的 3454344 万元增长 12.0%。

2020 年德州市货物贸易额
Foreign Trade Value of Dezhou City in 2020

表 5-88

分类指标	进出口		出　口		进　口	
	金额（万元）	增长（%）	金额（万元）	增长（%）	金额（万元）	增长（%）
总　额	**3868622**	**12.0**	**2472402**	**19.0**	**1396220**	**–1.3**
国有企业	69332	–2.9	66885	–2.5	2447	–2.0
外商投资企业	953884	12.6	591150	12.1	362734	13.5
民营企业	2845406	12.1	1814367	26.3	1031039	–6.5
一般贸易	3228838	12.1	2126168	24.8	1102670	–6.2
加工贸易	465235	–0.6	324876	–0.8	140359	0.0
其他贸易	174549	58.7	21358	1626.6	153191	40.9
纺织服装	268600	18.9	266594	19.4	2006	–23.4
机电产品	1699369	19.8	1252612	17.9	446757	25.2
化工产品	884071	–24.2	396953	4.1	487118	–38.0
农副产品	392976	33.6	210158	15.4	182818	63.0
高新技术产品	606020	29.3	344226	25.4	261794	34.7

进口额 实现进口 1396220 万元，比上年的 1413963 万元下降 1.3%。

进口商品结构 初级产品进口 778217 万元，占进口总额的 55.7%。工业制成品进口 618003 万元，占进口总额的 44.3%。

2020 年德州市主要进口商品
Major Import Goods of Dezhou City in 2020

表 5-89

进口商品名称	进口额（万元）	权重（%）
机电设备	444520	31.8
原油及芳烃	365137	26.2
铁矿石	174933	12.5
糖及食糖	129026	9.2
生皮及皮革	29180	2.1
化学短纤	4529	0.3

进口来源　进口商品来自 75 个国家（地区）。从 10 个主要进口来源进口 1160699 万元，占进口总额的 83.1%。

2020 年德州市主要进口来源
Major Import Sources of Dezhou City in 2020

表 5-90

进口来源	进口额（万元）	权重（%）
巴　　西	508336	36.4
美　　国	194160	13.9
韩　　国	133160	9.5
澳大利亚	89900	6.4
中国台湾	53468	3.8
日　　本	51077	3.7
新 加 坡	36338	2.6
俄 罗 斯	35097	2.5
马来西亚	30457	2.2
印　　度	28706	2.1

出口额 实现出口2427402万元，比上年的2040381万元增长19.0%，出口额占全市生产总值的6.6%、全省出口总值的1.9%。

出口商品结构 初级产品出口168896万元，占出口总额的6.8%。工业制成品出口2303506万元，占出口总额的93.2%。

2020年德州市主要出口商品
Major Export Goods of Dezhou City in 2020

表5-91

出口商品名称	出口额（万元）	权重（%）
电气产品	685608	27.7
化学制品	439124	17.8
机械设备	190445	7.7
纺织品	165262	6.7
钢材及制品	157103	6.4
食品	129979	5.3
服装	99773	4.0
车辆及配件	98971	4.0
玻璃及制品	21258	0.9
木及木制品	15156	0.6

出口市场 出口商品销往188个国家（地区）。对10个主要市场出口1417914元，占出口总额的57.3%。

2020年德州市主要出口市场
Major Export Markets of Dezhou City in 2020

表5-92

出口市场	出口额（万元）	权重（%）
美　　国	296751	12.0

续表5-92

出口市场	出口额（万元）	权重（%）
中国香港	241578	9.8
韩　　国	165297	6.7
印　　度	129412	5.2
马来西亚	124691	5.0
泰　　国	112222	4.5
越　　南	97856	4.0
俄 罗 斯	91986	3.7
德　　国	84329	3.4
日　　本	73792	3.0

【服务贸易】

进出口额　2020年，德州市实现服务进出口176419万元，比上年的189902万元下降7.1%。

进口额　实现进口107527万元，比上年的155161万元下降30.7%。

出口额　实现出口68892万元，比上年的34741万元增长98.3%。

主要业务领域　德州市2020年服务贸易涉及运输服务业、农副食品加工业、纺织业、金属制品业、汽车制造业、电气机械和器材制造业、房屋建筑业、其他制造业、互联网和相关服务、计算机、通信和其他电子设备制造业。

主要出口市场　德州市2020年服务贸易主要出口市场为韩国、法国、中国香港、缅甸、澳大利亚、美国、德国。

【技术贸易】

技术引进　签订技术引进和设备进口合同5个，比上年减少3个。签约额7216.9万元，比上年的3293.6万元增长119.1%。

【吸收外国及中国港澳台地区投资】

总体情况　德州市2020年引进外国及中国港澳台地区投资项目39个，签约投资额75106万美元，实际投资额26584万美元。

投资产业　第二产业项目13个，签约投资额18425万美元，实际投资额15614万美元。第三产业项目26个，签约投资额56681万美元，实际投资额10970万美元。

投资来源　2020年有9个国家（地区）在德州市投资，投资额居前四位的国家（地区）分别是中国香港、新加坡、英属维尔京群岛、韩国，合计投资项目24个，实际投资额22573万美元。

2020年德州市投资来源
Investment Sources of Dezhou in 2020

表5-93

投资来源	投资项目（个）	实际投资额（万美元）
中国香港	15	17900
新加坡	5	3813
英国	1	1343
中国台湾	1	1101
日本	1	858
英属维尔京群岛	2	603
澳大利亚	1	601
韩国	2	257
瑞士	1	108

投资企业生产经营情况　2020年德州市实有外商及中国港澳台商投资企业243家，投资总额467641万美元，外方投资349606万美元，实现产值1390495万元。盈利企业155家，盈利总额88368万元。亏损企业88家，亏损总额124581万元。

【经济技术合作】

对外国及中国港澳台地区投资　2020年，德州市兴办境外企业11家，签约投资额104329万元。主要投资企业为山东德建国际经济技术合作有限公司、松果新能源汽车有限公司、德州宏运通国际物流股份有限公司、樱桃谷农场（山东）有限公司、山东米科思机械设备有限公司、德州谊和永盛机械设备有限公司、山东尊衢商贸有限公司等，主要投资领域为新能源汽车、食品、养殖设备。

承包工程　2020年，德州市签订对外承包工程合同4个，签约额116257万元，完成营业额131446万元。新签约项目涉及土路工程、建筑工程等行业，主要分布在柬埔寨、安哥拉、科特迪瓦。

劳务合作　2020年，德州市签订对外劳务合作合同1个，签约额364.76万元，派出劳务人员173人，年末在外11人。主要派驻地是坦桑尼亚、卢旺达、孟加拉。

【园区建设】

经济开发区　2020年，德州市12个省级以上开发区（国家经济开发区1个，高新技术产业开发区1个，省级经济开发区10个）全面完成体制机制改革任务，产业布局更为优化、产业聚集度进一步提高。各开发区实现产值1860.7亿元，实现进出口312.33亿元，吸收外国及中国港澳台地区实际投资2.3亿美元。

2020 年聊城市商务经济运行情况

Business Operation Conditions of Liaocheng City in 2020

【商贸流通】

社会消费品零售总额　2020 年，聊城市实现社会消费品零售总额 801.04 亿元，比上年下降 3.2%。从消费类型看，商品零售 748.80 亿元，下降 2.3%，餐饮收入 52.24 亿元，下降 13.9%。从消费区域看，城镇市场消费品零售额 604.04 亿元，下降 3.4%，乡村市场消费品零售额 196.85 亿元，下降 2.5%。

限额以上企业商品零售额中，粮油、食品零售额比上年增长 6.8%，新能源汽车零售额增长 90.0%，家具零售额增长 72.3%，可穿戴智能设备零售额增长 27.2%，建筑及装潢材料零售额增长 16.3%。新消费模式快速发展。限上批发和零售业通过互联网实现商品零售 5.76 亿元，增长 77.9%。

2020 年聊城市社会消费品零售总额
Consumer Good Retail Sales of Liaocheng City in 2020

表 5-94

分类指标	金额（万元）	增长（%）
总　　额	**8010400**	**-3.2**
城　　镇	6040400	-3.4
乡　　村	1968500	-2.5
商品零售	7488000	-2.3
餐饮收入	522400	-13.9
限额以上	1969200	-4.9
限额以下	6041200	-2.6

市场价格　2020年，聊城市居民消费价格比上年上涨3.1%，涨幅较上年扩大0.2个百分点。其中，鲜活食品价格上涨17.2%，服务价格上涨1.0%，能源价格下降4.9%。八大类消费品及服务项目价格七升一降，其中食品烟酒价格上涨9.1%，其他用品和服务价格上涨5.2%，医疗保健价格上涨2.6%，教育、文化和娱乐价格上涨2.2%，生活用品及服务价格上涨0.7%，衣着价格上涨0.4%，居住价格上涨0.3%，交通和通信价格下降3.5%。

市场秩序建设　2020年，聊城市商务局进一步营造诚信经营环境，通过开展诚信经营示范店和诚信经商宣传月等系列活动，增强商贸流通企业的诚信经营意识，树立良好的经营风气。加强单用途预付卡流通监督管理工作，对备案发卡企业落实三项制度、经营台账、资金存管等方面的情况，通过“双随机、一公开”等方式进行监督检查，维护市场秩序，严控金融风险。加强汽车流通秩序维护工作，对5家规模以上汽车销售企业进行抽查，取消2个二手车交易市场的备案资格，建立报废机动车回收拆解巡查、报送制度。商务、食品药品监督管理部门联合开展药品流通环境整治工作，清理行业乱象，保障居民用药安全。

市场体系建设　2020年，聊城市商务部门编制《聊城市城区商业网点建设与发展规划方案（2021—2025年）》，对今后5年城市（副城市）商业中心、片区商业中心、社区商业、商业街（区）、农产品零售终端、商品交易市场、商贸物流设施建设以及商旅文融合发展、大型零售网点布局、传统业态转型升级、商业网点创新发展进行统筹设计，提出发展目标和实施路径，推动商贸流通业态升级。投入资金250万元，对中心城区农贸市场进行提升改造，改变农贸市场脏、乱、差的局面。开展农商互联对接工作。推动农产品批发市场、电子商务企业和大型超市等市场主体与农产品生产加工及流通企业、农村专业合作社之间的对接。在大型商超设立8个扶贫产品销售专区、36个销售专柜，销售扶贫产品近2000万元。

居民收支　2020年，聊城市居民人均可支配收入22488元，比上年增长4.1%。人均消费支出14204元，增长2.8%。其中，城镇居民人均可支配收入30036元，增长2.8%，城镇居民人均消费支出17695元，增长2.9%。农村居民人均可支配收入15718元，增长6.1%，农村居民人均消费支出11073元，增长2.4%。

市场运行和消费促进　2020年，聊城市商务部门加强市场运行监测工作，对全市生活必需品供求状况进行摸底调查，准确掌握其生产、库存、需求等情况，指导流通企业广开进货渠道，积极做好产销对接，畅通货源渠道。春节期间安排重点商贸流通企业精心组织货源，确保节日期间市场供应和安全生产形势稳定。元旦、春节、五一、十一节日期间，组织大型商超开展2020嗨购水城、水城金秋消费月、暖冬消费季等促销活动，进一步搞活流通、扩大消费。

【货物贸易】

进出口额　2020年，聊城市实现货物进出口4042134万元，比上年的4091269万元下降1.2%。

2020 年聊城市货物贸易额
Foreign Trade Value of Liaocheng City in 2020

表 5–95

分类指标	进出口		出　口		进　口	
	金额（万元）	增长（%）	金额（万元）	增长（%）	金额（万元）	增长（%）
总　额	**4042134**	**–1.2**	**2274470**	**10.2**	**1767664**	**–12.4**
国有企业	226247	9.9	158740	–7.0	67507	93.8
外商投资企业	349980	–24.1	189526	–0.2	160454	–40.8
其他企业	3465907	–8.7	1926204	–5.5	1539703	–11.6
集体企业	10746	–8.6	5257	5.8	5489	–11.3
私营企业	3455161	–8.7	1920947	–5.5	1534214	–11.5
一般贸易	3274391	–2.6	1935845	5.4	1338546	–12.3
加工贸易	706070	–1.6	306572	34.6	399498	–18.4
其他贸易	61673	10993.9	32053	15951.2	29620	8214.8
纺织服装	322707	–1.4	317708	–1.1	4999	–19.8
农产品	326923	4.3	281413	3.7	45510	8.0
化工产品	377753	1.9	312655	6.6	65098	–15.5
机电产品	517629	23.8	446547	16.2	71082	110.9
高新技术产品	43435	20.5	41861	28.6	1574	–54.9

进口额　实现进口 1767664 万元，比上年的 2016885 万元下降 12.4%。

2020 年聊城市主要进口来源
Major Import Sources of Liaocheng City in 2020

表 5-96

进口来源	进口额（万元）	增长（%）	权重（%）
智　　利	433315	-9. 7	24. 5
澳大利亚	383472	-10.9	21.7
秘　　鲁	357015	-31.2	20.2
几 内 亚	125175	122.3	7.1
加 拿 大	103982	38.2	5.9
美　　国	63106	345.8	3.6
东　　盟	59231	-62.8	3.4
欧　　盟	52414	41. 9	3. 0
韩　　国	48885	-18.4	2.8
巴　　西	35295	-51.2	2.0

进口来源　进口商品来自 74 个国家。从 10 个主要进口来源进口 1661890 万元，占进口总额的 94.0%。

出口额　实现出口 2274470 万元，比上年的 2064500 万元增长 10.2%，出口额占全市生产总值的 0.3%、全省出口总值的 1.7%。

2020 年聊城市主要出口市场
Major Export Markets of Liaocheng City in 2020

表 5-97

出口市场	出口额（万元）	增长（%）	权重（%）
东　　盟	318767	-12.1	14.0
欧　　盟	241825	23.0	10.6
中　　东	236269	38.3	10.4
美　　国	144695	11.5	6.4
中国香港	124735	202.9	5.5
韩　　国	118078	34. 1	5.2
南　　亚	110646	-19.1	4.9

续表5-97

出口市场	出口额（万元）	增长（%）	权重（%）
日　　本	79653	5.6	3.5
巴　　西	63247	57. 1	2.8
澳大利亚	53843	17.1	2.4

出口市场　出口商品销往196个国家（地区）。对10个主要市场出口1491758万元，占出口总额的65.6%。

【服务贸易】

进出口额　2020年，聊城市实现服务进出口147639万元，比上年的196700万元下降24.9%。

进口额　实现进口129733万元，比上年的190500万元下降31.9%。

出口额　实现出口17906万元，比上年的6200万元增长188.8%。

主要业务领域　聊城市2020年服务贸易涉及境外工程、商业服务等领域，境外工程实现出口5090万元。

主要出口市场　聊城市2020年服务贸易主要出口市场为新加坡、中国香港。

【吸收外国及中国港澳台地区投资】

总体情况　聊城市2020年吸收外国及中国港澳台地区投资项目61个，签约投资额50887万美元，实际投资额20844万美元。

投资产业　第一产业项目1个，签约投资额264万美元。第二产业项目25个，签约投资额19603万美元，实际投资额14571万美元。第三产业项目35个，签约投资额31020万美元，实际投资额6273万美元。

投资来源　2020年有14个国家（地区）在聊城市投资，投资额居前五位的国家（地区）分别是中国香港、英属维尔京群岛、新加坡、日本、美国，合计投资项目26个，签约投资额42467万美元，实际投资额19687万美元。

2020年聊城市主要投资来源
Major Investment Sources of Liaocheng in 2020

表5-98

投资来源	投资项目（个）	签约投资额（万美元）	实际投资额（万美元）
中国香港	18	35949	14177
英属维尔京群岛	1	2000	2000
新 加 坡	2	1700	1665
日　　本	2	1650	1053
美　　国	3	1168	792

投资企业生产经营情况　2020年聊城市实有外商及中国港澳台商投资企业131家，投资总额137107万美元，外方投资81354万美元，实现产值2802758万元。盈利企业55家，盈利总额471256万元。亏损企业40家，亏损总额19401万元。

【经济技术合作】

对外国及中国港澳台地区投资　聊城市2020年兴办境外企业6家，总投资29785万元，中方投资28875万元。主要投资对象为比利时、乌克兰、新加坡、印度尼西亚和中国香港，主要投资项目为七色印尼建材有限公司、鸿事达（香港）国际投资有限公司和熊猫钢铁有限公司。

承包工程　聊城市2020年对外承包工程完成营业额210万元，涉及建筑等行业，施工地点为巴基斯坦、马来西亚。

劳务合作　聊城市2020年派出劳务人员147人，年末在外322人。主要派驻地是日本。

【园区建设】

经济开发区　2020年，中共聊城市委出台《关于推动开发区体制机制改革创新促进高质量发展的实施意见》，市推动开发区改革创新领导小组审议通过《聊城市全面推进开发区体制机制改革创新实施方案》和各开发区改革创新差异化实施方案，全面推进全市开发区改革创新。11月底，市域10个经济开发区（含德州高新技术产业开发区）全面完成改革任务。市属开发区代管乡镇压减至2个，县（市、区）属开发区均不再代管乡镇。开发区内设机构由147个压减至65个、压减率56%，管委会员额从改革前的1618人缩减为934人、压减率42%，管辖面积从666.13平方千米压减至457.62平方千米、压减率31%。通过改革，各开发区管理体制和运行机制进一步优化，经济发展、双招双引、科技创新等主责主业更加聚焦，发展活力明显增强。9个省级以上经济开发区完成固定资产投资243亿元，实现税收收入87亿元，吸收外商及中国港澳台商实际投资1.95亿元，实现进出口351亿元。

【促销推介活动】

第九届山东聊城（莘县）瓜菜菌博览会云端展会　聊城市人民政府、山东省商务厅主办，莘县人民政府、山东广播电视台齐鲁频道承办，2020年4月26—28日举办。参展企业100余家，展示品牌200多个，产品近600种。展会利用山东广播电视台齐鲁频道，电视大屏与手机小屏同步直播，观看人数1650万，县长、镇长带货成交3万多单。

2020 年滨州市商务经济运行情况

Business Operation Conditions of Binzhou City in 2020

【商贸流通】

社会消费品零售总额　2020 年，滨州市实现社会消费品零售总额 717.9 亿元，比上年增长 1.1%。从经营单位所在地看，城镇实现社会消费品零售额 574.2 亿元，增长 1.0%，乡村实现社会消费品零售额 143.8 亿元，增长 1.2%。从消费形态看，商品零售额 653.6 亿元，增长 1.7%，餐饮收入 64.3 亿元，下降 4.8%。限额以上单位实现销售额 168.5 亿元，下降 0.2%，限额以下单位实现销售额 549.4 亿元，增长 1.4%。

限额以上可穿戴智能设备、智能手机、新能源汽车零售额分别比上年增长 13.3%、70.1%、201.1%。限额以上单位通过公共网络实现的商品零售额 2.2 亿元，比上年增长 128.0%，占限额以上单位零售额的比重为 1.3%。

2020 年滨州市社会消费品零售总额
Consumer Good Retail Sales of Binzhou City in 2020

表 5-99

分类指标	金额（万元）	增长（%）
总　　额	**7179439.8**	**1.1**
城　　镇	5741850.0	1.0
乡　　村	1437589.8	1.2
商品零售	6536388.4	1.7
餐饮收入	643051.4	-4.8
限额以上	1685026.3	-0.2
限额以下	5494413.5	1.4

市场物价　2020 年，滨州市居民消费价格比上年上涨 2.4%。其中，消费品价格上涨 5.0%，食品价格上涨 12.3%，衣着价格上涨 1.8%，生活用品及服务价格上涨 0.2%，教育、文化和娱乐价格上涨 2.6%。

市场秩序建设　2020 年，滨州市商务局制定《市场流通行业领域突出问题专项整治工作方案》，在商务系统开展市场流通行业领域突出问题专项整治行动，排查成品油、单用途商业预付卡、药品流通等领域的违法违规经营行为，对所发现的问题及时予以纠正，敦促经营单位认真整改。完善《滨州市重要产品追溯体系建设工作实施方案》，将沾化冬枣等产品纳入追溯体系，实现重要产品市场追溯全覆盖。推进商贸流通系统商务诚信建设，开展诚信兴商教育实践活动和诚信兴商宣传月活动，引导商贸流通企业诚实经营、守信服务。开展家政服务行业信用体系建设，确定4家企业为建设单位。16家企业建立诚信档案，2889个家政服务员建立信用记录。

市场体系建设　2020年，滨州市被山东省商务厅确定为省级物流标准化试点市，博兴县被确定为山东省城乡高效配送示范县，山东京博商联商贸有限公司、山东省博兴县大万商贸有限公司被确定为山东省城乡高效配送示范企业，渤海七路步行街被确定为省级步行街改造提升试点街区。商务部门推动万达广场、渤海国际广场等一批夜经济聚集区以及吾悦广场、帝堡广场等商业综合体建设，引进海底捞、星巴克等首店经济旗舰店，商业网点布局进一步完善。

电子商务　2020年，滨州市实有淘宝镇10个，比上年增加1个，淘宝村59个，比上年增加12个。博兴县被商务部确定为电子商务进农村综合示范县。市商务部门推广惠民县数智乡村建设经验，开展线上线下农村电子商务人才培训，参训人员5999人。组织直播带货活动120余次，实现销售额1.2亿元。

特殊行业发展　2020年，滨州市新增一家拍卖企业，实有12家拍卖企业。拍卖企业举办78个拍卖活动，拍卖成交额17848.79万元，佣金额125.21万元。两家报废机动车回收拆解企业回收各类车辆12330辆，拆解12139辆。

居民收支　2020年，滨州市居民人均可支配收入29718元，比上年增长4.2%。城镇居民人均可支配收入38582元，增长3.2%，其中工资性收入增长3.4%，经营净收入增长3.1%，财产净收入增长3.3%，转移净收入增长2.5%。城镇居民人均消费支出24635元，比上年增长1.0%，其中教育文化娱乐、医疗保健支出增幅最高，分别为3.9%和2.9%。农村居民人均可支配收入18496元，增长5.8%，其中工资性收入增长5.7%，经营净收入增长5.8%，财产净收入增长6.0%，转移净收入增长6.1%。农村居民人均消费支出12321元，比上年增长3.0%，其中医疗保健、交通通信支出增幅最高，均为5.0%。

市场运行和消费促进　2020年，滨州市新登记市场主体7.54万个，总量突破40万个，分别比上年增长6.7%、14.9%。其中，新登记民营经济市场主体7.51万个，总量39.56万个，分别增长6.7%、15.0%。新登记各类企业2.92万家，总量12.42万家，分别增长19.2%、21.9%。

商务部门建立限额以上批零住餐企业储备库，保障市场供给。市场运行监测体系样本企业扩展到140家，市场商品供需变化、价格波动、企业经营情况等商情信息传送机制更为完善。市、县两级财政发放消费券2800多万元，拉动新冠肺炎疫情防控期间的居民消费。商贸流通企业在国庆节、春节等重大节日期间开展年货长廊、特卖巡展、让利酬宾等促销活动，培育消费热点，引导居民消费。

【货物贸易】

进出口额　2020年，滨州市实现货物进出口8175117万元，比上年的8756989万元下降6.6%。

2020 年滨州市货物贸易额
Foreign Trade Value of Binzhou City in 2020

表 5-100

分类指标	进出口		出　口		进　口	
	金额（万元）	增长（%）	金额（万元）	增长（%）	金额（万元）	增长（%）
总　额	**8175117**	**-6.6**	**3274226**	**5.1**	**4900891**	**-13.1**
国有企业	1049318	-0.4	413027	-1.3	636291	0.1
外商投资企业	1348804	-23.5	242760	0.9	1106044	-27.4
其他企业	5776995	-2.2	2618439	6.6	3158556	-8.5
集体企业	5034963	-4.4	2325062	8.7	2709901	-13.3
私营企业	742032	9.9	293377	-7.1	448655	24.9
一般贸易	6848462	-8.9	2995964	7.3	3852498	-18.6
加工贸易	325809	-20.7	252895	-21.1	72914	-19.0
其他贸易	1000846	21.9	25367	19117.4	975479	18.8
纺织服装	964675	-2.4	964675	-2.4	—	—
农产品	1446021	-6.6	191783	7.9	1254238	-8.5
化工产品	849412	4.6	718910	7.4	130502	-8.5
机电产品	406288	60.6	313513	53.3	92775	91.3
高新技术产品	229342	26.8	183887	14.3	45455	126.7

进口额　实现进口 4900891 万元，比上年的 5642748 万元下降 13.1%。

进口商品结构　初级产品进口 4370208 万元，占进口总额的 89.2%。工业制成品进口 530683 万元，占进口总额的 10.8%。

2020 年滨州市主要进口商品
Major Import Goods of Binzhou City in 2020

表 5-101

进口商品名称	进口额（万元）	权重（%）	增长（%）
铝矿砂	1388085	28.3	-18.9
大豆	1065810	21.8	-7.8
原油	1619051	33.0	-23.3

续表 5-101

进口商品名称	进口额（万元）	权重（%）	增长（%）
铁矿石	33797	0.7	—
机械设备	91415	1.87	90.5
原棉	100346	2.0	-30.8
化学制品	130502	2.7	-8.5
生皮及皮革	27433	0.6	-5.6
纸浆	93102	1.9	-39.7
动植物油	28788	0.6	-10.8

进口来源 进口商品来自 94 个国家（地区）。从 10 个主要进口来源进口 4235963 万元，占进口总额的 86.4%。

2020 年滨州市主要进口来源
Major Import Sources of Binzhou City in 2020

表 5-102

进口来源	进口额（万元）	增长（%）
巴　　西	1152075	-34.7
几 内 亚	1029556	-20.9
美　　国	431245	362.9
澳大利亚	384389	-7.4
俄 罗 斯	330762	5.9
马来西亚	261312	15.3
挪　　威	245945	7343.9
加 拿 大	153541	1.6
安 哥 拉	146987	73.6
新 加 坡	100151	483.5

出口额 实现出口 3274226 万元，比上年的 3114241 万元增长 5.1%，出口额占全省出口总值的 5.1%、全市生产总值的 13.1%。

出口商品结构 初级产品出口 137386 万元，占出口总额的 4.2%。工业制成品出口 3136840 万元，占出口总额的 95.8%。

2020 年滨州市主要出口商品
Major Export Goods of Binzhou City in 2020

表 5-103

出口商品名称	出口额（万元）	权重（%）	增长（%）
纺织品和服装	964675	29.5	-2.4
纺织品	894032	27.3	-4.6
服装	70643	2.2	37.4
钢材及制品	766132	23.4	6.4
化学制品	718910	22.0	7.4
电器设备及元件	207334	6.3	69.6
铝材及制品	237004	7.2	-14.1
糖（葡萄糖）	43117	1.3	5.4
家具	88497	2.7	32.0
饲料	53006	1.6	-14.2
草柳编制品	24649	0.7	14.9
餐具	11614	0.4	1.7

出口市场 出口商品销往 172 个国家（地区），对 10 个主要市场出口 1499879 元，占出口总额的 45.8%。

2020 年滨州市主要出口市场
Major Export Markets of Binzhou City in 2020

表 5-104

出口市场	出口额（万元）	增长（%）
美国	323831	7.8
印度尼西亚	192047	12.6
中国香港	175781	37.1
越南	160290	-3.6
韩国	150022	-8.7
泰国	120574	14.4
日本	110731	-4.3
巴基斯坦	100138	12.5
马来西亚	89431	29.2
德国	77034	-4.9

与“一带一路”沿线国家贸易　2020年，滨州市与“一带一路”沿线40多个国家开展经贸合作，370余家企业在沿线国家进行投资、经贸活动，与“一带一路”沿线国家贸易额241.9亿元，增长3.8%。

【服务贸易】

进出口额　2020年，滨州市实现服务进出口111.6亿元，比上年增长12.6%。

进口额　实现进口108.8亿元，比上年增长13.5%。

出口额　实现出口2.8亿元，比上年下降15.5%。

【技术贸易】

技术引进　签订技术引进和设备进口合同2个，比上年减少3个。签约额3797.3万元，比上年的3702.2万元增长2.6%。

【吸收外国及中国港澳台地区投资】

总体情况　滨州市2020年引进外国及中国港澳台地区投资项目37个，签约投资额80664万美元，实际投资额36058万美元。

投资产业　第一产业项目5个，签约投资额752万美元，实际投资额636万美元。第二产业项目11个，签约投资额34138万美元，实际投资额21544万美元。第三产业项目21个，签约投资额45774万美元，实际投资额13878万美元。

投资来源　2020年有7个国家（地区）在滨州市投资，投资额居前五位的国家（地区）分别是中国香港、新加坡、英国、澳大利亚、韩国，合计投资项目31个，签约投资额60770万美元，实际投资额36058万美元。

2020年滨州市主要投资来源
Major Investment Sources of Binzhou in 2020

表5-105

投资来源	投资项目（个）	签约投资额（万美元）	实际投资额（万美元）
中国香港	19	48694	26205
新加坡	5	9071	7551
英国	1	1122	1500
澳大利亚	1	525	410
韩国	2	226	296

投资企业生产经营情况　2020年滨州市实有外商及中国港澳台商投资企业143家，投资总额1108556万美元，境外方签约投资额359583万美元。

【经济技术合作】

对外国及中国港澳台地区投资　滨州市2020年兴办境外企业2家，总投资7110万元，中方投资7110万元。主要投资对象为斯里兰卡、新加坡，投资项目为滨州新丝路海洋渔业有限公司在斯里兰卡设立的新丝路食品（私人）有限公司、无棣鑫岳化工集团有限公司在新加坡设立的山东玉浩能源有限公司。

【园区建设】

经济园区　2020年，滨州市推动经济开发区体制机制改革，实行“管委会+公司”模式，以企业化管理、市场化运营、专业化服务和特色化发展作为改革目标。开发区内设机构数量由186个压减为66个，精简65%。剥离265项社会事务管理职能和66项运营职能。实行全员竞聘，人员精简65%。推进跨区域整合，形成一区多园、错位发展格局。年内，开发区实现市外融资400亿元，较上年增长51%。吸收外国及中国港澳台地区实际投资3.5亿美元，增长96%。

滨州经济技术开发区　实现货物进出口169348万元，增长8.9%。规模以上工业增加值增长0.8%，固定资产投资增长8.3%。实现一般公共预算收入174074万元，增长3.8%。

北海经济开发区　实现货物进出口17321万元，增长70.5%。规模以上工业增加值增长0.8%，固定资产投资增长7.3%。实现一般公共预算收入115530万元。

滨州工业园区　实现规模以上工业产值268.22亿元、主营业务收入272.01亿元、货物进出口46.46亿元、完成固定资产投资26.34亿元，分别增长14.8%、24.0%、12.8%和31.9%。招引境内外资金32.53亿元，其中境外资金3071万美元。实现公共财政预算收入4.98亿元。

邹平经济技术开发区　实现规模以上工业产值1838.7亿元、公共财政预算收入27.1亿元，完成固定资产投资76亿元，实现进出口201.2亿元。引进项目总投资154.6亿元。

沾化经济开发区　规模以上工业企业实现营业收入291.35亿元，增长2.5%。实现一般公共预算收入31685万元，增长25.3%。

惠民经济开发区　实现财政收入11.42亿元，增长23.1%，其中一般公共预算收入6.12亿元，增长20.3%。完成固定资产投资25.4亿元，其中技改投资23.02亿元。实现规模以上工业产值299.78亿元，货物进出口16亿元。实现市外融资45亿元，其中境外融资1874万美元。

阳信经济开发区　实现一般公共预算收入5.75亿元，完成固定资产投资88.16亿元。规模以上企业实现营业收入386.91亿元，其中工业企业实现营业收入322.51亿元，服务业企业实现营业收入64.40亿元。规模以上工业实现产值298.52亿元，实现货物进出口13.84亿元，实现税收收入11.80亿元。

无棣经济开发区　实现规模以上工业产值314.67亿元，完成固定资产投资572199万元，实现一般公共预算收入94204.13万元，实现税收104947万元。吸收外国及中国港澳台地区投资3572万美元，增长205.3%。实现进出口432934.7万元，增长183.1%。引进内外资项目22个，签约投资额19.4亿元。总投资20亿元的生态家纺特色产业园项目，吸纳境外资金1500万美元。

博兴经济开发区　实现产值224.7亿元，增长5.2%。完成固定资产投资47.78亿元，增长55.2%。规模以上工业企业实现产值786.38亿元，增长1.3%，实现营业收入979.41亿元，增长1.4%。实现一般公共预算收入10.32亿元，增长10.0%。实现进出口352.27亿元，增长6.0%。

【促销推介活动】

2020渤海科创发展大会　中国科学院大学、滨州市人民政府主办，2020年10月31日在滨州举办。大会设置8个专题研讨会，科教、金融、产业领域的专家与会进行对话、研讨，集中揭牌5个研究中心、两个检测中心，启动10个联合实验室项目。7家落地滨州的科创企业启动17个科技项目。

2020年菏泽市商务经济运行情况

Business Operation Conditions of Heze City in 2020

【商贸流通】

社会消费品零售总额　2020年，菏泽市实现社会消费品零售总额1637.35亿元，比上年增长1.2%。按经营单位所在地分，城镇社会消费品零售额1343.22亿元，增长1.1%，乡村社会消费品零售额294.13亿元，增长1.7%。按消费形态分，商品零售1517.43亿元，增长1.7%，餐饮收入119.92亿元，下降5.1%。

2020年菏泽市社会消费品零售总额
Consumer Good Retail Sales of Heze City in 2020

表5-106

分类指标	金额（亿元）	增长（%）
总　　额	**1637.35**	**1.2**
城　　镇	1343.22	1.1
乡　　村	294.13	1.7
商品零售	1517.43	1.7
餐饮收入	119.92	-5.1

市场物价　2020年，菏泽市居民消费价格比上年上涨1.7%，其中消费品价格上涨3.3%，服务项目价格下降1.0%，商品零售价格上涨1.5%。烟酒食品价格上涨9.3%，鲜菜价格上涨16.8%，畜肉价格上涨45.6%，衣着价格下降1.6%，居住价格下降2.6%，生活用品及服务价格下降1.0%，交通和通信价格下降3.2%，教育、文化和娱乐价格上涨0.6%，医疗保健价格下降0.8%，其他用品及服务价格上涨4.9%。

市场秩序建设　2020年，菏泽市商务部门加强对单用途商业预付卡流通的监督管理，全面落实发卡企业实名登记、限额发行、非现金购卡三项制度，并建立规模发卡企业联系人制度，完善工作机制。开展专项检查，及时发现和纠正违规经营问题，防范由此滋生的金融风险。综合运用物联网、大数据等现代信息技术，建设以企业为主体、产品为载体、追溯信息全链条覆盖为重点的重要产品追溯体系，形成完整的来源可查、去向可追、质量可控、责任可究的信息链条，从源头上保证肉菜等重要产品的质量安全。相关部门对辖区内直销企业进行全面检查，重点排查企业是否存在产品夸大宣传、超地域超范围经营等违法违规行为，对所发现的问题建立台账，督促企业及时整改。

市场体系建设 2020 年，菏泽市商务部门以支持农商互联完善农产品供应链为抓手，推动 6 个农商互联示范项目加强农产品流通基础设施、全程冷链体系和末端惠民网络建设，以此带动更多企业改进农产品流通模式、完善农商互联供应链体系，全市已形成两条特色农产品产销一体化全产业供应链条。着眼于有效启动农村市场、拓展农村居民消费，引导大型流通企业在乡村布局，新建或改造直营连锁超市、商贸中心、配送中心，提高商业网点的乡村布局密度。培育发展特色突出、辐射带动能力强、商业业态集聚水平高的特色商贸小镇，拓展农村消费规模，推动三次产业融合发展。市城投菜篮子公司新建或改建农贸市场 10 个，菏泽银田农贸城、曹县喜地农贸城、巨野康巨农贸城进一步完善仓储、物流、加工等配套设施，农产品销售网点布局趋于合理，信息化和标准化水平进一步提升。

特殊行业发展 2020 年，菏泽市 10 家拍卖企业举办 78 个拍卖活动，实现拍卖成交额 9807.97 万元。两家报废汽车回收拆解企业回收拆解报废汽车 9776 辆。

居民收支 2020 年，菏泽市居民人均可支配收入 21741 元，比上年增长 5.2%，其中城镇居民人均可支配收入 29365 元，增长 3.7%，农村居民人均可支配收入 15107 元，增长 6.6%。居民人均消费支出 15154 元，比上年增长 4.9%，其中城镇居民人均消费支出 18787 元，增长 3.3%，农村居民人均消费支出 11993 元，增长 6.4%。

市场运行和消费促进 2020 年，菏泽市商务部门进一步完善市场运行监测机制，实行样本企业信息报送专人负责制，并通过商务预报信息平台适时发布生活必需品、重要生产资料流通等相关信息，合理引导市场供求。开展市场应急保供工作，引导菏泽绿源食品总公司和郓城华宝食品公司两个商业收储主体进行充足的冻猪肉等应急商品储备。举办饕餮美食节、五一欢乐购、牡丹之都消费季等促销活动，提振居民消费。

【货物贸易】

进出口额 2020 年，菏泽市实现货物进出口 4337540 万元，比上年的 4852651 万元下降 10.6%。

2020 年菏泽市货物贸易额
Foreign Trade Value of Heze City in 2020

表 5-107

分类指标	进出口		出　口		进　口	
	金额（万元）	增长（%）	金额（万元）	增长（%）	金额（万元）	增长（%）
总　额	**4337540**	**-10.6**	**2143119**	**21.1**	**2194421**	**-28.8**
国有企业	5530	146.3	2003	15.8	3527	584.7
外商投资企业	509968	-8.3	416160	-8.5	93808	-7.1
其他企业	3822042	-21.9	1724956	3.3	2097086	-32.5
集体企业	42437	-13.2	41983	-12.8	454	-38.2
私营企业	3779605	-22.0	1682973	3.8	2096632	-32.5
一般贸易	3647737	-16.2	1761351	28.5	1886386	-36.8
加工贸易	502033	1.5	375868	-2.8	126165	16.9
其他贸易	187770	—	5900	—	181870	—
机电产品	390482	86.6	291542	83.1	98940	97.8
高新技术产品	94884	40.8	73291	16.3	21593	391.7
化工产品	491577	-1.3	434486	-5.5	57091	48.3
纺织服装	276747	100.6	271079	102.1	5668	48.1
农 产 品	356647	-15.7	340833	-10.8	15814	-61.4

进口额　实现进口 2194421 万元，比上年的 3082326 万元下降 28.8%。

进口商品结构　初级产品进口 2139471 万元，占进口总额的 97.5%。工业制成品进口 54950 万元，占进口总额的 2.5%。

2020 年菏泽市主要进口商品
Major Import Goods of Heze City in 2020

表 5-108

进口商品名称	进口额（万元）	增长（%）	权重（%）
能源资源	1941159	-32.9	88.5
原油	1932072	-33.0	88.0
棉花	2442	-60.5	0.1
塑料	6645	10.0	0.3
生产原料	96425	-8.4	4.4
工业原料	57843	-11.7	2.6
人发	33293	22.7	1.5
生皮及皮革	5289	-58.1	0.2
机械设备	96946	95.2	4.4
食品	4941	-72.0	0.2

进口来源 进口商品来自 82 个国家（地区）。从 10 个主要进口来源进口 2070708 万元，占进口总额的 94.4%。

2020 年菏泽市主要进口来源
Major Import Sources of Heze City in 2020

表 5-109

进口来源	进口额（万元）	增长（%）
巴　西	487348	-12.3
中　东	430912	-46.1
哥伦比亚	407169	-51.3
俄罗斯	242800	73.7
安哥拉	201386	-56.9
挪　威	110623	—
韩　国	72769	24.7
东　盟	58379	419.0
日　本	30852	85.4
南　亚	28470	-7.6

出口额 实现出口2143119万元，比上年的1770325万元增长21.1%，出口额占全市生产总值的6.2%、全省出口总值的1.6%。

出口商品结构 初级产品出口300833万元，占出口总额的14.1%。工业制成品出口1842286万元，占出口总额的85.9%。

2020年菏泽市主要出口商品
Major Export Goods of Heze City in 2020

表5-110

出口商品名称	出口额（万元）	增长（%）	权重（%）
化工产品	537443	28.6	25.1
木草柳制品及家具	443854	35.5	20.7
家具	316857	41.8	14.8
户外家具	36502	-3.1	1.7
木草柳制品	126997	22.0	5.9
汽车零配件	217768	-6.4	10.2
充气轮胎	205934	-6.5	9.6
干鲜果蔬及其制品	196425	-19.9	9.2
大蒜	116960	-31.3	5.5
果蔬加工制品	41564	9.7	1.9
鲜苹果	30621	5.7	1.4
发制品	109564	-2.2	5.1
纺织服装	124512	31.6	5.8
服装	92499	50.8	4.3
纺织品	32013	-3.7	1.5

出口市场 出口商品销往194个国家（地区）。对10个主要市场出口1845968万元，占出口总额的86.1%。

2020年菏泽市主要出口市场
Major Export Markets of Heze City in 2020

表 5-111

出口市场	出口额（万元）	增长（%）	权重（%）
美　　国	463054	59.6	21.6
东　　盟	313541	7.2	14.6
欧　　盟	305902	10.4	14.3
中　　东	183170	19.2	8.6
韩　　国	171700	14.2	8.0
日　　本	129968	10.5	6.1
英　　国	113160	48.2	5.3
南　　亚	83360	-10.4	3.9
澳大利亚	44186	59.9	2.1
加 拿 大	37927	102.9	1.8

【服务贸易】

进出口额　2020年，菏泽市实现服务进出口113785万元，比上年的140052万元下降18.8%。

进口额　实现进口88164万元，比上年的118110万元下降25.4%。

出口额　实现出口25621万元，比上年的21942万元增长16.8%。

主要业务领域　菏泽市2020年服务贸易涉及旅游、运输、保险、技术、产品设计制作、其他商业服务和加工服务等领域。

主要出口市场　菏泽市2020年服务贸易主要出口市场为韩国、中国香港、新加坡、荷兰、美国。

【吸收外国及中国港澳台地区投资】

总体情况　菏泽市2020年引进外国及中国港澳台地区投资项目47个，签约投资额704421万元，实际投资额197809万元。

投资产业　第一产业实际投资额39万元。第二产业项目17个，签约投资额359019万元，实际投资额140068万元。第三产业项目30个，签约投资额345402万元，实际投资额57702万元。

投资来源　2020年有9个国家（地区）在菏泽市投资，投资额居前五位的国家（地区）分别是中国香港、新加坡、中国台湾、韩国、英属维尔京群岛。

2020年菏泽市主要投资来源
Major Investment Sources of Heze in 2020

表5-112

投资来源	投资项目（个）	签约投资额（万元）	实际投资额（万元）
中国香港	28	441466	93456
新 加 坡	4	135204	87630
中国台湾	4	68160	6912
韩　　国	1	4865	5636
英属维尔京群岛	1	13446	3007
日　　本	1	955	589
俄 罗 斯	1	49	—
加 拿 大	2	40001	—
美　　国	3	275	—

投资企业生产经营情况　2020年菏泽市实有外商及中国港澳台商投资企业175家，实现产值3086916万元。

【经济技术合作】

对外国及中国港澳台地区投资　菏泽市2020年兴办境外企业2家，总投资646.9万元，中方投资646.9万元。主要投资对象为坦桑尼亚和俄罗斯，主要投资领域为建筑模板、木制品加工销售。

【园区建设】

经济开发区　菏泽市现有10个省级经济开发区，区内实有注册企业9066家，注册资本1641亿元。其中规模以上企业1177家，高新技术企业167家，外商投资企业71家，世界500强投资企业28家，从业人员88.8万人。2020年实现公共财政预算收入116.2亿元，下降7%；税收收入159.8亿元，下降16%；固定资产投资494亿元，下降27%；吸收外国及中国港澳台地区实际投资24649万美元，增长186.7%；实现进出口409.1亿元，下降5.7%。

菏泽内陆港保税物流中心（B型）　2020年4月10日，海关总署、财政部、国家税务总局、国家外汇管理局批准设立菏泽内陆港保税物流中心（B型）。12月22日，菏泽内陆港保税物流中心通过海关总署验收。12月30日，保税物流中心正式封关运营。

规范性文件

Regulatory Documents

简要说明

一、栏目内容

本栏目刊载2020年山东省人民政府及有关部门推动全省商务经济发展的政策性文件。

二、资料来源

山东省人民政府办公厅、山东省商务厅

Brief Introduction

I. Content

The column publishes policy documents on propelling commerce economic development of the province of People’s Government of Shandong Province and relevant departments released in 2020.

II. Data sources

General Office of People’s Government of Shandong Province, Commerce Department of Shandong Province

山东省人民政府办公厅关于印发山东省进一步促进外贸稳定增长政策措施的通知

Circular of the General Office of Shandong Provincial Government on the Issuance of Policies and Measures to Further Promote the Stable Growth of Foreign Trade

鲁政办字〔2020〕12号

各市人民政府，各县（市、区）人民政府，省政府各部门、各直属机构：

《山东省进一步促进外贸稳定增长政策措施》已经省政府同意，现印发给你们，请认真贯彻执行。

山东省人民政府办公厅

2020年1月24日

山东省进一步促进外贸稳定增长政策措施

为认真贯彻落实国务院稳外贸政策措施、有效应对中美经贸摩擦、推动全省外贸稳中提质，根据省委、省政府推动“六稳”工作的系列决策部署，特制定以下政策措施。

一、支持企业开拓多元化国际市场

深耕日韩欧盟市场，大力开拓“一带一路”市场，力保美国市场。确定出口潜力较大的重点市场，实行一国一策，支持企业开展经贸促进活动、建设国际营销服务网络等。（山东省商务厅、山东省财政厅、中国出口信用保险公司山东分公司负责）

二、支持企业有效应对国际贸易摩擦

在全国范围内吸纳有实践经验的律师事务所、研究机构等中介组织，建立全省应对贸易摩擦法律服务团，开展应对国际贸易摩擦系列政策解读、业务培训、案件辅导工作，针对相关行业、企业搭建法律服务平台。帮助受中美互相加征关税双重影响的企业申请关税排除，完善国际贸易摩擦预警工作机制，把对美依存度50%以上的企业作为重点企业进行跟踪调

度。（山东省商务厅、山东省财政厅、青岛海关、济南海关负责）

三、加强对外贸企业的运行监测和分析

建立健全省、市、县三级预警响应、协调应对工作机制，加强对1700家外贸企业运行动态的监测，逐步扩大样本企业数量，对不同性质、不同行业重点骨干企业订单情况、经营困难、政策诉求等进行动态跟踪监测。探索建立商务、海关、税务、金融、口岸、信保等信息共享机制，及时发现问题、研判走势、建立预案。（山东省商务厅、山东省大数据局、山东省地方金融监管局、山东省口岸办公室、山东省税务局、青岛海关、济南海关、中国人民银行济南分行、中国银行保险业监督管理委员会山东监管局、中国出口信用保险公司山东分公司负责）

四、扩大服务贸易规模

落实技术先进型服务企业所得税减免政策。拓展离岸服务外包贴息范围至23个重点领域。创建国家中医药、数字服务出口基地。对融资租赁、金融租赁企业试行增值税、消费税出口退税政策。支持将符合条件的外资医疗机构纳入基本医疗保险定点医药机构协议管理。在中日韩合作框架下，建立山东与日、韩服务贸易合作机制。（山东省商务厅、山东省发展和改革委员会、山东省科学技术厅、山东省财政厅、山东省卫生健康委员会、山东省医疗保健局、山东省税务局、青岛海关、济南海关、有关市人民政府负责）

五、积极扩大进口

扩大十强产业相关先进技术设备、关键零部件进口，增加紧缺能源资源及日用消费品进口。鼓励企业积极拓展多元化进口渠道。积极争取原油进口配额，稳定扩大原油进口。发挥海关查验作业指定监管场地的作用，扩大肉类、冰鲜水产品等一般消费品进口，打造东北亚水产品加工及贸易中心。支持有条件的地区创建国家进口贸易促进创新示范区。支持有条件的市建设汽车整车进口口岸，适时增加汽车平行进口试点企业数量。（山东省商务厅、山东省发展和改革委员会、山东省工业和信息化厅、山东省财政厅、青岛海关、济南海关、有关市人民政府负责）

六、大力发展跨境电子商务

推动青岛、威海、济南、烟台国家级跨境电子商务综合试验区建设。落实好综合试验区零售出口企业税收政策，对符合规定条件的实行增值税和消费税无票免税，按照4%确定应税所得率，并赋予其小微企业所得税优惠政策和免税收入优惠政策。推动潍坊、日照、临沂等市开展跨境电子商务1210保税进口业务。将跨境电子商务企业纳入海关信用管理，实施差异化通关措施。推动省内有实力的大型物流企业依托国家和省级境外经贸合作园区，在主要出口市场建设公共海外仓。（山东省商务厅、山东省财政厅、山东省税务局、青岛海关、济南海关、有关市人民政府负责）

七、促进市场采购贸易加快发展

用好采购地申报、口岸验放、一体化通关政策，支持国家级市场采购贸易试点单位临沂工程物资市场加大外贸主体引进培育力度，加强市场采购贸易信息互联互通，扩大市场采购贸易规模。推动有条件的内外贸结合市场争取列入国家新一批市场采购贸易试点。（山东省商务厅、青岛海关、山东省税务局、有关市人民政府负责）

八、推进国际产能合作带动出口

充分利用对外承包工程、境外投资、援外合作大项目带动大型成套设备及技术、标准和服务出口。支持外贸企业对接境外经贸合作区，合理布局产业链，利用原产地规则开展境外加

工组装，拓展海外市场。加强境外经贸合作区建设规划引导，创新建设运营模式，鼓励省内企业与央企、跨国公司以联合投资、第三方市场合作等方式建设境外经贸合作区，汇聚资源做大做强，提升产业内外协同发展和出口带动效应。（山东省商务厅、山东省发展和改革委员会、中国出口信用保险公司山东分公司负责）

九、推动海关特殊监管区域创新政策落地

推动符合条件的各类型海关特殊监管区域整合优化为综合保税区。争取全球维修及再制造等试点在山东落地。在综合保税区积极推广增值税一般纳税人资格试点。推动仓储货物按状态分类监管、四自一简、先出区后报关、集中汇总纳税等26项已在全国海关特殊监管区域复制推广的贸易便利化举措在山东落地。（青岛海关、济南海关、山东省财政厅、山东省税务局、山东省商务厅、各海关特殊监管区域负责）

十、提高跨境贸易便利化水平

落实口岸收费清单公示制度，深入开展口岸涉企收费监督检查，防止口岸收费反弹。公开口岸经营服务企业作业时限，推进海运口岸作业各环节无纸化，不断巩固压缩整体通关时间成果。深化海关通关一体化改革，推进两步申报改革。推广主动披露制度和容错机制，进出口企业、单位主动披露涉税违规行为，对符合条件的，不予行政处罚。（山东省口岸办公室、山东省发展和改革委员会、山东省财政厅、山东省交通运输厅、山东省商务厅、山东省市场监督管理局、青岛海关、济南海关负责）

十一、加快推进中日韩通关便利化合作

推动威海、青岛、烟台与韩国仁川、釜山、平泽建立多港联动合作机制，探索中韩信息互换、跨境电子商务、外检内放、AEO互认创新合作，提升口岸通关便利化水平，促进国际物流组织协同化和陆海空运输模式多样化。推动青岛海关、济南海关与日本大阪海关建立关际合作机制，实现中韩、中日多港联动物流与通关一体化发展新格局。（山东省商务厅、青岛海关、济南海关、山东省交通运输厅、有关市人民政府负责）

十二、加快出口退税速度

在全省范围内实行退税电子化。严格执行一类出口企业和新旧动能转换企业2个工作日、出口企业经营确有困难的优先进行退税审批。按照企业自愿原则，对于提出无纸化申报申请的企业，税务机关按照无纸化退（免）税申报管理。对于符合一类出口企业评定标准的企业，提交变更管理类别申请后，税务机关应及时进行动态调整。（山东省税务局、中国人民银行济南分行负责）

十三、加大对企业的金融支持

依托省小微企业贷款风险补偿平台，建立鲁贸贷融资支持机制，通过信用保险、风险补偿等手段，降低和化解银行贷款风险，缓解中小微外贸企业融资难、融资贵问题。鼓励和引导省内外贸企业充分利用山东省融资服务信息平台开展融资对接。坚持本币优先，落实好跨境人民币结算相关政策。稳步推进货物贸易外汇收支便利化试点业务。简化小微跨境电子商务企业办理有关贸易资金收付手续，优化货物贸易外汇业务报告方式，简化出口收入入账手续。实施服务贸易外汇收支便利化试点。支持引导企业充分利用国际贸易单一窗口中出口信用服务和特色金融服务项下信保贷等金融产品。对相关金融机构为外贸企业提供政策性优惠利率贷款给予财政奖励，扩大船舶、机电和高新技术产品出口。（山东省商务厅、山东省财政厅、山东省口岸办公室、山东省地方金融监管局、中国人民银行济南分行、中国出口信用保险公司山东分公司、中国进出口银行山东省分行负责）

十四、加大对出口信用保险的支持力度

提高对外贸企业投保出口信用保险的支持比例。支持企业购买海外买方资信报告，帮助企业甄别国别风险、市场动向、买家资质，防范贸易风险。适当提高重点市场风险容忍度，扩大国别承保金额。增加涉美涉税重点地区的信用额度，在风险对价合理的前提下降低保险费率。对小微外贸企业在全省出口信用保险统保平台项下投保短期出口信用保险保费给予全额支持，推动小微外贸企业无升有、小升规。（山东省商务厅、山东省财政厅、中国出口信用保险公司山东分公司负责）

十五、防范化解失业风险

将中美经贸摩擦所涉及的山东企业纳入就业监测范围，加强就业形势分析研判和失业风险预警。对依法参保缴费、不裁员或少裁员的参保企业，按规定返还失业保险费。支持困难企业与工会开展集体协商，采取调整薪酬、在岗培训、弹性工时、轮岗轮休等方式，稳定就业岗位和劳动关系。面向企业职工、失业人员等各类重点群体，开展大规模职业技能培训，提升劳动者职业技能。通过组织企业内部挖潜、企业间用工余缺调剂、组织相近行业工种岗位招聘等方式，促进下岗失业人员转岗就业。稳步提升失业保险金标准，对符合条件的失业人员及时发放失业保险金。（山东省人力资源和社会保障厅、山东省财政厅、山东省税务局负责）

山东省人民政府办公厅
印发关于加快外商投资企业复工复产
推进外商投资的若干措施的通知

Circular of the General Office of Shandong Provincial Government on the Issuance of Gertain Measures to Accelerate the Resumption of Work and Production of the Foreign Investment Enterprises

鲁政办字〔2020〕17号

各市人民政府，各县（市、区）人民政府，省政府各部门、各直属机构：

《关于加快外商投资企业复工复产推进外商投资的若干措施》已经省政府同意，现印发给你们，请认真贯彻实施。

山东省人民政府办公厅

2020年2月11日

关于加快外商投资企业复工复产推进外商投资的若干措施

为贯彻落实党中央、国务院关于做好新冠肺炎疫情防控工作的决策部署，在切实抓好疫情防控工作的前提下，千方百计做好外商投资企业复工复产服务，大力推进外商投资，制定以下措施。

一、协助采购防疫物资。帮助复工复产企业落实防疫安全措施，聚焦企业复工和生产经营所需，积极协助企业采购必要防护物资。（责任单位：各市人民政府）

二、协调提供餐饮服务。联系对接餐饮企业、连锁快餐企业，为不具备餐饮防疫条件的复工复产企业提供餐饮配送服务。（责任单位：各市人民政府）

三、帮助企业员工返岗。支持企业采取包车方式，点对点接回湖北省以外地区和省内非留观、非密切接触的健康状况良好的员工，采取有效防护措施返岗复工。对接回省外员工，企业所在地政府应在通行方面进行必要协调；对执行政府指定运输任务的包车免收公路通行费，并优先便捷通行。（责任单位：各市人民政府、山东省交通运输厅、山东省卫生健康委员会）

四、协助企业解决用工难题。鼓励各级政府通过网上招聘会、第三方机构中介服务等方式，帮助企业解决招工难、用工难问题。（责任单位：各市人民政府、山东省人力资源和社会保障厅）

五、保障生产物资运输。企业生产所需物资的承运单位或车辆驾驶员可自行打印和填写《新型冠状病毒感染的肺炎疫情防控应急物资及人员运输车辆通行证》，作为通行依据。各市交通运输主管部门和各收费公路运营管理单位保障运输车辆优先顺畅通行。鼓励企业在省内口岸通关，减少企业跨省清关运输。（责任单位：山东省交通运输厅牵头，青岛海关、济南海关等配合）

六、加大信贷支持力度。对受疫情影响较大的企业，灵活运用无还本续贷、应急转贷等措施，支持相关企业稳定授信，银行机构要对其到期贷款予以展期或续贷。对受疫情影响、授信到期还款确有困难的企业，银行机构和地方金融组织要通过适当降低利率、减免逾期利息、调整还款期限和方式，帮助企业渡过难关，不得盲目抽贷、断贷、压贷。（责任单位：中国银行保险业监督管理委员会山东监管局、中国人民银行济南分行、山东省地方金融监管局）

七、降低企业物流成本。对因物流运输等原因导致大宗干散货和油品不能及时疏运的，在港口原有免费堆存期的基础上，再延长30天的免费堆存。（责任单位：山东省交通运输厅牵头）

八、减免相关税费。因疫情影响遭受重大损失，纳税人缴纳城镇土地使用税、房产税确有困难的，经税务机关核准，减征或者免征城镇土地使用税、房产税。（责任单位：山东省税务局牵头）

九、延期缴纳税款。纳税人因疫情影响不能按期缴纳税款的，经有权税务机关批准，可

以延期缴纳税款，最长不超过3个月。（责任单位：山东省税务局牵头）

十、缓缴社会保险费。对受疫情影响面临暂时性生产经营困难、确实无力足额缴纳社会保险费的企业，按规定经批准后，可缓缴养老保险、失业保险和工伤保险费，缓缴期最长6个月。缓缴期间免收滞纳金，职工可按规定依法享受社会保险待遇。缓缴期满后，企业足额补缴缓缴的社会保险费，不影响参保人员个人权益。（责任单位：山东省人力资源和社会保障厅牵头，山东省财政厅配合）

十一、支持企业不裁员、少裁员。对不裁员或少裁员的参保企业，可返还其上年度实际缴纳失业保险费的50%。对面临暂时性生产经营困难且恢复有望、坚持不裁员或少裁员的参保企业，返还标准可按6个月的当地月人均失业保险金和参保职工人数确定。将失业保险金标准上调至当地最低工资标准的90%。（责任单位：山东省人力资源和社会保障厅牵头，山东省财政厅配合）

十二、降低企业信用风险。受疫情影响，企业有延迟交货、延期还贷、合同逾期等失信行为的，不将其列入失信名单。无法如期履行或不能履行国际贸易合同的，中国国际贸易促进委员会山东省委员会可出具不可抗力事实性证明。（责任单位：山东省发展和改革委员会、中国人民银行济南分行、中国银行保险业监督管理委员会山东监管局、中国国际贸易促进委员会山东省委员会）

十三、强化贸易救济法律咨询服务。组成商务法律服务工作组，采取各市分组、网上培训、在线答疑等方式，为企业提供及时有效的合规体检和法律咨询服务。（责任单位：山东省商务厅、山东省司法厅）

十四、大力推行网上招商。积极推广网上洽谈、视频会议、在线签约等网上招商方式。发挥好选择山东云平台的作用，组织线上招商会、在线洽谈会等线上招商对接活动。（责任单位：山东省商务厅牵头）

十五、精心筹划重大经贸活动。针对招商对象需求，坚持结果导向，认真做好招商活动前期策划，细化实化活动内容，创新活动形式。筹备组织好第二届跨国公司领导人青岛峰会、第二届儒商大会、港澳山东周、欧洲商务周等重大经贸活动。（责任单位：山东省商务厅牵头）

十六、发挥省政府驻外经贸代表处的平台作用。省政府驻外经贸代表处要主动对接各市招商需求，提出精准招商引资及项目合作意向，全力承担起境外招商任务，积极开展对接洽谈，确保招商引资不断链。（责任单位：山东省商务厅、各市人民政府）

十七、推进重大外资项目落地。针对当前人员流动受阻等难题，推行不见面审批，与外商做好对接沟通，及时了解项目落地过程中的制约因素，加强部门协调配合，落实任务责任，明确工作时限，为项目落地提供各类要素保障，争取早日落地见效。（责任单位：各市人民政府、山东省商务厅等有关部门）

十八、强化点对点服务。建立省、市、企业跟踪推进联动机制，发挥外商投资企业服务大使的作用，明确专人开展点对点服务，及时了解企业生产经营状况和投资动向，有针对性地加强服务和指导。聚焦疫情对企业的不同影响，分类施策，一企一策，相关部门采取精准帮扶措施，帮助企业渡过难关。（责任单位：各市人民政府、山东省商务厅）

十九、持续改善投资环境。全面落实《中华人民共和国外商投资法》及其实施条例和《国务院关于进一步做好利用外资工作的意见》（国发〔2019〕23号）等法规政策，加强宣传解读，营造良好投资环境。指导外商投资企业用好用足《山东省人民政府办公厅关于应对新型冠状病毒感染肺炎疫情支持中小企业平稳健康发展的若干意见》（鲁政办发〔2020〕4号）等政策，把疫情影响降到最低。（责任单位：山东省商务厅牵头）

山东省人民政府办公厅关于印发济青烟国际招商产业园建设行动方案（2020—2025年）的通知

Circular of the General Office of Shandong Provincial Government on the Issuance of the Action Plan for the Construction of Jinan–Qingdao–Yantai International Investment Attraction Zone (2020—2025)

鲁政办字〔2020〕37号

各市人民政府，各县（市、区）人民政府，省政府各部门、各直属机构，各大企业，各高等院校：

《济青烟国际招商产业园建设行动方案（2020—2025年）》已经省政府同意，现印发给你们，请认真贯彻实施。

山东省人民政府办公厅

2020年3月22日

济青烟国际招商产业园建设行动方案（2020—2025年）

建设济青烟国际招商产业园，对打造具有全球影响力的高端产业集聚区、推动全省高质量发展具有重要战略意义。为做好济青烟国际招商产业园建设工作，制定本行动方案。

一、总体要求

以习近平新时代中国特色社会主义思想为指导，认真落实习近平总书记对山东工作的重要指示要求，紧扣“走在前列、全面开创”目标要求，坚持新发展理念和高质量发展，持续放大山东新旧动能转换综合试验区和中国（山东）自由贸易试验区等战略优势，聚焦优势产业,创新政策支持,优化服务功能,全面建立“标准地”招商模式，精准招引一批世界500强及行业领军企业、引擎性项目，聚力打造世界一流、国内领先、特色鲜明的优势产业集群集聚高地，引领全省经济质量变革、效率变革、动力变革。

2020年，济南、青岛、烟台3市至少各新落地1个世界500强企业、2个引擎性项目，构建形成“领军企业+产业集群+特色园区”的推进态势和“项目支撑+政策保障”的运行机制。到2022年，每个产业集聚区至少新落地1个世界500强企业、1个行业领军企业、一批引擎性重大项目，构建形成主导产业鲜明、龙头企业带动、上下游配套拉动的产业生态圈，园区产业规模突破5000亿元。到2025年，落地世界500强及行业领军企业项目200个以上，培育形成若干个世界级先进制造业集群，园区产业规模接近1万亿元。

二、总体布局

济青烟国际招商产业园共计推出净地104.3平方千米，其中济南市37平方千米，青岛市37.3平方千米，烟台市30平方千米，瞄准十强产业前沿方向，聚力打造9大产业集聚区。

（一）济南市。重点打造整车整机及氢能源高端装备制造、绿色建设、智能制造3大产业集聚区。

1. 整车整机及氢能源高端装备制造产业集聚区。位于济南市莱芜经济开发区中南部区域,推出净地13平方千米。大力发展无人驾驶、人工智能、新能源等新技术,加快山东重工（济南莱芜）绿色智造产业城建设，全面推动传统整车整机向智能网联绿色迈进，建设全国重要的百万辆商用车研发制造基地、国内一流的智能网联汽车产业研发制造及测试基地。发挥山东钢铁股份公司、山东泰山钢铁集团有限公司等企业的工业副产氢资源优势，加大氢燃料电池等产品的研发力度，锻造氢气制储运加、氢燃料电池汽车研发制造、氢能产品群全产业链条。2020年建设重卡一期、智能叉车、智能物流装备、智能网联整车试验场等一批项目。到2022年，产业规模达到800亿元。到2025年，落地世界500强及行业领军企业项目5个，产业规模达到1600亿元。

2. 绿色建设产业集聚区。位于新旧动能转换先行区北部太平街道庙廊区域，推出净地6平方千米。全面整合绿色建设上下游产业链，打造集绿色设计、绿色建材、绿色智能施工、绿色低碳运营、绿色基础设施于一体的全产业链条，打造具有国际竞争力的绿色建设产业生态圈和绿色低碳智能生产生活先行区。2020年成立绿色建筑研究院，开工建设绿色建设产业园。到2022年，产业规模达到300亿元。到2025年，落地世界500强及行业领军企业项目10个，产业规模达到1000亿元。

3. 智能制造产业集聚区。位于济南临空经济区，推出净地18平方千米。大力发展装备制造、汽车零部件、半导体、电子信息、航空等智能制造产业，建设国内最具影响力的对德（欧）智能制造合作区。2020年加快推进林德气体项目落地和博马科技、艾斯克等扩产项目建设。到2022年，产业规模达到500亿元。到2025年，落地世界500强及行业领军企业项目30个，产业规模达到1000亿元。

（二）青岛市。重点打造数字科技与智能制造、新能源汽车、智能家电3大产业集聚区。

1. 数字科技与智能制造产业集聚区。位于青岛西海岸新区国际经济合作区，推出净地4.5平方千米。布局发展数字科技、智能制造两大主导产业。数字科技产业，加快推进海信5G+8K超高清视频、安润封测等项目建设，发展集成电路设计及装备制造、新型显示及超高清视频等全产业链，打造超高清视频终端及设备生产基地。智能制造产业，重点发展智能装备制造和机器人制造，引进工业及服务机器人等整机产品和系统集成，建设集研发、设计、生产服务于一体的智能制造产业集聚区。2020年推进华大智造、海尔星际物联网、以色列开普路检测设备等项目落地建设，产业规模达到50亿元。到2022年，产业规模达到240亿元。到2025年，落地世界500强及行业领军企业项目40个，产业规模达到500亿元。

2. 新能源汽车产业集聚区。分别位于即墨汽车制造产业集聚区和莱西新能源汽车产业集聚区，共计推出净地21.3平方千米。依托北汽新能源青岛有限公司、一汽大众汽车有限公司青岛工厂等龙头企业，加快引进一批新能源汽车整车项目，全面突破动力电池、电控系统、轻量化材料等关键部件设备研制，重点发展智能网联、汽车电器等配套产业，建设全国乃至全球最大的新能源汽车产业基地。2020年推进解放新能源轻卡基地等项目落地，产业规模达到960亿元。到2022年，产业规模达到1250亿元。到2025年，落地世界500强及行业领军企业项目60个，产业规模达到1700亿元。

3. 智能家电产业集聚区。位于平度市南村镇家电产业功能区，推出净地11.5平方千米。依托胶东临空经济示范区北区，以海信家电产业园为龙头，大力发展白色家电整机、智能控制终端、数据传输和处理模块等，打造中国智能家电第一镇。2020年推进丹普压缩机、盛阳新材料等项目落地建设，产业规模达到150亿元。到2022年，产业规模达到300亿元。到2025年，落地世界500强及行业领军企业项目30个，产业规模达到500亿元。

（三）烟台市。重点打造高端化工新材料、海洋生物与医养健康、高端装备制造3大产业集聚区。

1. 高端化工新材料产业集聚区。位于烟台开发区大季家街道和潮水镇之间的平畅河区域，推出净地13平方千米。发挥烟台化工产业园临空临港优势，加快推进万华化学全球创新中心、百万吨乙烯等项目建设，强化原料药、诊断试剂、光致变色材料等领域的合作，打造世界级化工新材料产业集聚区。2020年推进万华石化增资扩股项目、万润德山原料药项目落地，产业规模达到500亿元。到2022年，产业规模达到1000亿元。到2025年，落地世界500强及行业领军企业项目5个，建成世界级化工新材料产业集聚区，产业规模达到1500亿元。

2. 海洋生物与医养健康产业集聚区。分别位于烟台开发区八角街道白银河以北区域、高新区核心区南部、牟平区沁水韩国工业园内，共计推出净地8平方千米。依托国家综合性新药研究开发技术大平台烟台基地等国家级创新平台及一批龙头企业，以海洋生物与医药科技研发为特色，以生物药和高端医疗器械为核心，打造世界级生物医药产业集聚区、国际生物药谷。2020年推进智能检测平台项目落地，提速英吉斯医疗器械全产业链总部、蛋白免疫制剂等项目建设，产业规模达到100亿元。到2022年，产业规模达到300亿元。到2025年，落地世界500强及行业领军企业项目14个，产业规模达到800亿元。

3. 高端装备制造产业集聚区。分别位于烟台开发区古现街道磁山周边区域、福山区北部智造芯城，共计推出净地9平方千米。着力突破增材制造、减速器、控制器、伺服电机等核心部件和关键软件，打造高端智能装备制造特色功能区、高端机器人、激光智造产业集聚区和环磁山国际科研走廊。聚焦整车整机、智能驾驶、车联网等重点领域，推进微波光子集成芯片、新能源汽车核心部件、油电整车等项目落地，打造汽车全产业链研发及生产基地。2020年引进创为新能源总部等项目，推动一汽宝雅新能源汽车等项目落地，产业规模达到300亿元。到2022年，产业规模达到500亿元。到2025年，落地世界500强及行业领军企业项目20个，产业规模达到1000亿元。

三、工作重点

（一）编制园区发展规划。高水平编制各园区产业规划，明晰园区目标定位、产业方向和支持政策，明确项目准入标准。绘制重点产业链全景图，出台产业链招商指导目录。明确园区空间发展布局，制定园区具体建设方案，合理确定开发建设重点时序和步骤。（山东省发展和改革委员会、山东省商务厅、山东省自然资源厅，济南、青岛、烟台市人民政府负责）

（二）推行标准地制度。各园区明确出让净地的投资、能耗、环境、建设、亩均税收等标准，纳入土地出让条件，一次性公示，企业竞得土地后，相关部门分别与企业签订建设用地使用权出让合同和建设项目履约监管协议。对项目建设、竣工验收、达产复核、股权变更等环节实施协同监管，实施亩产效益评价和资源要素差别化配置。（山东省发展和改革委员会、山东省工业和信息化厅、山东省自然资源厅、山东省生态环境厅、山东省住房和城乡建设厅、山东省商务厅、山东省财政厅、山东省税务局，济南、青岛、烟台市人民政府负责）

（三）实施精准高效招引。支持引进培养一支熟悉世界500强及行业领军企业运作机制、了解产业前沿、擅长沟通谈判的高素质专业化招商人才队伍。建立招商载体资源库、项目资源库、客户库及目标企业库，采取委托招商、以商招商、产业链招商等方式，实施靶向精准招商。（山东省商务厅、山东省教育厅、山东省财政厅，济南、青岛、烟台市人民政府负责）

（四）拓展开放合作平台。在欧美、日韩、香港、京沪等地开展主题招商活动，在儒商大会、跨国公司领导人青岛峰会、港澳山东周、日韩山东周、欧洲商务周等重大活动中开辟专场招商活动。依托境内外代表机构以及知名国际商协会、会计师事务所等机构，深化与世界500强及行业领军企业的密切联系，多维度收集企业投资及并购需求，在投融资、技术、人才、创新等领域开展务实合作。（山东省商务厅、山东省发展和改革委员会、中国国际贸易促进委员会山东省委员会，济南、青岛、烟台市人民政府负责）

（五）打造营商环境高地。实施优化营商环境重点攻坚，对标国家营商环境评价指标体系，全面优化提升18个方面的服务效能，率先复制推广自贸区改革试点经验，持续推进制度创新、流程再造，构筑政务效率、要素成本、公共服务等方面的综合优势。加快建立一企一策政策供给机制，为落地项目逐一配备服务大使，提供直通包办服务。全面实行准入前国民待遇加负面清单管理制度。（山东省人民政府办公厅、山东省发展和改革委员会、山东省市场监督管理局、山东省商务厅，济南、青岛、烟台市人民政府负责）

（六）集中开展推介招引。通过新闻发布、线上线下、专题推介、展览展示、项目对接等多种路径和方式，向全球推介济青烟国际招商产业园目标定位、产业规划、空间布局、支持政策，以最强支撑、最好环境、最大诚意吸引

世界500强及行业领军企业项目落地。（山东省发展和改革委员会、山东省商务厅，济南、青岛、烟台市人民政府负责）

四、实施保障

（一）加强组织领导

1. 加强省级统筹。建立健全协调推进机制，统筹推进产业园建设，省发展改革、工业和信息化、财政、自然资源、商务、金融等部门要加强与济南、青岛、烟台3市的协同配合，协调解决好企业和项目落地建设过程中的困难和问题。山东省发展和改革委员会具体承担综合协调、指导服务和督导检查等工作。

2. 落实地方政府主体责任。济南、青岛、烟台3市要强化产业园建设主体责任，建立健全工作体系，把项目招引、落地投产作为一把手工程，实行一个专班推进、定制一套个性化政策、实施一对一服务，全面落实土地、资金、人才等支持政策，加快推进重点任务实施。重大问题及时向省委、省政府报告。

（二）加强要素保障

1. 土地保障。坚持盘活存量与配置增量并举，优先从符合现有土地和城乡规划的建设用地中推出首批25平方千米左右产业净地，后续推出的土地要结合市、县级国土空间规划统筹安排，加快整备推出进度，确保符合高质量发展需求的企业和项目有地可落、拿地开工。（山东省自然资源厅，济南、青岛、烟台市人民政府负责）

2. 能耗指标保障。省级收储的能耗指标和煤炭替代指标，对于符合条件的项目一事一议予以重点支持。（山东省发展和改革委员会负责）

3. 资金支持。综合运用财政奖补、政府债券、银行贷款、专项基金等方式，加大对项目资金支持力度。建立投资项目白名单，引导金融机构和新旧动能转换基金支持园区项目建设。（山东省财政厅、山东省发展和改革委员会、山东省地方金融监管局、中国人民银行济南分行、中国银行保险业监督管理委员会山东监管局、中国证券监督管理委员会山东监管局负责）

4. 科技人才支持。鼓励世界500强及行业领军企业与地方共建产业技术研究院等新型研发机构。对新确定的国家级创新中心等给予奖补，对取得的重大科研成果给予奖励。鼓励面向全球引进的顶尖人才团队优先在产业园落户，加快建设国际人才集聚高地。（中共山东省委组织部、山东省科学技术厅、山东省工业和信息化厅、山东省财政厅、山东省人力资源和社会保障厅负责）

5. 招商奖励。对符合条件的外资项目予以奖励，对世界500强及行业领军企业新设项目按一项目一议方式给予重点支持，并对招引团队或个人予以奖励。（山东省商务厅、山东省财政厅，济南、青岛、烟台市人民政府负责）

（三）加强宣传督导

1. 强化舆论宣传。充分利用大众日报、山东广播电视台等省直主要媒体，积极发挥网络媒体传播优势，策划系列专题宣传活动，在优惠支持政策、引擎性项目落地、营商环境优化等方面及时发布招商动态信息，营造浓厚舆论氛围。（中共山东省委宣传部、山东省发展和改革委员会、山东省商务厅负责）

2. 开展督导评价。对产业园招商和建设情况进行跟踪指导和综合评价，根据综合评价结果，结合年度目标任务完成情况，对成效突出的在要素保障等方面予以倾斜，对进度缓慢的予以通报，凝聚奋力争先的强劲态势。（山东省发展和改革委员会、山东省自然资源厅、山东省商务厅负责）

山东省人民政府
关于印发中国（烟台）跨境电子商务
综合试验区实施方案的通知

Circular of Shandong Provincial Government on the Implementing Plan of Yantai Crossborder E-Commerce Comprehensive Pilot Zone

鲁政字〔2020〕85号

烟台市人民政府，省政府有关部门：

根据《国务院关于同意在石家庄等24个城市设立跨境电子商务综合试验区的批复》（国函〔2019〕137号）要求，现将《中国（烟台）跨境电子商务综合试验区实施方案》印发给你们，请认真组织实施。

山东省人民政府

2020年6月15日

中国（烟台）跨境电子商务综合试验区建设实施方案

为全面推进中国（烟台）跨境电子商务综合试验区（以下简称烟台综合试验区）建设，制定本实施方案。

一、总体要求

（一）指导思想。以习近平新时代中国特色社会主义思想为指导，全面贯彻党的十九大和十九届二中、三中、四中全会精神，抢抓山东省推动新旧动能转换、自贸试验区建设机遇，立足烟台产业基础和贸易特色，进一步创新完善跨境电子商务发展体制机制、提升跨境电子商务发展水平，促进外贸新旧动能转换和高质量发展。

（二）基本原则。坚持统筹联动、协同发展，充分释放政策红利，吸收借鉴、复制推广先进经验做法，推进制度创新、管理创新、服务创新和协同创新，利用跨境电子商务赋能产业竞争力，探索“中国制造2025+数字贸易+自主品牌国际化”新模式，推动跨境电子商务高质量发展。

（三）发展目标。到2022年，烟台市跨境电子商务交易规模力争达到300亿元，年均增长30%以上，跨境电子商务综合服务平台备案企业超过1200家，引进培育10个跨境电子商务交易额过亿元的电子商务平台，在重点国家和地区培育10个公共海外仓，打造10个跨境电子商务线下产业园，跨境电子商务发展体制机制不断健全优化，探索出一批可供复制推广的经验做法。

二、主要任务和措施

（一）打造三个平台，培育提升跨境电子商务发展载体

1. 打造跨境电子商务综合服务平台。依托中国（山东）国际贸易单一窗口平台，集成通关、监管、税务、外汇等基础服务，拓展仓储、物流、金融、保险、信用、营销等综合服务，对跨境电子商务大数据进行动态管理，为跨境电子商务发展提供有力支撑。（山东省口岸办公室、山东省商务厅、山东省地方金融监管局、山东省税务局、青岛海关、中国人民银行济南分行、烟台市人民政府负责）

2. 打造跨境电子商务产业集群发展平台。借力中国（山东）自由贸易试验区烟台片区、烟台保税港区等优势载体，突破发展烟台综合试验区。整合跨境电子商务零售进出境业务海关特殊监管区域、保税监管场所和监管作业场所，集中优质资源开展跨境电子商务零售进出口各模式业务，形成各有侧重、相互补充的发展格局。支持企业发展线上品牌，扩大对海外企业和对海外终端客户（B2B、B2C）特色产品的进出口。着力招引海内外跨境电子商务项目，推动破解跨境电子商务企业与服务平台间的对接瓶颈。后续新增跨境电子商务需求纳入发展规划，逐步形成集聚效应，实现跨境电子商务产业优势互补、错位发展和集约监管。（山东省商务厅、青岛海关、烟台市人民政府负责）

3. 打造人才培养公共服务平台。充分利用烟台院校资源，建设跨境电子商务人才培训基地。大力招才引智，鼓励跨境电子商务人才到烟台创业发展、授课指导。建立健全培育孵化机制，为跨境电子商务创业提供场地、技术、资金、设备等支持服务。（山东省商务厅、山东省教育厅、烟台市人民政府负责）

（二）拓展三种路径，不断激发跨境电子商务发展潜力

1. 拓展数字贸易赋能传统制造业路径。通过大数据技术整合海内外客户资源，大力发展“互联网＋制造业”。借力知名跨境电子商务运营商构建“海外仓＋营销网络”，探索“制造企业＋跨境电子商务服务中心”的国际营销合作模式，构建国际供应链生态圈。（山东省商务厅、山东省工业和信息化厅、烟台市人民政府负责）

2. 拓展特色商品进出口跨境交易路径。发挥烟台保税港区和海关监管作业场所的作用，打造区域消费品集散中心。探索“冷链物流＋跨境电子商务”运营模式，推动特色农产品跨境线上营销。采用“跨境电子商务＋外贸＋生产厂家＋原料基地”的模式，推进电子汽配、家纺服装、化工材料等烟台优势产品出口。（山东省商务厅、青岛海关、烟台市人民政府负责）

3. 拓展跨境电子商务开拓国际市场新路径。立足交通发展规划，优化加密海空运航线，增设欧亚班列，畅通跨境电子商务国际物流通道。依托冰鲜、水生动物等指定监管场地，提升相关国际仓储物流能力。支持企业在重点国家和地区新设或加盟海外仓，构建跨境电子商务海外营销网络。（山东省交通运输厅、山东省发展和改革委员会、山东省口岸办公室、山

东省商务厅、青岛海关、烟台市人民政府负责）

（三）构建六个体系，持续做强跨境电子商务发展支撑

1. 构建跨境电子商务信息共享体系。推动跨区域、跨行业、跨部门的信息交换共享，为企业提供一次系统上备案、全流程专业化服务，强化对跨境电子商务信息流、资金流、业务流的数据支撑。（山东省口岸办公室、山东省商务厅、山东省发展和改革委员会、山东省市场监督管理局、山东省地方金融监管局、山东省税务局、青岛海关、中国人民银行济南分行、烟台市人民政府负责）

2. 构建跨境电子商务金融服务体系。在风险可控的前提下，鼓励相关企业、机构进行金融创新，为跨境电子商务企业提供应收账款融资、仓单质押、保险理财等供应链金融服务，支持出口信用保险公司与外贸综合服务企业多渠道合作，提供出口信用保险和海外仓业务金融服务。（中国人民银行济南分行、中国银行保险业监督管理委员会山东监管局、山东省地方金融监管局、山东省商务厅、烟台市人民政府负责）

3. 构建跨境电子商务智慧物流体系。优化整合口岸资源，推进跨境物流体系与供应链管理对接融合，支持物流企业依托物联网、人工智能和区块链等先进技术发展智慧物流，提升国际供应链物流综合竞争力，为跨境电子商务提供便捷高效的物流服务。（山东省发展和改革委员会、山东省交通运输厅、山东省商务厅、烟台市人民政府负责）

4. 构建跨境电子商务信用体系。对烟台跨境电子商务生产企业检验监管前推后移，将跨境电子商务经营主体公共信息纳入烟台市统一公共信用信息管理系统，推进诚信评价工作，探索建立跨境电子商务产品溯源机制，强化在质量安全等方面的监管。（山东省商务厅、山东省市场监督管理局、山东省发展和改革委员会、山东省税务局、青岛海关、中国人民银行济南分行、烟台市人民政府负责）

5. 构建跨境电子商务风险防控体系。强化多部门联合防控风险职责，定期做好跨境电子商务风险分析与研判，为科学监管提供技术支撑和服务保障。发挥行业协会和电子商务平台等的作用，加强行业自律，推进建立跨境电子商务业务纠纷处理机制。（山东省商务厅、山东省税务局、青岛海关、中国人民银行济南分行、烟台市人民政府负责）

6. 构建跨境电子商务统计监测体系。依托山东电子口岸建立多方联动的跨境电子商务统计监测系统，提升对各类商品交易、物流通关、金融支付等数据的整合分析能力，并在相关管理部门间实现数据共享，为政府监管和企业经营提供充足决策依据。（山东省商务厅、山东省统计局、山东省口岸办公室、山东省税务局、青岛海关、中国人民银行济南分行、山东省邮政管理局、烟台市人民政府负责）

三、组织实施

（一）强化组织领导。烟台市要根据本实施方案健全机制、明确责任、落实分工，扎实推进相关工作，涉及重要政策和重大建设项目按规定程序报批。省有关部门要做好协调配合、指导评估等工作，共同推动相关的体制机制和政策创新，加快形成可复制推广的经验做法。

（二）加强政策扶持。推进现有政策落实，统筹商务发展政策资金，在基础设施建设、项目招引、企业培育、园区发展、教育培训、品牌建设等领域加大扶持力度，鼓励海内外金融资本注入，形成长效政策支撑，支持有条件的县（市、区）出台扶持措施。

（三）优化发展环境。加快提升基础设施

配套水平，强化部门联动，发挥职能优势，有序推动有利于跨境电子商务发展的制度创新、服务创新和模式创新，持续优化提升专业服务能力水平，营造良好的跨境电子商务发展环境。

山东省人民政府
关于印发中国（济南）跨境电子商务
综合试验区实施方案的通知

Circular of Shandong Provincial Government on the Implementing Plan of Jinan Crossborder E-Commerce Comprehensive Zone

鲁政字〔2020〕84号

济南市人民政府，省政府有关部门：

根据《国务院关于同意在石家庄等24个城市设立跨境电子商务综合试验区的批复》（国函〔2019〕137号）要求，现将《中国（济南）跨境电子商务综合试验区实施方案》印发给你们，请认真组织实施。

山东省人民政府

2020年6月15日

中国（济南）跨境电子商务综合试验区实施方案

为全面推进中国（济南）跨境电子商务综合试验区（以下简称济南综合试验区）建设，制定本实施方案。

一、总体要求

（一）指导思想。以习近平新时代中国特色社会主义思想为指导，全面贯彻党的十九大和十九届二中、三中、四中全会精神，按照国家关于跨境电子商务发展的总体部署，紧抓国家“一带一路”建设和山东省新旧动能转换契机，立足济南及周边区域促消费、稳外贸、调结构需求，通过制度创新、管理创新、服务创新和协同发展，为跨境电子商务发展提供可复制、可推广的新经验、新模式。

（二）基本原则。坚持市场运作，制定精准政策措施，科学调整现行规制，让企业成为跨境电子商务发展的源动力。坚持创新驱动，在业务流程、监管模式和信息化建设等方面先行先试。坚持地域特色，打造契合济南特色的跨境电子商务新体制、新机制。坚持协同发展，实现济南综合试验区、济南综合保税区、济南章锦综合保税区，中国（山东）自由贸易试验区济南片区四区效能叠加、协同推进、融合发展。

（三）发展目标。到2022年，济南市跨境电子商务交易额突破200亿元，年均增长30%以上，跨境电子商务综合服务平台备案企业达到1000家，培育引进跨境电子商务平台10个。创建跨境电子商务产业园（聚集区）10个，跨境电子商务公共海外仓20个。打造3—5个跨境电子商务产业集群。

二、主要任务

（一）建设两大平台

1. 建设跨境电子商务综合服务平台。依托中国（山东）国际贸易单一窗口，建设济南跨境电子商务综合服务平台，形成一点接入、一站服务、一平台汇总的专业化服务支撑。（山东省口岸办公室、山东省商务厅、山东省地方金融监管局、中国人民银行济南分行、济南海关、山东省税务局、济南市人民政府负责）

2. 建设跨境电子商务产业园区（集聚区）平台。采取“1+N”布局方式，重点支持机场跨境电子商务产业园发展“集货集发＋采购供货＋代采代发”跨境电子商务零售进出口新模式。立足济南市各区县外贸产业基础，打造一批功能齐全的跨境电子商务产业园区。（山东省商务厅、济南海关、济南市人民政府负责）

（二）构建六大体系

1. 信息交互体系。依托济南跨境电子商务综合服务平台，实施一站式电子化大通关模式，实现一次注册、一次备案、一次申报、一次查验、一次放行的单一窗口服务。（山东省口岸办公室、中国人民银行济南分行、济南海关、山东省税务局、济南市人民政府负责）

2. 金融服务体系。支持商业银行、保险机构等与跨境电子商务综合服务企业开展合作，为具有真实交易背景的跨境电子商务交易提供在线支付结算、融资、保险等一站式金融服务。鼓励保险机构创新研发适应跨境电子商务的新型险种。（山东省地方金融监管局、中国人民银行济南分行、中国银行保险业监督管理委员会山东监管局、山东省商务厅、济南市人民政府负责）

3. 智慧物流体系。支持跨境电子商务企业应用大数据、云计算、人工智能、物联网、区块链等技术，提升物流体系智能化水平。推动共同配送、统一配送等先进模式，建立跨境物流分拨配送和营销服务体系。（山东省发展和改革委员会、山东省工业和信息化厅、山东省交通运输厅、山东省商务厅、山东省大数据局、山东省邮政管理局、济南市人民政府负责）

4. 信用管理体系。建立跨境电子商务信用体系，对跨境电子商务企业和个人作出信用评价。制定负面清单监管模式，建立健全企业信用体系、风险评估体系、产品溯源体系、备案信息共享体系。（山东省商务厅、山东省发展和改革委员会、山东省市场监督管理局、中国人民银行济南分行、济南海关、山东省税务局、济南市人民政府负责）

5. 统计监测体系。探索建立跨境电子商务统计监测模式和数据统计制度，实现相关部门统计监测数据共享。探索跨境电子商务企业（B2B）统计认定标准，做好邮件快件纳入统计工作。（济南海关、山东省商务厅、山东省统计局、山东省税务局、山东省邮政管理局、济南市人民政府负责）

6. 风险防控体系。建立风险信息采集、风险评估分析、风险预警处置、风险复查完善等机制，有效防控非真实贸易洗钱的各种技术风险和交易风险，为政府监管提供技术支撑、决策支持。（山东省商务厅、山东省发展和改革委员会、山东省口岸办公室、山东省市场监督管理局、中国人民银行济南分行、济南海关、山东省税务局、济南市人民政府负责）

三、工作举措

（一）推动跨境电子商务与产业深度融合

1. 推动传统产业转型升级。加快推动企业利用跨境电子商务完善传统外贸交易流程和采购体系。鼓励企业通过跨境电子商务企业资源系统、第三方代运营服务等新兴贸易手段，拓展全球市场。（山东省商务厅、山东省发展和改革委员会、山东省工业和信息化厅、济南市人民政府负责）

2. 培育发展重点产业集群。布局人工智能、情感计算、区块链等数字产业。以跨境电子商务园区为载体，将智能制造与高端装备产业、医疗康养产业、大数据与信息技术产业以及量子产业等产业集群打造成为世界级先进产业集群。（山东省商务厅、山东省发展和改革委员会、山东省工业和信息化厅、山东省大数据局、济南市人民政府负责）

（二）建设国际进口消费中心城市

1. 打造跨境电子商务进口商品体验中心。立足济南辐射周边，打造跨境电子商务展示体验中心和交易中心。建设一批跨境电子商务进口商品店，提供线下展示体验、线上下单配送服务。（山东省商务厅、山东省市场监督管理局、山东省税务局、济南海关、济南市人民政府负责）

2. 建设跨境电子商务集散中心。积极推动丝路电子商务发展模式，构建集设计、生产、销售于一体的数字贸易通路，发展多式联运、保税仓储、货物集散分拨等业务，形成买全球、卖全球国际消费品集散地。（山东省商务厅、山东省发展和改革委员会、山东省交通运输厅、山东省市场监督管理局、山东省税务局、济南海关、济南市人民政府负责）

（三）推动跨境电子商务品牌建设

优选30—50家具有特色产品、特色市场的跨境电子商务企业，鼓励开展国际商标注册、国际认证，形成一批具有竞争优势的跨境电子商务本土品牌企业和品牌商品。（山东省商务厅、山东省市场监督管理局、济南海关、济南市人民政府负责）

（四）优化跨境电子商务发展环境

1. 完善跨境电子商务监管方式。优化跨境直购进出口监管方式，推行保税备货进出口监管方式，支持网购保税进口商品进入海关特殊监管区域时先理货后报关。对跨境电子商务零售商品出口，采取清单核放、汇总统计方式办理报关手续。（济南海关、济南市人民政府负责）

2. 创新税收征管模式。推行跨境电子商务零售进口税款担保、集中纳税、代扣代缴通关模式。对跨境电子商务零售出口企业未取得有效进货凭证的货物，试行增值税、消费税免税政策，试行核定征收企业所得税，应税所得率按照4%确定。（济南海关、山东省税务局、济南市人民政府负责）

3. 推动跨境收支便利化。按照便利化优先原则，建立以动态监测、总量核查和分类管理为主要内容的跨境电子商务外汇管理制度，境内个人电子商务可凭与代理企业签订的进出口代理合同（协议）或委托物流公司运输的单据办理结售汇。（中国人民银行济南分行、济南市人民政府负责）

（五）打造跨境电子商务物流大通道

积极建设海外仓、边境仓，探索适应跨境电子商务的多式联运快速运输体系。依托欧亚班列和国际陆港贸易新通道等，构建区域转运及国际多式联运枢纽。（山东省发展和改革委员会、山东省交通运输厅、山东省商务厅、济南海关、济南市人民政府负责）

（六）加强跨境电子商务智库和人才建设

研究成立济南跨境电子商务研究院。实施跨境电子商务引才计划和领军人才培育工程，为济南综合试验区建设提供智力支持。（山东省商务厅、山东省教育厅、济南市人民政府负责）

四、保障措施

（一）加强组织领导。济南市要根据本实施方案，健全机制、明确责任、落实分工，扎实推进相关工作。省有关部门根据本实施方案，积极做好协调配合、指导评估等工作，形成推进济南综合试验区发展的强大合力。

（二）支持创业创新。建立跨境电子商务创业孵化平台和机制，为创业人员提供场地、人才、技术、资金支持和创业平台孵化服务。积极引导社会资金进入跨境电子商务创新发展领域，为小微企业和网商个人创业提供服务。

（三）完善政策扶持体系。统筹商务发展政策资金，对济南综合试验区建设给予政策支持，制定和完善金融、财税、人才、信息、研发、土地等政策，形成扶持跨境电子商务发展的长效政策支撑。

山东省人民政府办公厅
关于印发山东省推动步行街改造提升
行动计划的通知

Circular of the General Office of Shandong Provincial Government on the Issuance of the Action Plan for the Renovation and Upgrading of the Pedestrian Streets

鲁政办字〔2020〕88号

各市人民政府，各县（市、区）人民政府，省政府各部门、各直属机构：

《山东省推动步行街改造提升行动计划》已经省政府同意，现印发给你们，请认真贯彻执行。

山东省人民政府办公厅

2020年7月3日

山东省推动步行街改造提升行动计划

为推动步行街改造提升，释放消费需求，促进新业态、新模式发展和稳定扩大就业，根据党中央、国务院有关文件精神，结合山东实际，制定本行动计划。

一、目标任务

按照政府引导、市场运作，立足存量、提档升级，示范带动、整体推进的总体思路，通过优化环境、提升档次、丰富业态、完善功能，带动步行街与周边资源有机融合、良性互动，形成错落有致的城市商业布局，达到聚人气、提活力、扩消费和繁荣商圈的目的。自2020年起，利用3年左右的时间，每个县（市、区）建设培育不少于1条步行街或特色商业街，每个市重点打造2—3条市级示范步行街，全省培育30条左右的省级示范步行街，争取4条达到国家级示范步行街标准。同时，在不具备人车分流条件的特色商业街中，全省重点培育50条左右省级示范特色商业街。到2022年底，省级示范步行街和省级示范特色商业街客流量和营业额累计增长20%以上。

二、重点工作

（一）加强规划布局。综合考虑城市特色，明确步行街发展定位，与城市总体规划和城市商业网点规划相衔接，与历史文化名城、历史文化街区、文物保护单位和城市特色风貌有机结合，科学制定步行街改造提升总体规划方案。围绕街区环境打造、业态布局调整、交通网络优化、夜间景观亮化等制定若干配套方案，形成“1+N”步行街改造提升规划体系。改造提升要因地制宜，不搞大拆大建，防止拆旧建新。（责任单位：山东省发展和改革委员会、山东省公安厅、山东省住房和城乡建设厅、山东省商务厅、山东省文化和旅游厅、各市人民政府）

（二）完善交通设施。改造提升优化街区内步行道路，营造安全舒适的步行空间。调整优化街区周边现有路网和交通设施，构建便捷通畅公共交通系统。合理布局街区周边公交站点、出租车停靠点、机动车和非机动车停放点、地下停车场，与街区步行系统有机衔接。适应夜经济发展，适当延长街区周边公交运营时间。街区设置不少于两种语言文字的标识导示系统。（责任单位：山东省公安厅、山东省交通运输厅、各市人民政府）

（三）美化街区环境。按照适度超前、综合配套、集约利用的原则，加强步行街设施环境改造，打造美丽舒适、富有特色、便利安全的街区风貌。实施街区绿化、亮化、美化改造，开展地面立面、店招牌匾、户外广告等整治。增加人性化、无障碍配套服务设施，合理设置公共厕所、休息场所等公共设施，充实体现街区风格特点的铺装、喷泉、雕塑、小品等城市家具，塑造有历史记忆、地方特色和文化传承的街区景观。（责任单位：山东省住房和城乡建设厅、山东省市场监督管理局、各市人民政府）

（四）优化业态结构。围绕居民消费升级新需求、新特点，积极引入各种特色业态，发展夜间消费、体验消费、离境退税，满足个性化、国际化消费需求。传统商业街区适当增加文化、艺术、历史、旅游等元素，引进布局博物馆、艺术体验、文化创意等业态，增强街区旅游休闲功能。历史文化街区积极布局体验式、互动式新兴商业业态，提升商业气息，浓厚商业氛围。制定街区业态准入和退出标准，明确引导业态调整正、负面清单，推动步行街向特色化、品质化、多元化发展。鼓励有条件的城市通过产权回购、返租等形式整合街区物业产权（使用权），便利业态优化调整。（责任单位：山东省发展和改革委员会、山东省商务厅、山东省文化和旅游厅、青岛海关、济南海关、各市人民政府）

（五）提高品牌效应。发挥步行街品牌集聚优势，推进名品、名店、名街联动，积极引进国内外知名连锁品牌，大力发展首店经济，引进首发新品。引导当地特色品牌和老字号品牌进驻，打造老字号、非遗技艺和民俗传统产品集聚区。举办丰富多彩的促销活动以及内涵丰富的文化艺术主题活动，提升步行街聚客、吸客能力。鼓励对步行街户外空间进行统筹规划和综合利用，结合发展小店经济，适度增加商品外摆，活跃街区商业氛围。鼓励在步行街开设夜间观光游憩、文化体验、时尚购物、24小时便利店、24小时阅读和深夜食堂特色餐饮等夜经济消费空间，打造商文旅消费集聚区。（责任单位：山东省商务厅、山东省文化和旅游厅、山东省市场监督管理局、各市人民政府）

（六）打造智慧街区。加大智慧建设投入，建设智能设施，加快5G网络布设，实现街区无线网络全覆盖。通过手机客户端、公众号、小程序等完善精准导购、积分促销、移动支付、停车出行等智能服务。运用大数据技术开展运行安全监测、客源监测和消费行为分析，引导商户科学调整经营策略。（责任单位：山东省工业和信息化厅、山东省商务厅、山东省大数据局、各市人民政府）

（七）规范管理运营。积极探索政府、企业、协会三位一体、有机融合的步行街管理运营模式，鼓励有条件的城市明确相关机构或组织对步行街进行专业化管理，适度下放管理权限，赋予街区更大自主权，实现街内事街内办。鼓励街区成立或聘请专业团队，进行专业化运营。对步行街发展夜经济给周边居民带来的影响，实行差别化、柔性化管理。强化知识产权和消费者权益保护，指导经营者制定保障商品质量、管控服务品质的规章制度，建立商户自律组织和消费者投诉处理机构，引导商户诚信自律、依法合规经营，营造安全舒适放心的消费环境。加强安全管理，结合智慧城市建设，强化安全监控和预警措施。建立突发事件应对处置机制，提高应急处理能力。（责任单位：山东省商务厅、山东省公安厅、山东省文化和旅游厅、山东省应急管理厅、山东省市场监督管理局、各市人民政府）

三、保障措施

（一）建立工作机制。建立省、市、县（市、区）、街区四级联动工作机制。建立健全步行街改造提升工作协调配合机制，横向统筹协调部门资源。各市、县（市、区）建立由主要负责同志牵头、有关职能部门参加的工作机制，把步行街、特色商业街建设改造作为城市发展和品质提升的重要内容，加强顶层设计规划，围绕街区改造提升目标，明确任务书、时间表、路线图、责任人，确保任务如期完成。管理街区的相关机构具体落实改造提升项目，加强日常管理，实现更高水平的规范运营。（责任单位：山东省发展和改革委员会、山东省公安厅、山东省财政厅、山东省住房和城乡建设厅、山东省交通运输厅、山东省商务厅、山东省文化和旅游厅、山东省市场监督管理局、各市人民政府）

（二）开展试点推进。在全省范围内每年选定一批步行街开展改造提升试点工作，通过整体谋划，分步实施，推动试点步行街改造提升一年有起色、两年见成效。建立步行街改造提升评价指标体系，将通过改造提升达到评价指标体系规定标准的步行街命名为省级示范步行街。（责任单位：山东省商务厅、山东省文化和旅游厅、山东省市场监督管理局、各市人民政府）

（三）加大政策支持。将符合条件的步行街建设改造提升项目列入省级重点项目范围。鼓励有条件的地方政府加大扶持力度，依规定对步行街改造提升项目贷款给予一定比例贴息、支持引进国际知名品牌首店等。鼓励各地统筹运用信贷、债券、股权等多种形式，解决步行街道路建设、停车设施等基础设施改造项目融资需求。鼓励各地将步行街照明亮化接入市政用电网络。有条件的市（县、区）可依规定给予步行街商户用水、用电、用气适度补贴，鼓励商户延长营业时间。鼓励金融机构为步行街改造提升设计融资期限合理、还款方式灵活、价格优惠的融资方案。鼓励商业银行开发个人经营贷款产品和个人特色消费贷，满足步行街常驻小微商户经营融资需求和消费者特色消费需求。（责任单位：山东省发展和改革委员会、山东省财政厅、山东省商务厅、山东省地方金融监管局、中国人民银行济南分行、中国银行保险业监督管理委员会山东监管局、各市人民政府）

（四）强化推广交流。成立山东省步行街发展联盟，搭建街区交流合作平台，推动与国内外知名步行街学习交流。及时总结步行街改造提升经验做法，利用报刊、广播、电视以及新闻网站、“两微一端”等新媒体平台加强宣传。开展到山东必逛的步行街公众评选活动，对评选出的步行街统一策划包装，集中宣传推介，扩大步行街知名度、影响力、吸引力。（责任单位：中共山东省委宣传部、山东省商务厅、山东省广播电视局、各市人民政府）

山东省人民政府
关于印发山东省进一步做好
利用外资工作的若干措施的通知

Circular of Shandong Provincial Office on the Issuance of Certain Measures for the Better Utilization of Foreign Investment

鲁政发〔2020〕14号

各市人民政府，各县（市、区）人民政府，省政府各部门、各直属机构，各大企业，各高等院校：

现将《山东省进一步做好利用外资工作的若干措施》印发给你们，请认真贯彻执行。

山东省人民政府

2020年8月6日

山东省进一步做好利用外资工作的若干措施

为深入贯彻党中央、国务院关于稳外资工作的决策部署，落实《国务院关于进一步做好利用外资工作的意见》（国发〔2019〕23号），现就扩大高质量招商引资，促进外商投资企业健康发展，制定以下措施。

一、推进高水平对外开放

（一）扩大外商投资准入。全面落实外商投资准入前国民待遇加负面清单管理制度，凡未纳入负面清单的限制措施一律取消。加快落实国家在金融业领域的开放政策。支持在专用汽车、新能源汽车、商用车制造领域设立外商独资企业。（责任单位：山东省发展和改革委员会、山东省工业和信息化厅、山东省商务厅、山东省地方金融监管局、中国银行保险业监督管理委员会山东监管局、中国证券监督管理委员会山东监管局、中国银行保险业监督管理委员会青岛监管局、中国证券监督管理委员会青岛监管局，排名第一的为牵头单位，下同）

（二）拓展外商投资领域。推出一批新基建、国企混改等优质资源，吸引外商投资合作。支持跨国公司在山东省设立总部和功能性机构。（责任单位：山东省发展和改革委员会、山东省财政厅、山东省商务厅、山东省国有资产监督管理委员会、山东省地方金融监管局、各市人民政府）

（三）支持自贸试验区先行先试。支持外商独资设立经营性教育培训和职业技能培训机构。在自由贸易试验区做好相关增值电信业务开放试点有关事项工作。（责任单位：山东省商务厅、山东省教育厅、山东省住房和城乡建设厅、山东省人力资源和社会保障厅、山东省通信管理局，济南、青岛、烟台市人民政府）

（四）加快对外开放平台建设。对省级认定的首批国际合作园区，省财政给予5000万元补助或奖励，专项用于规划建设、招商引资、创新创业公共服务平台、开放载体建设等。（责任单位：山东省商务厅、山东省财政厅）对年度实际使用外资增量排名前10位的省级以上开发区、自贸试验区片区，省统筹奖励新增建设用地指标。（责任单位：山东省自然资源厅、山东省商务厅）

（五）深化重点区域合作。面向日本52家世界500强企业和韩国前30位大企业，推出100个补短板扩内需重点合作项目。加快威海中韩自贸区地方经济合作示范区、中韩（烟台）产业园、中日（青岛）地方发展合作示范区建设，每年各新增60个以上日韩投资项目。（责任单位：山东省商务厅、山东省发展和改革委员会、山东省国有资产监督管理委员会、山东省人民政府外事办公室、各市人民政府）

二、加大投资促进力度

（六）打造招商活动国际品牌。优化选择山东云平台，举办跨国公司领导人青岛峰会、山东与世界500强连线、儒商大会等活动，提升招商引资知名度和竞争力。（责任单位：山东省商务厅）

（七）创新招商引资方式。发挥省内龙头企业积极性，引进制造业领域关键环节。推动重点跨国并购项目返程投资。鼓励县级以上地方政府在法定权限内制定外商投资促进和便利化政策措施。（责任单位：山东省商务厅、山东省发展和改革委员会、山东省工业和信息化厅、山东省财政厅、山东省国有资产监督管理委员会、各市人民政府）

（八）强化要素跟着项目走。对重点外资项目，在国家、省下达年度土地利用计划前，各市可预支新增建设用地指标。投资总额5000万美元以上且当年到账1000万美元以上的重点外资项目，由省统一安排新增建设用地指标并奖励项目所在市200亩用地指标，（责任单位：山东省自然资源厅、山东省商务厅、各市人民政府）并可依照相关规定申请使用省级收储的能耗、煤耗指标，其中新兴产业类项目按照基准价格给予不低于20%的优惠。（责任单位：山东省发展和改革委员会）各市统筹使用污染物排放总量指标，可实行污染物削减量预支，优先保障重点外商投资项目。（责任单位：山东省生态环境厅、各市人民政府）外商投资企业能源设施如确需按照国家、省相关政策关停的，应提供替代方案。（责任单位：山东省能源局、各市人民政府）

（九）加大财政支持力度。对符合产业政策导向、年度实际使用外资额超过5000万美元的新上项目、超过3000万美元的增资项目，省市财政按其当年实际使用外资金额不低于3%的比例予以奖励。（责任单位：山东省财政厅、山东省商务厅）对世界500强在山东投资的重大外资项目，按一事一议原则给予支持。（责任单位：山东省商务厅、山东省发展和改革委员会、山东省财政厅、山东省自然资源厅）

（十）保障出国招商活动。建立因公临时出国重点招商团组任务审批绿色通道，对非原则性缺件实行容缺受理，办理时限压减至2个工作日。国家级经济技术开发区、海关特殊监管区域、国家级新区、经国家批准的国际合作园区以及国有企业人员出国开展招商活动，不受年度指标限制。（责任单位：山东省人民政府外事办公室、各市人民政府）

三、提升投资服务质量

（十一）完善投资便利化措施。外商投资企业设立登记、刻制印章、申领发票、社保医保及公积金登记1个工作日办结。（责任单位：山东省市场监督管理局、山东省公安厅、山东省住房和城乡建设厅、山东省人力资源和社会保障厅、山东省医疗保健局、山东省税务局）推行电网企业一窗受理接电申请。（责任单位：山东电力公司）用水用气报装实现网上申请。（责任单位：山东省住房和城乡建设厅）推行项目规划用地审批多测整合、多验合一。（责任单位：山东省自然资源厅）

（十二）支持外国高端人才创新创业。对急需紧缺的国外创新创业人才、专业技能人才来鲁工作，放宽年龄、学历或工作经历等限制。对毕业后在鲁创新创业的优秀留学生，可申办有效期2至5年的私人事务类居留许可。对外国高端人才，签发有效期5至10年的多次入境人才签证，其配偶及未成年子女可签发有效期相同、多次入境的相应种类签证。（责任单位：山东省科学技术厅、山东省教育厅、山东省公安厅、山东省人力资源和社会保障厅、各市人民政府）

（十三）加大金融支持力度。对符合条件的中小微外商投资企业，银行机构通过贷款展期、续贷等方式，给予临时性延期还本付息安排，最长可延至2021年3月底。政府性融资担保机构对单户担保金额500万元及以下小微外商投资企业收取的担保费率不超过1%。（责任单位：山东省地方金融监管局、中国人民银行济南分行、中国银行保险业监督管理委员会山东监管局及青岛监管局）支持中国进出口银行对符合条件的外商投资项目提供信贷支持，并对其中符合规定的项目提供优惠利率贷款。（责任单位：中国进出口银行山东省分行）支持外商投资企业扩大人民币跨境使用，首次办理外债签约登记的外商投资企业可自主选择借用外债模式。外商投资企业办理资本项目收入结汇，无需事前、逐笔提交材料。（责任单位：中国人民银行济南分行）

（十四）减轻企业税费负担。疫情期间，外商投资企业基本养老保险、失业保险和工伤保险的单位缴费部分按国家有关规定减免。对不裁员或少裁员的参保外商投资企业，按规定落实失业保险稳岗返还。（责任单位：山东省人力资源和社会保障厅、各市人民政府）经营困难的外商投资企业，经有权税务机关批准，可延期缴纳税款，最长不超过3个月；可按规定申请缓缴住房公积金，或按照单位和个人各5%的最低标准缴存。（责任单位：山东省税务局、山东省住房和城乡建设厅、各市人民政府）

（十五）优化生活配套服务。在具备条件的医疗机构开设国际门诊。鼓励医疗机构与国内外保险公司合作开展商业保险国际结算。（责任单位：山东省卫生健康委员会、各市人民政府）支持各市规划建设外籍人员子女学校，鼓励具备条件的中小学设置国际教育课程。探索国（境）外知名企业在山东独资办学，鼓励中外合资、外商独资企业在山东举办职业院校。（责任单位：山东省教育厅、各市人民政府）

四、强化投资保护措施

（十六）保障外商投资企业合法权益。各级政府及部门制定涉及外商投资的行政规范性文件，应当事先征求外商投资企业和有关商会、行业协会意见，并提供外文参考。不得以行政区划调整、政府换届、职能调整及相关责任人更替为由违约毁约。外商投资企业在资质许可、标准制定、项目申报、职称评定、政府采购等方面享有与内资企业平等的权利。（责任单位：山东省商务厅、山东省发展和改革委员会、山东省科学技术厅、山东省工业和信息化厅、山东省司法厅、山东省财政厅、山东省地方金融监管局、山东省税务局、各市人民政府）建立外商投资企业权益保护法律服务顾问团。提升省内仲裁机构涉外案件办理能力。（责任单位：山东省司法厅、山东省商务厅、中国国际贸易促进委员会山东省委员会）

（十七）优化行政监管方式。对外商投资企业经营中的非主观轻微违法行为，依法不予行政处罚、从轻或减轻行政处罚。对纳入保障类清单的外商投资企业，不采取全面停工、停产措施。（责任单位：山东省生态环境厅、山东省司法厅、山东省商务厅、山东省应急管理厅、各市人民政府）

（十八）加强知识产权保护。加快推进中国（山东）知识产权保护中心建设。知识产权质押融资电子化登记时限压减至3个工作日。（责任单位：山东省市场监督管理局）推进知识产权案件繁简分流；依法灵活运用各类证据规则，降低举证难度。（责任单位：山东省高级人民法院）

五、健全组织保障体系

（十九）完善协调服务工作机制。建立省领导与跨国公司领导人对话机制和省市重大外资项目会商制度。扩大省政府经济咨询顾问选聘范围，人数增至50人左右，每年上半年征求一次咨询意见，在跨国公司领导人青岛峰会期间举行闭门会议。整合涉外部门资源，优化省政府驻外经贸代表处布局。（责任单位：山东省商务厅、中共山东省委统战部、山东省人民政府外事办公室、中国国际贸易促进委员会山东省委员会、各市人民政府）

（二十）强化绩效考核管理措施。在各市经济社会发展综合考核中强化对双招双引和打造对外开放新高地的考核，突出对各市实际使用外资规模、增幅以及日韩投资考核内容。每季度对实际使用外资规模及增幅位居前列的市、省级以上开发区在省内主要媒体上予以宣传。（责任单位：山东省商务厅、中共山东省委组织部、中共山东省委宣传部、山东省财政厅）

山东省人民政府关于支持中国—上海合作组织地方经贸合作示范区建设若干措施的通知

Circular of Shandong Provincial Government on Certain Measures to Support the Construction of the China-SCO Regional Economic Cooperation Demonstration Zone

鲁政字〔2020〕273号

各市人民政府，省政府各部门、各直属机构：

为贯彻落实中央全面深化改革委员会第九次会议精神，落实《国务院关于中国—上海合作组织地方经贸合作示范区建设总体方案的批复》要求，加快建设中国—上海合作组织地方经贸合作示范区（以下简称“上合示范区”），打造“一带一路”国际合作新平台，全面融入以国内大循环为主体、国内国际双循环相互促进的新发展格局，经省委同意，现将有关事宜通知如下。

一、落实负面清单制放权

除省人民政府、青岛市人民政府公布的不能下放行使的行政权力事项，其他省级、青岛市级行政权力事项，由上合示范区按需承接，实行区内事区内办。2021年实现有关行政权力事项应放尽放，确保放得下、接得住、管得好。（责任单位：山东省人民政府办公厅、山东省发展和改革委员会、山东省商务厅、青岛市人民政府）

二、鼓励先行先试

在国际物流通道、海关监管模式、外汇管理、人员出入境、投资贸易便利化等方面，开展与上海合作组织国家的全流程制度创新，复制推广自贸试验区改革试点经验和国务院全面深化服务贸易创新发展试点经验，争取中国与上海合作组织国家签署协议的相关成果和试点项目率先在上合示范区实施，尽快形成具有上合特色的经验做法。开展标准地改革、集体经营性建设用地入市等试点工作。建立健全容错纠错机制，将上合示范区打造为地方经贸合作的最佳案例。（责任单位：山东省发展和改革委员会、山东省公安厅、山东省自然资源厅、

山东省交通运输厅、山东省商务厅、山东省人民政府外事办公室、青岛海关、中国人民银行济南分行、青岛市人民政府）

三、建设上合客厅

高标准建设青岛·上合国家客厅和央企国际客厅，组织承办上海合作组织相关部长会议、“一带一路”高峰论坛、“一带一路”中小企业峰会，定期举办上海合作组织国家投资贸易博览会、“一带一路”商品博览会等活动。（责任单位：中国国际贸易促进委员会山东省委员会、山东省商务厅、山东省人民政府外事办公室、青岛海关、青岛市人民政府）

四、加强国际技术合作

在新材料、生物医药、人工智能、高端装备制造等领域开展合资合作，建成中国—上海合作组织技术转移中心。（责任单位：山东省科学技术厅、山东省商务厅、青岛市人民政府）

五、建设联动创新区

上合示范区与省内中西部重点开发区合作建设联动创新区，健全税收分享等机制，省内考核评价时允许双方将外经贸相关指标增量部分各按100%计算。在做好风险防范的前提下，将上合示范区承接的省级、市级管理权限，同步在联动创新区试行。2021年建设4—6个联动创新区，尽快形成一批改革创新经验做法。（责任单位：山东省人民政府办公厅、山东省商务厅、青岛市人民政府）

六、推动油气全产业链开放发展

积极争取保税船供油资质等政策，开展保税船用燃料油供应、油品进出口等业务。引导省内具有油气进口、炼化、储运资源的开发区参与联动创新区建设，做大做强原油、液化天然气进口规模，加快构建低硫燃料油生产、储运、保税供应链体系，打造面向东北亚和“一带一路”的国际油气交易中心。（责任单位：山东省发展和改革委员会、山东省财政厅、山东省交通运输厅、山东省商务厅、青岛海关、青岛市人民政府）

七、加大双招双引和市场开拓力度

大力引进各类市场主体，制定实体经济奖励、总部经济招引、金融产业社会化招商奖励、人才集聚等政策措施，吸引省属企业、研究机构、民营企业等市场主体在上合示范区设立投资贸易平台。推动上合示范区、联动创新区内企业参加俄罗斯、巴基斯坦以及日本、韩国等《山东省境外百展市场开拓计划》中的A、B类展会。（责任单位：山东省商务厅、青岛市人民政府）

八、建设上合示范区多式联运中心

加快建设齐鲁号日韩陆海快线、上合快线、上合国际公路运输系统定班专线等通道，打造一单制多式联运服务体系，优化提升多式联运综合服务平台功能。申建粮食、水果、肉类等特定产品进口指定监管场地、保税物流中心（B）型。（责任单位：山东省发展和改革委员会、山东省交通运输厅、山东省大数据局、青岛海关、山东高速集团有限公司、山东港口集团有限公司、青岛国际机场集团有限公司、青岛市人民政府）

九、提升国际班列运营能力

建设齐鲁号欧亚班列（青岛）集结中心和欧亚班列中国—上合经贸产业园，探索建设与上海合作组织国家相关的欧亚班列贸易和金融供应链综合服务平台。在上海合作组织国家和“一带一路”沿线国家重要铁路、港口、公路的主要节点城市规划布局，设立办事处等机构，拓展海外市场，扩大回程货源。（责任单位：山东省发展和改革委员会、山东省交通运输厅、青岛海关、中国铁路济南局集团有限公司、山东高速集团有限公司、山东港口集团有限公司、青岛市人民政府）

十、发展外贸新业态

建设面向上合组织国家和“一带一路”沿线国家的跨境电子商务平台、产业园、公共海外仓。与上海合作组织国家开展丝路电子商务合作，建设上海合作组织国家地方特色商品进口体验交易中心（仅限海关特殊监管区域内）和特色商品馆，开展O2O线上推销交易、线下经营体验业务。引进第三方服务企业，开展航运贸易、标识认证、文化旅游等服务贸易业务。（责任单位：山东省商务厅、青岛市人民政府）

十一、支持企业“走出去”

落实中俄大豆省州结对子，开展大豆种植、储运、深加工的全产业链合作，扩大俄罗斯大豆进口贸易规模。打造农产品产业链，在上海合作组织国家和“一带一路”沿线国家建设饲料生产、畜牧繁育、养殖及屠宰基地，精深加工后出口日韩等第三国市场。建设境外生产、加工基地，在粮食、木材、油气、矿产等优势领域开展产业链产能合作。开展中医药诊疗和医养服务合作，加强影视、图书等领域的对外交流，助力中医中药、文化产业“走出去”。（责任单位：山东省发展和改革委员会、山东省工业和信息化厅、山东省农业农村厅、山东省商务厅、山东省卫生健康委员会、青岛海关、山东出版集团有限公司、青岛市人民政府）

十二、探索海关监管制度创新

在上合示范区率先实施海关改革2020系列改革举措。编制中国对上海合作组织成员国贸易指数。建设中国—上海合作组织国家公共检测交流服务平台。（责任单位：青岛海关）

十三、加快金融创新合作

落实国家试点10项资本项目便利化政策，争取本外币合一银行账户体系试点。引导保税燃料油供应以人民币计价、结算。引导丝路基金、欧亚基金、中非基金、山东省新旧动能转换基金等对接支持上合示范区建设。（责任单位：山东省发展和改革委员会、山东省财政厅、山东省地方金融监管局、中国人民银行济南分行、青岛市人民政府）

十四、成立上海合作组织国家旅游城市联盟

建立与上海合作组织国家旅游市场互惠机制，开展旅游产品、旅游服务、旅游安全、旅游技术等产业合作。引导上海合作组织国家的旅行社设立上合分社。（责任单位：山东省文化和旅游厅、山东省人民政府外事办公室、山东省市场监督管理局）

十五、加强人才交流

落实英才集聚计划，实行创新人才双落户制度，给予用人单位引才用才补贴。建设上海合作组织国家青年创业孵化器、高端人才科创产业园。提高居留便利化水平，对外籍高端人才签发有效期5至10年的多次入境人才签证，其配偶及未成年子女签发有效期相同、多次入境的相应种类签证。创新创业团队人员可申办有效期2至5年的私人事务类居留许可。（责任单位：中共山东省委组织部、山东省科学技术厅、山东省公安厅、山东省人力资源和社会保障厅、青岛市人民政府）

十六、提供法务服务保障

建设中国—上海合作组织法官培训中心。依托青岛海事法院，建设面向上海合作组织国家和“一带一路”沿线国家的海事调解服务中心。依托法智谷，加快建设上合示范区法律服务交流合作基地。（责任单位：山东省高级人民法院、山东省司法厅、青岛市人民政府）

十七、提升教育文化合作水平

加强与复旦大学、北京大学等知名高校的合作，联合山东大学建设中国—上海合作组织经贸学院、中国—上海合作组织经贸发展研究中心，2021年建成专家智库，引导省内外金融机构通过投资入股、专业培训等方式，共建面向上海合作组织国家的优质人才培养基地。积极参与面向上海合作组织国家和"一带一路"沿线国家的国家援外培训项目。定期在上海合作组织国家和"一带一路"沿线国家重点城市举办山东周、孔子文化周、齐鲁文化丝路行等经贸文化交流活动。（责任单位：山东省教育厅、山东省商务厅、山东省文化和旅游厅、山东省人民政府外事办公室、青岛市人民政府）

十八、强化东西双向合作

开展国际中转集拼业务，发展面向日韩、上海合作组织国家和"一带一路"沿线国家间的转口和过境贸易。将海运船期与欧亚班列班期相匹配，建立离岸港（日韩）—山东港口青岛港—中亚全程物流供应链，打造东联日韩、西接上合的陆海内外联动国际通道。争取中国国际贸易促进委员会在山东设立中国哈萨克斯坦企业家委员会联络办公室。（责任单位：中国国际贸易促进委员会山东省委员会、山东省发展和改革委员会、山东省交通运输厅、山东省商务厅、山东省人民政府外事办公室、青岛海关、山东高速集团有限公司、山东港口集团有限公司、青岛市人民政府）

山东省人民政府

2020年12月31日

知识窗

2020年中国服务贸易结构持续优化

2020年，中国服务进出口总额45642.7亿元，下降15.7%，降幅逐季收窄。其中，服务出口19356.7亿元，下降1.1%；10服务进口26286亿元，下降24%。服务出口降幅小于进口22.9个百分点，带动服务贸易逆差减少8095.6亿元，下降至6929.3亿元。2020年，旅行服务进出口10192.9亿元，下降48.3%，是影响整体服务贸易下降的主要因素。剔除旅行服务，服务进出口增长2.9%，其中出口增长6%，进口基本持平。服务贸易结构持续优化，知识密集型服务进出口占比明显提升。2020年，知识密集型服务进出口20331.2亿元，增长8.3%，占服务进出口总额的比重达到44.5%，较上年提升9.9个百分点。其中，知识密集型服务出口10701.4亿元，增长7.9%，占服务出口总额的比重达到55.3%，提升4.6个百分点；进口9629.8亿元，增长8.7%，占服务进口总额的比重达到36.6%，提升11个百分点。分领域看，出口增长较快的是知识产权使用费、电信计算机和信息服务、保险服务，分别增长30.5%、12.8%和12.5%；进口增长较快的是金融服务、电信计算机和信息服务，分别增长28.5%、22.5%。

索引

Index

简要说明

1. 本索引款目按汉语拼音字母（同音字按声调）顺序排列。

2. 款目后的阿拉伯数字表示内容所在的页码，数字后的字母 a、b 分别表示版面区域。

3. 同一主题的内容在文中多处出现的，在其款目后用不同的页码标明。

Brief Introduction

Ⅰ. Items of the index are listed in order of Chinese phonetic alphabet.

Ⅱ. Numbers that follow the items indicate the pages where the items are, suffixed with alphabet a or b to indicate the column of the pages where the items in.

Ⅲ. An item is indicated with different page numbers when it appears in different places.

主题索引

A

B

C

D

E

F

G

H

J

K

L

M

N

O

Q

R

S

T

W

X

Y

Z